Albert Schwegler

Geschichte der Philosophie im Umriss

Ein Leitfaden zur Übersicht

Albert Schwegler

Geschichte der Philosophie im Umriss
Ein Leitfaden zur Übersicht

ISBN/EAN: 9783742813220

Hergestellt in Europa, USA, Kanada, Australien, Japan

Cover: Foto ©Klaus-Uwe Gerhardt /pixelio.de

Manufactured and distributed by brebook publishing software (www.brebook.com)

Albert Schwegler

Geschichte der Philosophie im Umriss

Geschichte der Philosophie im Umriß.

Ein Leitfaden zur Uebersicht.

Von

Dr. Albert Schwegler.

Fünfte verbesserte Auflage.

Stuttgart.
Franckh'sche Verlagshandlung.
1863.

Druck der K. Hofbuchdruckerei zu Guttenberg in Stuttgart.

Inhalts-Verzeichniß.

		Seite
§. 1.	Begriff der Geschichte der Philosophie	1
§. 2.	Eintheilung	4
§. 3.	Uebersicht der vorsokratischen Philosophie	4
§. 4.	Die älteren jonischen Philosophen	6
§. 5.	Der Pythagoreismus	8
§. 6.	Die Eleaten	10
§. 7.	Heraklit	14
§. 8.	Empedokles	16
§. 9.	Die Atomistik	17
§. 10.	Anaxagoras	19
§. 11.	Die Sophistik	21
§. 12.	Sokrates	27
§. 13.	Die unvollkommenen Sokratiker	37
§. 14.	Plato	40
§. 15.	Die ältere Akademie	65
§. 16.	Aristoteles	65
§. 17.	Der Stoizismus	86
§. 18.	Der Epikureismus	92
§. 19.	Der Skeptizismus und die neuere Akademie	94
§. 20.	Die Römer	97
§. 21.	Der Neuplatonismus	97
§. 22.	Das Christenthum und die Scholastik	101
§. 23.	Uebergang zur neueren Philosophie (Baco, Bruno, Böhm)	103
§. 24.	Cartesius	110
§. 25.	Geulinx und Malebranche	116
§. 26.	Spinoza	118
§. 27.	Idealismus und Realismus	124
§. 28.	Locke	125
§. 29.	Hume	128
§. 30.	Condillac	130

		Seite
§. 31.	Helvetius	131
§. 32.	Die französische Aufklärung und der Materialismus	132
§. 33.	Leibnitz	136
§. 34.	Berkeley	142
§. 35.	Wolff	144
§. 36.	Die deutsche Aufklärung	147
§. 37.	Uebergang auf Kant	148
§. 38.	Kant	152
	I. Kritik der reinen Vernunft	154
	II. Kritik der praktischen Vernunft	164
	III. Kritik der Urtheilskraft	170
§. 39.	Uebergang auf die nachkantische Philosophie	175
§. 40.	Jacobi	176
§. 41.	Fichte	181
	I. Die Fichte'sche Philosophie in ihrer ursprünglichen Gestalt	183
	II. Die Fichte'sche Philosophie in ihrer spätern Gestalt	195
§. 42.	Herbart	197
§. 43.	Schelling	203
§. 44.	Uebergang auf Hegel	224
§. 45.	Hegel	228
	I. Wissenschaft der Logik	229
	1. Die Lehre vom Sein	230
	2. Die Lehre vom Wesen	231
	3. Die Lehre vom Begriff	234
	II. Die Wissenschaft der Natur	235
	III. Philosophie des Geistes	237
	1. Der subjektive Geist	237
	2. Der objektive Geist	238
	3. Der absolute Geist	241

§. 1. Begriff der Geschichte der Philosophie.

Philosophiren ist Nachdenken, denkende Betrachtung der Dinge.

Doch ist hiemit der Begriff der Philosophie noch nicht erschöpft. Denkend verhält sich der Mensch auch bei praktischen Thätigkeiten, bei denen er die Mittel zur Erreichung eines Zweckes berechnet; denkender Natur sind sämmtliche andere Wissenschaften, auch die, die nicht zur Philosophie im engeren Sinne gehören. Wodurch unterscheidet sich nun die Philosophie von diesen Wissenschaften? Wodurch unterscheidet sie sich z. B. von der Wissenschaft der Astronomie, der Medizin, des Rechts? Durch die Verschiedenheit ihres Stoffs wohl nicht. Ihr Stoff ist ganz derselbe, wie derjenige der einzelnen empirischen Wissenschaften: Bau und Ordnung des Weltalls, Struktur und Verrichtung des menschlichen Körpers, Eigenthum, Recht und Staat — alle diese Begriffe und Materien gehören der Philosophie so gut an als jenen besondern Fachwissenschaften. Das Gegebene der Erfahrungswelt, die Wirklichkeit ist der Inhalt auch der Philosophie. Nicht ihr Stoff ist es also, wodurch sich die Philosophie von den empirischen Wissenschaften unterscheidet, sondern ihre Form, ihre Methode, ihre Erkenntnißweise. Die einzelne Erfahrungswissenschaft nimmt ihren Stoff unmittelbar aus der Erfahrung auf, sie findet ihn vor, und nimmt ihn so auf, wie sie ihn vorfindet; die Philosophie dagegen nimmt nirgends das Gegebene als Gegebenes auf, sondern sie verfolgt es vielmehr bis zu seinen letzten Gründen, sie betrachtet alles Einzelne in Beziehung auf ein letztes Prinzip, als bedingtes Glied in der Totalität des Wissens. Eben hiedurch aber streift sie dem Einzelnen, in der Erfahrung Gegebenen diesen Charakter der Unmittelbarkeit, Einzelheit und Zufälligkeit ab: aus dem Meere der empirischen Einzelnheiten stellt sie das Allgemeine, aus der unendlichen ordnungslosen Menge des Zufälligen das Nothwendige, die allgemeinen Gesetze heraus — kurz die Philosophie betrachtet die Totalität des Empirischen in der Form eines gegliederten, gedankenmäßigen Systems.

Aus dem Gesagten ergibt sich, daß die Philosophie (als die gedachte Totalität des Empirischen) mit den empirischen Wissenschaften in Wechselwirkung steht, daß sie, wie sie einerseits die letztern bedingt, so anderseits selbst wieder von ihnen bedingt wird. Eine absolute, vollendete Philosophie gibt es also (derzeit, d. h. überhaupt im Laufe der Geschichte) so wenig als eine vollendete Empirik. Vielmehr existirt die Philosophie nur in der Form verschiedener aufeinanderfolgender Zeitphilosophieen, die, Hand in Hand mit dem Fortschritt der empirischen Wissenschaften und der allgemeinen geselligen und staatlichen Bildung, im Laufe der Geschichte hervorgetreten sind und die Weltwissenschaft auf ihren verschiedenen Entwicklungs= und Ausbildungs= stufen aufweisen. Den Inhalt, die Aufeinanderfolge und den innern Zu= sammenhang dieser Zeitphilosophieen hat die Geschichte der Philosophie dar= zustellen.

In welchem Verhältniß die einzelnen Zeitphilosophieen zu einander stehen, ist hiemit bereits angedeutet. Wie das geschichtliche Gesammtleben der Menschheit, selbst wenn man es unter den Gesichtspunkt der Wahr= scheinlichkeitsrechnung stellen wollte, durch die Idee eines geistigen und in= tellektuellen Fortschritts zusammengehalten wird und eine wenn auch nicht durchaus stetige Reihe von Entwicklungsstufen aufweist, so stellen auch — denn jede Zeitphilosophie ist nur der philosophische Ausdruck des Gesammt= lebens ihrer Zeit — die einzelnen in der Geschichte hervorgetretenen philo= sophischen Systeme eine organische Bewegung, ein vernünftiges, innerlich gegliedertes System dar, eine Reihe von Entwickelungen, die im Trieb des Geistes begründet sind, sein Sein immer mehr zum bewußten Sein, zum Wissen zu erheben, das ganze geistige und natürliche Universum mehr und mehr als sein Dasein, als seine Wirklichkeit, als Spiegel seiner selbst zu erkennen.

Hegel, der diesen Gedanken zuerst ausgesprochen und die Geschichte der Philosophie unter den Gesichtspunkt eines einheitlichen Prozesses gestellt hat, hat jedoch diese in ihrem Prinzip wahre Grundanschauung in einer Weise überspannt, welche die Freiheit des menschlichen Handelns und den Begriff des Zufalls, d. h. der existirenden Unvernünftigkeit aufzuheben droht. Hegel behauptet, die Aufeinanderfolge der Systeme der Philosophie in der Geschichte sei dieselbe, wie die Aufeinanderfolge der logischen Kategorieen im Systeme der Logik. Entkleide man die Grundbegriffe der verschiedenen philosophischen Systeme dessen, was ihre äußerliche Gestaltung, ihre An= wendung auf das Besondere u. s. w. betrifft, so erhalte man die verschie= denen Stufen des logischen Begriffs (Sein, Werden, Dasein, Fürsichsein, Quantität u. s. f.). Und umgekehrt, den logischen Fortgang für sich genom= men, so habe man darin den Fortgang der geschichtlichen Erscheinungen.

Allein diese Ansicht ist weder in ihrem Prinzip zu rechtfertigen noch historisch durchzuführen. In ihrem Prinzip ist sie verfehlt, da die Geschichte ein Ineinander von Freiheit und Nothwendigkeit ist, also zwar im Ganzen und Großen einen vernünftigen Zusammenhang, aber im Einzelnen ein Spiel unendlicher Zufälligkeiten darstellt, ähnlich wie das Reich der Natur als Ganzes ein vernünftiges System von Stufen aufweist, aber im Ein= zelnen aller schematischen Anordnungsversuche spottet. In der Geschichte sind es aber zudem Individuen, welche die Initiative haben, freie Subjek= tivitäten, also ein schlechthin Inkommensurables. Denn man mag das Be= dingt= und Bestimmtsein des einzelnen Individuums durch das Allgemeine, durch seine Zeit, seine Umgebungen, seine Nationalität u. s. w. noch so weit ausdehnen, zum Werth einer bloßen Zahl läßt sich ein freier Wille nicht herabsetzen. Die Geschichte ist kein exakt nachzurechnendes Rechen= exempel. Es wird also auch in der Geschichte der Philosophie nirgends von einer apriorischen Konstruktion des Historischen die Rede sein dürfen, das Faktische wird nicht als erläuternde Exemplifikation eines schon vorher fer= tigen begrifflichen Schemas eingefügt werden dürfen: sondern das Gegebene der Erfahrung ist, soweit es vor einer kritischen Sichtung Stand hält, als ein Gegebenes, Ueberliefertes anzunehmen, und der vernünftige Zusammen=

hang dieses Gegebenen ist sofort auf analytischem Wege herauszustellen; nur für die Anordnung und wissenschaftliche Verknüpfung dieses historisch Ueberlieferten wird die spekulative Idee das Regulativ abgeben dürfen.

Ein weiterer Gesichtspunkt, der gegen die angeführte Hegel'sche Ansicht spricht, ist folgender. Die historische Entwicklung ist fast überall von der begrifflichen unterschieden. Nach seiner historischen Entstehung z. B. war der Staat ein Gegenmittel gegen das Räuberwesen: nach seinem Begriff dagegen ist er nicht aus dem Räuberthum, sondern aus der Idee des Rechts abzuleiten. So ist es auch hier: während der logische Fortschritt ein Aufsteigen vom Abstrakten zum Konkreten ist, ist die historische Entwicklung der Philosophie fast überall ein Herabsteigen vom Konkreten zum Abstrakten, vom Anschauen zum Denken, ein Loslösen des Abstrakten von dem Konkreten der allgemeinen Bildungsformen und der gegebenen religiösen und geselligen Zustände, in welche das philosophirende Subjekt gestellt ist. Das System der Philosophie verfährt synthetisch, die Geschichte der Philosophie, d. h. die Geschichte des Denkens, analytisch. Man kann daher mit größerem Rechte gerade das Umgekehrte der Hegel'schen These behaupten und sagen, was an sich das Erste sei, sei für uns gerade das Letzte. So begann denn auch die jonische Philosophie nicht mit dem Sein als abstraktem Begriff, sondern mit dem Konkretesten, Anschaulichsten, dem materiellen Begriffe des Wassers, der Luft u. s. w. Selbst das eleatische Sein und das heraklitische Werden sind noch nicht reine Gedankenbestimmungen, sondern noch verunreinigte Begriffe, materiell gefärbte Anschauungen. Ueberhaupt aber ist die Forderung unvollziehbar, jede in der Geschichte aufgetretene Philosophie je auf eine logische Kategorie als ihr centrales Prinzip zurückzuführen, und zwar darum, weil die meisten dieser Philosophieen die Idee nicht als abstrakten Begriff, sondern in ihrer Verwirklichung als Natur und Geist zum Gegenstand haben, sich also großentheils nicht um logische, sondern um naturphilosophische, psychologische, ethische Fragen drehen. Hegel hätte also die Vergleichung des geschichtlichen und des systematischen Entwicklungsgangs nicht auf die Logik beschränken, sondern auf das ganze System der philosophischen Wissenschaft ausdehnen müssen. Die Eleaten, Heraklit, die Atomisten — und soweit allerdings stimmt die Hegel'sche Logik mit der Hegel'schen Geschichte der Philosophie zusammen — haben eine solche Kategorie selbst an die Spitze gestellt, aber Anaxagoras, die Sophisten, Sokrates, Plato, Aristoteles? Will man nun diesen Philosophieen nichtsdestoweniger ein centrales Prinzip aufdrängen, und z. B. die Philosophie des Anaxagoras auf den Begriff des Zwecks, die Sophistik auf den Begriff des Scheins, die sokratische Philosophie auf den Begriff des Guten reduziren, was aber zum Theil nicht ohne Gewaltthätigkeit möglich ist, so entsteht die neue Schwierigkeit, daß alsdann die historische Aufeinanderfolge dieser Kategorieen nicht mehr zur logischen Aufeinanderfolge derselben stimmt. In der That hat auch Hegel eine vollständige Durchführung seines Grundgedankens gar nicht versucht, und ihn schon auf der Schwelle der griechischen Philosophie wieder aufgegeben. Sein, Werden, Fürsichsein, die Eleaten, Heraklit, die Atomistik — so weit geht, wie gesagt, der Parallelismus, weiter nicht. Nicht nur folgt nun gleich Anaxagoras mit dem Begriff der zweckmäßig handelnden Vernunft, sondern gleich von vorn herein treffen beide Reihen nicht zusammen: konsequentermaßen hätte Hegel die jonische Philosophie ganz wegwerfen sollen, denn die Materie ist keine logische Kategorie; ferner hätte er den Pythagoreern ihre Stelle nach den Eleaten und Atomisten anweisen

1 *

sollen, denn die Kategorieen der Quantität folgen denen der Qualität nach u. s. f., kurz, er hätte die Chronologie ganz über den Haufen werfen müssen. Will man dieß nicht, so wird man sich bei der begrifflichen Reproduktion des Ganges, den der denkende Geist in seiner Geschichte genommen hat, begnügen müssen, wenn auf den Hauptstationen der Geschichte der vernünftige Gedankenfortschritt zu Tage kommt, wenn der philosophische Historiker, eine Entwicklungsreihe überblickend, wirklich eine philosophische Errungenschaft, die Errungenschaft einer neuen Idee in ihr findet: aber man wird sich hüten müssen, das Postulat einer immanenten Gesetzmäßigkeit und gedankenmäßigen Gliederung auch auf alle Uebergangs- und Vermittlungsstufen, auf das ganze Detail anzuwenden. Die Geschichte geht oft in Schlangenlinien, in scheinbaren Rückschritten; namentlich hat die Philosophie nicht selten ein weites, schon fruchttragendes Feld wieder aufgegeben, um sich auf einem kleinen Streifen Lands anzusiedeln, aber auch, um diesen desto gründlicher auszubeuten; bald haben Jahrtausende an Fehlversuchen sich abgearbeitet und nur ein negatives Resultat zu Tag gefördert, bald drängt sich eine Fülle philosophischer Ideen auf den Raum eines Menschenalters zusammen: es herrschen hier keine unabänderlichen und regelmäßig wiederkehrenden Naturgesetze; als das Reich der Freiheit wird die Geschichte erst am Ende der Zeiten als Werk der Vernunft sich völlig offenbaren.

§. 2. Eintheilung.

Ueber die Begrenzung unserer Aufgabe und die Eintheilung des Stoffs mögen wenige Worte genügen. Wo und wann fängt die Philosophie an? Nach dem im §. 1 Auseinandergesetzten offenbar da, wo zuerst ein letztes philosophisches Prinzip, ein letzter Grund des Seienden auf philosophischem Wege aufgesucht wird. Also mit der griechischen Philosophie. Die orientalische (chinesische und indische) sogenannte Philosophie (vielmehr Theologie oder Mythologie) und die mythischen Kosmogonieen des ältesten Griechenthums fallen mithin aus unserer (begrenzteren) Aufgabe weg. Wir lassen die Geschichte der Philosophie, wie schon Aristoteles gethan hat, mit Thales beginnen. Aus ähnlichen Gründen scheiden wir auch die Philosophie des christlichen Mittelalters oder die Scholastik aus: sie fällt, da sie nicht sowohl Philosophie als ein Philosophiren oder Reflektiren innerhalb der Voraussetzungen einer positiven Religion, also wesentlich Theologie ist, der Wissenschaft der christlichen Dogmengeschichte zu.

Der hienach übrig bleibende Stoff theilt sich naturgemäß in die zwei Hälften: alte (griechisch-römische) und neuere Philosophie. Das innere Verhältniß beider Epochen wird (da vorläufige vergleichende Charakteristik nicht ohne Wiederholungen möglich wäre) unten beim Uebergang der einen auf die andere zur Sprache kommen.

Die erste Epoche selbst zerlegt sich hinwiederum in drei Perioden: 1) Vorsokratische Philosophie (von Thales bis zu den Sophisten einschließlich); 2) Sokrates, Plato, Aristoteles; 3) Nacharistotelische Philosophie (bis zum Neuplatonismus einschließlich).

§. 3. Uebersicht der vorsokratischen Philosophie.

1. Die gemeinsame Tendenz der vorsokratischen Philosophie ist dieß, ein Prinzip der Naturerklärung zu finden. Die Natur, das Unmittelbarste,

dem Auge zunächst Liegende, Greiflichste war es, was den Forschungsgeist zuerst reizte. Ihren wechselnden Formen, dachte man, ihren mannigfaltigen Erscheinungen liegt ein erstes, im Wechsel verharrendes Prinzip zu Grund. Welches ist dieses Prinzip? welches ist der Urgrund der Dinge? fragte man sich. Genauer: welches Naturelement ist das Grundelement? Die Beantwortung dieser Frage bildet das Problem der ältern jonischen Naturphilosophen. Der Eine schlug das Wasser, ein Anderer die Luft, ein Dritter einen chaotischen Urstoff vor.

2. Eine höhere Lösung jenes Problems versuchten die Pythagoreer. Nicht die Materie nach ihrer sinnlichen Konkretion, sondern nach ihren formalen Verhältnissen und Dimensionen schien ihnen den Erklärungsgrund des Seienden zu enthalten. Sie machten demgemäß die Verhältnißbestimmungen, d. h. die Zahlen zu ihrem Prinzip. „Die Zahl ist das Wesen aller Dinge" — war ihre These. Die Zahl ist das Mittlere zwischen der unmittelbaren sinnlichen Anschauung und dem reinen Gedanken. Zahl und Maaß hat es mit der Materie zwar nur insofern zu thun, als sie ein Ausgedehntes, ein räumliches und zeitliches Außereinander ist; aber doch gibt es kein Zählen und Messen ohne Materie, ohne Anschauung. Diese Erhebung über den Stoff, die doch zugleich ein Kleben an dem Stoffe ist, macht das Wesen und die Stellung des Pythagoreismus aus.

3. Ueber das Gegebene absolut hinausschreitend, von allem Stofflichen schlechthin abstrahirend, sprachen die Eleaten eben diese Abstraktion, die Negation alles räumlichen und zeitlichen Außereinander, das reine Sein als ihr Prinzip aus. An die Stelle des sinnlichen Prinzips der Jonier, des quantitativen Prinzips der Pythagoreer, setzten sie somit ein intelligibles Prinzip.

4. Hiemit war der erste Entwicklungslauf der griechischen Philosophie, der analytische, geschlossen, um dem zweiten, dem synthetischen, Platz zu machen. Die Eleaten hatten ihrem Prinzip des reinen Seins alles endliche Dasein, das Dasein der Welt geopfert. Aber die Leugnung von Natur und Welt war undurchführbar. Die Realität beider drängte sich unwillkürlich auf, und selbst die Eleaten hatten, wenn gleich unter Verwahrungen und nur hypothetisch, davon gesprochen. Allein von ihrem abstrakten Sein hatten sie keine Brücke, keinen Rückzug mehr zum sinnlich konkreten Sein: ihr Prinzip sollte ein Erklärungsgrund für das Dasein und Geschehen sein, und war es nicht. Die Aufgabe, ein Prinzip zu finden, aus welchem das Werden, das Geschehen sich erklärte, drängte sich auf. Heraklit löste die Aufgabe so, daß er die Einheit des Seins und Nichtseins, das Werden, als das absolute Prinzip aussprach. Es gehört nach ihm zum Wesen der Dinge, in stetiger Veränderung, in endloser Strömung begriffen zu sein. „Alles fließt." Wir haben hier zugleich an der Stelle des altjonischen Urstoffs den Begriff der lebendigen Urkraft, den ersten Versuch, aus einem auf analytischem Wege gefundenen Prinzip das Seiende und seine Bewegung zu erklären. Von Heraklit an blieb die Frage nach der Ursache des Werdens das Hauptinteresse und das Motiv der philosophischen Entwickelung.

5. Werden ist die Einheit von Sein und Nichtsein. In diese beiden Momente wurde das heraklitische Prinzip mit Bewußtsein von den Atomisten auseinandergelegt. Heraklit hatte nämlich allerdings das Prinzip des Werdens ausgesprochen, aber als Erfahrungsthatsache; er hatte das Gesetz des Werdens nur erzählt, aber nicht erklärt; es handelte sich um die Nachweisung der Nothwendigkeit jenes allgemeinen Gesetzes. Warum ist das

All in beständigem Fluß, in ewiger Bewegung? Von der unmittelbaren Ineinssetzung des Stoffs und der bewegenden Kraft mußte man also fort=
schreiten zur bewußten, bestimmten Unterscheidung, zur mechanischen Trennung beider. So war schon für Empedokles der Stoff das beharrliche Sein, die Kraft, der Grund der Bewegung. Wir haben hier eine Kombination von Heraklit und Parmenides. Aber die bewegenden Kräfte waren bei Empe=
dokles noch mythische Mächte, Liebe und Haß, und bei den Atomisten eine rein unbegriffene und begrifflose Naturnothwendigkeit. Also auch auf dem Wege der mechanischen Naturerklärung war das Werden mehr nur umschrieben als erklärt worden.

6. An einer bloß materialistischen Erklärung des Werdens verzweifelnd, setzte Anaxagoras dem Stoffe eine weltbildende Intelligenz zur Seite: er erfaßte den Geist als die letzte Ursächlichkeit der Welt und dieser ihrer be=
stimmten Ordnung und Zweckmäßigkeit. Damit war ein großes Prinzip für die Philosophie gewonnen, ein ideelles Prinzip. Aber Anaxagoras wußte seinem Prinzip keine vollständige Durchführung zu geben. Statt einer be=
grifflichen Auffassung des Universums, statt einer Ableitung des Seienden aus der Idee griff er doch wieder zu mechanischen Erklärungen: seine „welt=
bildende Vernunft" dient ihm eigentlich nur als erster Anstoß, als bewegende Kraft, sie ist ein Deus ex machina. Trotz seiner Ahnung eines Höheren ist also Anaxagoras noch Physiker, wie seine Vorgänger. Der Geist tritt bei ihm noch nicht als wahrhafte Macht über die Natur, als frei organisirende Seele des Universums auf.

7. Der weitere Fortgang ist also der, daß der Unterschied zwischen Geist und Natur in seiner Bestimmtheit aufgefaßt, der Geist als das Höhere gegenüber vom Natursein erkannt wird. Diese Aufgabe fiel den Sophisten zu. Ihr Thun war, das im Objekt, im Gegebenen, in der Autorität be=
fangene Denken in Widersprüche zu verwickeln, die früher gegenüber vom Subjekt übermächtige Objektivität mit dem ersten, freilich noch knabenhaften Bewußtsein der Ueberlegenheit des subjektiven Denkens unter einander zu werfen. Die Sophisten haben in der Form der allgemeinen, religiösen und politischen Aufklärung das Prinzip der Subjektivität (Ichheit) aufgebracht, freilich nur erst negativ, als Zerstörer des Bestehenden im ganzen Vorstel=
lungskreise der damaligen Welt, bis mit Sokrates gegen dieses Prinzip der empirischen Subjektivität dasjenige der absoluten Subjektivität, der Geist in Form des freien sittlichen Willens sich geltend macht, und das Denken sich positiv als das Höhere gegen das Dasein, als die Wahrheit aller Realität erfaßt. Mit der Sophistik als der Selbstauflösung der ältesten Philosophie schließt unsere erste Periode.

§. 4. Die ältern jonischen Philosophen.

1. **Thales.** An die Spitze der jonischen Naturphilosophen und damit an die Spitze der Philosophie überhaupt wird von den Alten mit ziemlicher Uebereinstimmung Thales von Milet (640 bis 550 v. Chr.), ein Zeitgenosse des Krösus und Solon, gesetzt. Der philosophische Satz, dem er seine Stelle in der Geschichte der Philosophie verdankt, ist der: „das Prinzip (das Erste, der Urgrund) aller Dinge ist das Wasser; aus Wasser ist Alles und in Wasser kehrt Alles zurück." Durch diese Annahme jedoch über den Urgrund der Dinge würde er sich noch nicht über den Standpunkt früherer mythisiren=

der Kosmologieen erhoben haben; Aristoteles selbst, wo er von Thales spricht, nennt mehrere alte „Theologen" (er versteht darunter ohne Zweifel zunächst Homer), die dem Okeanos und der Tethys die Entstehung des All zugeschrieben hätten: erst der Versuch, sein physisches Prinzip in anderer als mythischer Darstellung zu begründen und damit wissenschaftliches Verfahren in die Philosophie einzuführen, gibt ihm die Bedeutung eines Anfängers der Philosophie. Er ist der Erste, der den Boden verständiger Naturerklärung betreten hat. **Wie** er seinen Satz begründet hat, ist nicht mehr genau zu bestimmen. Doch scheint die Wahrnehmung, daß Saame und Nahrung der Dinge feucht sei, daß das Warme aus dem Feuchten sich entwickle, daß überhaupt das Feuchte das Bildsame, Lebendige und Lebengebende sei, ihn auf seine Annahme geführt zu haben. Aus der Verdichtung und Verdünnung jenes Grundstoffs leitete er sofort, wie es scheint, die Veränderungen der Dinge ab: den Prozeß selbst hatte er wohl nie näher bestimmt.

Hiemit wäre die philosophische Bedeutung des Thales beschlossen. Thales war überhaupt nicht spekulativer Philosoph in späterer Weise. Philosophische Schriftstellerei war in jener Zeit noch fremd, und Thales scheint auch seine Meinungen nicht schriftlich aufgezeichnet zu haben. Er wird in seiner Richtung auf ethisch-politische Weisheit den sogenannten sieben Weisen zugezählt und die Züge, welche die Alten von ihm überliefern, zeugen zunächst nur für seinen praktischen Verstand. Es wird z. B. von ihm berichtet, daß er zuerst eine Sonnenfinsterniß vorausberechnet, beim Uebergang des Krösus über den Halys die Abdämmung dieses Flusses geleitet habe, und Aehnliches. Wenn spätere Berichterstatter von ihm erzählen, er habe die Einheit der Welt behauptet, die Idee einer Weltseele oder eines weltbildenden Geistes aufgestellt, die Unsterblichkeit der Seele gelehrt, so ist dieß ohne Zweifel eine unhistorische Uebertragung späterer Ideen auf einen noch weit unentwickelteren Standpunkt.

2. **Anaximander.** Anaximander von Milet, von den Alten bald als Schüler, bald als Genosse des Thales bezeichnet, jedenfalls gegen ein Menschenalter jünger als dieser, suchte das thaletische Prinzip weiter zu bilden. Er definirte sein Urwesen, das er zuerst Prinzip ($ἀρχή$) genannt haben soll, als den „ewigen, unendlichen, bestimmungslosen Grund, aus welchem Alles hervorgeht, und in welchem es wieder untergeht nach der Ordnung der Zeiten," als das alle Sphären der Welt Umfassende und Regierende, das, indem es aller Bestimmtheit des Endlichen und Veränderlichen zu Grunde liegt, selber unendlich und bestimmungslos ist. — Wie man sich das Urwesen Anaximanders zu denken hat, ist strittig. Eines der vier gewöhnlichen Elemente war es nicht: gewiß war es aber darum nicht stofflos oder immateriell, sondern wahrscheinlich dachte sich Anaximander darunter den noch nicht in die bestimmten Elemente auseinandergegangenen Urstoff, das zeitliche Prius, die chemische Indifferenz unserer jetzigen elementarischen Gegensätze. In dieser Beziehung ist jenes Urwesen allerdings ein „unbegrenztes" und „unbestimmtes," d. h. weder qualitativ bestimmt noch quantitativ begrenzt, aber darum keineswegs ein rein dynamisches Prinzip, wie etwa die empedokleische Freundschaft und Feindschaft, sondern nur ein mehr philosophischer Ausdruck für denselben Gedanken, den die alten Kosmogonieen in der Vorstellung des Chaos auszusprechen versucht hatten. Demgemäß läßt Anaximander auch aus seinem Urwesen, vermöge einer ewigen ihm innwohnenden Bewegung, die ursprünglichen Gegensätze des Kalten und Warmen (d. h. die Grundlagen der Elemente und des Lebens) sich ausscheiden, zum klaren Be-

weiß, daß sein Urwesen nur das unentwickelte, ungeschiedene potenzielle Sein dieser Elementargegensätze ist.

3. **Anaximenes.** Anaximenes, von Einigen ein Schüler oder Genosse des Anaximander genannt, kehrte näher zur Grundanschauung des Thales zurück, indem er die „unbegrenzte, allumfassende, stets bewegte Luft," aus der durch Verdünnung (Feuer) und Verdichtung (Wasser, Erde, Stein) Alles sich bildet, zum Prinzip der Welt machte. Die Wahrnehmung, daß die Luft die ganze Welt umgibt, und daß das Athmen die Lebensthätigkeiten bedingt, scheint ihn zu seiner Annahme veranlaßt zu haben.

4. **Rückblick.** Die drei ältesten ionischen Philosophen haben somit — — und es reduzirt sich hierauf ihre ganze Philosophie — a) überhaupt das allgemeine Wesen des Seienden gesucht, b) dasselbe in einem materiellen Stoffe oder Substrate gefunden, c) über die Ableitung der Grundformen der Natur aus dem Urstoff einige Andeutungen gegeben.

§. 5. Der Pythagoreismus.

1. **Seine Stellung.** Die ionische Philosophie zeigt in ihrer Entwicklung bereits die Tendenz, von der unmittelbar gegebenen bestimmten Qualität der Materie zu abstrahiren. Dieselbe Abstraktion aber auf einer höheren Stufe ist es, wenn von der sinnlichen Konkretion der Materie überhaupt abgesehen wird, wenn nicht mehr auf die qualitative Bestimmtheit der Materie als Luft, Wasser u. s. w., sondern vor Allem auf ihre quantitative Bestimmtheit, ihre qantitativen Maaße und Verhältnisse Rücksicht genommen, nicht bloß auf die Substanz, sondern auch auf die räumliche Ordnung und Form der Dinge reflektirt wird. Die Bestimmtheit der Quantität ist aber die Zahl: dieß ist das Prinzip und der Standpunkt des Pythagoreismus.

2. **Historisch-Chronologisches.** Die pythagoreische Zahlenlehre wird auf Pythagoras aus Samos, der zwischen den Jahren 540 und 500 v. Chr. geblüht haben soll, zurückgeführt. Sein Wohnsitz in der spätern Zeit seines Lebens war Kroton in Großgriechenland, wo er zum Behuf einer politischen und socialen Wiedergeburt der durch Parteikämpfe zerrütteten unteritalischen Städte einen Bund stiftete, dessen Mitglieder zur Reinheit und Frömmigkeit des Lebens, zur engsten Freundschaft unter einander, zu gemeinsamer Wirksamkeit für Aufrechterhaltung der Sitte und Zucht, der Ordnung und Harmonie des Gemeinwesens sich verpflichteten. Was von der Lebensgeschichte des Pythagoras überliefert ist, von seinen Reisen, seinem politischen Einfluß auf die unteritalischen Staaten u. s. w., ist so durch und durch mit Sagen, Mährchen und handgreiflichen Erdichtungen durchwoben (da nicht nur die alten Pythagoreer eine Vorliebe fürs Mysteriöse und Esoterische hatten, sondern namentlich die neuplatonischen Biographen des Mannes, Porphyr und Jamblich, sein Leben als historisch-philosophischen Roman behandelt haben), daß man auf keinem Punkte sicher ist, auf historischem Boden zu stehen. Dieselbe Ungewißheit herrscht über seine Lehre, d. h. namentlich über seinen Antheil an der Zahlentheorie, die von Aristoteles z. B. nie ihm selbst, sondern nur den Pythagoreern im Allgemeinen zugeschrieben wird, daher anzunehmen ist, daß sie erst innerhalb des von ihm gestifteten Bundes ihre Ausbildung erhalten hat. Die Nachrichten über die Schule zeigen erst hundert Jahre nach Pythagoras, gegen die Zeiten des

Sokrates, einige Sicherheit. Zu den wenigen Lichtpunkten in dieser Beziehung gehört der in Plato's Phädon erwähnte Pythagoreer Philolaus, dann auch Archytas, der Zeitgenosse Plato's. Wir haben auch die pythagoreische Lehre nur in der Gestalt überliefert erhalten, in welche sie durch Philolaus, Eurytus und Archytas gebracht worden ist, da die früheren nichts Schriftliches hinterlassen haben.

3. **Das pythagoreische Prinzip.** Der Grundgedanke des Pythagoreismus war die Idee des Maaßes und der Harmonie; sie ist ihm, wie das Prinzip des praktischen Lebens, so auch das oberste Gesetz des Universums. Die pythagoreische Kosmologie dachte das Weltall als ein symmetrisch geordnetes, alle Unterschiede und Gegensätze des Seins harmonisch in sich vereinigendes Ganzes, eine Anschauung, die sich namentlich in der Lehre ausspricht, alle Weltkörper oder Sphären (die Erde mitinbegriffen) bewegen sich in festbestimmten Bahnen um einen gemeinsamen Mittelpunkt, um das Centralfeuer, von welchem Licht, Wärme und Leben in das ganze Universum ausströme. Die nähere metaphysische Begründung der Idee, daß die Welt ein nach festen Formen und Maaßen harmonisch gegliedertes Ganzes sei, war nun die pythagoreische Zahlentheorie. Durch die Zahl erhalten die quantitativen Verhältnisse der Dinge, Ausdehnung, Größe, Figur (Dreieck, Viereck, Kubus u. s. w.), Gliederung, Entfernung u. s. w., erst ihre nähere Bestimmtheit, die Formen und Maaße der Dinge reduziren sich alle auf Zahlen; also, schloß man, ist (da ohne Form und Maaß überhaupt nichts ist) die Zahl das Prinzip der Dinge selbst, wie der Ordnung, in welcher sie sich in der Welt darstellen. Die Nachrichten der Alten sind zwar nicht einig darüber, ob den Pythagoreern die Zahl wirklich materiales oder bloß ideales Prinzip der Dinge, d. h. das Urbild war, nach welchem Alles geformt und geordnet ist; selbst die Aussagen des Aristoteles scheinen miteinander im Widerspruch zu sein: bald spricht er sich im erstern, bald im letzteren Sinne aus. Neuere Gelehrte haben daher angenommen, die pythagoreische Zahlenlehre habe mehrere Entwicklungsformen gehabt, ein Theil der Pythagoreer habe die Zahlen für Substanzen, ein anderer nur für Urbilder der Dinge gehalten. Aristoteles gibt jedoch selbst einen Fingerzeig, beiderlei Angaben mit einander zu vereinigen. Ursprünglich haben die Pythagoreer gewiß die Zahl als den Stoff, als die inhaftende Wesenheit der Dinge angesehen: darum stellt sie Aristoteles mit den Hylikern (den jonischen Naturphilosophen) zusammen, darum sagt er von ihnen geradezu: „sie hielten die Dinge für Zahlen" (Metaph. I, 5. 6.). Allein wie auch jene Hyliker ihren Stoff, z. B. das Wasser, nicht unmittelbar mit dem sinnlich Einzelnen identifizirt, sondern nur für den Grundstoff, die Urform der einzelnen Dinge ausgegeben haben, so konnten nun auch die Zahlen andererseits als solche Grundtypen angesehen werden, und Aristoteles konnte von den Pythagoreern sagen: „sie hielten die Zahlen für entsprechendere Urformen des Seienden, als Wasser, Luft u. s. w." Bleibt nichtsdestoweniger in den Aussagen des Aristoteles über den Sinn der pythagoreischen Zahlenlehre einige Unsicherheit zurück, so kann sie eben nur darin ihren Grund haben, daß die Pythagoreer eine Unterscheidung zwischen idealem und materialem Prinzip noch gar nicht vorgenommen, sondern sich mit der unentwickelten Anschauung, die Zahl sei das Wesen der Dinge, Alles sei Zahl — begnügt haben.

4. **Die Durchführung des Prinzips.** Es läßt sich aus der Natur des Zahlenprinzips schließen, daß die Durchführung desselben durch die realen Gebiete auf eine unfruchtbare, gedankenlose Symbolik hinauslaufen

mußte. Indem man die Zahlen in ihre beiden Arten, gerade und ungerade Zahl, auseinanderlegte, welchem der in dem Prinzip aller Zahlen, der Eins, gebundene Gegensatz des Begrenzenden und Unbegrenzten zu Grunde lag, und sofort auf Astronomie, Musik, Psychologie, Ethik u. s. w. anwandte, entstanden Kombinationen, wie die: das Eins sei der Punkt, zwei die Linie, die Dreizahl die Fläche, die Vierzahl körperliche Ausdehnung, die Fünfzahl Beschaffenheit u. s. w.; ferner, die Seele sei eine Harmonie, ebenso die Tugend u. s. w. Nicht nur das philosophische, sondern auch das historische Interesse hört hier auf, wie denn die Alten selbst, was bei der Willkür solcher Kombinationen unvermeidlich war, die widersprechendsten Nachrichten überliefert haben: so sollen die Pythagoreer die Gerechtigkeit bald auf die Zahl 3, bald auf die 4, bald auf die 5, bald auf die 9 zurückgeführt haben. Natürlich mußte bei einem so unklaren und willkürlichen Philosophiren frühzeitig weit mehr als in andern Schulen eine große Verschiedenheit der Einzelnen sich offenbaren, indem einer gewissen mathematischen Form der Eine diese, der Andere jene Bedeutung beilegte. Was an dieser Zahlenmystik allein einige Wahrheit und Bedeutung hat, ist der ihr zu Grund liegende Gedanke, daß in den Naturerscheinungen vernünftige Ordnung, Zusammenstimmung und Gesetzmäßigkeit walte, und daß diese Gesetze der Natur in Maaß und Zahl dargestellt werden können. Aber diese Wahrheit hat die pythagoreische Schule unter den Phantasieen einer ebenso nüchternen als ungezügelten Schwärmerei versteckt.

Der Physik der Pythagoreer ist, mit Ausnahme ihrer kosmologischen Lehren von der Kreisbewegung der Erde und der Gestirne, wenig wissenschaftliche Bedeutung beizumessen. Auch ihre Ethik ist dürftig. Was davon überliefert ist, ist mehr für das pythagoreische Leben, d. h. für die Praxis und Ordensdisziplin der Pythagoreer, als für ihre Philosophie charakteristisch. Die ganze Tendenz des Pythagoreismus war in praktischer Beziehung ascetisch, auf strenge Zucht der Gesinnung abzweckend. Ihre Ansicht vom Körper, als einem Kerker der aus der höhern Welt stammenden Seele, ihre Lehren von der Wanderung der Seelen in Thierkörper, von welcher nur ein reines und frommes Leben befreit, ihre Vorstellungen von den strengen Strafen in der Unterwelt, ihre Vorschrift, daß der Mensch sich als Eigenthum Gottes ansehe, Gott in Allem folge, nach Aehnlichkeit mit Gott strebe — Ideen, die Plato weiter gebildet und besonders im Phädon berücksichtigt hat — können hiefür angeführt werden.

§. 6. Die Eleaten.

1. **Verhältniß des eleatischen Prinzips zum pythagoreischen.** Hatten die Pythagoreer das Materielle, sofern es Quantität, Vielheit, Außereinander ist, zur Unterlage ihres Philosophirens gemacht, hatten sie damit nur erst von seiner bestimmten elementarischen Beschaffenheit abstrahirt, so gehen die Eleaten einen Schritt weiter, indem sie die letzte Konsequenz des Abstrahirens ziehen und die totale Abstraktion von aller endlichen Bestimmtheit, von aller Veränderung, allem Wechsel des Seienden zu ihrem Prinzip machen. Hatten die Pythagoreer noch an der Form des räumlichen und zeitlichen Seins festgehalten, so ist die Negation alles Außer- und Nacheinander der Grundgedanke der Eleatik. „Nur das Sein ist und das Nichtsein, das Werden ist gar nicht." Dieses Sein ist der rein bestimmungslose,

wechsellose Grund, nicht das Sein im Werden, sondern das Sein mit Ausschluß alles Werdens, das nur durch das Denken zu erfassende reine Sein.

Die Eleatik ist hienach Monismus, sofern sie die Mannigfaltigkeit alles Seins auf ein einziges letztes Prinzip zurückzuführen bestrebt ist; aber sie verfällt in Dualismus, sofern sie weder die Leugnung des Daseienden, der Erscheinungswelt durchführen, noch die letztere aus dem vorausgesetzten Urgrunde mehr ableiten kann. Die Welt der Erscheinung, wenn auch für wesenlosen nichtigen Schein erklärt, existirt doch, es mußte ihr wenigstens hypothetisch, da die sinnliche Wahrnehmung sich nicht wegschaffen ließ, das Recht der Existenz belassen werden, sie mußte, wenn auch unter Verwahrungen, genetisch erklärt werden. Dieser Widerspruch des unversöhnten Dualismus zwischen Sein und Dasein ist der Punkt, wo die eleatische Philosophie über sich selbst hinausweist: doch tritt er noch nicht im Beginn der Schule, mit Xenophanes, hervor; das Prinzip selbst hat sich mit seinen Konsequenzen erst im Verlaufe herausgestellt, indem es drei Perioden der Ausbildung durchlief, die sich an drei aufeinanderfolgende Generationen vertheilen; die Grundlegung der eleatischen Philosophie fällt dem Xenophanes zu, ihre systematische Ausbildung dem Parmenides, ihre Vollendung und zum Theil Selbstauflösung dem Zeno und Melissus (welchen letzteren wir hier übergehen).

2. **Xenophanes.** Xenophanes aus Kolophon in Kleinasien gebürtig und in die phokäische Pflanzstadt Elea (in Lukanien) eingewandert, jüngerer Zeitgenosse des Pythagoras, ist Urheber der eleatischen Richtung. Er scheint zuerst den Satz ausgesprochen zu haben, Alles sei Eins, ohne jedoch nähere Bestimmungen über diese Einheit aufzustellen, ob sie eine begriffliche oder eine stoffartige sei. Auf die Welt als Ganzes, sagt Aristoteles, seinen Blick richtend nannte er Gott das Eins. Das eleatische „Eins und Alles" ($ἓν$ $καὶ$ $πᾶν$) hatte also bei ihm noch einen theologischen, religiösen Charakter. Die Idee der Einheit Gottes und die Polemik gegen den Anthropomorphismus der Volksreligion ist sein Ausgangspunkt. Er eifert gegen den Wahn, die Götter würden geboren, hätten menschliche Stimme, Gestalt u. s. w., und schmäht auf Homer und Hesiod, die Raub, Ehebruch, Betrug den Göttern angedichtet. Nach ihm ist die Gottheit ganz Auge, ganz Verstand, ganz Ohr, unbewegt, ungetheilt, mühelos durch ihr Denken Alles beherrschend, den Menschen weder an Gestalt, noch an Verstand ähnlich. In dieser Weise, zunächst nur darauf bedacht, von der Gottheit verendlichende Bestimmungen und Prädikate abzuwerfen, ihre Einheit und Unveränderlichkeit festzustellen, sprach er dieses ihr Wesen zugleich als höchstes philosophisches Prinzip aus, ohne jedoch noch dieses Prinzip polemisch gegen das endliche Sein zu kehren und negativ durchzuführen.

3. **Parmenides.** Das eigentliche Haupt der eleatischen Schule ist Parmenides aus Elea, Schüler oder jedenfalls Anhänger des Xenophanes. So wenig uns von seinen Lebensumständen Sicheres überliefert wird, so einstimmig ist das gesammte Alterthum im Ausdruck der Ehrfurcht gegen den eleatischen Weisen, in der Bewunderung vor der Tiefe seines Geistes wie vor dem Ernst und der Erhabenheit seiner Gesinnung. Die Redensart „parmenideisches Leben" wurde später unter den Griechen sprichwörtlich.

Parmenides legte, wie schon Xenophanes, seine Philosophie in einem Gedichte nieder, von dem uns noch bedeutende Bruchstücke erhalten sind. Es zerfällt in zwei Theile. Im ersten erörtert Parmenides den Begriff des Seins. Weit über die noch unvermittelte Anschauung des Xenophanes sich erhebend, setzt er hier diesen Begriff, das reine einige Sein, allem Mannigfaltigen und Veränderlichen als dem Nichtseienden und folglich Undenkbaren schlechthin entgegen, und schließt vom Sein nicht nur alles Werden und Vergehen, sondern auch alle Zeitlichkeit, Räumlichkeit, Theilbarkeit, Verschiedenartigkeit und Bewegung aus, erklärt dasselbe für ungeworden und unvergänglich, ganz und einartig, unwandelbar und ohne Begrenzung, untheilbar und zeitlos gegenwärtig, vollkommen und überall sich selbst gleich, und eignet ihm als einzige positive Bestimmung (denn die bisherigen waren nur verneinende gewesen) das Denken zu; „Sein und Denken" sind nach ihm „Eines und Dasselbe." Das auf dieses Sein gerichtete reine Denken bezeichnet er im Gegensatz gegen die trüglichen Vorstellungen über die Mannigfaltigkeit und Veränderlichkeit der Erscheinungen als die allein wahre untrügliche Erkenntniß, und hat kein Hehl, dasjenige nur für Nichtseiendes und Täuschung zu halten, was die Sterblichen für Wahrheit ansehen, nämlich Werden und Entstehen, vergängliche Existenz, Vielheit und Verschiedenheit der Dinge, den Ort verändern und seine Beschaffenheit wechseln u. s. w. Man hüte sich also, das parmenideische Eins für die Kollektiveinheit alles Seienden zu halten.

Soweit der erste Theil des parmenideischen Gedichts. Nachdem der Satz, daß nur das Sein ist, nach seinen negativen und positiven Bestimmungen entwickelt worden ist, sollten wir glauben, das System sei zu Ende. Allein es folgt ein zweiter Theil, der sich nun hypothetisch mit der Erklärung und physikalischen Ableitung des „Nichtseienden," d. h. der Erscheinungswelt beschäftigt. Obwohl fest überzeugt, nur das Eins sei dem Begriffe und der Vernunft nach, ist Parmenides doch unvermögend, sich der Anerkennung eines erscheinenden Mannigfaltigen und Veränderlichen zu entziehen. Er bevorwortet daher, indem er, durch die sinnliche Wahrnehmung genöthigt, zur Erörterung der Erscheinungswelt übergeht, diesen zweiten Theil mit der Bemerkung: der Wahrheit Rede und Gedanke sei jetzt geschlossen, und es sei von nun an nur sterbliche Meinung zu vernehmen. Leider ist uns der zweite Theil sehr unvollständig überliefert. So viel sich schließen läßt, erklärt er die Erscheinungen der Natur aus der Mischung zweier unveränderlicher Elemente, die Aristoteles als Warmes und Kaltes, Feuer und Erde bezeichnet. Von diesen beiden, bemerkt Aristoteles weiter, stellte er das Warme mit dem Seienden zusammen, das Andere mit dem Nichtseienden. Alle Dinge sind aus diesen Gegensätzen gemischt; je mehr Feuer, desto mehr Sein, Leben, Bewußtsein; je mehr Kaltes und Starres, desto mehr Leblosigkeit. Das Prinzip der Einheit alles Seins wird nur darin festgehalten, daß nach Parmenides im Menschen die empfindende und denkende Substanz, Körper und Geist, Eines und Dasselbe ist.

Es braucht kaum bemerkt zu werden, daß zwischen beiden Theilen der parmenideischen Philosophie, der Lehre vom Sein und der Lehre vom Schein, kein innerer wissenschaftlicher Zusammenhang stattfindet. Was Parmenides im ersten Theile schlechthin leugnet und sogar für unsagbar erklärt, das Nichtseiende, das Viele und Veränderliche, gibt er im zweiten als wenigstens in der Vorstellung der Menschen existirend zu; allein es ist klar, daß das Nichtseiende auch nicht einmal in der Vorstellung existiren könnte, wenn es überhaupt und überall nicht existirt, und daß der Versuch, ein Nichtseiendes der Vorstellung zu erklären, mit der ausschließlichen Anerkennung des Seienden in vollkommenem Widerspruch steht. Diesen Widerspruch, die unvermittelte Nebeneinanderstellung des Seienden und des Nichtseienden, des Eins und des Vielen, suchte Parmenides' Schüler, Zeno, zu heben, indem er vom

Begriffe des Seins aus die sinnliche Vorstellung, und damit die Welt des Nichtseienden dialektisch zerstörte.

4. **Zeno.** Der Eleat Zeno, um 500 v. Chr. geboren, Schüler des Parmenides, hat die Lehre seines Meisters dialektisch fortgebildet und die Abstraktion des eleatischen Eins im Gegensatz gegen die Vielheit und Bestimmtheit des Endlichen am reinsten durchgeführt. Er rechtfertigte die Lehre vom einigen, einfachen und unveränderlichen Sein auf indirektem Wege durch die Nachweisung der Widersprüche, in welche die gewöhnlichen Vorstellungen von der Erscheinungswelt sich verwickeln. Hatte Parmenides behauptet, nur das Eine Seiende ist, so zeigte Zeno polemisch, daß es 1) weder eine Vielheit, noch 2) eine Bewegung gebe, weil diese Begriffe zu widersprechenden Folgerungen führen. 1) Das Viele ist eine Anzahl von Eins, aus denen es zusammengesetzt ist; ein wirkliches Eins (ein Einfaches, das nicht selbst wieder Vielheit ist) ist aber nur das Untheilbare; das Untheilbare aber hat keine Größe (mehr (sonst könnte es ja getheilt werden); folglich kann das Viele keine Größe haben, es muß unendlich klein sein. Will man dieser Folgerung ausweichen (weil, was keine Größe hat, so gut als nichts ist), so muß man die Vielen als selbstständige Quanta setzen. Selbstständiges Quantum aber ist nur, was selbst Größe hat und von anderen Quanta wieder durch etwas, das Größe hat, getrennt ist (da es sonst mit ihnen zusammenfließen würde). Diese trennenden Größen aber müssen (aus demselben Grunde) von denen, welche sie trennen, wieder durch andere getrennt sein, und so fort; Alles ist somit von Allem durch unendlich viele Größen getrennt, alle begrenzte und bestimmte Größe verschwindet, es gibt nur unendliche Größe. Ferner: Gibt es Vieles, so muß es der Zahl nach begrenzt sein; denn es ist eben nur so viel als es ist, nicht mehr und nicht weniger. Ebenso aber muß das Viele der Zahl nach auch unbegrenzt sein; denn zwischen Dem, was ist, ist immer wieder ein Drittes, und so fort ins Unendliche. 2) Ein sich bewegender Körper müßte, bevor er zum Ziel kommt, erst die Hälfte des Wegs durchlaufen, von dieser wieder vorher die Hälfte u. s. w., kurz er müßte unendliche Räume durchlaufen, was unmöglich ist; folglich gibt es kein Hinkommen von einem Punkte zum andern, keine Bewegung; die Bewegung kann gar keinen Anfang gewinnen, da jeder zu durchlaufende Raumtheil wieder in unendliche Theile zerfällt. Ferner: Ruhen heißt an einem und demselben Orte sein. Theilt man die Zeit, während welcher ein Pfeil fliegt, in Momente (Jetzt) ein, so ist der Pfeil während jedes dieser Augenblicke (eben jetzt) bloß an Einem Ort; also ruht er stets, die Bewegung ist bloß scheinbar. — Um dieser Beweise willen, die wenigstens zum Theil mit Recht auf Schwierigkeiten und Antinomieen, welche im Begriffe der unendlichen Theilbarkeit von Materie, Raum und Zeit liegen, zuerst hingewiesen haben, nennt Aristoteles den Zeno den Urheber der Dialektik; auch auf Plato hat Zeno wesentlich eingewirkt.

Das zenonische Philosophiren ist jedoch, wie die Vollendung des eleatischen Prinzips, so zugleich der Anfang seiner Auflösung. Zeno hat den Gegensatz des Seienden und Daseienden, des Eins und des Vielen so abstrakt gefaßt, so sehr überspannt, daß bei ihm der innere Widerspruch des eleatischen Prinzips noch stärker hervortritt, als bei Parmenides. Denn je folgerichtiger er ist in der Leugnung der Erscheinungswelt, um so auffallender mußte der Widerspruch sein, einerseits seine ganze philosophische Thätigkeit an die Widerlegung der sinnlichen Vorstellung zu wenden, andererseits ihr gegenüber eine Lehre aufzustellen, welche die Möglichkeit der falschen Vorstellung selbst aufhebt.

§. 7. Heraklit.

1. **Verhältniß des heraklitischen Prinzips zum eleatischen Sein und Dasein**, das Eins und das Viele fällt im eleatischen Prinzip schlechthin auseinander: der angestrebte Monismus hat zum Resultat einen schlecht verhehlten Dualismus. Heraklit versöhnt diesen Widerspruch, indem er als die Wahrheit des Seins und Nichtseins, des Eins und des Vielen das Zumal beider, das Werden aussprach. Bleibt die Eleatik in dem Dilemma stehen: die Welt ist entweder seiend oder nichtseiend, so antwortet Heraklit, sie ist keins von beiden, weil sie beides ist.

2. **Historisch-Chronologisches**. Heraklit, von den Späteren der Dunkle genannt, aus Ephesus, der genialste unter den vorsokratischen Philosophen, blühte um das Jahr 460, später als Xenophanes, etwa gleichzeitig mit Parmenides. Er legte seine philosophischen Gedanken in einer nur noch in wenigen Bruchstücken vorhandenen Schrift „über die Natur" nieder. Schwierig durch die raschen Uebergänge, den gespannten inhaltsschweren Ausdruck und die philosophische Eigenthümlichkeit Heraklits überhaupt, zum Theil auch durch die Alterthümlichkeit der frühesten Prosa, wurde sie wegen ihrer Unverständlichkeit schon frühe sprichwörtlich. Sokrates sagte von ihr: „was er davon verstanden, sei vortrefflich, und von dem, was er nicht verstanden, glaube er, daß es ebenso sei; aber die Schrift erfordere einen tüchtigen Schwimmer." Spätere, besonders Stoiker, haben sie kommentirt.

3. **Das Prinzip des Werdens**. Als das Prinzip Heraklits wird von den Alten einstimmig die Ansicht angegeben, daß die Gesammtheit der Dinge in ewigem Flusse, in ununterbrochener Bewegung und Wandelung begriffen und ihr Beharren nur Schein sei. „In dieselben Ströme," lautet ein Ausspruch Heraklits, „steigen wir hinab und steigen auch nicht hinab. Denn in denselben Strom vermag man nicht zweimal zu steigen, sondern immer zerstreut und sammelt er sich wieder oder vielmehr zugleich fließt er zu und fließt ab." Nichts, sagt er, bleibt sich gleich, Alles nimmt zu und ab, löst sich auf und geht in andere Bildungen über; aus Allem wird Alles, aus Leben Tod, aus Todtem Leben; es ist ewig und überall nur dieser Eine Prozeß des Wechsels des Entstehens und Vergehens. Mit Grund wird daher behauptet, Heraklit habe Ruhe und Beharren aus der Gesammtheit der Dinge verbannt, und wenn er Augen und Ohren des Betrugs anklagt, so geschieht es ohne Zweifel in derselben Hinsicht, weil sie nämlich dem Menschen ein Beharren vorspiegeln, wo ununterbrochen Veränderung ist.

Näher hat Heraklit das Prinzip des Werdens entwickelt, wenn er erinnert, daß alles Werden als das Ergebniß kämpfender Gegensätze, als die harmonische Verbindung entgegengesetzter Bestimmungen zu begreifen sei. Ginge das Seiende nicht fortwährend in Gegensätze auseinander, die sich von einander unterscheiden, einander gegenübertreten, einander theils verdrängen und ablösen, theils anziehen und ergänzen und in einander überfließen, so würde Alles untergehen, so würde alle Wirklichkeit und alles Leben aufhören. Daher die bekannten zwei Sätze: „Der Streit sei der Vater der Dinge," und „Das Eins, sich mit sich selbst entzweiend, gehe mit sich selbst zusammen, wie die Harmonie des Bogens und der Leier," d. h. Einheit sei in der Welt nur, sofern das Weltleben in Gegensätze sich spaltet, in deren Zusammenhaltung und Ausgleichung eben die Einheit besteht; Einheit setze Zweiheit, Harmonie Spannung, Jneinsstreben Entgegengesetzter voraus und komme eben nur durch Letzteres zu Stande. „Verbinde" — lautet ein anderer Ausspruch von ihm — „Ganzes und Nichtganzes, Zusammentretendes und Auseinandertretendes, Zusammenstimmiges und Mißstimmiges, so wird aus Allem Eins und aus Einem Alles."

4. **Das Feuer.** Wie verhält sich nun zu diesem Prinzip des Werdens das dem Heraklit gleichfalls zugeschriebene Prinzip des Feuers? Wie Thales das Wasser, Anaximenes die Luft, so machte — sagt Aristoteles — Heraklit das Feuer zum Prinzip. Allein es ist klar, daß wir diese Angabe nicht so auffassen dürfen, als ob Heraklit, wie die übrigen Hyliker, das Feuer als Urstoff oder Grundelement gesetzt hätte. Wer nur dem Werden selbst Realität zuschreibt, kann unmöglich diesem Werden noch einen elementarischen Stoff als zu Grunde liegende Substanz zur Seite setzen. Wenn also Heraklit die Welt ein ewig lebendes, in bestimmten Stufen und Maaßen verlöschendes und [sich] wieder entzündendes Feuer nennt, wenn er sagt, gegen Feuer werde Alles ausgetauscht und Alles gegen Feuer, wie gegen Gold die Dinge und die Dinge gegen Gold, so kann er nur dieß darunter verstehen, daß das Feuer, dieses ruhelose, Alles zersetzende, verwandelnde und ebenso durch Wärme belebende Element, die stetige Kraft dieser ewigen Wandelung und Umsetzung, den Begriff des Lebens in der anschaulichsten und wirksamsten Weise darstelle. Man könnte das Feuer im heraklitischen Sinn Symbol oder Manifestation des Werdens nennen, wenn es bei ihm nicht auch zugleich Substanz der Bewegung wäre, d. h. das Mittel, dessen sich die allem Stoffe vorangehende Kraft der Bewegung bedient, um den lebendigen Prozeß der Dinge hervorzubringen. Die Mannigfaltigkeit der Dinge erklärt Heraklit sofort aus dem Gehemmtwerden und theilweisen Verlöschen des Feuers, in Folge dessen es sich zu stoffartigen Bestandtheilen verdichtet, zuerst zu Luft, dann zu Wasser, dann zu Erde. Ebenso aber gewinnt das Feuer auch wieder das Uebergewicht über diese Hemmungen und belebt sich aufs Neue. Diese beiden Prozesse des Erlöschens und Sichwiederentzündens der feurigen Kraft wechseln nach Heraklit in ewigem Kreislauf mit einander ab, und er lehrte daher, daß die Welt in abgemessenen Perioden in das Urfeuer sich wieder auflöse, um sodann aus ihm abermals sich neu zu bilden u. s. f. Außerdem aber ist ihm das Feuer auch in den Einzeldingen Prinzip der Bewegung, der physischen wie geistigen Lebendigkeit; die Seele selbst ist ein feuriger Dunst; ihre Kraft und Vollkommenheit hängt davon ab, daß sie rein von allen gröbern und dumpfern Stoffen ist. — Die praktische Philosophie Heraklits fordert, daß man nicht den täuschenden Vorspiegelungen der sinnlichen Empfindung und Vorstellung, die uns an das Wechselnde und Vergehende fesseln, sondern der Vernunft folge; sie lehrt uns das Wahre, das Bleibende im Wechsel erkennen, und führt uns namentlich dazu, mit Ruhe in die nothwendige Ordnung der Welt uns zu fügen und auch in dem, was uns übel scheint, ein zur Harmonie des Ganzen mitwirkendes Element zu erblicken.

5. **Uebergang auf die Atomisten.** Das eleatische und heraklitische Prinzip bilden den reinsten Gegensatz zu einander. Hebt Heraklit alles bestehende Sein in ein absolut flüssiges Werden, so hebt Parmenides alles Werden in ein absolut beständiges Sein auf, und eben die Sinne, Aug' und Ohr, welchen der Erstere den Irrthum zur Last legt, das verfließende Werden in ein ruhendes Sein zu verwandeln, beschuldigt der Letztere der wahrheitslosen Meinung, welche das beharrliche Sein in die Bewegung des

Werdens hineinzieht. Man kann hiernach sagen, das Sein und das Werden seien gleichberechtigte Antithesen, die selbst wieder eine Ausgleichung und Versöhnung erheischen. Heraklit faßt die Erscheinungswelt als existirenden Widerspruch und bleibt bei diesem Widerspruche als einem Letzten stehen; dadurch, daß er Dasjenige, was die Eleaten leugnen zu müssen geglaubt hatten, das Werden einfach behauptete, war dasselbe noch nicht erklärt; die Frage kehrte immer wieder: warum ist alles Sein ein Werden? warum geht das Eins ewig in die Vielheit auseinander? Die Beantwortung dieser Frage, d. h. die Erklärung des Werdens vom vorausgesetzten Prinzip des Seins aus ist der Standpunkt und die Aufgabe der empedokleischen und atomistischen Philosophie.

§. 8. Empedokles.

1. **Uebersicht.** Empedokles aus Agrigent, als Staatsmann und Redner, als Physiker, Arzt und Dichter, auch als Seher und Wunderthäter vom Alterthum gepriesen, um 440 v. Chr. blühend, folglich jünger als Parmenides und Heraklit, schrieb ein in ziemlich ausführlichen Bruchstücken uns erhaltenes Lehrgedicht von der Natur. Sein philosophisches System läßt sich kurz als Versuch einer Kombination zwischen dem eleatischen Sein und dem heraklitischen Werden charakterisiren. Von dem eleatischen Gedanken ausgehend, daß weder zuvor nicht Gewesenes werden, noch Seiendes untergehen könne, setzte er als unvergängliches Sein vier ewige, selbstständige, nicht auseinander abgeleitete, wenn gleich theilbare Urstoffe (unsere jetzigen vier Elemente); hiemit zugleich das heraklitische Prinzip des Naturgeschehens verbindend, läßt er die vier Elemente durch zwei bewegende Kräfte, die einigende Freundschaft und den trennenden Streit, gemischt und gestaltet werden. Ursprünglich fanden sich die vier Elemente einander schlechthin gleich und unbeweglich im Sphairos, d. h. in der reinen und vollkommenen kugelgestaltigen göttlichen Urwelt, zusammengehalten vor, wo die Freundschaft sie zusammenhielt, bis allmälig der Streit, von der Peripherie in das Innere des Sphairos vordringend, d. h. zu sondernder Wirksamkeit gelangend, jene Verbindung löste, womit die Welt der Gegensätze, in der wir leben, sich zu bilden begann.

2. **Die vier Elemente.** Mit seiner Lehre von den vier Elementen schließt sich Empedokles einerseits der Reihe der jonischen Naturphilosophen an, andrerseits schließt er dieselbe ab mit der elementarischen Vierzahl, als deren Urheber er von den Alten entschieden bezeichnet wird. Bestimmter unterscheidet er sich von den alten Hylikern dadurch, daß er seinen vier „Wurzel-Elementen" ein wandelloses Sein zuschreibt, vermöge dessen sie nicht auseinander entstehen, nicht ineinander übergehen, überhaupt keines Andersswerdens, sondern nur einer veränderten Zusammensetzung fähig sind. Alles, was man Entstehen und Vergehen nennt, alle Veränderung überhaupt beruht somit nur auf der Mischung und Entmischung dieser ewigen Grundstoffe, die unerschöpfliche Mannigfaltigkeit des Seins auf ihren verschiedenen Mischungsverhältnissen. Alles Werden wird so nur als Ortsveränderung gedacht. (**Mechanische** Naturerklärung im Gegensatz gegen die **dynamische**.)

3. **Die beiden Kräfte.** Woher nun das Werden, wenn im Stoff

selbst kein Prinzip und kein Erklärungsgrund der Veränderung liegt? Da Empedokles weder die Veränderung leugnete, wie die Eleaten, noch sie, wie Heraklit, dem Stoffe als inwohnendes Prinzip unterlegte, so blieb ihm Nichts übrig, als dem Stoffe eine bewegende Kraft zur Seite zu setzen. Dieser bewegenden Kraft aber zwei ursprünglich gesonderte Richtungen beizulegen, einerseits eine trennende oder abstoßende (dirimirende oder repulsive), andererseits eine anziehende (attraktive), dazu mußte ihn ebenfalls der von seinen Vorgängern aufgestellte Gegensatz des Eins und Vielen, der eine Erklärung erheischte, veranlassen. Das Auseinandergehen des Eins zum Vielen und das Zusammengehen des Vielen zum Eins deutete von selbst auf einen Gegensatz von Kräften, den schon Heraklit erkannt hatte. Hatte nun Parmenides mit seinem Prinzip der Einheit sozusagen die Liebe, Heraklit vom Prinzip des Vielen aus den Streit zum Prinzip gemacht, so macht Empedokles auch hier die Kombination beider Prinzipien zum Prinzip seiner eigenen Philosophie. Freilich hat er die Wirkungssphäre beider Kraftrichtungen nicht genau gegen einander abgegrenzt. Obwohl eigentlich der Freundschaft das attraktive, dem Streit die dirimirende Funktion zufällt, so läßt Empedokles doch hinwiederum auch den Streit verbindend und weltbildend wirken und die Liebe trennend. In der That ist auch die durchgängige Auseinanderhaltung einer trennenden und verbindenden Kraft in der Bewegung des Werdens eine undurchführbare Abstraktion.

4. Verhältniß der empedokleischen Philosophie zu den Eleaten und Heraklit. Indem Empedokles dem Stoff als dem Seienden die bewegende Kraft als das Prinzip des Werdens zur Seite stellt, ist seine Philosophie eine Vermittlung oder richtiger Nebeneinanderstellung des eleatischen und heraklitischen Prinzips. Die Prinzipien dieser beiden Vorgänger hat er zu gleichen Theilen in sein System verwoben. Mit den Eleaten leugnet er Entstehen und Vergehen, d. h. Uebergehen eines Seienden ins Nichtseiende und des Nichtseienden ins Seiende: mit Heraklit theilt er das Interesse, die Veränderung zu erklären; von den erstern entlehnt er das bleibende, unveränderliche Sein seiner Grundstoffe, von dem zweiten das Prinzip der bewegenden Kraft. Mit den Eleaten endlich denkt er sich das wahrhaft Seiende in ursprünglicher unterschiedsloser Einheit als Sphairos, mit Heraklit die jetzige Welt als das stetige Produkt streitender Kräfte und Gegensätze. Richtig hat man ihn deßhalb als Eklektiker bezeichnet, der die Grundgedanken seiner beiden Vorgänger nicht ganz konsequent vereinigt.

§. 9. Die Atomistik.

1. Die Stifter. Dasselbe, was Empedokles, eine Kombination des eleatischen und heraklitischen Prinzips, suchten auf anderem Wege die Atomisten Leukipp und Demokrit zu bewerkstelligen. Demokrit, der Jüngere und Bekanntere unter Beiden, um 460 in der jonischen Pflanzstadt Abdera von reichen Eltern geboren, machte, der größte Polyhistor vor Aristoteles, weite Reisen, und legte den Reichthum seiner gesammelten Kenntnisse in einer Reihe von Schriften nieder, von denen jedoch nur sehr wenige Bruchstücke auf uns gekommen sind. In Beziehung auf Rhythmus und Glanz der Rede vergleicht Cicero den Demokrit mit Plato. Demokrit starb in hohem Alter.

2. **Die Atome.** Statt, wie Empedokles, von einer Anzahl qualitativ bestimmter und unterschiedener Urstoffe, leiteten die Atomisten alle Bestimmtheit der Erscheinungen aus einer ursprünglichen Unendlichkeit der Qualität nach gleichartiger, der Quantität nach ungleichartiger Grundbestandtheile ab. Ihre Atome sind unveränderliche, zwar ausgedehnte, aber „untheilbare", nur der Größe, Gestalt und Schwere nach verschieden bestimmte Stofftheilchen. Sie sind als das Seiende und Qualitätslose einer Verwandlung oder qualitativen Veränderung schlechthin unfähig und alles Werden ist, wie bei Empedokles, nur lokale Veränderung; die Mannigfaltigkeit der Erscheinungswelt ist nur aus der verschiedenen Figur, Ordnung und Stellung der zu Komplexionen verbundenen Atome zu erklären.

3. **Das Volle und das Leere.** Die Atome, um Atome, d. h. ungetrennte und undurchdringliche Einheiten zu sein, müssen gegenseitig abgegrenzt und geschieden sein. Es muß etwas ihnen Entgegengesetztes existiren, das sie als Atome erhält, das die Ursache ihrer Geschiedenheit und gegenseitigen Sprödigkeit ist. Dieß ist der leere Raum, näher die zwischen den Atomen befindlichen Abstände, durch die sie auseinander gehalten werden. Die Atome, durch das Seiende und schlechthin Erfüllte, der leere Raum, als das Leere, Nichtseiende — diese beiden Bestimmungen stellen nur in realer, gegenständlicher Weise vor, was die Momente des heraklitischen Werdens, Sein und Nichtsein, in gedankenmäßiger Weise, als logische Begriffe sind. Dem leeren Raum als einer Bestimmung des Seienden kommt hiernach nicht weniger, als den Atomen, objektive Realität zu, und Demokrit behauptete auch im Gegensatz gegen die Eleaten ausdrücklich, „das Sein sei um nichts realer als das Nichts."

4. **Die Nothwendigkeit.** Wie bei Empedokles erhebt sich auch bei Demokrit, und bei ihm noch weit mehr, die Frage nach dem Woher der Veränderung und Bewegung. Was ist der Grund, daß die Atome diese mannigfaltigen Kombinationen eingehen und den Reichthum der unorganischen und organischen Gestaltungen hervorbringen? Der Grund hievon liegt nach Demokrit im Wesen der Atome selbst, denen der leere Raum verstattet, sich abwechselnd zu verbinden und zu trennen. Die Atome, mit verschiedener Schwere im leeren Raume schwebend, stoßen sich an einander; es entsteht so eine sich immer weiter verbreitende Bewegung in der Gesammtmasse, und durch sie kommen, indem namentlich gleichgestaltige Atome sich zusammengruppiren, die verschiedenen Komplexionen der Atome zu Stande, die aber ihrer Natur nach sich ebenso immer wieder auflösen; — daher die Vergänglichkeit der Einzeldinge. — Mit dieser Erklärung der Weltbildung ist aber in der That nichts erklärt; es ist in ihr nur die ganze abstrakte Idee einer unendlichen Kausalitätsreihe, nicht aber ein zureichender Grund aller Erscheinungen des Werdens und der Veränderungen aufgestellt. Als solcher letzter Grund blieb daher, da sich Demokrit ausdrücklich gegen den νοῦς (die Vernunft) des Anaxagoras erklärte, nur die schlechthinige Nothwendigkeit oder die nothwendige Vorherbestimmtheit (ἀνάγκη) übrig, die er im Gegensatz gegen das Aufsuchen der Endursachen oder die anaxagoreische Teleologie Zufall (τύχη) genannt haben soll. — Die sich hieran knüpfende Polemik gegen die Volksgötter, deren Vorstellung Demokrit aus der Furcht vor atmosphärischen und himmlischen Erscheinungen erklärte, und ein immer offener erklärter Atheismus und Naturalismus war die hervorstechende Eigenthümlichkeit der spätern atomistischen Schule, die in Diagoras aus Melos, dem sog. Atheisten, in völlige Sophistik überging.

5. **Stellung der Atomistik.** Hegel charakterisirt die Stellung der Atomistik folgendermaßen: „In der eleatischen Philosophie sind Sein und Nichtsein als Gegensätze, nur das Sein ist, das Nichtsein ist nicht; in der heraklitischen Idee ist Sein und Nichtsein dasselbe, beide zusammen, d. h. das Werden ist Prädikat des Seienden; das Sein aber und das Nichtsein, beide mit der Bestimmung eines Gegenständlichen, oder wie sie für die sinnliche Anschauung sind, sind der Gegensatz des Vollen und Leeren. Parmenides setzt das Sein als das abstrakt Allgemeine, Heraklit den Prozeß, die Bestimmung des Fürsichseins kommt den Atomisten zu." Hieran ist so viel richtig, daß den Atomen allerdings das charakteristische Prädikat des Fürsichseins zukommt; allein der Gedanke des atomistischen Systems ist, mit dem empedokleischen analog, vielmehr der, unter der Voraussetzung dieser fürsichseienden qualitätslosen Substanzen die Möglichkeit des Werdens zu erklären. Zu diesem Zweck wird die dem eleatischen Prinzip abgekehrte Seite, das Nichtseiende oder Leere mit nicht geringerer Aufmerksamkeit ausgebildet, als die ihm zugewandte, die Urtheilsbeständigkeit und Qualitätslosigkeit der Atome. Die Atomistik ist hiernach eine Vermittlung des eleatischen und heraklitischen Prinzips. Eleatisch darin ist das ungetheilte Fürsichsein der Atome, heraklitisch ihre Vielheit und Mannigfaltigkeit; eleatisch die Behauptung ihrer absoluten Erfülltheit, heraklitisch die Annahme eines realen Nichtseienden, d. h. des leeren Raumes; eleatisch die Leugnung des Werdens, d. h. des Entstehens und Vergehens, heraklitisch die Behauptung der Bewegung und unendlichen Kombinationsfähigkeit. Jedenfalls hat aber Demokrit seinen Grundgedanken konsequenter durchgeführt, als Empedokles, ja man kann sagen, er hat die rein mechanische Naturerklärung vollendet: seine Grundgedanken sind Hauptbegriffe aller Atomistik, und haben sich als solche bis auf die Gegenwart erhalten. Den Grundmangel übrigens, der aller Atomistik anklebt, hat schon Aristoteles richtig erkannt, wenn er zeigt, daß es ein Widerspruch sei, Körperliches oder Räumliches als untheilbar zu setzen und so eigentlich Ausgedehntes aus Nichtausgedehntem abzuleiten, endlich, was die bewußtlose unbegriffene Nothwendigkeit Demokrits besonders trifft, den Zweckbegriff aus der Natur zu verbannen. Dieser letztere, auch den übrigen bisherigen Systemen anhängende Mangel ist es, der in der Lehre des Anaxagoras von einer zweckmäßig handelnden Intelligenz sich zu heben beginnt.

§. 10. Anaxagoras.

1. **Persönliches.** Anaxagoras, in Klazomenä ums Jahr 500 geboren, aus reicher und vornehmer Familie, wieder einer der Männer, welche einzig und allein in der Erforschung der Natur und ihrer Ordnung ihre Lebensaufgabe erblickten, nahm bald nach den Perserkriegen seinen Aufenthalt in Athen und lebte dort längere Zeit, bis er der Gottlosigkeit angeklagt nach Lampsakus auswandern mußte, wo er hochgeehrt 72 Jahre alt starb. Er war es, der die Philosophie nach Athen, von jetzt an Mittelpunkt des geistigen Lebens in Griechenland, verpflanzte, und namentlich durch seine persönlichen Beziehungen zu Perikles, Euripides und andern bedeutenden Männern, auf die damalige Zeitbildung entscheidenden Einfluß übte. Für das Letztere zeugt auch die ohne Zweifel von den politischen Gegnern des Perikles gegen ihn erhobene Anklage wegen Gotteslästerung. Anaxagoras

schrieb ein zu Sokrates Zeiten sehr verbreitetes Werk mit dem Titel „von der Natur."

2. **Sein Verhältniß zu seinen Vorgängern.** Das anaxagoreische System ruht ganz auf den Voraussetzungen seiner Vorgänger und ist bloß ein anderer Lösungsversuch desselben Problems, das sich diese gestellt hatten. Wie Empedokles und die Atomisten leugnet auch Anaxagoras das Werden im strengen Sinn. „Das Werden und Vergehen — lautet ein Ausspruch von ihm — nehmen die Hellenen mit Unrecht an, denn kein Ding wird, noch vergeht es, sondern aus vorhandenen Dingen wird es gemischt und entmischt, und so würden sie richtiger das Werden Gemischtwerden und das Vergehen Zersetztwerden nennen." Aus dieser Ansicht, daß alles Entstehen Mischung, alles Vergehen Entmischung sei, folgt auch für ihn, wie für seine Vorgänger, die Trennung des Stoffs und der bewegenden Kraft. Aber von hier aus schlägt er einen eigenthümlichen Weg ein. Die bewegende Kraft war bisher offenbar ungenügend gefaßt worden. Die mythischen Mächte der Liebe und des Hasses, die bewußtlose Nothwendigkeit der rein mechanischen Naturauffassung erklärten Nichts, am allerwenigsten die Zweckmäßigkeit des Werdens in der Natur; der Begriff des zweckmäßigen Thuns mußte folglich in den Begriff der bewegenden Kraft aufgenommen werden. Anaxagoras that dieß, indem er die Idee einer von allem Stoff schlechthin gesonderten, weltbildenden, nach Zwecken handelnden Intelligenz (νοῦς) aufstellte.

3. **Das Prinzip des** νοῦς. Anaxagoras beschreibt diese Intelligenz als freiwaltend, mit keinem Dinge gemischt, der Bewegung Grund, selber unbewegt, überall wirksam, unter Allem das Feinste und Reinste. Wenn diese Prädikate zum Theil noch auf physikalischer Analogie beruhen und den Begriff der Immaterialität noch nicht rein hervortreten lassen, so läßt dagegen das Attribut des Denkens und des bewußt zweckmäßigen Thuns, das er dem νοῦς beilegte, keinen Zweifel am entschieden idealistischen Charakter des anaxagoreischen Prinzips übrig. Nichtsdestoweniger blieb Anaxagoras bei der Aufstellung seines Grundgedankens stehen, ohne ihm eine vollständige Durchführung angedeihen zu lassen. Es erklärt sich dieß aus der Entstehung und den genetischen Voraussetzungen seines Prinzips. Nur das Bedürfniß einer bewegenden Ursache, der zugleich das Attribut des zweckmäßigen Thuns zukäme, hatte ihn auf die Idee eines immateriellen Prinzips gebracht. Sein νοῦς ist daher zunächst Nichts als Beweger der Materie: in dieser Funktion geht fast seine ganze Thätigkeit auf. Daher die übereinstimmenden Klagen der Alten, namentlich des Plato und Aristoteles, über den mechanischen Charakter seiner Lehre. In der Hoffnung, über die bloß veranlassenden oder Mittelursachen hinaus zu den Endursachen geleitet zu werden, habe er sich, erzählt Sokrates in Plato's Phädon, zu dem Buche des Anaxagoras gewandt, aber überall nur, statt einer wahrhaft teleologischen, eine mechanische Erklärung des Seienden gefunden. Und wie Plato klagt auch Aristoteles den Anaxagoras an, daß er zwar den Geist als letzten Grund der Dinge setze, aber zur Erklärung der Erscheinungen ihn nur als Deus ex machina zu Hilfe nehme, d. h. da, wo er die Nothwendigkeit derselben aus Naturursachen nicht abzuleiten vermöge. Anaxagoras hat also den Geist als Macht über die Natur, als Wahrheit und Wirklichkeit des materiellen Seins mehr nur postulirt als nachgewiesen.

Dem νοῦς steht nach Anaxagoras als gleich ursprünglich zur Seite die Masse der Urbestandtheile der Dinge: „alle Dinge waren beisammen, unendlich an Menge und Kleinheit; da kam der *νοῦς* hinzu und ordnete sie." Diese Urbestandtheile sind nicht generelle Elemente, wie die des Empedokles, Feuer, Luft, Wasser, Erde (welche nach Anaxagoras vielmehr selbst bereits zusammengesetzte, nicht einfache Materien sind); sondern sie sind die gleichen unendlich mannigfaltigen Materien, welche jetzt die Einzeldinge konstituiren (Stein, Gold, Knochensubstanz u. s. w., daher von Spätern Homöomerieen, gleiche Theile, genannt), „die Keime aller Dinge," nur in unendlicher Kleinheit und Einfachheit und in durchaus chaotischer Durcheinandermischung vorhanden. Der *νοῦς* versetzte diese an sich bewegungslose Masse in eine wirbelnde, für alle Zeiten fortdauernde Bewegung; durch sie sondert das Gleichartige sich aus, findet sich zusammen, jedoch ohne sich aller Mischung mit Anderem gänzlich zu entschlagen; „in Allem ist etwas von Allem," jedes Ding besteht vorherrschend aus Gleichartigem, hat aber nebendem auch die übrigen Grundbestandtheile des Universums in sich. Bei den organischen Wesen kommt aber noch weiter hinzu der die Materie bewegende *νοῦς*, der allen lebendigen Wesen (Pflanzen, Thieren, Menschen) in verschiedenen Graden der Größe und Kraft als ihre belebende Seele immanent ist. Der *νοῦς* ordnet somit alle Dinge gemäß ihrer eigenen Natur zu einem Universum, das die mannigfaltigsten Formen der Existenz in sich umschließt, und geht selbst in dasselbe ein als Kraft individueller Lebendigkeit.

4. **Anaxagoras als Abschluß des vorsokratischen Realismus.** Mit dem anaxagoreischen Prinzip des *νοῦς*, d. h. der Gewinnung eines immateriellen Prinzips schließt die realistische Periode der alten griechischen Philosophie. Anaxagoras faßt alle Prinzipien derselben zur Totalität zusammen. Die unendliche Materie der Hyliker ist in seiner chaotischen Urmischung der Dinge, das eleatische reine Sein in der Idee des *νοῦς*, die heraklitische Kraft des Werdens, die empedokleischen bewegenden Mächte in der schaffenden und ordnenden Kraft des ewigen Geistes, die Atome in den Homöomerieen vertreten. Anaxagoras ist der Schlußpunkt einer alten und der Anfangspunkt einer neuen Entwickelungsreihe, das letztere durch Aufstellung, das erstere durch unvollständige, im Ganzen doch wieder physikalische Durchführung eines ideellen Prinzips.

§. 11. Die Sophistik.

1. **Verhältniß der Sophistik zur frühern Philosophie.** Die bisherigen Philosophen setzten stillschweigend voraus, das subjektive Bewußtsein sei an die objektive Wirklichkeit gebunden, die Quelle unserer Erkenntnisse sei die Objektivität. In den Sophisten tritt ein neues Prinzip auf, das Prinzip der Subjektivität, die Ansicht, die Dinge seien so, wie sie dem Ich erschienen, eine allgemeingültige Wahrheit gebe es nicht. Vorbereitet war jedoch dieser Standpunkt schon durch die bisherige Philosophie. Die heraklitische Lehre vom Fluß aller Dinge, die Dialektik Zeno's gegen die Erscheinungswelt bot Waffen genug zu einer skeptischen Bestreitung aller festen und objektiven Wahrheit, und auch in der anaxagoreischen Lehre vom *νοῦς* war dem Prinzipe nach das Denken bereits als das Höhere gegen die Objektivität gesetzt. Auf diesem neu eroberten Felde tummelte sich nun, mit knabenhaftem Uebermuth sich an der Bethätigung der Macht der Subjektivität ergötzend und alle objektiven Bestimmungen mit den Mitteln einer subjektiven Dialektik zerstörend, die Sophistik herum. Das Subjekt erkennt sich als

das Höhere gegen die objektive Welt, besonders gegen die Gesetze des Staats, das Herkommen, die religiöse Ueberlieferung, den volksthümlichen Glauben; es versucht der objektiven Welt seine Gesetze vorzuschreiben, und statt in der gegebenen Objektivität die historisch gewordene Vernunft zu sehen, erblickt es in ihr nur einen entgeisteten Stoff, an dem es seinen Muthwillen ausübt. Der Charakter der Sophistik ist die aufklärerische Reflexion; sie ist daher auch kein philosophisches System, denn ihre Lehren und Behauptungen tragen oft einen so populären, ja trivialen Charakter zur Schau, daß sie um derenwillen gar keinen Platz in der Geschichte der Philosophie verdienen würden; auch ist sie keine Schule im gewöhnlichen Sinn, denn Plato z. B. führt eine ungemein große Zahl von Personen unter dem gemeinschaftlichen Namen „Sophisten" auf, sondern sie ist eine im ganzen sittlichen, politischen und religiösen Charakter des damaligen hellenischen Lebens wurzelnde, vielfach verzweigte geistige Zeitrichtung, die griechische Aufklärungsperiode.

2. **Verhältniß der Sophistik zum allgemeinen Leben der damaligen Zeit.** Was das griechische Staatsleben während des peloponnesischen Kriegs praktisch, ist die Sophistik theoretisch. Plato bemerkt in der Republik mit Recht, die Lehren der Sophisten sprechen eigentlich nur dieselben Grundsätze aus, die das Verfahren der großen Menge in ihren bürgerlichen und geselligen Verhältnissen leiteten, und der Haß, mit dem sie von den praktischen Staatsmännern verfolgt würden, beurkunde gerade die Eifersucht, mit welcher die Letztern in ihnen gleichsam die Nebenbuhler und Spielverderber ihrer Politik erblickten. Ist in der That die Absolutheit des empirischen Subjekts (d. h. die Ansicht, daß das einzelne Ich ganz nach Willkür bestimmen könne, was wahr, recht, gut sein solle) das theoretische Prinzip der Sophistik, so tritt uns dieses praktisch gewandt als schrankenloser Egoismus in allen Gebieten des damaligen Staats- und Privatlebens entgegen. Das öffentliche Leben war zu einem Tummelplatz der Leidenschaft und Selbstsucht geworden, jene Parteikämpfe, die Athen während des peloponnesischen Kriegs erschütterten, hatten das moralische Gefühl abgestumpft und erstickt; jeder Einzelne gewöhnte sich, sein Privatinteresse über dasjenige des Staats und des allgemeinen Wohls zu stellen, in seiner Willkür und in seinem Vortheil den Maßstab für sein Thun und Lassen, Wollen und Wirken zu suchen. Der protagoreische Satz, der Mensch sei das Maß aller Dinge, wurde praktisch nur allzu treu befolgt und der Einfluß der Rede in Volksversammlungen und Gerichten, die Bestechlichkeit des großen Haufens und seiner Leiter, die Blößen, welche Habsucht, Eitelkeit, Parteilichkeit dem schlauen Menschenkenner zeigten, boten nur allzu viele Gelegenheit, jene Praxis in Ausführung zu bringen. Das Herkommen hatte seine Macht verloren, die staatliche Ordnung erschien als willkürliche Beschränkung, das sittliche Gefühl als Wirkung staatskluger Erziehung, der Glaube an die Götter als menschliche Erfindung zur Einschüchterung der freien Thatkraft, die Pietät als ein Statut menschlichen Ursprungs, das jeder Andere durch Ueberredungskunst umzuändern berechtigt sei. Diese Herabsetzung der natur- und vernunftgemäßen Nothwendigkeit und Allgemeingültigkeit zu einer zufälligen Menschensatzung ist hauptsächlich der Punkt, in welchem die Sophistik mit dem allgemeinen Zeitbewußtsein der Gebildeten sich berührte, und es ist nicht überall bestimmt zu entscheiden, welchen Antheil daran die Wissenschaft und welchen das Leben gehabt habe, ob die Sophistik nur die theoretische Formel fand für das praktische Leben und Treiben der damaligen Welt, oder die

sittliche Korruption vielmehr eine Folge jenes zerstörenden Einflusses war, den die Sophistik auf den gesammten Vorstellungskreis der Zeitgenossen ausübte.

Nichtsdestoweniger hieße es den Geist der Geschichte verkennen, wollte man die Epoche der Sophistik nur anklagen, statt ihr eine relative Berechtigung zuzugestehen. Jene Erscheinungen waren zum Theil nothwendige Erzeugnisse der gesammten Zeitentwicklung. Wenn der Glaube an die Volksreligion so jählings zusammenbrach, so geschah dieß nur, weil sie selbst keinen innern sittlichen Halt besaß. Aus den Beispielen der Mythologie ließen sich die größten Laster und Niederträchtigkeiten rechtfertigen und beschönigen, und selbst Plato, sonst ein Freund des überlieferten frommen Glaubens, beschuldigt die Dichter seines Volks, durch die unwürdigen Vorstellungen, die sie von der Götter- und Heldenwelt verbreiteten, das moralische Gefühl an sich selbst irre zu machen. Auch war es unvermeidlich, daß die fortschreitende Wissenschaft am Ueberlieferten rüttelte. Die Physiker lebten schon längst in offener Feindschaft mit der Volksreligion, und je überzeugender sie für Vieles, worin man bisher unmittelbare Wirkungen der göttlichen Allmacht erblickt hatte, die natürlichen Ursachen in Analogieen und Gesetzen nachwiesen, desto leichter mußte es geschehen, daß die Gebildeten an allen ihren bisherigen Ueberzeugungen irre wurden. Kein Wunder, wenn das veränderte Zeitbewußtsein alle Gebiete der Kunst und Poesie durchdrang, wenn ganz analog mit den rhetorischen Künsten der Sophistik auch in der Skulptur der rührende Styl an die Stelle des hohen Styles trat, wenn Euripides, der Sophist unter den Tragikern, die ganze Zeitphilosophie und ihre Manier der moralischen Reflexion auf die Bühne brachte und die handelnden Personen, statt wie die Früheren zu Trägern einer Idee, nur zu Mitteln augenblicklicher Rührungen oder sonstigen Bühneneffekts machte.

3. Richtungen der Sophistik. Eine bestimmte, aus dem Begriff der ganzen Zeiterscheinung abgeleitete Eintheilung der Sophistik ist namentlich deßhalb sehr schwierig, weil die griechische Sophistik mit der französischen Aufklärung des vorigen Jahrhunderts auch die encyklopädische Ausbreitung über alle Fächer des Wissens gemein hat. Die Sophisten haben die allgemeine Bildung universalistisch gemacht. So war Protagoras als Tugendlehrer, Gorgias als Rhetor und Politiker, Prodikus als Grammatiker und Synonymiker bekannt, Hippias als Polyhistor; außer seinen astronomischen und mathematischen Studien beschäftigte sich der Letztere sogar mit einer Theorie der Mnemonik, Andere steckten sich als Aufgabe die Erziehungskunst, Andere die Erklärung der alten Dichter; die Brüder Euthydemus und Dionysodor machten die Führung der Waffen und des Kriegs zu einem Unterrichtsgegenstande; mehrere unter ihnen, Gorgias, Prodikus, Hippias bekleideten gesandtschaftliche Verrichtungen: kurz die Sophisten haben sich, Jeder nach seiner Individualität, in allen Berufsarten, in allen Sphären des Wissens herumgeworfen; das Gemeinsame Aller ist nur die Methode. Auch läßt das Verhältniß der Sophisten zum gebildeten Publikum, ihr Streben nach Popularität, Berühmtheit und Geldgewinn darauf schließen, daß ihre Studien und Beschäftigungen meist nicht durch ein objektives wissenschaftliches Interesse, sondern durch äußere Rücksichten geleitet und bestimmt wurden. Mit jener Wanderlust, die eine wesentliche Eigenschaft der spätern eigentlichen Sophisten ist, von Stadt zu Stadt reisend, als Denker von Profession sich ankündigend, und mit ihren Unterrichtsvorträgen hauptsächlich auf gute Bezahlung und die Gunst reicher Privatleute abzweckend, machten sie natürlich vorzugsweise

Fragen des allgemeinen Interesses und der öffentlichen Bildung, auch zum Theil Liebhabereien einzelner Reichen zu Gegenständen ihrer Vorträge; und ihre eigene Stärke beruhte daher weit mehr auf formalen Fertigkeiten, auf subjektiver Bethätigung der Denkfertigkeit, auf der Kunst reden zu können, als auf positivem Wissen; selbst ihr Jugendunterricht bewegte sich entweder in rechthaberischer Sylbenstecherei oder in hohlem Redeprunk; auch wo die Sophistik zu wirklicher Polyhistorie ward, blieb das Reden über die Gegenstände die Hauptsache. So rühmt sich Hippias bei Xenophon, über jeden Gegenstand jedesmal wieder etwas Neues zu sagen; von Andern hören wir ausdrücklich, daß sie nicht einmal sachlicher Kenntnisse zu bedürfen glaubten, um über Alles in beliebiger Weise zu reden und jede Frage aus dem Stegreife zu beantworten; und wenn viele Sophisten sich eine Hauptaufgabe daraus machten, über möglichst geringfügige Dinge, z. B. das Salz, wohlgesetzte Reden zu halten, so sehen wir, daß ihnen die Sache nur Mittel, das Wort dagegen Zweck war, und wir dürfen uns nicht wundern, daß die Sophistik auch in dieser Hinsicht zu jener hohlen äußerlichen Technik heruntersank, welche Plato im Phädrus namentlich um ihrer Gesinnungslosigkeit willen einer so scharfen Kritik unterwirft.

4. **Die kulturhistorische Bedeutung der Sophistik.** Die wissenschaftlichen und sittlichen Mängel der Sophistik drängen sich von selbst auf und bedürfen daher, nachdem einige neuere Geschichtschreiber die Schattenseiten mit übertriebenem Eifer ins Schwarze gemalt und eine sehr ernste Anklage auf Frivolität, Unsittlichkeit, Genußsucht, Eitelkeit, Eigennutz, leere Scheinweisheit und Disputirkunst gestellt haben, keiner weiteren Ausführung; aber, was man darüber meist übersehen hat, ist das kulturhistorische Verdienst der Sophisten. Hätten sie, wie man sagt, nur das negative Verdienst, die Opposition des Sokrates und Plato hervorgerufen zu haben, so wäre der unermeßliche Einfluß und die hohe Berühmtheit so Mancher unter ihnen, sowie die Revolution im Denken einer ganzen Nation, die sie herbeigeführt, eine unerklärliche Erscheinung. Es wäre unerklärlich, wie z. B. Sokrates die Vorträge des Prodikus besuchen und ihm sonstige Schüler zuweisen mochte, wenn er nicht seine grammatischen Leistungen, seine Verdienste um eine gesunde Logik anerkannt hätte. Auch Protagoras hat in seinen rhetorischen Versuchen manchen glücklichen Griff gethan und einzelne grammatische Kategorieen treffend festgestellt. Ueberhaupt haben die Sophisten eine Fülle allgemeinen Wissens unter das Volk geworfen, eine Masse fruchtbarer Entwicklungskeime ausgestreut, erkenntnißtheoretische, logische, sprachliche Untersuchungen hervorgerufen, zu methodischer Behandlung vieler Zweige des menschlichen Wissens den Grund gelegt und jene bewundernswürdige geistige Regsamkeit des damaligen Athens theils gegründet, theils gefördert. Am größten sind ihre sprachlichen Verdienste. Man kann sie als die Schöpfer und Bildner der attischen Prosa bezeichnen. Sie sind die Ersten, welche den Styl als solchen an und für sich zum Gegenstand der Aufmerksamkeit und des Studiums machten, und strengere Untersuchungen über den Numerus und die rhetorische Darstellungskunst anstellten. Erst mit ihnen und von ihnen angeregt beginnt die attische Beredtsamkeit, und Antiphon sowohl als Isokrates, der letztere der Stifter der blühendsten griechischen Rhetorschule, sind Ausläufer der Sophistik. Gründe genug, um die ganze Zeiterscheinung nicht bloß als ein Symptom der Fäulniß aufzufassen.

5. **Einzelne Sophisten.** Der Erste, der im angegebenen Sinne Sophist genannt worden sein soll, ist Protagoras aus Abdera, blühend

ums Jahr 440. Er lehrte, und zwar zuerst um Lohn, in Sicilien und Athen, wurde jedoch aus dieser Stadt als Gottesleugner vertrieben und sein Buch über die Götter auf öffentlichem Markte durch den Herold verbrannt. Es begann mit den Worten: „Von den Göttern kann ich nicht wissen, ob sie sind oder ob sie nicht sind; denn Vieles hindert uns, das zu wissen, sowohl die Unklarheit der Sache als die Kürze des menschlichen Lebens." In einer andern Schrift entwickelte er seine Lehre vom Wissen oder Nichtwissen. Von der heraklitischen Annahme eines stetigen Flusses der Dinge ausgehend und dieselbe vorzugsweise auf das Subjekt anwendend, lehrte er, der Mensch sei das Maaß aller Dinge, der seienden, daß sie wären, und der nichtseienden, daß sie nicht wären, d. h. für das wahrnehmende Subjekt sei wahr, was es in der stetigen Bewegung der Dinge und seiner selber in jedem Augenblicke wahrnehme und empfinde; es gebe daher theoretisch kein anderes Verhältniß zur Außenwelt, als die sinnliche Empfindung, und praktisch kein anderes, als die sinnliche Lust. Da nun aber Wahrnehmung und Empfindung bei Unzähligen unzähligemal verschieden, selbst bei einem und demselben Subjekte höchst wechselnd ist, so ergab sich hieraus die weitere Folgerung, daß es überhaupt keine objektiven Aussagen und Bestimmungen gebe, daß entgegengesetzte Behauptungen in Beziehung auf dasselbe Objekt als gleich wahr anzuerkennen seien, daß über Alles und Jedes mit gleichem Recht pro und contra disputirt werden, daß Irrthum und Widerlegung nicht stattfinden könne. Dieser Satz, daß es nichts Ansichseiendes gibt, sondern Alles Sache subjektiver Vorstellung, Meinung, Willkür ist, fand in der Sophistik hauptsächlich seine Anwendung auf Recht und Moral: gut oder schlecht ist nichts von Natur, φύσει, sondern bloß durch positive Satzung oder Uebereinkunft, νόμῳ, daher man zum Gesetz machen, als Gesetz anerkennen kann, was man will, was der jeweilige Vortheil mit sich bringt, was festzusetzen man Macht und Kraft hat. Protagoras selbst scheint eine praktisch folgerichtige Durchbildung dieser Sätze noch nicht angestrebt zu haben, wie ihm denn nach den Zeugnissen der Alten ein persönlich achtungswerther Charakter nicht abgesprochen werden kann und auch Plato (im gleichnamigen Gespräch) sich damit begnügt, ihm gänzliche Unklarheit über die Natur des Sittlichen vorzuwerfen, während er im Gorgias und Philebus gegen die späteren Sophisten die Anklage auf prinzipmäßige Unsittlichkeit stellt.

Neben Protagoras war Gorgias der berühmteste Sophist. Gorgias aus Leontinum in Sicilien kam während des peloponnesischen Krieges (im Jahr 427) nach Athen, um die Sache seiner durch Syrakus bedrängten Vaterstadt zu führen, verweilte dort nach glücklich beendigtem Geschäfte längere Zeit, später in Thessalien, wo er etwa gleichzeitig mit Sokrates starb. Die prahlerische Ostentation seiner äußern Erscheinung wird von Plato mehrmals spöttisch erwähnt; den gleichen Charakter trugen seine Schaureden, die durch poetischen Schmuck, blumenreiche Metaphern, ungewöhnliche Wortformen und eine Menge bisher unbekannter Redefiguren zu blenden suchten. Als Philosoph knüpfte er an die Eleaten, namentlich Zeno an, um mit Zugrundlegung ihres dialektischen Schematismus zu beweisen, daß überhaupt nichts sei, oder wenn ein Sein stattfände, es nicht erkennbar, oder wenn erkennbar, nicht mittheilbar sein würde. Seine Schrift führte daher charakteristisch genug den Titel „vom Nichtseienden oder von der Natur." Der Beweis des ersten Satzes, daß überhaupt Nichts sei, da, was sein sollte, weder ein Nichtseiendes noch auch ein Seiendes sein könnte, weil ein Seiendes entweder unentstanden oder entstanden sein müßte, dieß Beides aber un=

denkbar sei, ruht hauptsächlich auf der Annahme, daß alles Dasein ein räumliches Dasein (Ort und Körper) sei, ist folglich die letzte, sich selbst überstürzende Konsequenz, die Selbstauflösung des bisherigen physikalischen Philosophirens.

Die späteren Sophisten gingen in ihren Konsequenzen mit rücksichtsloser Kühnheit weit über Gorgias und Protagoras hinaus. Sie waren größtentheils Freigeister, welche vaterländische Religion, Gesetze und Sitten zu Grunde richteten. Namentlich sind hier **Kritias**, der Tyrann, **Polus**, **Thrasymachus** zu nennen. Die beiden Letzteren sprachen oft das Recht des Stärkern als Gesetz der Natur, die rücksichtslose Befriedigung der Lust als das natürliche Recht des Stärkern, und die Aufstellung beschränkender Gesetze als listige Erfindung des Schwächern aus; und Kritias, der talentvollste aber grausamste unter den dreißig Tyrannen, stellte in einem Gedichte den Glauben an die Götter als Erfindung schlauer Staatsmänner dar. Einen bessern Charakter trägt **Hippias** aus Elis, der Polyhistor, obwohl er an Prunksucht und Ruhmredigkeit den Andern nicht nachsteht, vor Allen aber der Keer **Prodikus**, in Bezug auf welchen man sprichwörtlich sagte „weiser als Prodikus," und von dem selbst Plato, ja auch Aristophanes nicht ohne Achtung spricht. Vorzüglich bekannt waren im Alterthum seine paränetischen Vorträge über die Wahl des Lebenswegs (Herkules am Scheidewege, von Sokrates adoptirt in Xenophons Denkwürdigkeiten II. 1.), über äußere Güter und ihren Gebrauch, über Leben und Tod u. s. w., Reden, in welchen er geläutertes, sittliches Gefühl und feine Lebensbeobachtung beurkundete, wenn er gleich hinter Sokrates, als dessen Vorgänger man ihn bezeichnet hat, durch den Mangel eines höhern ethischen und wissenschaftlichen Prinzips zurücksteht. Die späteren Sophistengenerationen, wie sie im platonischen Euthydem gezeichnet sind, zu gemeiner Possenreißerei und schmählicher Gewinnsucht herabsinkend, faßten ihre dialektischen Künste in gewisse Formeln für Trug- und Fangschlüsse zusammen.

6. **Uebergang auf Sokrates und Charakteristik der folgenden Periode.** Das Recht der Sophistik ist das Recht der Subjektivität, des Selbstbewußtseins (d. h. die Forderung, daß alles von mir Anzuerkennende sich vor meinem Bewußtsein als vernünftig ausweisen müsse), ihr Unrecht die Fassung dieser Subjektivität als nur erst endlicher, empirischer, egoistischer Subjektivität (d. h. die Forderung, daß mein zufälliges Wollen und Meinen die Entscheidung darüber habe, was vernünftig sei); ihr Recht ist, das Prinzip der Freiheit, der Selbstgewißheit aufgestellt, ihr Unrecht, das zufällige Wollen und Vorstellen des Individuums auf den Thron gesetzt zu haben. Das Prinzip der Freiheit und des Selbstbewußtseins nun zu seiner Wahrheit durchzuführen, mit denselben Mitteln der Reflexion, mit welchen die Sophisten nur zu zerstören gewußt hatten, eine wahrhafte Welt des objektiven Gedankens, einen an und für sich seienden Inhalt zu gewinnen, an die Stelle der empirischen Subjektivität die absolute oder ideale Subjektivität, das objektive Wollen und das vernünftige Denken zu setzen — war sofort die Aufgabe, die Sokrates über sich genommen und gelöst hat. Statt der empirischen Subjektivität die absolute oder ideale Subjektivität zum Prinzip machen, dieß heißt die Erkenntniß aussprechen, daß der wahrhafte Maßstab aller Dinge nicht **mein**, dieser einzelnen Person, Meinen, Belieben und Wollen sei, daß es nicht auf mein oder irgend eines andern empirischen Subjekts Belieben und Willkür ankomme, was wahr, recht, gut sein solle, sondern daß hierüber zwar allerdings **mein** Denken, aber mein Denken,

das Vernünftige in mir, zu entscheiden habe: mein Denken, meine Vernunft ist aber nicht etwas mir speziell Angehöriges, sondern etwas allen vernünftigen Wesen Gemeinsames, etwas Allgemeines, und sofern ich mich als vernünftiges denkendes Wesen verhalte, ist meine Subjektivität eine allgemeine. Hat doch jeder Denkende das Bewußtsein, daß das, was er für Recht, Pflicht, gut, böse hält, nicht bloß ihm so vorkommt, sondern jedem Vernünftigen, daß folglich sein Denken den Charakter der Allgemeinheit, universale Geltung, mit einem Worte Objektivität hat. Dieß also ist, im Gegensatze gegen die Sophistik, der Standpunkt des Sokrates, und deßhalb beginnt mit ihm die Philosophie des objektiven Gedankens. Was Sokrates den Sophisten gegenüber thun konnte, war dieß, zu bewirken, daß die Reflexion zu denselben Resultaten führte, wie sie bisher der reflexionslose Glaube oder Gehorsam mit sich gebracht hatte, und daß der denkende Mensch aus freiem Bewußtsein und eigener Ueberzeugung ebenso urtheilen und handeln lernte, wie es sonst Leben und Sitte dem gewöhnlichen Menschen unbewußt eingab. Daß allerdings der Mensch das Maaß der Dinge sei, aber der Mensch als ein allgemeiner, denkender, vernünftiger — dieß ist der Grundgedanke der Sokratik, und die letztere ist vermöge dieses Grundgedankens das positive Komplement des sophistischen Prinzips.

Mit Sokrates beginnt die zweite Periode der griechischen Philosophie. Sie verläuft in drei philosophischen Hauptsystemen, deren Urheber, auch persönlich im Verhältniß von Lehrern und Schülern stehend, drei aufeinanderfolgende Generationen darstellen — Sokrates, Plato, Aristoteles.

§ 12. Sokrates.

1. **Seine Persönlichkeit.** In Sokrates tritt das neue philosophische Prinzip als persönliche Gesinnung auf. Sein Philosophiren ist ein durchaus individuelles Thun, man kann Leben und Lehre bei ihm nicht trennen. Eine ausführliche Darstellung seiner Philosophie ist daher wesentlich Biographie, und was Xenophon als bestimmte Doktrin des Sokrates berichtet, ist ebendeßwegen nur eine Abstraktion der in zufälligem Gespräch sich ausdrückenden sokratischen Gesinnung. Als solche urbildliche Persönlichkeit hat namentlich Plato seinen Meister aufgefaßt; die Verklärung des historischen Sokrates ist das Motiv besonders seiner spätern und reifern Gespräche, und unter diesen hinwiederum ist das Gastmahl die glänzendste Apotheose des in der Person des Sokrates inkarnirten Eros, des zum Charakter gewordenen philosophischen Triebs.

Sokrates wurde im Jahr 469 v. Chr. geboren, als Sohn des Sophroniskus, eines Bildhauers, und der Phänarete, einer Hebamme. Von seinem Vater wurde er in seiner Jugend zur Bildhauerkunst angeleitet und er soll nicht ohne Geschicklichkeit in ihr gewesen sein: noch Pausanias sah auf der Akropolis drei Statuen gekleideter Grazien, die man als Werke des Sokrates bezeichnete. Im Uebrigen ist von seiner Bildungsgeschichte wenig bekannt. Zwar benützte er den Unterricht des Prodikus und des Musikers Damon, aber mit den eigentlichen Philosophen, die vor ihm oder gleichzeitig mit ihm blühten, steht er außer allem persönlichen Zusammenhang. Er ist Alles durch sich selbst geworden, und ebendadurch ist er ein Hauptwendepunkt der alten Philosophie. Wenn ihn die Alten einen Schüler des Anaxagoras oder des Physikers Archelaos nennen, so ist das Eine erweislich falsch, das Zweite mindestens unwahrscheinlich. Andere Bildungsmittel, außer denen, die ihm seine Vaterstadt darbot, hatte er auch nie gesucht. Mit Ausnahme einer Festreise und der Feldzüge, die er nach Potidäa, Delion und Amphipolis machte, hat er Athen niemals verlassen.

Wie früh Sokrates angefangen habe sich der Jugendbildung zu widmen, können wir, da das Datum des delphischen Orakelspruchs (das ihn für den weisesten der Menschen erklärte) nicht bekannt ist, nur annähernd aus der Zeit der ersten Aufführung der aristophanischen Wolken, die im Jahr 423 stattfand, schließen. In den Ueberlieferungen der Sokratiker erscheint er fast durchgängig als schon älterer Mann oder als Greis. Seine Unterrichtsweise selbst war ganz zwanglos, konversatorisch, volksthümlich, vom Nächstliegenden und Unscheinbarsten ausgehend, die nöthigen Beispiele und Belege vom Alltäglichsten entlehnend (er spreche ja immer nur von Lasteseln, Schmieden, Schustern und Gerbern — warfen ihm seine Zeitgenossen vor), ganz das Gegentheil der prahlerischen Ostentation der Sophisten. So finden wir ihn auf dem Markte, in den Gymnasien und Werkstätten von früh bis spät beschäftigt, sich mit Jünglingen, jüngeren und älteren Männern über Lebenszweck und Lebensberuf zu unterhalten, sie des Nichtwissens zu überführen und den schlummernden Trieb zum Wissen in ihnen zu wecken. In jeder menschlichen Bestrebung, mochte sie auf das Gemeinwesen oder auf das Hauswesen und den Erwerb, auf Wissen oder Kunst gerichtet sein, wußte er, der Meister der geistigen Geburtshilfe, Anknüpfungspunkte für die Anregung wahrer Erkenntniß und sittlicher Selbstbesinnung zu finden, so oft auch seine Versuche mißlangen und mit bitterem Hohn abgewiesen, mit Haß und Undank vergolten wurden. Aber von der klaren Ueberzeugung geleitet, daß eine gründliche Besserung des Staats von einer tüchtigen Erziehung der Jugend ausgehen müsse, blieb er dem gewählten Lebensberufe bis ans Ende treu. Ganz Grieche in diesen Verhältnissen zum heranwachsenden Geschlecht, bezeichnet er sich selbst mit Vorliebe als den eifrigsten Erotiker, Grieche auch darin, daß bei ihm, gegenüber von diesen freien Freundschaftsverhältnissen, das Familienleben ganz zurücktrat. Nirgends beweist er seiner Frau und seinen Kindern große Aufmerksamkeit; die berüchtigte, wenn auch vielfach übertriebene Bösartigkeit der Xantippe läßt uns auch ein nicht ungestörtes Familienglück ahnen.

Als Mensch, als praktischer Weiser wird Sokrates von allen Berichterstattern in den leuchtendsten Farben geschildert. „Er war — sagt Xenophon von ihm — so fromm, daß er nichts ohne den Rath der Götter that, so gerecht, daß er nie Jemand auch nur im Geringsten verletzte, so Herr seiner selbst, daß er nie das Angenehme statt des Guten wählte, so verständig, daß er in der Entscheidung über das Bessere und Schlechtere nie fehlging," kurz, er war „der beste und glückseligste Mann, den es geben konnte" (Xenoph. Denkw. I, 1, 11. IV, 8, 11.). Was jedoch seiner Person eine so anziehende Eigenthümlichkeit verleiht, ist die glückliche Mischung und harmonische Verknüpfung sämmtlicher Charakterzüge, die Vollendung einer ebenso universellen als durchaus eigenthümlichen Natur. Am treffendsten charakterisirt ihn in dieser allseitigen Virtuosität, in dieser Kraft, die widersprechendsten und unvereinbarsten Eigenschaften zu einem harmonischen Bunde zu versöhnen, in der siegreichen Erhabenheit über menschliche Schwäche, mit einem Worte, als vollendetes Original die glänzende Lobrede des Alcibiades im platonischen Gastmahl. Aber auch in der nüchternen Darstellung des Xenophon finden wir überall eine klassische Gestalt, einen Mann voll der feinsten geselligen Bildung, voll attischer Urbanität, unendlich weit entfernt von aller finstern, peinlichen Ascese, einen Mann ebenso tapfer auf dem Schlachtfeld wie bei dem Trinkgelage, bei aller Besonnenheit und Selbstbeherrschung in der ungezwungensten Freiheit sich bewegend, ein vollendetes Bild der glücklichsten athenischen Zeit, ohne die Säure, die Zerrissenheit und krampfhafte Zurückziehung der Spätern, ein frommes und ruhiges Musterbild echt-menschlicher Tugenden. Eine besonders charakteristische Eigenthümlichkeit an ihm ist das „Dämonische", das er sich zuschrieb; er glaubte von einer innern göttlichen Stimme Voraußandeutungen über Glück und Unglück, Erfolg und Nichterfolg menschlicher Handlungen, Warnungen vor Diesem und Jenem zu erhalten; es war der feine, tiefe, ahnungsvolle Takt und Instinkt einer rein und klar in das Leben schauenden, das Gute und Zweckmäße überall, auch in den individuellsten Angelegenheiten, unwillkürlich herausfühlenden Seele, was in solchen Warnungsstimmen sich aussprach, und nichts konnte verkehrter sein, als das Bestreben seiner Ankläger, ihm dieses Dämonion als Leugnung der Staatsgötter, als Versuch zur Einführung neuer Gottheiten auszulegen. Es lag zwar darin, daß bei Sokrates dieses Orakel innerer Ahnung an die Stelle des herkömmlichen Vorzeichen- und Weissagungswesens trat, bereits ein Fortschritt zu einer dem altgriechischen Geiste fremden Innerlichkeit individueller Selbstbestimmung; aber dieser Fortschritt war ein unwillkürlicher, er hatte selbst noch die alterthümliche Form des Glaubens an eine transcendente Eingebung, er war ohne Opposition gegen die herrschenden Vorstellungen, und Sokrates schloß sich daher sonst durchaus an die Volksreligion an, obwohl diese bei ihm die philosophischere Form eines Glaubens an eine höhere, zweckmäßig Alles ordnende Intelligenz im Universum angenommen hatte.

2. Sokrates und Aristophanes. Durch die ganze Art und Weise seiner Persönlichkeit scheint Sokrates frühe zu allgemeinem Rufe gelangt zu sein. Schon die Natur hatte ihn mit einem auffallenden Aeußern ausgestattet. Seine eingebogene aufgestülpte Nase, die vorgequollenen Augen, die kahle Platte, der dicke Bauch gaben seiner Gestalt frappante Aehnlichkeit mit den Silenen, eine Vergleichung, die in Xenophons Gastmahl mit munterem Spaß, in Plato's Symposion ebenso geistreich als tiefsinnig durchgeführt wird. Zu dieser Figur kam sein ärmlicher Aufzug, seine Unbeschuhtheit, die Haltung seines Körpers, das öftere Stehenbleiben und Herumwerfen der Augen. Nach allem diesem dürfen wir es schon an sich nicht befremdlich finden, daß die athenische Komödie sich einer so auffallenden Persönlichkeit bemächtigte. Bei Aristophanes kam aber noch ein eigenthümliches Moment hinzu. Aristophanes war der anhänglichste Bewunderer der guten alten Zeit, der begeisterte Lobredner altväterlicher Sitte und Verfassung. Wie es sein Hauptbestreben ist, seinem Volke die Sehnsucht nach dieser guten alten Zeit immer von Neuem zu wecken und zu schärfen, so gilt sein leidenschaftlicher Haß allen modernen Bestrebungen in Politik, Kunst und Philosophie, der wachsenden, Hand in Hand mit der entarteten Demokratie gehenden Aufklärerei. Daher sein erbitterter Spott gegen Kleon den Demagogen (in den Rittern), gegen Euripides den Rührspieldichter (in den Fröschen), gegen Sokrates den Sophisten (in den Wolken). Der Letztere, der Vertreter klügelnder, destruktiver Philosophie, mußte ihm ebenso verderblich erscheinen, als im Politischen die Partei der Bewegung, die alles Hergebrachte gewissenlos niedertrat. Und so ist es denn der Grundgedanke der Wolken, den Sokrates als Repräsentanten der Sophistik, einer

unklosen, müßiggängerischen, jugendverderbenden, Zucht und Sitte untergrabenden Scheinweisheit der öffentlichen Verachtung preiszugeben. Man mag dabei die Motive des Aristophanes vom sittlichen Standpunkt aus entschuldbar finden, rechtfertigbar sind sie nicht; und seine Darstellung des Sokrates, in dessen Charakterbild alle charakteristischen Züge der Sophistik, auch die niederträchtigsten und häßlichsten, hineingewoben werden, doch so, daß die unzweideutigste Porträtähnlichkeit noch durchscheint, ist dadurch noch nicht gerechtfertigt, daß Sokrates allerdings mit den Sophisten die größte formelle Aehnlichkeit hatte: die Wolken können nur als ein beklagenswerthes Mißverständniß, als ein von verblendeter Leidenschaft eingegebenes Unrecht bezeichnet werden, und Hegel, wenn er eine Vertheidigung des aristophanischen Verfahrens versucht, vergißt, daß der Komiker karikiren darf, aber ohne wissentlich zu offenbaren Verleumdungen seine Zuflucht zu nehmen. Ueberhaupt ruht die ganze politisch-sociale Tendenz des Aristophanes auf einem großen Mißverständnisse geschichtlicher Entwicklung. Die gute alte Zeit, wie er sie schildert, ist eine Fiktion. So wenig ein Erwachsener je wieder auf natürlichem Wege zum Kind werden kann, so wenig liegt es im Bereiche der Möglichkeit, die reflexionslose Sittlichkeit und die schlichte Naivetät der Kindheitsperiode eines Volks gewaltsam in eine Zeit zurückzuführen, in welcher die Reflexion alle Unmittelbarkeit, alle unbewußte sittliche Einfalt angefressen und aufgeleckt hat. Die Unmöglichkeit solcher Rückkehr beurkundet Aristophanes selbst, wenn er in toller Laune, mit cynischem Spott alle göttlichen und menschlichen Auktoritäten dem Gelächter preisgibt und damit, so ehrenwerth auch der patriotische Hintergrund seiner komischen Ausgelassenheit sein mag, den Beweis liefert, daß auch er nicht mehr auf dem Boden altväterlicher Sittlichkeit steht, daß auch er der Sohn seiner Zeit ist.

3. Die Verurtheilung des Sokrates. Der gleichen Verwechslung seiner Bestrebungen mit denen der Sophistik und der gleichen Tendenz, altväterliche Zucht und Sitte mit gewaltsamen Mitteln zurückzuführen, ist Sokrates vierundzwanzig Jahre später als Opfer gefallen. Nachdem er viele Jahre in seiner gewohnten Weise zu Athen gelebt und gewirkt, nachdem die Stürme des peloponnesischen Kriegs, die Gewaltherrschaft der dreißig Tyrannen über diese Stadt hingegangen waren, wurde er nach der Herstellung der Demokratie im siebenzigsten Jahre seines Alters durch Meletos, einen jungen Dichter, Anytos, einen Demagogen, und Lykon, einen Redner, drei in jeder Hinsicht unbedeutende Männer, jedoch, wie es scheint, ohne Motive persönlicher Feindschaft, vor Gericht gefordert und der Nichtanerkennung der Staatsgötter, der Einführung neuer Gottheiten, sowie der Jugendverführung angeklagt. Der Erfolg der Klage war seine Verurtheilung. Er trank, die Flucht aus dem Kerker verschmähend, nachdem ihn ein günstiger Zufall noch dreißig Tage mit seinen Schülern im Gefängnisse hatte zubringen lassen, den Schierlingsbecher, im Jahr 399 v. Chr.

Das erste Motiv seiner Anklage war, wie gesagt, seine Identifikation mit den Sophisten, der wirkliche Glaube, seine Lehre und seine Wirksamkeit trage jenen staatsgefährlichen Charakter, durch welchen die Sophistik bereits so viel Uebels gestiftet hatte. Alle drei Anklagepunkte, obwohl offenbar auf Mißverständnissen beruhend, deuten hierauf: sie sind auch genau die gleichen, durch welche Aristophanes in der Person des Sokrates den Sophisten zu kennzeichnen gesucht hatte. Jenes „Verführen der Jugend," jene Aufbringung einer neuen Sitte, einer neumodischen Bildungs- und Erziehungsweise war es gerade, was man den Sophisten Schuld gab, wie denn auch einer der drei Ankläger, Anytos, in Plato's Menon als erbitterter Feind der Sophisten und ihrer Erziehungsweise auftritt. Ebenso die Leugnung der Volksgötter: schon vorher hatte Protagoras, der Gottesleugnung angeklagt, aus Athen fliehen müssen. Selbst fünf Jahre nach Sokrates Tode glaubte der beim Prozeß selbst nicht anwesende Xenophon seine Denkwürdigkeiten zur Vertheidigung seines Lehrers schreiben zu müssen: so verbreitet und eingewurzelt war das Vorurtheil gegen ihn.

Dazu kam aber noch ein zweites, wahrscheinlich entscheidenderes Moment, ein politisches. Sokrates war nicht Aristokrat, aber er war zu charakterfest, um sich je zu einer Akkommodation an die Launen der souveränen Volksmasse herzugeben, und zu sehr von der Nothwendigkeit einer gesetzlichen und intelligenten Leitung der Staatsgeschäfte überzeugt, als daß er sich mit der athenischen Demokratie, wie sie war, befreunden konnte. Ja schon vermöge seiner ganzen Lebensweise mußte er dieser als schlechter Bürger erscheinen. Er hatte sich nie mit Staatsangelegenheiten befaßt, nur einmal, als Vorsteher der Prytanen, einen öffentlichen Charakter bekleidet, war aber auch hier mit dem Willen des Volks und der Machthaber in Widerspruch gerathen (Plat. Apol. S. 32. Xenoph. Denkw. I. 1, 18.); zum erstenmal in seinem Leben betrat er die Rednerbühne in seinem siebenzigsten Jahre aus Veranlassung seiner eigenen Anklage (Plat. Ap. S. 17.). Dazu kam, daß er nur die Wissenden und Einsichtigen als zur Staatsverwaltung befugt gelten ließ, daß er bei jeder Veranlassung die demokratischen Einrichtungen, namentlich die Wahl zu Aemtern durchs Loos tadelte, dem spartanischen Staat vor dem athenischen entschieden den Vorzug gab und durch sein vertrautes Verhältniß zu den ehemaligen Häuptern der oligarchischen Partei das Mißtrauen der Demokraten rege machte (Xenoph. Denkw. I, 2, 9. ff.). Unter andern Männern oligarchischer, spartanerfreundlicher Gesinnung war namentlich Kritias, einer der Dreißig, sein Schüler gewesen, außerdem Alcibiades — zwei Männer, die dem athenischen Volk so viel Uebel bereitet hatten. Wenn wir vollends überliefert lesen, daß zwei seiner Ankläger angesehene Männer der demokratischen Partei, ferner, daß seine Richter Solche waren, die sich vor den Dreißig geflüchtet und später die oligarchische Herrschaft gestürzt hatten, so finden wir es um so erklärlicher, wie sie im vorliegenden Fall im Interesse des demokratischen Prinzips zu handeln glaubten, indem sie die Verurtheilung des Angeklagten aussprachen, da ja ohnehin Scheinbares genug gegen ihn vorgebracht werden konnte. Daß man so schnell und eilfertig verfuhr, kann nicht befremden bei einer Generation, die im peloponnesischen Krieg aufgewachsen war, und bei einem Volke, das heftige Entschlüsse ebenso schnell faßte als wieder bereute. Ja, wenn wir erwägen, daß Sokrates es verschmähte, zu den gewöhnlichen Mitteln und Formen peinlich Verklagter seine Zuflucht zu nehmen und dem Volke Mitleid durch Klage und Schmeicheleien abzugewinnen, daß er im stolzen Bewußtsein seiner Unschuld den Richtern trotzte, so müssen wir uns umgekehrt eher darüber wundern, daß seine Verurtheilung nur mit einer Mehrheit von 3—6 Stimmen durchgeführt wurde. Und selbst jetzt noch hätte er der Todesstrafe entgehen können, wenn er in der Abschätzung seiner Strafe sich unter den Spruch des souveränen Volkes hätte beugen wollen; als er es aber verschmähte, sich abzuschätzen (d. h. der vom Kläger beantragten Strafe gegenüber eine andere Strafe, also im vorliegenden Falle z. B. eine Geldstrafe, vorzuschlagen), weil dieß heißen würde, sich für schuldig erkennen, so mußte dieser Trotz des Verurtheilten die reizbaren Athener natürlich so sehr empören, daß es ganz erklärlich ist, wie achtzig von den Richtern, die vorher für seine Unschuld gestimmt hatten, jetzt für seinen Tod stimmen mochten. So hatte die Anklage, die vielleicht nur darauf berechnet war, den aristokratischen Philosophen zu demüthigen, ihn zur Anerkennung der Competenz und Majestät des Volks zu nöthigen, den beklagenswerthesten, später von den Athenern selbst bereuten Ausgang.

Hegels Ansicht vom Schicksal des Sokrates, wenn er in demselben eine tragische Collision gleichberechtigter Mächte, die Tragödie Athens erblickt und Schuld und Unschuld auf beiden Seiten gleich vertheilt sieht, ist historisch undurchführbar, da weder Sokrates ausschließlich nur als Vertreter des modernen Geistes, des Prinzips der Freiheit, der Subjektivität, der Innerlichkeit, noch seine Richter als Vertreter altattischer reflexionsloser Sittlichkeit betrachtet werden dürfen: das Erstere nicht, da Sokrates, wenn auch sein Prinzip mit dem Wesen altgriechischer Sittlichkeit unvereinbar war, doch soweit auf dem Boden des hergebrachten stand, daß die gegen ihn vorgebrachten Anklagen *in dieser Fassung* falsch und grundlos waren; das Letztere nicht, da zu jener Zeit, nach dem peloponnesischen Krieg, die alte Sitte und Frömmigkeit längst im gesammten Volke angefressen und der modernen Bildung gewichen war, und das Prozeßverfahren gegen Sokrates vielmehr als Versuch anzusehen ist, zugleich mit der alten Verfassung auch die untergegangene alte Sitte und Sinnesart gewaltsam zu *restauriren*. Die Schuld ist somit nicht gleichmäßig auf beide Seiten vertheilt und es wird dabei bleiben müssen, daß Sokrates als Opfer eines Mißverständnisses, einer unberechtigten Reaktion gefallen ist.

4. **Die Quellen der sokratischen Philosophie.** Bekannt ist der alte Streit darüber, ob Xenophon oder ob Plato das historisch treuere und erschöpfendere Bild von Sokrates entworfen habe und welcher von Beiden als Quelle der sokratischen Philosophie zu betrachten sei. Diese Frage entscheidet sich mehr und mehr zu Gunsten Xenophons. Zwar hat man in älterer und neuerer Zeit sich vielfach bemüht, Xenophons Denkwürdigkeiten als seichte und unzulängliche Quelle zu verdächtigen, weil ihr schlichter und nichts weniger als spekulativer Inhalt für eine solche Umwälzung im Reiche des Geistes, wie sie Sokrates beigelegt wird, für den Glanz, der seinen Namen in der Geschichte umgibt, für die Rolle, die ihm Plato überträgt, keine genügenden Motive darzubieten schien; weil zudem die xenophontischen Denkwürdigkeiten zunächst einen apologetischen Zweck haben und ihre Vertheidigung nicht sowohl dem Philosophen als dem Menschen gilt; weil man endlich von ihnen den Eindruck zu haben glaubte, als ob sie Philosophisches in den unphilosophischen Styl des gemeinen Verstandes übergetragen hätten. Man unterschied also einen exoterischen und einen esoterischen Sokrates, jenen aus Xenophon, diesen aus Plato schöpfend. Allein die Bevorzugung Plato's vor Xenophon hat erstens kein geschichtliches Recht für sich, sofern Xenophon Geschichtschreiber sein will und mit dem Anspruch auf geschichtliche Glaubwürdigkeit auftritt, Plato dagegen nur an wenigen Stellen sich ausdrücklich für einen historischen Berichterstatter gibt, keineswegs aber alles Uebrige, was er dem Sokrates in den Mund legt, als authentische Aeußerung und Rede desselben angesehen wissen will, also kein geschichtliches Recht vorhanden ist, Platonisches beliebig für Sokratisches anzusehen. Zweitens beruht die Zurücksetzung Xenophons größtentheils auf der falschen Vorstellung, als ob Sokrates eine Philosophie, d. h.

eine spekulative gehabt hätte, auf einer unhistorischen Verkennung der Schranken, durch welche der philosophische Charakter des Sokrates noch bedingt und gehemmt ist. Eben eine sokratische Lehre gab es nicht, sondern nur ein sokratisches Leben: und eben hieraus erklären sich auch die disparaten philosophischen Richtungen seiner Schüler.

5. **Allgemeiner Charakter des sokratischen Philosophirens.** Das Philosophiren des Sokrates ist durch seinen Gegensatz theils zur vorangehenden Philosophie, theils zur Sophistik bedingt und bestimmt.

Die vorsokratische Philosophie war in ihrem wesentlichen Charakter Naturforschung gewesen; mit Sokrates wendet sich der Geist zum erstenmal auf sich selbst, auf sein eigenes Wesen, aber er thut dieß in der unmittelbarsten Weise, indem er sich als handelnden, als sittlichen Geist faßt. Das positive Philosophiren des Sokrates ist ausschließlich ethischer Natur, ausschließlich Untersuchung über die Tugend, so ausschließlich und einseitig, daß es sich sogar, wie es immer in ähnlicher Weise beim Auftreten eines Prinzips zu gehen pflegt, als Verachtung des bisherigen Strebens, der Naturphilosophie und Mathematik, aussprach. Alles unter dem Gesichtspunkt unmittelbar sittlicher Förderung stellend, fand Sokrates in der „vernunftlosen" Natur so wenig ein würdiges Objekt des Studiums, daß er sie vielmehr gemein-teleologisch nur als äußerliches Mittel für äußerliche Zwecke aufzufassen wußte: ja er geht sogar, wie er in Plato's Phädrus sagt, nicht spazieren, da man von Bäumen und Gegenden Nichts lernen könne. Als einzige menschenwürdige Aufgabe, als der Ausgangspunkt alles Philosophirens erschien ihm die Selbsterkenntniß, das delphische γνῶθι σαυτόν! alles andere Wissen erklärte er für so geringfügig und werthlos, daß er sich seines Nichtwissens geflissentlich rühmte und nur darin an Weisheit die übrigen Menschen zu übertreffen erklärte, daß er seiner eigenen Unwissenheit sich bewußt sei. (Plat. Ap. S. 21. 23.).

Die andere Seite des sokratischen Philosophirens ist sein Gegensatz gegen die Zeitphilosophie. Seine wohlverstandene Aufgabe konnte hier nur die sein, auf Einem Boden mit der Sophistik sich stellend sie durch sich selbst, durch ihr eigenes Prinzip zu überwinden. Daß Sokrates den allgemeinen Standpunkt der Sophistik theilte, ist eben bemerkt worden; viele seiner Behauptungen, namentlich die Sätze, daß Niemand wissentlich Unrecht thue, und wenn Jemand wissentlich lügen oder sonst Unrecht thun sollte, so würde er besser sein, als der, welcher dieß ohne sein Wissen thue, — tragen auf den ersten Anblick ein ganz sophistisches Gepräge: der höhere Grundgedanke der Sophistik, daß alles sittliche Handeln ein bewußtes Thun sein müsse, ist auch der seinige. Aber während es die Sophisten zu ihrer Aufgabe machten, durch die subjektive Reflexion alle festen Bestimmungen zu verwirren und aufzulösen, alle objektiven Maßstäbe unmöglich zu machen, hat Sokrates das Denken als die Thätigkeit des Allgemeinen, den freien, objektiven Gedanken als das Maß aller Dinge erkannt, und somit die sittlichen Pflichten und alles sittliche Thun, statt auf das Meinen und Belieben des Einzelnen, vielmehr auf das richtige Wissen, das Wesen des Geistes, zurückgeführt. Die Idee des Wissens ist es, von welcher geleitet er durch das Denken ein Anundfürsichseiendes, Festes, von der Willkür des Subjekts Unabhängiges, eine begreifliche Objektivität zu gewinnen, unbedingte sittliche Weltbestimmungen festzustellen suchte. Hegel drückt dieß auch so aus, Sokrates habe an die Stelle der Sittlichkeit die Moralität gesetzt. Hegel unterscheidet nämlich die Moralität als das bewußte, auf Reflexion und sittlichen Prinzipien beruhende Rechthandeln, von der Sittlichkeit als der unbefangenen, halb unbewußten, auf Befolgung der herrschenden Sitte beruhenden Tugend. — Zur logischen Voraussetzung hatte dieses ethische Bestreben des Sokrates die Feststellung der Begriffe, die Methode der Begriffsbildung. Das „Was" eines jeden Dings aufzusuchen, erzählt Xenophon (Denkw. IV, 6, 1.), sei Sokrates ununterbrochen bemüht gewesen, und Aristoteles sagt ausdrücklich (Metaph. XII, 4), zweierlei Verdienste müsse man dem Sokrates zuschreiben, die Methode der Induktion und die begriffsmäßigen Definitionen, was beides die Grundlage der Wissenschaft bilde. Wie beides mit dem Prinzip des Sokrates zusammenhängt, werden wir sogleich sehen.

6. Die sokratische Methode. Bei der sokratischen Methode muß im Gegensatz gegen das, was man heutiges Tags Methode nennt, festgehalten werden, daß sie dem Sokrates nicht als solche, in ihrer Abstraktion von jedem konkreten Inhalt, zum Bewußtsein kam, sondern mit der Art und Weise seines Philosophirens, was nicht auf Mittheilung eines Systems, sondern auf Bildung des Subjekts zu philosophischem Denken und Leben abzweckte, unmittelbar verwachsen war. Sie ist nur subjektive Technik seines pädagogischen Verfahrens, die eigenthümliche Manier seines philosophischen Umgangslebens.

Die sokratische Methode hat eine doppelte Seite, eine negative und eine positive. Die negative ist die bekannte sokratische Ironie. Indem sich der Philosoph unwissend stellt und sich scheinbar von Denen, mit welchen er sich unterredet, belehren lassen will, verwirrt er vielmehr das vermeintliche Wissen der Andern durch fortgesetztes Ausfragen, durch die unerwarteten Konsequenzen, die sich herausstellen, und die Widersprüche, in die sich die Unterredenden verwickeln. In der Verlegenheit, in welche das unterredende Subjekt versetzt wird, indem es einsieht, daß es Dasjenige nicht weiß, was es zu wissen vermeinte, vollzieht das vermeintliche Wissen seinen eigenen Vernichtungsprozeß an sich selbst: das vorgeblich wissende Subjekt wird mißtrauisch gegen seine Voraussetzungen, seine festgewordenen Vorstellungen; „was wir wußten, hat sich widerlegt" — ist der Refrain der meisten solchen Unterredungen.

So wäre jedoch das Resultat der sokratischen Methode nur die Erkenntniß des Subjekts, daß es Nichts wisse, wie denn ein großer Theil der xenophontischen und platonischen Dialoge ostensibel bei diesem negativen Resultate stehen bleibt. Aber es kommt noch ein anderes Moment hinzu, wodurch die Ironie den Schein des Negativen verliert.

Die positive Seite der sokratischen Methode ist die Mäeutik (Hebammenkunst). Sokrates verglich sich selbst mit seiner Mutter Phänarete, einer Hebamme, weil er selbst zwar nicht mehr im Stande sei, Gedanken zu gebären, wohl aber Andern zum Gebären zu verhelfen und die hohlen Gedankengeburten von den gehaltreichen zu unterscheiden (Plat. Theät. S. 149). Näher bethätigte sich diese Hebammenkunst dadurch, daß der Philosoph aus Demjenigen, mit welchem er sich unterredete, durch unablässiges Ausfragen, durch fragende Zergliederung seiner Vorstellungen einen neuen, ihm vorher selbst unbewußten Gedanken hervorzulocken, ihm zu einer neuen Gedankengeburt zu verhelfen wußte. Ein Hauptmittel hiezu war die Methode der Induktion oder die Hinüberleitung der Vorstellung zum Begriff. Indem nämlich der Philosoph vom einzelnen konkreten Fall ausging, dabei an die gewöhnlichsten Vorstellungen anknüpfte, die alltäglichsten und trivialsten Erscheinungen zu Hilfe nahm, wußte er, das Einzelne unter sich vergleichend und so das Zufällige und Accidentelle vom Wesentlichen absondernd, eine allgemeine Wahrheit, eine allgemeine Bestimmung zum Bewußtsein zu bringen, Begriffe zu bilden. Um z. B. den Begriff der Gerechtigkeit, der Tapferkeit zu finden, wurde von verschiedenen einzelnen Beispielen der Gerechtigkeit, der Tapferkeit ausgegangen und aus ihnen das allgemeine Wesen, der Begriff dieser Tugenden abgezogen. Man sieht hieraus, auf was die sokratische Induktion hinsteuerte: auf die begriffsmäßige Definition. Ich definire einen Begriff, wenn ich sein Was, sein Wesen, seinen Inhalt entwickle. Ich definire den Begriff der Gerechtigkeit, wenn ich das Gemeinsame, die logische Einheit seiner verschiedenen Erscheinungsweisen aufstelle. Eben hierauf nun ging Sokrates aus. „Das Wesen der Tugend zu erforschen" — sagt eine aristotelische Schrift (Eud. Eth. I, 5) — „hielt Sokrates für die Aufgabe der Philosophie und deßwegen untersuchte er, was die Gerechtigkeit sei und was die Tapferkeit (d. h. er untersuchte das Wesen, den Begriff der Gerechtigkeit), denn alle Tugend hielt er für ein Wissen." In welchem Zusammenhang diese seine Methode der Definitionen oder der Begriffsbildungen mit seinen praktischen Bestrebungen stand, ist hieraus leicht zu erkennen. Nur deßhalb ging er auf den Begriff jeder einzelnen Tugend, z. B. der Gerechtigkeit zurück, weil er überzeugt war, daß das Wissen um diesen Begriff, daß eine klare Erkenntniß desselben auch für jeden einzelnen Fall, für jedes einzelne sittliche Verhältniß der sicherste Wegweiser sei. Alles sittliche Handeln, glaubte er, müsse als ein bewußtes vom Begriff ausgehen.

Man kann hiernach die sokratische Methode bezeichnen als die Virtuosität, aus einer gewissen Summe gegebener gleichartiger Einzelerscheinungen auf dem Wege der Induktion das ihnen zu Grunde liegende Allgemeine, ihre logische Einheit zu finden. Zur Voraussetzung hat diese Methode die Anerkenntniß, daß das Wesen der Gegenstände im Denken erfaßt worden, daß der Begriff das wahre Sein der Dinge sei. Man sieht hieraus, wie die platonische Ideenlehre nur die Objektivirung dieser Methode ist, die bei Sokrates selbst freilich nur erst als subjektive Fertigkeit erscheint. Die platonischen Ideen sind die sokratischen Allgemeinbegriffe, als reelle Einzelwesen gesetzt. Treffend bestimmt daher Aristoteles (Metaph. XIII. 4) das Verhältniß der sokratischen Methode und der platonischen Ideenlehre mit den Worten: „Sokrates setzte die allgemeinen Begriffe nicht als getrennte Einzelsubstanzen, wohl aber Plato, der dieselben sofort Ideen nannte."

7. **Die sokratische Lehre von der Tugend.** Der einzig positive Lehrsatz, der von Sokrates überliefert ist, ist der, daß die Tugend Wissen, Weisheit, Einsicht sei, d. h. ein aus klarbewußter Erkenntniß des Begriffs Desjenigen, womit das Handeln es zu thun hat, der Zwecke, Mittel und Bedingungen des jedesmaligen Handelns hervorgehendes Thun, nicht etwa eine bloß angeborne oder mechanisch erworbene Kraft und Geschicklichkeit. Ohne Einsicht handeln ist ein Widerspruch und hebt das Handeln selbst auf; mit Einsicht handeln führt sicher zum Zweck. Folglich kann Nichts gut sein, was ohne Einsicht, Nichts schlecht, was mit Einsicht geschieht; nur Mangel an Einsicht ist es, was die Menschen zu schlechten Handlungen treibt. Hieraus floß weiter der Satz, Niemand sei freiwillig böse, die Schlechten seien wider ihren Willen schlecht, ja, wer wissentlich Unrecht thue, sei besser, als wer unwissend, weil nämlich im letztern Fall mit dem wahren

Wissen die Tugend überhaupt fehle, im erstern, wenn er überhaupt möglich wäre, dieselbe nur vorübergehend verletzt würde. Sokrates gab nicht zu, daß Jemand das Gute wissen könne, ohne es auch sofort zu vollbringen; er betrachtete das Gute nicht wie die Sophisten als ein willkürliches Gesetz, sondern als Dasjenige, wovon unbedingt das Wohl des Einzelnen wie der menschlichen Gesellschaft abhänge, weil es allein das begriffsmäßige Handeln ist, und von hier aus galt es ihm als ein logischer Widerspruch, daß der Mensch, der doch sein Wohlbefinden suche, es zugleich wissentlich verschmähen sollte. Darum folgte ihm aus der Erkenntniß des Guten die gute Handlung so nothwendig, wie aus den Prämissen die logische Konsequenz.

Der Satz, daß die Tugend ein Wissen sei, hat zur logischen Konsequenz die Einheit und Gleichheit aller Tugenden, sofern die ein richtiges Handeln bedingende Einsicht überall, auf welche Gegenstände sie sich richten mag, eine und dieselbe ist, zur praktischen ihre Lehrbarkeit, vermöge welcher sie etwas allgemein Menschliches, durch Lehre und Uebung von Jedem zu Erlangendes ist. Mit diesen drei Sätzen, in welchen alles Dasjenige befaßt ist, was man sokratische Philosophie nennen kann, hat Sokrates zu einer wissenschaftlichen Behandlung der Sittenlehre, die erst von ihm an zu datiren ist, den ersten Grundstein gelegt. Aber auch nur den Grundstein. Denn er hat theils keine Ausführung seines Prinzips ins Einzelne, keine Aufstellung einer konkreten Sittenlehre versucht, sondern oft nach alterthümlicher Weise nur auf die Gesetze des Staats und die ungeschriebenen Gesetze der allgemeinen sittlichen Ordnung verwiesen, theils hat er sich nicht selten zur Begründung seiner ethischen Sätze auch äußerlicher utilistischer und eudämonistischer Motivirungen, d. h. einer Hinweisung auf einzelne Vortheile und nützliche Folgen der Tugend bedient, welche eine strengere wissenschaftliche Haltung noch gänzlich vermissen läßt. Obwohl ihm die Verpflichtung zur Tugend schon darin gegeben war, daß der Mensch als vernünftiges, wissensfähiges Wesen überhaupt zweckmäßig, mit vernünftiger Einsicht handeln muß, wenn er nicht unter sich selbst herabsinken will, so stand er doch hierin ganz auf dem Boden seiner Zeit, daß er die Tugend zugleich als den Weg zur Realisirung der bestimmten Zwecke des Wohls, der Glückseligkeit, der Lebensfreude, der Macht und Ehre auffaßte; diese Zwecke nahm er als gegebene aus der Erfahrung auf, ohne sie wieder in einen höhern Gesammtzweck zusammenzufassen; er forderte zur einen und selben Tugend in allen Sphären des Handelns auf, und ließ ebendamit diese selbst in der empirischen Zufälligkeit stehen, die sie für das gewöhnliche, in den praktischen Interessen lebende Vorstellen und Bewußtsein haben. Für seine Person stellte er allerdings die Erhebung über sinnliche Begierden und Affekte, die Bedürfnißlosigkeit, die den Menschen Gott am nächsten bringt, die nie aus dem Gleichgewicht zu bringende Ruhe der Seele, das frohe Bewußtsein ungeschwächter Kraft und allseitiger Tüchtigkeit des Geistes, als das höchste Glück hin, und identificirte sonach bereits die Begriffe der Tugend und Glückseligkeit. Aber er sprach dieß nicht als allgemeines, sondern als individuelles Prinzip aus; er lebte zu sehr selbst in der alten Anschauung der Dinge, als daß er daran denken konnte, den konkreten Lebenszwecken ihre Berechtigung abzusprechen und sie seinem persönlichen Glückseligkeitsideal aufzuopfern.

§. 13. Die unvollkommenen Sokratiker.

1. **Ihr Verhältniß zur Sokratik.** Der Tod des Sokrates war die Verklärung des sokratischen Lebens zu einem urbildlichen Allgemeinen, welches in mannigfaltigen Richtungen als begeisterndes Prinzip fortwirkte. Eben diese Auffassung des Sokrates als eines urbildlichen Typus ist nun auch der gemeinsame Charakter der unmittelbaren sokratischen Schulen. Daß ein universeller, an sich selbst wahrer Zweck den Menschen bestimmen müsse, dieß lag als nothwendige Folgerung in dem sokratischen Prinzip, daß der Mensch durch das Denken seinem Handeln Einheit und Regel zu geben habe; aber da zur nähern Beantwortung der Frage, worin dieser Zweck bestehe, nicht ebenfalls eine durchgeführte systematische sokratische Lehre, sondern nur das abgeschlossene, so vielseitige sokratische Leben vorlag, so mußte nun Alles auf die subjektive Auffassung der Persönlichkeit des Sokrates ankommen, und wir müssen es schon im Voraus natürlich finden, daß sich diese in Verschiedenen verschieden reflektirte. Sokrates hatte zahlreiche Schüler, aber keine Schule. Drei solcher Reflexe oder Bilder sokratischer Gesinnung sind es, die vorzugsweise historisch geworden sind: die Richtung des Antisthenes oder die cynische, diejenige des Aristipp oder die cyrenaische, diejenige des Euklides oder die megarische — drei Auffassungsweisen, von denen zwar jede ein wahres Moment des sokratischen Charakters enthält, die aber sämmtlich, was sich beim Meister zu harmonischer Einheit durchdrang, auseinanderreißen und isolirte Elemente der Gesinnung als deren wahres Wesen aussprechen. Sie sind darum sämmtlich einseitig und geben von Sokrates ein falsches Bild; aber zum Theil nicht bloß durch ihre Schuld: sie zeugen vielmehr auch ihrerseits, indem Aristipp erkenntnißtheoretisch auf Protagoras, Euklides metaphysisch auf die Eleaten zurückzugehen genöthigt war, für den unausgebildeten, unmethodischen, subjektiven Charakter des sokratischen Philosophirens und offenbaren in ihren Mängeln und Einseitigkeiten zum Theil nur ursprüngliche Mängel und Schwächen, die der Lehre des Meisters anhaften.

2. **Antisthenes und die Cyniker.** Dem Meister am nächsten, als strenger buchstäblicher Anhänger seiner Lehre und als eifriger, freilich grober, oft karikirender Nachahmer seiner Weise steht Antisthenes. Antisthenes, früher Schüler des Gorgias und selbst Lehrer der Sophistik, hatte sich wahrscheinlich im vorgerückten Lebensalter, dann aber auch als unzertrennlichster Begleiter dem Sokrates angeschlossen und stiftete nach dessen Tode eine Schule im Kynosarges, einem für nicht ebenbürtige Athener, wie er war, bestimmten Gymnasium, woher (nach Andern von ihrer Lebensweise) seine Schüler und Anhänger später den Namen Cyniker erhielten. Die Lehre des Antisthenes ist nur ein abstrakter Ausdruck für das sokratische Tugendideal. Wie Sokrates faßte auch er das tugendhafte Leben als letzten Endzweck des Menschen, als nothwendig, ja als allein hinreichend zur Glückseligkeit, die Tugend als Einsicht oder Wissenschaft, und darum als lehrbar und einig; aber das Tugendideal, wie er es in der Person des Sokrates ausgeprägt sieht, besteht ihm nur in der Bedürfnißlosigkeit (auch in seinem Aeußern ahmte er durch Stock und Tasche den Bettler nach), mithin in der Hintansetzung aller sonstigen geistigen Interessen; die Tugend ist ihm nur auf die Vermeidung des Bösen, d. h. der Lust und Begierde, die uns an

Bedürfnisse und Genüsse fesselt, gerichtet, bedarf daher nicht dialektischer Beweisführung, sondern nur sokratischer Stärke: der Weise ist nach ihm sich selbst genug, von Allem unabhängig, gleichgültig gegen Ehe, Familie und staatliches Gemeinleben (ein ganz unantiker Zug), ohnehin gegen Reichthum, Ehre und Genuß. In diesem mehr negativen als positiven Ideale des Antisthenes vermissen wir ganz die schöne Humanität und allseitige Empfänglichkeit des Meisters, noch mehr eine Ausbildung der fruchtbaren dialektischen Elemente, welche das sokratische Philosophiren enthielt. In entschiedenere Geringschätzung alles Wissens, in noch größere Verachtung aller öffentlich geltenden Sitte ging der spätere Cynismus über, ein manchmal widerwärtiges und schamloses Zerrbild des sokratischen Geistes. So namentlich jener Schüler des Antisthenes, der allein bei ihm blieb, während der Meister die übrigen fortjagte, Diogenes von Sinope. In der Hochstellung der Tugend und Philosophie bewahrten diese Cyniker, die man treffend die Kapuziner der griechischen Welt genannt hat, eine Erinnerung der ursprünglichen Sokratik, aber sie suchten die Tugend „auf dem kürzesten Weg," im naturgemäßen Leben, wie sie sich ausdrückten, d. h. in der Zurückziehung auf sich selbst, in der Erlangung völliger Unabhängigkeit und Bedürfnißlosigkeit, in der Verzichtung auf Kunst und Wissenschaft, wie überhaupt auf alle bestimmten Zwecke. Der Weise, sagten sie, sei aller Bedürfnisse und Begierden mächtig, ohne Fehl, von den Fesseln der bürgerlichen Gesetze und Sitte frei, den seligen Göttern ebenbürtig. Ein leichtes Leben, meinte Diogenes, sei dem auf das Nöthige sich beschränkenden Menschen von den Göttern beschieden, und diese wahre Philosophie sei Jedem durch Ausdauer und die Kraft der Entsagung erreichbar. — Philosophie und philosophisches Interesse hört bei dieser Bettlerphilosophie auf; was man von Diogenes hat, sind Anekdoten und Sarkasmen.

Man sieht, wie die Ethik der cynischen Schule in durchaus negativen und abwehrenden Aussagen sich verliert, — die konsequente Folge davon, daß der ursprüngliche sokratische Tugendbegriff eines konkreten positiven Inhalts und einer gegliederten Durchführung ermangelte. Der Cynismus ist die negative Seite der Sokratik.

3. **Aristipp und die Cyrenaiker.** Aristipp aus Cyrene, bis zum Tode des Sokrates seinen Anhängern zugerechnet, dagegen von Aristoteles als Sophist bezeichnet — das Letztere wohl, weil er Geld für seinen Unterricht nahm — erscheint schon bei Xenophon als ein der Lust ergebener Mann. Bekannt war im Alterthum seine Lebensgewandtheit, mit der er sich in alle Verhältnisse zu schicken, seine Menschenkenntniß, mit der er unter allen Umständen sich die Genüsse des Wohllebens und des Luxus zu verschaffen wußte. In seinem Umgang mit Hetären und Tyrannen, von Staatsgeschäften entfernt, um nicht abhängig zu werden, meist in der Fremde, um sich jedem bindenden Verhältnisse entziehen zu können, suchte er den Grundsatz durchzuführen, die Verhältnisse sich, nicht sich den Verhältnissen unterzuordnen. So wenig nun eines solchen Mannes Art zum Namen eines Sokratikers zu passen scheint, so hat er doch zwei nicht zu übersehende Berührungspunkte mit seinem Meister. Sokrates hatte Tugend und Glückseligkeit in koordinirter Weise als höchsten menschlichen Zweck ausgesprochen, d. h. er hatte die Idee des sittlichen Handelns zwar aufs Entschiedenste geltend gemacht, aber weil er sie nur in unentwickelter abstrakter Form aufgestellt, im konkreten Fall die Verbindlichkeit des Sittengesetzes doch wieder nur eudämonistisch, mittelst der Reflexion auf die Vortheile der Sittlichkeit zu begründen gewußt. Diese

Seite nun hat Aristipp für sich festgehalten und zum Prinzip erhoben, indem er die Lust als letzten Lebenszweck, als höchstes Gut aussprach. Nun ist freilich diese Lust, wie Aristipp sie faßt, nur die einzelne, gegenwärtige, körperliche Lustempfindung, nicht die Glückseligkeit als ein das ganze Leben umfassender Zustand; auch fallen nach ihm der Lust gegenüber alle sittlichen Beschränkungen und Verpflichtungen weg, es ist nichts schlecht, schändlich, gottlos, was Lust gewährt; was ihr entgegensteht, ist bloß Meinung und Vorurtheil (wie bei den Sophisten). Aber indem Aristipp als Mittel zur Erreichung und Bewahrung des Genusses die Einsicht, die Selbstbeherrschung und Mäßigung, die Kraft, von keinem Einzelgenuß sich beherrschen zu lassen, überhaupt die Geistesbildung empfiehlt, so zeigt er hierin, daß der sokratische Geist noch nicht völlig in ihm erloschen war, und daß er den Namen eines Pseudosokratikers, den ihm Schleiermacher gibt, nicht ohne Weiteres verdient.

Die übrigen Männer der cyrenaischen Schule, Theodorus, Hegesias, Annikeris, können hier nur kurz berührt werden. Die weitere Entwicklung der Schule dreht sich ganz um die nähere Bestimmung der anzustrebenden Lust, d. h. um die Frage, ob sie als Moment (momentane Lustempfindung) oder als dauernder Zustand, ob sie als geistige oder als körperliche, als positive oder als negative (d. h. als bloße Schmerzlosigkeit) zu fassen sei. Theodorus erklärte für das Höchste die Freudigkeit, die dem Geist aus der Einsicht, aus seiner Fähigkeit, in allen Verhältnissen des Lebens zweckmäßig und frei von allen Schranken des Vorurtheils und Herkommens sich zu bewegen, entspringt. Hegesias fand, ein reines Leben der Lust sei unerreichbar und daher auch nicht anzustreben; Abwehr der Unlust mit Aufbietung aller Kraft des Geistes sei das Ziel des Weisen, das Einzige, was dem Menschen übrig bleibe, da das Leben voll von Uebeln sei. Annikeris endlich lehrte: die Zurückziehung von Familie und Gesellschaft ist nicht durchzuführen, das wahre Ziel ist vielmehr, aus dem Handeln so viel Lust zu ziehen, als sich ziehen läßt, und die etwaige Unlust, die sich bei der Thätigkeit für Freunde und Vaterland ergibt, mit in Kauf zu nehmen, d. h. er suchte die Lustlehre mit den Forderungen des Lebens und der Verhältnisse wieder auszugleichen, zu denen sie in so unversöhnlichem Gegensatze stand.

4. **Euklides und die Megariker.** Die Verbindung des Dialektischen und Ethischen ist der Charakter der sämmtlichen unvollkommenen sokratischen Schulen: der Unterschied ist nur der, daß bei den Einen die Ethik im Dienste der Dialektik, bei den Andern die Dialektik im Dienste der Ethik steht. Das Erstere gilt namentlich von der megarischen Schule, deren wesentliche Eigenthümlichkeit schon von den Alten als Kombination des sokratischen und eleatischen Prinzips bezeichnet worden ist. Die Idee des Guten ist auf der ethischen Seite dasselbe, was die Idee des Seins auf der physischen; es war also nur eine sokratische Umbildung der eleatischen Lehre, wenn Euklides von Megara behauptete: nur das Seiende, Sichselbstgleiche, mit sich Einige, ist gut (in sich wahr), und nur dieses Gute ist; alles Wechselnde, Mannigfaltige, Getheilte, das diesem Guten entgegensteht, existirt bloß scheinbar. Jenes sichselbstgleiche Gute aber ist nicht das sinnliche, sondern das begriffliche Sein, die Wahrheit, die Vernunft. Auch für den Menschen ist sie das einzig Gute; der Eine Zweck, lehrte später der Megariker Stilpo, ist Vernünftigkeit und Wissenschaft, vollkommen apathische Indifferenz gegen Alles, was mit dem Wissen des Guten nichts gemein hat, — gleichfalls eine einseitige Ueberspannung der Tendenz des Sokrates auf

die denkende Betrachtung der Dinge und die mit ihr gegebene Seelenruhe, ein nur feinerer, geistigerer Cynismus.

Die weiteren Nachrichten über Euklides sind dürftig und können hier nicht näher verfolgt werden. Die megarische Schule pflanzte sich unter verschiedenen Führern länger fort, aber ohne lebendige Kraft und ohne selbstständiges Ferment organischer Entwicklung. Wie der Hedonismus (die Lustlehre der Cyrenaiker) den Uebergang zur Lehre Epikurs, der Cynismus den Uebergang zur Stoa, so bildet die spätere megarische Eristik den Uebergang zur Skepsis. Ihre Trug- und Fangschlüsse, großentheils in zenonischer Weise auf Polemik gegen die sinnliche Vorstellung und Erfahrung berechnet, waren im Alterthum bekannt und vielbesprochen.

5. **Plato als der vollendete Sokratiker.** Die bisherigen Versuche, auf den Grundpfeilern der sokratischen Lehre fortzubauen, hatten, von Anfang an ohne gedeihlichen Lebenskeim, unfruchtbar und resultatlos geendet. Den ganzen Sokrates hat nur Einer seiner Schüler, Plato, gefaßt und dargestellt. Von der sokratischen Idee des Wissens ausgehend, hat er die beim Meister wie bei den vorangegangenen Philosophen überhaupt zerstreuten Elemente und Strahlen der Wahrheit in einen Brennpunkt gesammelt und die Philosophie zur Totalität, zum System ausgebildet. Daß der Begriff das wahrhafte Sein, das allein Wirkliche sei, diesen Satz hat die megarische Schule nur abstrakt und Sokrates selbst nur als Prinzip, er hat die begriffliche Erkenntniß nur als Forderung ausgesprochen, aber nicht weiter entwickelt: sein Philosophiren ist noch kein System, sondern nur erst Trieb philosophischer Begriffsentwicklung und philosophischer Methode; zur systematischen Darstellung und Entwicklung der an sich wahren Begriffe, der Ideenwelt, ist erst Plato fortgegangen.

Das platonische System ist der objektiv gewordene Sokrates, die Verschmelzung und Versöhnung der bisherigen Philosophie.

§. 14. Plato.

1. **Plato's Leben.** a. **Seine Jugend.** Plato, Sohn des Aristo, aus edlem attischen Geschlechte, wurde im Jahre 429 v. Chr. geboren. Es war das Todesjahr des Perikles, das zweite für Athen so unheilvolle Jahr des peloponnesischen Kriegs. Im Mittelpunkt der griechischen Kultur und Industrie geboren, der Sohn eines alten und edlen Geschlechts, erhielt er eine dem entsprechende Erziehung, wenn uns gleich, außer den bedeutungslosen Namen seiner Lehrer, keine nähere Kunde über seine früheste Bildungsgeschichte geblieben ist. Daß der heranwachsende Jüngling, statt der politischen Laufbahn, die Zurückgezogenheit des philosophischen Lebens wählte, kann befremdlich scheinen, da er zum Ersten mannigfaltige Aufforderungen haben mochte: Kritias, einer der Dreißig, war der Vetter seiner Mutter, und Charmides, der später unter den oligarchischen Gewaltherrschern Athens am nämlichen Tage mit Kritias gegen Thrasybul seinen Tod fand, sein Oheim. Nichtsdestoweniger trat er nicht ein einzigesmal als Redner öffentlich in der Volksversammlung auf. Im Angesicht der beginnenden Entartung und um sich greifenden politischen Fäulniß seines Vaterlandes, zu stolz, um sich buhlerisch um die Gunst des vielköpfigen Demos zu bewerben, überhaupt dem Dorismus mehr zugethan als der Demokratie und besonders der Praxis des athenischen Staatslebens, zog er es vor, die Wissenschaft zu seiner Lebensaufgabe zu machen, statt als Patriot, mit unvermeidlichem

Mißgeschick vergeblich kämpfend, Märtyrer seiner politischen Ueberzeugungen zu werden. Er hielt den athenischen Staat für verloren und wollte seinem unvermeidlichen Untergang nicht noch ein nutzloses Opfer bringen. b. Seine Lehrjahre. Als zwanzigjähriger Jüngling kam Plato zu Sokrates, in dessen Umgang er acht Jahre verlebte. Außer einigen unglaubwürdigen Anekdoten ist nichts Näheres daraus bekannt. In Xenophon's Denkwürdigkeiten (III, 6) wird Plato nur einmal flüchtig erwähnt, aber in einer Weise, die allerdings auf ein engeres Verhältniß zwischen Schüler und Meister schließen läßt. Plato selbst hat in seinen Gesprächen Nichts von seinen persönlichen Verhältnisse zu Sokrates überliefert: nur einmal (Phäd. S. 59) nennt er sich unter Sokrates nähern Freunden. Aber welchen Einfluß Sokrates auf ihn geübt hat, wie er in ihm die vollendete Darstellung eines Weisen erkannt, wie er nicht nur in seiner Lehre, sondern auch in seinem Leben und Thun die fruchtbarsten philosophischen Keime und Anknüpfungspunkte gefunden hat, welche Bedeutung überhaupt die Persönlichkeit des Meisters in ihrer typischen vorbildlichen Art für ihn hatte, hat er in seinen Schriften genugsam dadurch beurkundet, daß er sein eigenes ungleich entwickelteres philosophisches System seinem Lehrer als dem Mittelpunkte seiner Dialogen und dem Leiter des Gesprächs in den Mund legt. c. Seine Wanderjahre. Nach Sokrates Tode, 399 v. Chr., im dreißigsten Jahre seines Alters, verließ Plato, aus Furcht von der jetzt eingetretenen Reaktion gegen die Philosophie gleichfalls betroffen zu werden, in Gesellschaft anderer Sokratiker seine Vaterstadt und begab sich zu seinem älteren Mitschüler Euklides, dem Stifter der megarischen Schule (vgl. §. 13, 4.), nach Megara. Bisher reiner Sokratiker wurde er durch den Umgang mit den Megarikern, bei denen sich bereits eine eigenthümlich philosophische Richtung, eine Modifikation der Sokratik geltend gemacht hatte, vielfach angeregt und befruchtet. Wir werden unten sehen, inwiefern dieser Aufenthalt zu Megara für die Fortbildung seiner Philosophie, namentlich für die Ausbildung und dialektische Begründung seiner Ideenlehre von Einfluß war. Eine ganze Periode seiner schriftstellerischen Thätigkeit, eine ganze Gruppe seiner Dialogen findet nur in den an diesem Orte gewonnenen geistigen Anregungen ihre genügende Erklärung. Von Megara aus bereiste Plato Cyrene, Aegypten, Großgriechenland, Sizilien. In Großgriechenland wurde er mit der pythagoreischen Philosophie bekannt, die damals in ihrer höchsten Blüthe stand. Sein Aufenthalt unter den Pythagoreern war für ihn sehr fruchtbar: als Mensch gewann er an praktischem Sinn, an Lebenslust, an Interesse fürs öffentliche Leben und den geselligen Verkehr, als Philosoph an wissenschaftlichen Anregungen und schriftstellerischen Motiven. Die Spuren der pythagoreischen Philosophie ziehen sich durch seine ganze letzte Schriftstellerperiode hindurch. Namentlich scheint sein Widerwille gegen das öffentliche und politische Leben durch seinen Umgang mit den Pythagoreern sehr gemildert worden zu sein. Während noch der Theätet die Unverträglichkeit der Philosophie mit dem öffentlichen Leben aufs Schroffste ausspricht, wenden sich die spätern Dialogen, namentlich die Republik, auch schon der Staatsmann, auf welchen der Pythagoreismus bereits Einfluß gehabt zu haben scheint, mit Vorliebe wieder auf die Wirklichkeit zurück, und der bekannte Satz, die Herrscher müßten Philosophen sein, ist ein für diese spätere Wendung, welche mit der philosophischen Stimmung Plato's vorging, sehr charakteristischer Ausdruck. Sein Besuch in Sizilien führte ihn zu seiner Bekanntschaft mit dem ältern Dionysius, so wie mit Dion, dem Schwager desselben. Freilich vertrug sich mit des Tyrannen Sinnesweise die Art des Philosophen schlecht. Plato soll dessen Unwillen in so hohem Grade auf sich gezogen haben, daß selbst sein Leben in Gefahr kam. — Nach beiläufig zehnjähriger Reise, in seinem vierzigsten Jahre (389 oder 388), kam Plato nach Athen zurück. d. **Plato als Haupt der Akademie; seine Meisterjahre.** Zurückgekehrt versammelte Plato um sich einen Kreis von Schülern. Der Ort, wo er lehrte, war die Akademie, ein Gymnasium außerhalb Athens, wo Plato aus seiner väterlichen Hinterlassenschaft einen Garten besaß. Ueber das Aeußerliche seiner Schule und seines spätern Lebens fehlt es fast gänzlich an Nachrichten. Sein Leben verfloß sehr gleichmäßig, nur unterbrochen durch eine zweite und dritte Reise nach Sizilien, wo inzwischen der jüngere Dionysius zur Herrschaft gelangt war. Dieser zweite und dritte Aufenthalt Plato's am syrakusanischen Hof ist reich an Erlebnissen und Wechselfällen, er zeigt uns den Philosophen in den mannigfaltigsten Lagen und Verhältnissen, die Plutarch im Leben Dions beschreibt; für seinen philosophischen Charakter jedoch ist die Reise nur insofern bedeutungsvoll, als er dabei, wie aus allen Umständen mit hoher Wahrscheinlichkeit hervorgeht, den politischen Zweck verfolgte, sein moralisches und staatliches Ideal dort zu verwirklichen, und durch philosophische Erziehung des neuen Herrschers Philosophie und Herrscherthum in einer und derselben Hand zu vereinigen, oder wenigstens in irgend welcher Weise mittelst der Philosophie eine heilsame Veränderung der sizilischen Staatsverfassung in aristokratischem Sinn ins Werk zu setzen. Seine Bestrebungen waren jedoch erfolglos; die Umstände waren nicht günstig, und der Charakter des jungen Dionysius, einer jener mittelmäßigen Naturen, die in ihrer Halbheit zwar nach Ruhm und Auszeichnung streben, aber keiner Tiefe und keines Ernstes fähig sind, täuschte die Erwartungen, die Plato nach Dions Bericht von ihm fassen zu dürfen geglaubt hatte. — Was Plato's philosophisches Wirken in der Akademie betrifft, so fällt dabei die bereits anders gewordene Stellung der Philosophie zum öffentlichen Leben ins Auge. Statt, wie Sokrates, die Philosophie zu einem Gegenstand der socialen Konversation und des alltäglichen Verkehrs zu machen, auf Straßen und öffentlichen Plätzen mit Jedem, der gerade Lust hatte, philosophische Gespräche anzuknüpfen, lebte und wirkte er in Zurückgezogenheit von dem Treiben der öffentlichen Welt, auf den Kreis seiner Schüler beschränkt. In eben dem Maße, als die Philosophie jetzt System und die systematische Form als wesentlich erkannt wird, hört sie auch auf volksthümlich zu sein, beginnt sie wissenschaftliche Vorkenntnisse zu erfordern, Sache der Schule, eine esoterische Angelegenheit zu werden. Doch war noch immer die Ehrfurcht vor dem Namen eines Philosophen und vor dem Namen Plato's insbesondere so groß, daß ihm, wie erzählt wird, von verschiedenen Staaten der Antrag gemacht wurde, ein Gesetzbuch für sie zu verfassen, was er bei einigen wirklich gethan haben soll. — Von einer Schaar treuer Schüler, worunter selbst Frauen in Männertracht, umgeben, der Gegenstand vielfacher Huldigung, noch bis zum letzten Augenblicke im Besitze ungeschwächter Geisteskraft, erreichte er ein Alter von einundachtzig Jahren. Seine letzte Lebenszeit scheint durch Reibungen und Spaltungen, die in seiner Schule entstanden, und als deren Anstifter besonders Aristoteles genannt wird, getrübt worden zu sein. Mit Schreiben beschäftigt, nach Andern bei einem Hochzeitmahle, wurde er vom Tode, wie von einem sanften Schlafe berührt, 347 v. Chr. Im Keramikus, nicht weit von der Akademie, wurden seine Reste bestattet.

2. **Innere Entwicklungsgeschichte der platonischen Philosophie und des platonischen Schriftstellerthums.** Daß die platonische Philosophie wesentlich Entwicklungsgeschichte ist, daß sie nicht als geschlossenes, fertiges System aufgefaßt werden darf, zu dem sich verschiedene Schriften als ergänzende Bruchstücke verhalten, sondern daß die einzelnen Schriften vielmehr Stufen jener innern Entwicklungsgeschichte, gleichsam zurückgelegte Stationen in der philosophischen Wanderschaft des Philosophen sind — ist ein für die richtige Auffassung der platonischen Schriften höchst wichtiger Gesichtspunkt.

Näher zerfällt die philosophische Schriftstellerthätigkeit Plato's in drei Perioden, die man in chronologischer oder biographischer Beziehung bezeichnen kann als die Schriftstellerperiode der Lehrjahre, der Wanderjahre und der Meisterjahre, in Beziehung auf die jedesmal vorherrschenden äußern Einflüsse und Anknüpfungspunkte als die sokratische, heraklitisch-eleatische und pythagoreische, in Beziehung auf den Inhalt als die antisophistisch-ethische, dialektische oder vermittelnde, und systematische oder konstruktive Periode.

Die erste Periode, die sokratische, charakterisirt sich äußerlich durch das Vorherrschen des mimisch-dramatischen Elements, hinsichtlich des philosophischen Standpunkts durch die Anschließung an die Methode und die Hauptsätze der Sokratik. Noch nicht näher bekannt mit den Ergebnissen älterer Forschungen, durch den Charakter des sokratischen Pholosophirens vom Studium der Geschichte der Philosophie eher abgeschreckt als darauf hingewiesen, beschränkt sich Plato noch auf analytische Behandlung der Begriffe, namentlich der ethischen, und auf eine zwar über die Aufzeichnung wörtlicher Erinnerungen hinausreichende, aber doch philosophisch unselbstständige Nachbildung seines Meisters. Sein Sokrates verräth noch keine andere Lebensansicht oder wissenschaftliche Standpunkt, als der geschichtliche Sokrates nach Xenophon gehabt hat. So sind denn seine Bestrebungen ebensosehr, als die seiner gleichzeitigen Mitschüler, vorzugsweise auf praktische Weisheit gerichtet. Seine Kämpfe gelten noch, gleich denen des Sokrates, bei weitem mehr der herrschenden Unwissenschaftlichkeit des Lebens, der sophistischen Oberflächlichkeit und Grundsatzlosigkeit, als den entgegengesetzten Richtungen der Wissenschaft. Die ganze Periode trägt einen noch eklektischen und protreptischen Charakter. Der höchste Punkt, in welchem die Gespräche dieser Gruppe kulminiren, ist der obwohl gleichfalls noch innerhalb der Sokratik liegende Versuch, die Gewißheit eines absoluten Inhalts, das Anundfürsichsein (die objektive Realität) des Guten festzuhalten.

Ganz anders freilich würde sich die Entwicklungsgeschichte Plato's gestalten, wäre die Ansicht einiger neueren Gelehrten über die Stellung des Phädrus in ihrem Recht. Wäre nämlich der Phädrus Plato's frühestes Werk, so würde dieser Umstand von vorn herein einen ganz andern Bildungsgang Plato's verrathen, als wir ihn von einem bloßen Schüler des Sokrates voraussetzen können. Die Lehren dieses Gesprächs von der Präexistenz der Seelen und ihrer periodischen Wanderung, von der Verwandtschaft der irdischen Schönheit mit der himmlischen Wahrheit, von der göttlichen Begeisterung im Gegensatz der menschlichen Besonnenheit, der Begriff der Erotik, die pythagoreischen Ingredienzien — dieß Alles liegt von der ursprünglichen Sokratik so weit ab, daß wir das Meiste von dem, was Plato während seiner ganzen philosophischen Laufbahn schöpferisch hervorgebracht hat, schon in den Anfangspunkt seiner philosophischen Entwicklung verlegen müßten. Schon diese Unwahrscheinlichkeit, noch mehr zahlreiche andere Gegen gründe sprechen für eine weit spätere Abfassung dieses Dialogs. Bei Beseitigung des Phädrus gestaltet sich die platonische Entwicklungsgeschichte näher so:

Am frühesten fallen (falls sie ächt sind) die kleinen Gespräche, welche sokratische Fragen und Themen in sokratischer Weise behandeln. So erörtert z. B. der Charmides die Mäßigung, der Lysis die Freundschaft, der Laches die Tapferkeit, der kleinere Hippias das Unrechtthun mit Wissen und Willen, der erste Alcibiades die sittlichen und intellektuellen Erfordernisse des Staatsmanns u. s. f. Die Jugendlichkeit und Unreife dieser Gespräche, der zum Inhalt ganz außer Verhältniß stehende Aufwand scenischer Mittel, die Dürftigkeit und Unselbstständigkeit des Inhalts, die indirekte, eines befriedigenden positiven Resultats ermangelnde Manier der Untersuchung, die formal analytische Behandlung der erörterten Begriffe — Alles dieß bestätigt den Erstlingscharakter dieser kleineren Dialogen.

Als eigenthümlicher Typus der sokratischen Periode kann der Protagoras gelten. Indem er seine ganze Polemik gegen die Sophistik richtet und sich hiebei vorherrschend mit ihrem äußern Auftreten, ihrem Einflusse auf die Zeitgenossen und ihrer Lehrmethode, im Gegensatz der sokratischen, beschäftigt, ohne auf den Grund und den philosophischen Charakter ihrer Lehre selbst tiefer einzugehen; indem er ferner da, wo er sich auf das im engern Sinne Philosophische einläßt, ausschließlich den sokratischen Tugendbegriff nach seinen verschiedenen Seiten, die Tugend als Wissen, ihre Einheit und Lehrbarkeit (vergl. §. 12, 8.) in indirekter Untersuchung abhandelt, stellt er Tendenz, Charakter und Mängel der ersten Schriftstellerperiode am einleuchtendsten dar.

Die dritte und höchste Stufe dieser Periode repräsentirt der kurz nach Sokrates Tode geschriebene Gorgias. Gerichtet gegen die sophistische Identificirung der Lust und der Tugend, des Guten und des Angenehmen, d. h. gegen die Behauptung einer absoluten sittlichen Relativität, führt er den Beweis, daß das Gute, weitgefehlt nur dem Recht des Stärkern, also der Willkür des Subjekts seinen Ursprung zu verdanken, etwas Anundfürsichseiendes, objektiv Gültiges, und folglich allein wahrhaft nützlich sei, und daß deßhalb der Maßstab der Lust dem höheren des Guten nachstehen müsse. In dieser direkten thetischen Polemik gegen die sophistische Lustlehre, in der Tendenz zu einem Festen, Bleibenden, gegen subjektive Willkür Gesicherten besteht hauptsächlich der Fortschritt, den der Gorgias über den Protagoras hinaus macht.

In der ersten sokratischen Periode war das platonische Philosophiren für die Aufnahme eleatischer und pythagoreischer Kategorieen reif und empfänglich geworden; an der Hand dieser Kategorieen zu den höhern Fragen der Philosophie sich emporzuringen und so die sokratische Philosophie von ihrer Verschlingung mit dem praktischen Leben loszulösen, war die Aufgabe der zweiten Periode.

Die zweite Periode, die dialektische oder megarische, charakterisirt sich äußerlich durch ein Zurücktreten der Form und der poetischen Anschaulichkeit, nicht selten sogar durch Dunkelheit und stylistische Härten, innerlich durch die als Vermittlung mit der Eleatik sich vollziehende Aufstellung und dialektische Begründung der Ideenlehre.

Durch seine Auswanderung nach Megara war Plato mit Gegnern, durch seine Reise nach Italien mit andern philosophischen Richtungen bekannt geworden, mit denen er sich auseinandersetzen mußte, um die Sokratik zu ihrer wahren Bedeutung zu erheben; hier lernte er die philosophischen Theorieen der Frühern kennen, zu deren Studium bei dem damaligen Mangel an literarischer Publicität nicht einmal die nöthigen Hilfsmittel zu Athen vorhanden waren. Mittelst der Auseinandersetzung mit diesen abweichenden Standpunkten, wie eine solche schon von seinen ältern Mitschülern angestrebt worden war, suchte er, über die engen Grenzen des ethischen Philosophirens hinausschreitend, zu den letzten Gründen des Wissens vorzudringen und die von Sokrates aufgestellte Kunst der Begriffsbildung zur Wissenschaft der Begriffe, d. h. zur Ideenlehre fortzuführen. Daß alles menschliche Handeln auf dem Wissen, alles Denken auf dem Begriffe beruhe, zu diesen Resultaten konnte Plato bereits durch die wissenschaftliche Verallgemeinerung der sokratischen Lehre selbst gelangen: aber diese sokratische Begriffsweisheit nun in den Kreis des spekulativen Denkens einzuführen, die Begriffseinheiten als das Bleibende im Wechsel der Erscheinung dialektisch festzustellen, die von Sokrates noch umgangenen Grundlagen des Erkennens aufzudecken, die wissenschaftlichen Theorieen der Gegner direkt in ihrem wissenschaftlichen Grunde anzugreifen und in ihre letzten Wurzeln zu verfolgen — dieß ist die Aufgabe, welche die megarische Gesprächsfamilie zu lösen sich vorsetzt.

Der Theätet steht an der Spitze dieser Gruppe. Sein Hauptinhalt ist die Polemik gegen die protagoreische Erkenntnißtheorie, gegen die Identifizirung des Denkens und der sinnlichen Wahrnehmung oder gegen die Annahme einer absoluten Relativität aller Erkenntniß. Wie vor ihm der Gorgias das An-undfürsichsein der ethischen, so sucht jetzt der Theätet, vom Ethischen zum Theoretischen aufsteigend, das Anundfürsichsein und die objektive Realität der logischen, allem Vorstellen und Denken zu Grunde liegenden Begriffe, mit einem Worte, die Objektivität der Wahrheit, ein von der Sinnenwahrnehmung unabhängiges, dem Denken immanentes Gebiet des Wissens festzustellen. Solche Begriffe sind ihm die Gattungsbegriffe Gleichheit, Ungleichheit, Identität, Verschiedenheit u. s. f.

Auf den Theätet folgt die Trilogie des Sophisten, des Staatsmannes und des Philosophen, mit welcher sich die megarische Gesprächsgruppe vollendet, das erste dieser Gespräche mit der Bestimmung, den Begriff des Scheins, d. h. des Nichtseins, das letzte — an dessen Stelle der Parmenides getreten ist — mit der Bestimmung, den Begriff des Seins zu untersuchen. Beide Gespräche sind Auseinandersetzungen mit der Eleatik. Nachdem Plato die Begriffseinheit und die logischen Denkbestimmungen als das Bleibende im Wechsel der Erscheinungen erkannt, mußte er von selbst auf die Eleaten aufmerksam werden, die auf entgegengesetztem Wege zu dem nämlichen Resultate gekommen waren, daß in der Einheit alle wahre Substanzialität liege und der Vielheit als solcher kein wahres Sein zukomme. Diesen eleatischen Grundgedanken zu seinen Konsequenzen fortentwickelnd, worin ihm die Megarer bereits vorangegangen waren, mußte er um so leichter dazu übergehen, seine abstrakten Gattungsbegriffe (Ideen) zu metaphysischen Substanzen zu erheben. Auf der andern Seite konnte er, wenn er die Vielheit des Seienden nicht gänzlich opfern wollte, unmöglich mit der Starrheit und Ausschließlichkeit des eleatischen Eins einverstanden sein, er mußte vielmehr durch dialektische Entwicklung des eleatischen Prinzips zu zeigen suchen, daß das Eine zugleich ein die Vielheit in sich Schließendes, organisch gegliederte Totalität sein müsse. Dieses gedoppelte Verhältniß zum eleatischen Prinzip führt der Sophist, indem er das Sein des Scheins oder des Nichtseienden, d. h. die aus dem Behaftetsein mit der Negation hervorgehende Vielheit und gegensätzliche Bestimmtheit der Ideen nachweist, polemisch gegen die eleatische Lehre durch, der Parmenides ironisch, indem er das eleatische Eins vermöge seiner eigenen logischen Konsequenz in sein Gegentheil umschlagen und sich zum Vielen dirimiren läßt. Der innere Fortschritt der Ideenlehre in der megarischen Gesprächsgruppe ist also der, daß der Theätet im Gegensatz gegen die heraklitisch-protagoreische Theorie des absoluten Werdens die objektive, anundfürsichseiende Realität der Ideen, der Sophist ihr gegenseitiges Verhältniß und ihre Kombinationsfähigkeit, der Parmenides endlich ihren ganzen dialektischen Komplex, ihr Verhältniß zur Erscheinungswelt und ihre Selbstvermittlung mit der letztern darlegt.

Die dritte Periode beginnt mit der Heimkehr des Philosophen in seine Vaterstadt. Sie vereinigt die Formvollendung der ersten mit dem tieferen philosophischen Gehalt der zweiten. Die Erinnerungen seiner Jugendjahre scheinen zu jener Zeit aufs Neue vor der Seele Plato's aufgetaucht zu sein und seiner schriftstellerischen Thätigkeit die lang entbehrte Frische und Fülle jener Periode wieder mitgetheilt zu haben, während zugleich der Aufenthalt in fremden Ländern und besonders die Bekanntschaft mit der pythagoreischen Philosophie seinen Geist mit einem Schatze von Bildern und Idealen bereichert hatte. Jenes Wiederaufleben alter Erinnerungen spricht sich namentlich darin aus, daß die Schriften dieser Gruppe sich wieder mit Vorliebe zur Persönlichkeit des Sokrates zurückwenden und gewissermaßen die ganze platonische Philosophie als Verklärung der Sokratik, als Erhebung des geschichtlichen Sokrates in die Idee erscheinen lassen. Im Gegensatze gegen die beiden ersten Schriftstellerperioden charakterisirt sich die dritte äußerlich durch die Ueberhandnahme der mythischen Form, die mit dem in dieser Periode wachsenden Einfluß des Pythagoreismus zusammenhängt, innerlich in spekulativer Beziehung durch die Anwendung der Ideenlehre auf die konkreten Sphären der Psychologie, Ethik und Naturwissenschaft. Daß die Ideen objektive Realitäten und Sitz aller Wesenheit und Wahrheit, umgekehrt die Erscheinungen der Sinnenwelt Abbilder derselben seien, diese Theorie wird bereits nicht mehr gerechtfertigt, sondern als erwiesen vorausgesetzt und der Erörterung der realen Disziplinen als dialektische Basis zu Grunde gelegt. Es verbindet sich damit die Tendenz, die bisher vereinzelten und gesonderten Disziplinen zur Totalität des Systems zu verknüpfen, so wie die bisherigen Richtungen der Philosophie, d. h. die Vorarbeiten der sokratischen Philosophie für die Ethik, der eleatischen, für die Dialettik, der pythagoreischen für die Physik, innerlich zu verschmelzen.

Von diesem Standpunkt aus versuchen der Phädrus, das Antrittsprogramm Plato's für seine Lehrthätigkeit in der Akademie, sowie das an ihn sich anschließende Symposion, beide vom Begriff der Erotik als dem wahrhaften philosophischen Zeugungstrieb ausgehend, die rhetorische Theorie und Praxis ihrer Zeit einer prinzipiellen Kritik zu unterwerfen, um im Gegensatz gegen diese Theorie und Praxis zu zeigen, daß nur die ausschließliche Hingabe an die Idee, der wahre Eros, diejenige bewußte Festigkeit und Entschiedenheit eines wissenschaftlichen Prinzips verleihe, welche allein vor Willkür, Grundsatzlosigkeit und Gemeinheit zu bewahren im Stande sei. Von diesem Standpunkt aus versucht der Phädon die Unsterblichkeit der Seele aus der Ideenlehre zu begründen, der Philebus von den obersten Kategorieen des Systems aus den Begriff der Lust und des höchsten Guts zu beleuchten, von diesem Standpunkt aus entwickeln endlich die abschließenden Werke der Republik und des Timäus das Wesen des Staats und der Natur, des physischen und des geistigen Universums.

Nachdem wir hiemit die innere Entwicklungsgeschichte der platonischen Philosophie geschildert, wenden wir uns zur systematischen Darstellung derselben.

3. **Eintheilung des platonischen Systems.** Da Plato selbst keine systematische Darstellung seiner Philosophie, kein durchgeführtes Eintheilungsprinzip, sondern nur die Geschichte seines Denkens, die Darstellung seiner philosophischen Entwicklung gegeben hat, so sind wir in Beziehung auf seine Eintheilung der Philosophie auf bloße Andeutungen beschränkt. Diesen zufolge hat man bald eine Unterscheidung der theoretischen und praktischen Wissenschaft, bald die Unterscheidung einer Philosophie des Schönen, des Guten und des Wahren dem platonischen System untergestellt. Richtiger ist eine andere Eintheilung, welche in alten Ueberlieferungen einigen Halt findet. Einige der Alten nämlich sagen, Plato habe zuerst die bei den früheren Philosophen zerstreuten Glieder der Philosophie in ein Ganzes vereinigt und so drei Theile der Philosophie erhalten, Logik, Physik, Ethik. Das Genauere ist wohl, was Sextus Empirikus überliefert, Plato habe zwar die Unterscheidung dieser Theile der Philosophie dem Vermögen nach gehabt, aber noch nicht mit Bestimmtheit ausgesprochen; erst seine Schüler, Xenokrates und Aristoteles, hätten diese Eintheilung ausdrücklich anerkannt. In die genannten drei Theile läßt sich nun auch das platonische System ohne Zwang einordnen. Zwar gibt es viele Gespräche, welche bald in größerer, bald in geringerer Mischung das Logische, Ethische und Physische mit einander verbinden, und auch da, wo Plato die speziellen Disziplinen abhandelt, läßt er immer die eine in die andere ausmünden, wie ihm denn die Physik in die Ethik ausgeht, die Ethik überall auf die Physik zurückgeht, die Dialektik endlich durchs Ganze sich durchzieht; aber nichtsdestoweniger lassen einzelne Gespräche jenes Grundschema deutlich heraus erkennen. Daß der Timäus vorherrschend physischen, die Republik vorherrschend ethischen Inhalts ist, kann nicht verkannt werden, und wenn die Dialektik auch in keinem einzelnen Gespräch ausschließlich repräsentirt ist, so verfolgt doch die megarische, im Parmenides abschließende Gesprächsgruppe, die von Plato auch äußerlich als zusammenhängende Tetralogie bezeichnet wird, dem gemeinschaftlichen Zweck, den Begriff der Wissenschaft und den Gegenstand derselben, das Seiende darzulegen, ist also dem Inhalt nach entschieden dialektisch. Schon durch den früheren Entwicklungsgang der Philosophie mußte Plato darauf geführt werden, diese drei Theile zu unterscheiden, und da Xenokrates jene Dreitheilung schwerlich selbst erfunden hat, Aristoteles aber sie als allgemein bekannt voraussetzt, so dürfen wir nicht anstehen, sie der Darstellung des platonischen Systems zu Grunde zu legen.

Ueber die Ordnung der verschiedenen Theile hat sich Plato ebenfalls nicht erklärt. Offenbar jedoch geht die Dialektik voran als der Grund aller Philosophie, da Plato überhaupt die Vorschrift gibt, in jeder philosophischen Untersuchung mit der Feststellung der Idee anzufangen (Phäd. S. 99. Phädr. S. 237), und er später alle konkreten Sphären der Wissenschaft vom Standpunkt der Ideenlehre aus erörtert. Zweifelhafter könnte die Stellung der beiden andern Theile sein. Da jedoch die Physik in der Ethik kulminirt, und die Ethik umgekehrt die physischen Untersuchungen über die beseelende Kraft in der Natur zur Grundlage hat, so wird die Physik der Ethik vorangehen müssen.

Die mathematischen Wissenschaften hat Plato ausdrücklich von der Philosophie ausgeschlossen. Er betrachtet sie zwar als Bildungsmittel für das philosophische Denken (Rep. VII. 526), als nothwendige Stufe der Erkenntniß, ohne welche Niemand zur Philosophie kommen kann (a. a. O. VI, 510); aber die Mathematik ist ihm nicht selbst Philosophie, denn sie setzt ihre

Begriffe voraus, als ob diese Allen offenbar wäre, und ohne Rechenschaft von ihnen zu geben: ein Verfahren, welches der reinen Wissenschaft nicht erlaubt ist; sie bedient sich auch zu ihren Beweisen veranschaulichender Bilder, obwohl sie nicht von diesen handelt, sondern von dem, was durch den Verstand gesehen wird (a. a. O.). Sie steht ihm daher in der Mitte zwischen der richtigen Meinung und der Wissenschaft, klarer als die eine und dunkler als die andere (a. a. O. VII. 533).

4. **Die platonische Dialektik. a. Begriff der Dialektik.** Der Begriff der Dialektik oder Logik wird von den Alten meist in sehr weitem Sinne, von Plato häufig als Wechselbegriff mit Philosophie überhaupt gebraucht. Doch behandelt er sie auch hinwiederum als besonderen Zweig der Philosophie. Er trennt sie von der Physik als die Wissenschaft des Ewigen und Unveränderlichen von der Wissenschaft des Veränderlichen, niemals Seienden und immer nur Werdenden; auch von der Ethik, sofern die letztere das Gute nicht an und für sich, sondern in seiner konkreten Darstellung, in der Sitte und im Staat behandelt, so daß die Dialektik gewissermaßen die Philosophie in höherem Sinne ist, während sich ihr die Physik und Ethik als zwei minder exakte Wissenschaften, gleichsam als noch nicht vollendete Philosophie, anschließen. Die Dialektik selbst definirt Plato, nach der gewöhnlichen Bedeutung des Worts, als die Kunst, gesprächsweise in Fragen und Antworten Erkenntnisse zu entwickeln (Rep. VII. 534). Da jedoch die Kunst der richtigen Mittheilung im Gespräch nach Plato auch zugleich die Kunst des richtigen Denkens ist, wie denn Denken und Reden die Alten nicht trennen konnten und jeder Gedankenprozeß lebendiges Gespräch war, so kann Plato die Dialektik näher beschreiben als die Wissenschaft, die Rede richtig durchzuführen und die Gattungen der Dinge, d. h. die Begriffe, richtig mit einander zu verbinden und zu unterscheiden (Soph. S. 253. Phädr. S. 266). Die Dialektik ist ihm zweierlei, zu wissen, was verknüpft werden kann und nicht, und zu wissen, wie getheilt oder zusammengesetzt werden kann. Nimmt man zu dieser Definition hinzu, daß für Plato diese Gattungsbegriffe oder Ideen das allein Wirkliche und wahrhaft Existirende sind, so wird man eine dritte Definition, die ebenfalls nicht selten bei Plato vorkommt (namentlich Phileb. S. 57), ganz übereinstimmend finden, die Dialektik sei die Wissenschaft vom Seienden, vom Wahrhaften und immer in gleicher Art Beständigen, die Wissenschaft von allen übrigen Wissenschaften. Man kann sie hiernach kurz bezeichnen als die Wissenschaft des schlechthin Seienden oder der Ideen.

b. **Was ist Wissenschaft? aa. Im Gegensatz gegen die Empfindung und sinnliche Vorstellung.** Der Erörterung dieser Frage im Gegensatz gegen den protagoreischen Sensualismus ist der Theätet gewidmet. Daß alle Erkenntniß Wahrnehmung und beide eins und dasselbe seien, war der protagoreische Satz. Hieraus folgte — Konsequenzen, welche Protagoras selbst gezogen hat — daß die Dinge so sind, wie sie mir erscheinen, daß die Wahrnehmung oder Empfindung untrüglich ist. Da aber die Wahrnehmung und Empfindung bei Unzähligen unzähligemal verschieden, selbst bei einem und demselben höchst wechselnd ist, so folgt weiter, daß es überhaupt keine objektiven Bestimmungen und Prädikate gibt, daß wir nie aussagen können, was ein Ding an sich ist, daß alle Begriffe, groß, klein, leicht, schwer, zunehmen, abnehmen u. s. f., nur relative Bedeutung haben und folglich auch die Gattungsbegriffe, als Zusammenfassungen des wechselvollen Vielen, aller Beharrlichkeit und Konsistenz ermangeln. Im Gegensatz gegen diese protagoreische These, macht Plato auf folgende Widersprüche und

Gegen-Instanzen aufmerksam. **Erstens.** Die protagoreische Lehre führt zu den grellsten Konsequenzen. Ist nämlich Sein und Scheinen, Erkenntniß und Wahrnehmung Eines und Dasselbe, so ist ebenso gut auch das unvernünftige Thier, das der Wahrnehmung fähig ist, das Maaß aller Dinge, und ist die Vorstellung, als der Ausdruck meiner subjektiven Bestimmtheit, meines jedesmaligen Seseins untrüglich, so gibt es keinen Unterricht mehr, keine wissenschaftliche Verhandlung, keinen Streit und keine Widerlegung. **Zweitens.** Die protagoreische Lehre ist ein logischer Widerspruch: denn nach ihr gibt Protagoras Jedem, der ihm Unrecht gibt, Recht, da ja, wie von ihm selbst behauptet wird, Niemand Unrichtiges, sondern Jeder nur Wahres vorstellt; die vorgebliche Wahrheit des Protagoras ist also für Niemanden wahr, nicht einmal für ihn selbst. **Drittens.** Protagoras hebt das Wissen des Zünftigen auf. Was ich nämlich für nützlich halte, erweist sich darum in der Folge noch nicht wirklich als ein Solches. Da das Nützliche immer auf das Zukünftige geht, der Mensch aber nicht schon als Mensch, der erste beste, einen Maßstab zur Beurtheilung der Zukunft in sich hat, sondern der Eine mehr, der Andere weniger, so ist auch hieraus klar, daß nicht der Mensch als solcher, sondern nur der Weise ein Maaß sein kann. **Viertens.** Die Theorie des Protagoras hebt die Wahrnehmung selbst auf. Die Wahrnehmung beruht nach ihm auf einem Füreinander des wahrgenommenen Objekts und des wahrnehmenden Subjekts und ist das gemeinsame Produkt beider. Allein seiner Ansicht zufolge sind die Objekte in so ununterbrochener Strömung und Bewegung, daß sie weder im Sehen noch im Hören fixirt werden können. Diese absolute Veränderlichkeit macht jede Sinnenerkenntniß, also (bei vorausgesetzter Identität beider) überhaupt alle Erkenntniß unmöglich. **Fünftens** verkennt Protagoras das Apriorische der denkenden Erkenntniß. Es ergibt sich aus einer Analyse der Sinnenwahrnehmung selbst, daß nicht alle Erkenntniß eine durch Sinnenthätigkeit vermittelte ist, daß sie vielmehr außer dieser auch geistige Funktionen, somit ein selbstständiges Gebiet außersinnlicher Erkenntniß voraussetzt. Wir sehen mit den Augen und hören mit den Ohren: diese durch die Vermittlung verschiedener Organe uns zugekommenen Wahrnehmungen nun mit einander zu verknüpfen und in der Einheit des Selbstbewußtseins festzuhalten, ist bereits nicht mehr Aufgabe der Sinnenthätigkeit. Noch mehr: wir vergleichen die verschiedenen Sinnenwahrnehmungen unter einander, eine Funktion, die ebenfalls nicht den Sinnen zukommen kann, da wir die Wahrnehmungen des Gehörs nicht auch vermittelst des Gesichts erhalten können und umgekehrt; über die Wahrnehmungen selbst endlich stellen wir Bestimmungen auf, die wir offenbar ebenfalls nicht der Vermittlung der Sinne verdanken, indem wir Sein und Nichtsein, Aehnlichkeit und Unähnlichkeit, Einerleiheit und Verschiedenheit u. dgl. von ihnen aussagen. Diese Bestimmungen, zu denen namentlich auch noch das Schöne und Häßliche, Gute und Böse gehört, machen ein eigenthümliches Gebiet der Erkenntniß aus, welches die Seele, von aller Sinnenwahrnehmung unabhängig, durch eigene selbstständige Thätigkeit hervorbringt. — Das ethische Moment der Sache hebt Plato in seiner Polemik gegen den Sensualismus auch in andern Dialogen hervor. Er meint (im Soph.), man müsse Diejenigen, welche Alles verkörpern und nur das Greifbare für wahr halten, erst besser machen, ehe man sie belehren könne, dann würden sie wohl die Wahrheit der Seele und die Gerechtigkeit und Vernünftigkeit in ihr anerkennen und gestehen, daß dieß reelle, wenn auch nicht fühlbare und nicht sichtbare Dinge seien.

bb. **Das Wissen im Verhältniß zur Meinung.** Ebensowenig, als die Sinnenwahrnehmung, ist die Meinung (Vorstellung) mit dem Wissen identisch; die unrichtige Meinung ohnehin nicht, aber auch nicht einmal die richtige Meinung, denn sie kann auch durch Kunst der Rede erzeugt werden (Theätet), ohne darum für wahre Erkenntniß gelten zu können. Die richtige Meinung, sofern sie materiell wahr, formell ungenügend ist, steht vielmehr in der Mitte zwischen Wissen und Nichtwissen und hat an beiden Theil.

cc. **Die Wissenschaft im Verhältniß zum Denken.** Im Gegensatz gegen den protagoreischen Sensualismus ist schon oben eine von der sinnlichen Wahrnehmung und Empfindung unabhängige Kraft der Seele nachgewiesen worden, das Allgemeine durch sich selbst zu erforschen, das wahrhaft Seiende im Denken zu ergreifen. Es gibt also eine doppelte Quelle der Erkenntniß, Empfindung und Vorstellung, und vernünftiges Denken. Die eine derselben, die Empfindung, bezieht sich auf das, was in beständigem Werden, in beständiger Veränderung begriffen ist, auf das rein Augenblickliche, welches in einem beständigen Uebergehen aus dem War durch das Jetzt in das Wirdsein ist (Parm. S. 152), sie ist folglich eine Quelle trüber, verunreinigter und ungewisser Erkenntniß; das Denken dagegen bezieht sich aufs Beharrliche, welches weder wird noch vergeht, sondern immer auf gleiche Weise sich verhält (Tim. S. 51). Es existirt zweierlei, sagt der Timäus (S. 27 f.), einestheils Solches, „was immer ist, aber kein Werden hat, anderntheils Solches, was immer wird, aber niemals ist. Das Eine, welches stets in demselben Zustand ist, wird durch Nachdenken mittelst der Vernunft erfaßt, das Andere dagegen, welches wird und vergeht, eigentlich aber niemals ist, wird durch Meinung mittelst sinnlicher Wahrnehmung ohne Vernunft aufgefaßt." Die wahre Wissenschaft fließt folglich nur aus der reinen, vom Körperlichen, von allen sinnlichen Trübungen und Störungen abgewandten, durchaus innerlichen Thätigkeit der Seele (Phäd. S. 65). In diesem Zustande erblickt die Seele die Dinge rein, wie sie sind (Phäd. S. 66), in ihrem ewigen Wesen und ihrer unveränderlichen Beschaffenheit. Daher im Phädon (S. 64) als der wahre Zustand des Philosophen das Sterbenwollen geschildert wird, das Verlangen, dem Körper, als einem Hinderniß der wahren Erkenntniß, zu entfliehen und reiner Geist zu werden. Nach diesem Allem ist die Wissenschaft das Denken des wahrhaft Seienden oder der Ideen; das Mittel, diese Ideen zu finden und zu erkennen, das Organ für ihre Auffassung ist die Dialektik, als die Kunst der Sonderung und Vereinigung der Begriffe, und umgekehrt, der wahre Gegenstand der Dialektik sind eben die Ideen.

c. **Die Ideenlehre nach ihrer Genesis.** Die platonische Ideenlehre ist das gemeinsame Produkt der sokratischen Methode der Begriffsbildung, der heraklitischen Lehre vom absoluten Werden und der eleatischen Lehre vom absoluten Sein. Der erstern verdankt Plato die Idee des begrifflichen Wissens, der zweiten die Anschauung des Sinnlichen als bloßen Werdens, der dritten die Setzung eines Gebiets der absoluten Realität. Anderwärts, im Philebus, knüpft Plato die Ideenlehre auch an den pythagoreischen Gedanken, daß Alles aus der Einheit und Vielheit, der Grenze und dem Unbegrenzten zusammengesetzt sei. Mit den Prinzipien der Eleaten und Heraklits sich auseinanderzusetzen ist der Zweck des Theätet, des Sophisten und des Parmenides; im Theätet thut er es polemisch gegen das Prinzip des absoluten Werdens, im Sophisten polemisch gegen das Prinzip des abstrakten Seins, im Parmenides ironisch in Beziehung auf das eleatische Eins. Vom Theätet ist eben die Rede gewesen; nach dem Sophisten und Parmenides dagegen gestaltet sich die Entwicklungsgeschichte der Ideenlehre folgendermaßen.

Der Sophist hat ostensibel den Zweck, die Realität des Sophisten als der Karikatur des Philosophen, in Wahrheit aber die Realität des Scheins, d. h. des Nichtseienden festzustellen, das Verhältniß des Seienden und Nichtseienden spekulativ zu erörtern. Die Lehre der Eleaten hatte damit geendigt, alle sinnliche Erkenntniß zu verwerfen und das, was wir von einer Vielheit der Dinge oder von einem Werden wahrzunehmen glauben, für Schein zu erklären. Hierbei war der Widerspruch klar, das Nichtseiende schlechthin zu leugnen, und dabei doch seine Existenz in der Vorstellung der Menschen zuzugeben. Auf diesen Widerspruch macht Plato sogleich aufmerksam, indem er zeigt, daß ein scheinbares Meinen, welches ein falsches Bild oder eine falsche Vorstellung gewährt, nicht möglich ist, wenn man das Falsche, das Nichtwahre, d. h. das Nichtseiende überhaupt nicht denken kann. Es sei dieß, fährt Plato fort, eben die größte Schwierigkeit im Denken des Nichtseienden, daß derjenige, welcher es leugnet, ebensosehr als der, welcher es bejaht, genöthigt sei sich zu widersprechen. Denn obgleich es unaussprechbar sei und weder als Eins noch als Vieles zu denken, werde man doch gezwungen, wenn man von ihm spreche, ihm ein Sein und eine Vielheit beizulegen. Wenn man zugebe, es existire eine falsche Meinung, so setze man auf alle Weise wenigstens die Vorstellung des Nichtseienden voraus, denn nur die Meinung könne eine falsche genannt werden, welche entweder das Nichtseiende für seiend, oder das Seiende für nichtseiend erkläre. Kurz: existirt eine falsche Vorstellung wirklich, so existirt auch wirklich und wahrhaft ein Nichtseiendes. — Nachdem Plato in dieser Weise die Realität des Nichtseienden festgestellt, erörtert er das Verhältniß des Seienden und Nichtseienden, d. h. das Verhältniß der Begriffe überhaupt, ihre Kombinationsfähigkeit und Gegensätzlichkeit. Hat nämlich das Nichtseiende nicht weniger Realität als das Seiende, und das Seiende nicht mehr als das Nichtseiende, ist also z. B. das Nicht-Große so gut ein Reelles als das Große, so kann jeder Begriff solchergestalt als die Seite eines Gegensatzes dargestellt und als Seiendes und Nichtseiendes zugleich aufgefaßt werden; er ist ein Seiendes in Beziehung auf sich, als ein mit sich Identisches, ein Nichtseiendes in Beziehung auf jeden der unzähligen anderen Begriffe, die auf ihn bezogen werden können, und mit denen er nicht in Gemeinschaft treten kann, weil er von ihnen verschieden ist. Die Begriffe des Identischen (ταυτόν) und Andern (θάτερον) stellen die Form des Gegensatzes überhaupt dar: es sind die allgemeinen Kombinationsformeln zwischen allen Begriffen. Dieses gegenseitige Verhältniß der Begriffe als seiender und nichtseiender zugleich, vermöge dessen die Begriffe untereinander geordnet werden, begründet nun die Kunst der Dialektik, welche zu beurtheilen hat, welche Begriffe mit einander verbunden sein wollen und welche nicht. Plato zeigt beispielsweise an den Begriffen des Seins, der Bewegung (= des Werdens) und der Ruhe (= des Daseins), was aus der Verknüpfung der Begriffe unter einander und aus ihrem wechselseitigen Sichausschließen sich ergibt. Von den genannten Begriffen können nämlich die Begriffe der Bewegung und der Ruhe nicht mit einander verbunden werden, wohl aber jeder derselben mit dem Begriffe des Seienden; der Begriff der Ruhe ist also in Beziehung auf sich selbst ein Seiendes, in Beziehung auf den Begriff der Bewegung ein Nichtseiendes oder Anderes.

4 *

So wird die platonische Ideenlehre, nachdem im Theätet ihre allgemeine Grundlegung versucht worden ist, in der Festellung der objektiven Realität der Ideen, nunmehr im Sophisten fortentwickelt zur Lehre von der Gemeinschaft der Begriffe, d. h. ihrer gegenseitigen Unterordnung, Ueberordnung und Nebenordnung. Die diese gegenseitigen Verhältnisse bedingende Kategorie ist die Kategorie des Nichtseienden oder Andern. In moderner Fassung kann hiernach der Grundgedanke des Sophisten, daß das Sein nicht ohne das Nichtsein und das Nichtsein nicht ohne das Sein sei, so ausgedrückt werden: die Negation sei nicht Nichtsein, sondern Bestimmtheit, und umgekehrt alle Bestimmtheit und Konkretheit der Begriffe, alles Affirmative sei nur durch Negation, durch Ausschließung, Gegensätzlichkeit, der Begriff des Gegensatzes sei die Seele der philosophischen Methode.

Als positive Konsequenz und Fortentwicklung des eleatischen Prinzips erscheint die Ideenlehre im Parmenides. Schon durch die äußere Einkleidung, indem das in diesem Gespräche Vorgetragene dem Eleaten in den Mund gelegt wird, soll die platonische Lehre als die eigentliche Meinung dieses Philosophen selbst bezeichnet werden. Nun steht zwar allerdings der Grundgedanke des gleichnamigen platonischen Gesprächs, daß das Eine nicht denkbar sei in einer völligen Abgezogenheit ohne das Viele und das Viele nicht ohne das Eins, daß beide sich nothwendig voraussetzen und gegenseitig bedingen, im bestimmtesten Widerspruch mit der eleatischen Lehre. Doch hatte Parmenides, indem er im ersten Theile seines Gedichts das Eins, im zweiten, wenn auch seiner eigenen Erklärung nach nur aus der irrthümlichen Meinung heraus, die Welt des Vielen zu erörtern und zu erklären gesucht, gewissermaßen selbst eine innere Vermittlung zwischen diesen zusammenhangslosen Theilen seiner Philosophie postulirt, und insofern konnte sich die platonische Ideenlehre als Weiterbildung, als wahren Sinn des parmenideischen Philosophirens geben. Jene dialektische Vermittlung zwischen dem Eins und dem Nichteins oder dem Vielen versucht nun Plato in vier Antinomien, die ostensibel nur ein negatives Resultat haben, sofern sie darthun, daß aus der Annahme, wie aus der Verwerfung des Eins sich Widersprüche ergeben. Der positive Sinn der Antinomien, der aber nur durch Folgerungen, die Plato selbst nicht ausdrücklich ausspricht, sondern dem Leser zu ziehen überläßt, gewonnen werden kann, ist folgender. Die erste der Antinomien zeigt, daß das Eins, wenn es in abstraktem Gegensatze gegen die Vielheit gefaßt werde, auch nicht einmal Eins, d. h. undenkbar sei; die zweite, daß in diesem Falle auch die Realität des Vielen undenkbar sei; die dritte, daß das Eins oder die Idee nicht als nichtseiend gedacht werden könne, da es von dem absolut Nichtseienden weder Begriff noch Prädikate geben könne, und da, wenn das Nichtseiende von aller Gemeinschaft mit dem Sein ausgeschlossen werde, auch alles Werden und Vergehen, alle Aehnlichkeit und Verschiedenheit, alle Vorstellung und Erklärung von ihm verneint werde; die vierte endlich, daß das Nichtseinde nicht ohne das Eins, das Viele nicht ohne die Idee gedacht werden könne. Welchen Zweck verfolgt nun Plato in dieser Erörterung des dialektischen Verhältnisses zwischen den Begriffen des Eins und des Vielen? Will er an dem Begriffe des Eins nur als an einem Beispiel die Methode der dialektischen Begriffsbehandlung klar machen, oder ist die Erörterung dieses Begriffs selbst der eigentliche Zweck der Darstellung? Offenbar muß das letztere der Fall sein, wenn der Dialog nicht resultatlos endigen und seine beiden Theile nicht ohne innern Zusammenhang sein sollen. Aber wie kommt nun

Die platonische Ideenlehre. 53

gerade der Begriff des Eins dazu, von Plato in einer besondern Darstellung behandelt zu werden? Erinnern wir uns, daß schon die Eleaten in dem Gegensatze des Eins und Vielen den Gegensatz des Wirklichen und der Erscheinungswelt angeschaut hatten, daß ebenso Plato selbst seine Ideen als Einheiten des Mannigfaltigen, als das im Vielen Eine und Identische faßt, wie er denn hin und wieder „Idee" und „das Eins" als synonym gebraucht und die Dialektik mit der Fähigkeit, das Viele zur Einheit zusammenzufassen, gleichsetzt (Rep. VII, 537), so wird klar, daß das Eins, das im Parmenides zum Gegenstand der Untersuchung gemacht wird, die Idee im Allgemeinen, d. h. in ihrer logischen Form ist, und daß Plato folglich in der Dialektik des Eins und des Vielen die Dialektik der Idee und der Erscheinungswelt darstellen, oder die richtige Ansicht von der Idee als der Einheit im Mannigfaltigen der Erscheinung dialektisch bestimmen und begründen will. Indem im Parmenides gezeigt wird, einerseits, daß das Viele ohne das Eine nicht gedacht werden kann, andererseits, daß das Eine ein solches sein muß, was die Mannigfaltigkeit in sich befaßt, so ist darin die Folgerung an die Hand gegeben, einerseits, daß das Sein der Erscheinungswelt oder des Vielen eben nur insoweit Wahrheit hat, als das Eins der Begriff in ihr ist, andererseits, daß der Begriff wirklich solcher Natur ist, um in der Erscheinungswelt sein zu können, indem er nicht ein abstraktes Eins ist, sondern Mannigfaltigkeit in der Einheit. Die Materie — dieß ist das indirekte Resultat des Parmenides — hat als die ins Unendliche theilbare und bestimmungslose Masse keine Wirklichkeit, sie ist im Verhältniß zur Ideenwelt ein Nichtseiendes: und wenn andererseits die Ideen als das wahrhaft Seiende in ihr zur Erscheinung gelangen, so ist doch alles Wirkliche in der Erscheinung die Idee selbst, ihre ganze Existenz trägt die Erscheinungswelt von der in sie hereinscheinenden Ideenwelt zum Lehen, und ein Sein kommt ihr nur insoweit zu, als sie den Begriff zu ihrem Inhalt hat.

d. Positive Darstellung der Ideenlehre. Nach den verschiedenen Seiten ihres historischen Zusammenhangs können die Ideen definirt werden als das Gemeinsame im Mannigfaltigen, das Allgemeine im Einzelnen, das Eine im Vielen, das Feste und Beharrende im Wechselnden. In subjektiver Hinsicht sind sie die an sich gewissen, aus der Erfahrung nicht abzuleitenden Prinzipien des Wissens, angeborene Regulative unseres Erkennens, in objektiver die unveränderlichen Prinzipien des Seins und der Erscheinungswelt, unkörperliche, unräumliche, einfache Einheiten, die stattfinden von dem, was sich irgendwie als selbstständig setzen läßt. Die Ideenlehre ist zunächst aus dem Bedürfnisse hervorgegangen, das Wesen der Dinge, das was jedes Ding für sich ist, auszusprechen, das mit dem Denken Identische des Seins begrifflich auszudrücken, die reale Welt als in sich gegliederte Intellektualwelt zu begreifen. Dieses Bedürfniß des wissenschaftlichen Erkennens gibt Aristoteles ausdrücklich als Motiv der platonischen Ideenlehre an. „Plato — sagt er (Metaph. XIII, 4) — kam auf die Ideenlehre, weil er sich von der Wahrheit der heraklitischen Ansicht in Beziehung aufs Sinnliche überzeugte, und dieses für ein ˶ewig Strömendes" ansah. Sollte es nun doch Wissenschaft von etwas geben und wissenschaftliche Einsicht, so müßten, schloß Plato, andere Wesenheiten existiren neben den sinnlichen, die Bestand hätten; denn vom Fließenden gebe es keine Wissenschaft." Die Idee der Wissenschaft also ist es, um deren willen auch die Realität der Ideen gefordert wird; gefordert kann diese jedoch nur dann werden, wenn der Begriff auch der Grund alles Seins ist. Dieß ist bei Plato der Fall. Weder ein wahres Wissen noch ein wahres Sein ist nach ihm ohne die anundfürsichseienden Begriffe (die Ideen) möglich.

Was setzt nun Plato als Idee? Daß nach ihm nicht etwa nur die idealen Begriffe des Schönen und Guten Ideen sind, geht schon aus dem Gesagten hervor. Eine Idee findet, wie schon der Name (εἶδος) besagt, überall da statt, wo ein allgemeiner Art- und Gattungsbegriff stattfindet. So redet also Plato von Ideen des Bettes, des Tisches, der Stärke, der Gesundheit, der Stimme, der Farbe, von Ideen bloßer Verhältniß- und Eigenschaftsbegriffe, von Ideen mathematischer Figuren, ja selbst von Ideen des Nichtseienden und dessen, das seinem Wesen nach nur der Widerspruch gegen die Idee ist, der Schlechtigkeit und der Untugend. Es ist mit einem Wort überall eine Idee anzunehmen, wo ein Vieles mit demselben Nennwort, mit einem gemeinsamen Namen bezeichnet wird (Rep. X, 596); oder, wie Aristoteles sich ausdrückt (Metaph. XII, 3), Plato setzte für jede Klasse des Seienden eine Idee. In diesem Sinne spricht sich Plato namentlich im Eingang des Parmenides aus. Der junge Sokrates wird hier von Parmenides befragt, was er als Idee setze? Hier gibt nun Sokrates die sittlichen Ideen, die Ideen des Gerechten, Schönen und Guten unbedingt, die physischen, wie die des Menschen, des Feuers, des Wassers nach einiger Zögerung zu: Ideen von dem, was nur formlose Masse oder Theil an einem andern sei, wie von Haaren, Koth und Schmutz will er nicht gelten lassen, wird aber von Parmenides beschieden, daß, wenn die Philosophie ihn völlig ergriffen, er auch von solchen Dingen Nichts mehr gering achten, d. h. wohl einsehen werde, wie auch sie, wenn gleich in entfernterer Weise, an der Idee Theil hätten. Hier ist wenigstens die Forderung ausgesprochen, gar kein von der Idee verlassenes Gebiet des Seins anzunehmen, auch das scheinbar Zufälligste und Vernunftloseste der vernünftigen Erkenntniß zu vindiziren, alles Existirende als vernünftiges zu begreifen.

c. Das Verhältniß der Ideen zur Erscheinungswelt. Analog den verschiedenen Definitionen der Idee sind die verschiedenen Bezeichnungen, welche Plato für das Sinnliche und die Erscheinungswelt gebraucht. Er nennt sie das Viele, Theilbare, Unbegrenzte, Unbestimmte und Maaßlose, das Werdende, Relative, Große und Kleine, Nichtseiende. In welchem Verhältniß nun aber beide Welten, die Sinnen- und die Ideenwelt, zu einander stehen, diese Frage hat Plato weder erschöpfend noch mit sich einstimmig beantwortet. Wenn er, was das Gewöhnlichste ist, das Verhältniß der Dinge zu den Begriffen als ein Theilhaben oder die Dinge als Abbilder oder Abschattungen, die Ideen als Urbilder bezeichnet, so ist die Hauptschwierigkeit der Ideenlehre in diesen bildlichen Verhältnißbestimmungen nur verhüllt, nicht gelöst. Die Schwierigkeit liegt in dem Widerspruch, der sich daraus ergibt, daß Plato einerseits die Realität des Werdens und eines Gebiets des Werdens zugibt, andererseits die Ideen diese ruhenden, immer sich gleichen Substanzen, als das allein Wirkliche setzt. Nun ist sich zwar Plato formell soweit konsequent geblieben, daß er das Stoffartige der Materie nicht als positives Substrat, sondern als das Nichtseiende bezeichnet und sich ausdrücklich verwahrt, das Sinnliche sei ihm nicht das Seiende, sondern nur etwas dem Seienden Aehnliches (Rep. X, 597). Konsequent ist auch von hier aus die Forderung des Parmenides an die vollendete Philosophie, die Idee als das Wißbare in der Erscheinungswelt bis ins Kleinste hinaus zu finden, so daß in der letztern gar kein für das Wissen inkommensurabler Rest eines Seienden zurückbleibt und aller Dualismus beseitigt wird. Endlich erweckt Plato auch durch manche seiner Aeußerungen den Schein, als ob er die Welt der sinnlichen Empfindung nur als subjektiven Schein, als Produkt des subjektiven Vorstellens, einer verworrenen Vorstellungsweise von den Ideen auffaßte. Bei dieser Fassung wird den Erscheinungen ihre Selbstständigkeit gegenüber von den Ideen ganz genommen; sie sind Nichts mehr neben diesen, sondern nur die Idee selbst in der Form des Nichtseins; ihre ganze Existenz trägt die Erscheinungswelt von der in sie hineinscheinenden Ideenwelt zu Lehen. Allein wenn Plato doch wieder das Sinnliche eine Mischung des Selbigen mit dem Andern oder Nichtseienden nennt (Tim. S. 35), wenn er die Ideen als Selbstlauter bezeichnet, welche wie eine Kette durch Alles hindurchgehen (Soph. S. 253), wenn er sich die Möglichkeit denkt, daß die Materie sich gegen die bildende Kraft der Ideen widersetzlich zeige (Tim. S. 56), wenn er von einer bösen Weltseele (Ges. X, 896) und einem widergöttlichen Naturprinzip in der Welt (Polit. S. 268) Andeutungen gibt, wenn er im Phädon das Verhältniß zwischen Leib und Seele als ein ganz heterogenes und feindseliges faßt, so bleibt selbst nach Abzug der mythischen Form, wie sie im Timäus, der rednerischen Haltung, wie sie im Phädon vorherrscht, noch genug übrig, um den oben bemerklich gemachten Widerspruch zu bestätigen. Am einleuchtendsten ist derselbe im Timäus. Indem hier Plato die Sinnenwelt nach dem Muster der Ideen durch den Weltschöpfer gebildet werden läßt, legt er dieser weltbildnerischen Thätigkeit des Demiurg ein Etwas zu Grund, das geschickt sei, das Bild der Ideen in sich aufzunehmen. Dieses Etwas vergleicht Plato selbst mit der Materie, welche von den Handwerkern verarbeitet werde (woher der spätere Name Hyle); er nennt es ein völlig Unbestimmtes und Formloses, welches aber allerlei Formen in sich abbilden kann, eine unsichtbare und gestaltlose Art, ein Etwas, das schwer zu bezeichnen ist und auch von Plato nicht genau bezeichnet werden will. Hiemit ist nun zwar die Wirklichkeit der Materie geleugnet; indem sie Plato dem Raume gleichsetzt, betrachtet er sie nur als Ort des Sinnlichen, als negative Bedingung desselben: sie soll nur dadurch Antheil am Sein erhalten, daß sie die ideelle Form in sich aufnimmt. Aber sie ist doch objektive Erscheinungsform der Idee: die sichtbare Welt entsteht durch Mischung der Ideen mit diesem Substrat, und wenn die Materie nach ihrem metaphysischen Ausdruck als „Anderes" bezeichnet wird, so ist sie den dialektischen Erörterungen zu Folge mit logischer Nothwendigkeit ebensosehr ein Seiendes, als ein Nichtseiendes. Weil Plato diese Schwierigkeit sich nicht verhehlte, mußte er sich begnügen, in Gleichnissen und Bildern von einer Voraussetzung zu reden, die er ebensowenig zu entbehren, als begrifflich zu fassen vermochte. Er vermochte ihrer nicht zu entbehren, ohne entweder zu dem Begriffe einer absoluten Schöpfung sich zu erheben oder den Stoff als letzten Ausfluß des absoluten Geistes, als Basis seiner Selbstvermittlung mit sich zu betrachten oder ihn bestimmt für subjektiven Schein zu erklären. So ist das platonische System ein erfolgloses Ringen gegen den Dualismus.

f. **Die Idee des Guten und die Gottheit.** Wenn in den Begriffen das Wahre dargestellt wird, die Begriffe aber sich so zu einander verhalten, daß ein höherer Begriff mehrere niedere in sich umfaßt und verbindet, so daß man von einer Idee ausgehend alle andern finden kann (Meno S. 81), so müssen die Ideen überhaupt einen gegliederten Organismus, eine Stufenreihe bilden, in welcher je die niedrigere als Grundlage und Voraussetzung sich zu einer höhern verhält. Diese Stufenreihe nun muß in einer Idee ihren Abschluß erhalten, welche durch keine höhere Idee oder Voraussetzung gerechtfertigt zu werden braucht. Diese höchste Idee, die „letzte im Erkennbaren," der voraussetzungslose Grund der andern ist für Plato die Idee des Guten, d. h. nicht des moralisch, sondern des metaphysisch Guten (Rep. VII, 517).

Was jedoch das Ansichgute sei, unternimmt Plato, wie er sich ausdrückt, nur im Abbilde zu zeigen. „Wie die Sonne," sagt er in der Republik (VI. 506), „Ursache ist des Gesichts und Ursache nicht nur, daß die Dinge im Lichte gesehen werden, sondern auch, daß sie wachsen und werden: so ist das Gute von solcher Kraft und Schönheit, daß es nicht nur für die Seele Ursache wird der Wissenschaft, sondern auch Wahrheit und Wesen Allem gewährt, was Gegenstand der Wissenschaft ist, und so wie die Sonne nicht selbst das Gesicht und Gesehene ist, sondern über diesen steht, so ist auch das Gute nicht die Wissenschaft und die Wahrheit, sondern sie ist über beiden und beide sind nicht das Gute, sondern nur gutartig." Die Idee des Guten schließt alle Voraussetzung aus, sofern das Gute unbedingten Werth hat und allem Andern erst Werth verleiht. Sie ist der letzte Grund zugleich des Erkennens und des Seins, der Vernunft und des Vernommenen, des Subjektiven und Objektiven, Idealen und Realen, selbst aber über diese Sonderung erhaben (Rep. VI, 508—517). Eine Ableitung der übrigen Ideen aus der Idee des Guten hat jedoch Plato nicht versucht; er befolgt hier durchweg ein empirisches Verfahren: eine Klasse des Seienden wird als gegeben aufgenommen, auf ihr gemeinsames Wesen zurückgeführt und dieses als Idee ausgesprochen. Ja er hat eine Abtheilung der Ideen von einander, einen immanenten Fortgang von der einen zur andern sich geradezu unmöglich gemacht, indem er die einzelnen Begriffe hypostasirt und dadurch für ein in sich Festes und Fertiges erklärt hat.

Wie sich nun weiter diese Idee des Guten und überhaupt die Ideenwelt nach der platonischen Ansicht zur Gottheit verhalte, ist eine schwierige Frage. Alles zusammengenommen müssen wir es für wahrscheinlich halten, daß Plato beide, die Gottheit und die Idee des Guten, als identisch gefaßt hat; ob er sich aber diese höchste Ursache nun näher als persönliches Wesen gedacht hat oder nicht, ist eine Frage, auf die sich kaum eine ganz bestimmte Antwort geben läßt. Die Konsequenz des Systems zwar schließt eine Persönlichkeit Gottes aus. Ist nur das Allgemeine (die Idee) das wahrhaft Seiende, so kann auch die absolute Idee oder die Gottheit nur das absolut Allgemeine sein. Daß aber auch Plato selbst diese Konsequenz sich zum Bewußtsein gebracht habe, kann ebensowenig behauptet werden, als das Umgekehrte, er sei mit bestimmtem philosophischen Bewußtsein Theist gewesen. Denn wenn er auch in mythischer oder populärer Darstellung unzähligemal von Gott oder den Göttern redet, so beweist eben diese Vielheit von Göttern, daß er hier im Sinne der Volksreligion spricht: wo er streng philosophisch redet, weist er der persönlichen Gottheit neben der Idee nur eine sehr unsichere Stellung an. Das Wahrscheinlichste ist also, daß er sich die ganze Frage über die Persönlichkeit Gottes noch gar nicht bestimmt vorgelegt hat, daß er zwar die religiöse Gottesidee für seine eigene Vorstellung stehen ließ, sie auch in ethischem Interesse gegen die Anthropomorphismen der Mythendichter vertheidigte (Republik, Gesetze), aus der Naturzweckmäßigkeit und dem allgemein verbreiteten Gottesglauben zu rechtfertigen versuchte (Ges.), aber als Philosoph von ihr keinen Gebrauch machte.

5. Die platonische Physik. a. Die Natur. Mit dem Begriff

des Werdens, der die Grundeigenschaft der Natur bildet, und dem Begriff des wahrhaft Seienden, das als Gutes gefaßt aller teleologischen Naturerklärung zu Grunde liegt, schließt sich die Physik an die Dialektik an. Weil dem Gebiet der vernunftlosen Sinnenwahrnehmung angehörig, kann die Natur jedoch nicht auf dieselbe Genauigkeit der Betrachtung Anspruch machen, wie die Dialektik. Plato hat sich darum auch den physischen Untersuchungen mit geringerer Vorliebe zugewandt als den ethischen und dialektischen, und erst in seinen spätern Jahren; er hat ihnen nur ein einziges Gespräch gewidmet, den Timäus, und ist hier auch mit größerer Unselbstständigkeit als sonst, d. h. fast durchaus pythagoreisirend zu Werk gegangen. Die Schwierigkeit des Timäus vermehrt die mythische Form, an der sich schon die alten Ausleger gestoßen haben. Nimmt man seine Darstellung, wie sie sich beim ersten Anblick gibt, so haben wir vor Erschaffung der Welt einen Weltbildner (Demiurg) als bewegendes und überlegendes Prinzip, ihm zur Seite einestheils die Ideenwelt, die immer sich selbst gleich als das ewige Urbild unbeweglich dasteht, anderentheils eine chaotische, formlose, unregelmäßig fluktuirende Masse, welche die Keime der materiellen Welt in sich enthält, aber ohne noch eine bestimmte Gestalt und Wesenheit zu haben. Aus diesen beiden Elementen mischt nun der Schöpfer die Weltseele, d. h. das unsichtbare dynamische Prinzip der Ordnung und Bewegung der Welt, das aber selbst räumlich ausgedehnt ist; diese Weltseele spannt der Demiurg, wie ein kolossales Netz oder Gerüst, zu der ganzen Weite des Umkreises, den nachher die Welt ausfüllen soll, aus, theilt sie in die zwei Kreise des Firstern- und Planetenhimmels, welcher letztere wieder in die sieben Kreise der Planetenbahnen getheilt wird; in dieses Gerüste wird dann die materielle Welt, welche durch Gliederung der chaotischen Masse in die vier Elemente zur Wirklichkeit gekommen ist, eingebaut und durch Bildung der organischen Welt ihr innerer Ausbau vollendet. — Eine Scheidung des Mythischen und Philosophischen in dieser Kosmogonie des Timäus ist schwer durchzuführen; namentlich ist schwer zu entscheiden, inwieweit das Historische der Konstruktion, die zeitliche Aufeinanderfolge der Schöpfungsakte zur bloßen Form gehört. Klarer ist die Bedeutung der Weltseele. Die Seele ist im platonischen System überhaupt das Mittlere zwischen den Ideen und dem Körperlichen, das Medium, durch welches das Materielle geformt und individualisirt, belebt und regiert, kurz aus ungeordneter Vielheit zu organischer Einheit erhoben und darin erhalten wird; ganz ähnlich bilden auch die Zahlen bei Plato ein Mittleres zwischen Idee und Erscheinung, sofern durch sie die Summe des stofflichen Seins in bestimmte quantitative Verhältnisse der Menge, Größe, Figur, Theile, Lage, Entfernung u. s. w. gebracht, kurz arithmetisch und geometrisch gegliedert wird, statt als grenz- und unterschiedslose Masse zu existiren; in der Weltseele ist dieß Beides vereinigt, sie ist das zwischen Idee und Materie hineintretende universale Medium, das große Weltschema, das der Materie ihre Formirung und Gliederung im Großen gibt, die große Weltkraft, welche den Stoff (z. B. die Himmelskörper) innerhalb dieser Ordnung zusammenhält, bewegt (im Kreise dreht) und ihn durch diese geordnete Bewegung zum realen Abbild der Idee erhebt. Die platonische Naturauffassung selbst ist im Gegensatz gegen die mechanischen Erklärungsversuche der Früheren durchaus teleologisch, auf den Begriff des Guten gebaut. Plato faßt die Welt als Werk der neidlosen göttlichen Güte, welche sich selbst Aehnliches schaffen will; sie ist von ihrem Demiurg aufs Beste gemacht nach dem Muster der ewigen Idee, sie ist das für alle Zeiten bleibende, nie alternde, durch die ihm inwohnende Seele lebendige und vernünftige, durch all Das unendlich schöne, selbst göttliche Abbild des Guten. Nach dem Bilde des Vollkommenen gemacht ist sie deßhalb nur Eine, der Idee des einigen allumfassenden Wesens entsprechend: denn eine unendliche Menge von Welten ist nicht als begreiflich und wirklich zu denken; aus dem gleichen Grunde ist sie kugelförmig, nach der vollkommensten und gleichförmigsten Gestalt, welche alle übrigen Formen in sich begreift, ihre Bewegung die Kreisbewegung, weil diese, als die Rückkehr in sich selbst, der Bewegung der Vernunft am meisten gleicht. Die Einzelheiten des Timäus, die Ableitung der vier Elemente, die Abtheilung der sieben Planeten nach Maßgabe der musikalischen Oktave, die Ansicht von den Gestirnen als unsterblichen himmlischen Wesen, die Behauptung, daß die Erde eine ruhende Stellung in der Mitte der Welt einnehme, eine Ansicht, die später durch Hilfshypothesen zum ptolemäischen System ausgebildet worden ist; die Zurückführung aller stofflichen Gestaltungen auf geometrische Grundformen, die Eintheilung der lebenden Wesen nach den vier Elementen in Feuer- oder Lichtwesen (Götter und Dämonen), Luftthiere, Wasserthiere, Erdgeschöpfe; seine Erörterungen über die organische Natur und besonders den Bau des menschlichen Körpers können hier nur angedeutet werden. Philosophischen Werth haben diese Ausführungen nicht sowohl wegen ihres stofflichen Gehalts, denn es kommt in ihnen vielmehr die ganze Mangelhaftigkeit des naturwissenschaftlichen Standpunkts in jener Zeit zu Tag, als vermöge ihrer Grundidee, die Welt als Werk und Abbild der Vernunft, als einen Organismus der Ordnung, Harmonie und Schönheit, als Selbstverwirklichung des Guten zu begreifen.

b. Die Seele. Die Seelenlehre, soweit sie nicht in die Erörterung der konkreten Sittlichkeit eingeht, sondern nur die Grundlagen des sittlichen Handelns betrifft, ist erst die Vollendung, der Schlußstein der platonischen Physik. Dieselbe Natur und Bestimmung wie die Weltseele hat auch die Einzelseele; es gehörte zur Vollkommenheit der Welt, auch eine Mehrheit von Seelen zu enthalten, durch welche das Prinzip der Vernünftigkeit und Lebendigkeit sich zu einer reichen Zahl von Einzelwesen individualisirt. Die Seele ist an sich unvergänglich und durch die Vernunft, der sie theilhaftig ist, göttlicher Natur; sie ist an sich zur Erkenntniß des Göttlichen und Ewigen, zum reinen, seligen Leben in der Anschauung der idealen Welt bestimmt. Aber nicht minder wesentlich ist ihr die Verbindung mit einem materiellen, sterblichen Körper; das Geschlecht sterblicher Wesen mußte um der Vollständigkeit der Gattungen willen auch innerhalb des Universums vertreten sein, und das fällt nun eben der Einzelseele mittelst ihrer Einwohnung im Körper zu. Die Seele, indem sie mit dem Leibe verbunden ist, erhält Theil an seinen Bewegungen und Veränderungen und ist in dieser Beziehung dem Vergänglichen zugewandt, dem Wechsel der Zustände des sinnlichen Lebens, dem Einfluß der sinnlichen Empfindungen und Begierden preisgegeben; sie kann sich somit in ihrer reinen Göttlichkeit nicht erhalten, sie sinkt vom Himmlischen zum Irdischen, vom Göttlichen zum Vergänglichen herab; in der Einzelseele tritt der Bruch ein zwischen dem höhern und niedern Prinzip, die Intelligenz erliegt der Macht der Sinnlichkeit, der ansichseiende Dualismus zwischen Idee und Realität, der im großen Ganzen der Welt zur Einheit gebunden bleibt, kommt in der Einzelseele zu seiner vollen Wirklichkeit. Die Seele regiert und erhält einerseits den Körper, aber sie wird andererseits ebenso auch von ihm affizirt, beherrscht, zum niedern sinnlichen Leben, zum Vergessen ihres höheren Ursprungs, zur Endlichkeit

des Vorstellens und Wollens herabgezogen. Vermittelt ist diese Wechsel=
wirkung zwischen Seele und Leib durch ein niederes, sinnliches Seelenver=
mögen, und Plato unterscheidet daher zwei Bestandtheile der Seele, das
Göttliche und Sterbliche, das Vernünftige und Vernunftlose, zwischen welche
beide als vermittelndes Glied der Muth ($\vartheta\upsilon\mu\acute{o}\varsigma$) tritt, der zwar edler als
die sinnliche Begierde ist, aber, weil er auch in den Kindern und selbst in
den Thieren sich zeigt und sich oft ohne Nachdenken blindlings fortreißen
läßt, auch zur Naturseite des Menschen gehört und nicht mit der Vernunft
selbst verwechselt werden darf. Die Seele ist somit nach platonischer Lehre
während ihrer Verbindung mit Körper= und Sinnenwelt in einem ihrem
eigentlichen Wesen schlechthin inadäquaten Zustand. An sich ist sie göttlich,
im Besitz der wahren Erkenntniß, selbstständig, frei; in der Wirklichkeit ist
sie das Gegentheil, schwach, sinnlich, leidend unter den Einwirkungen der
körperlichen Natur, ins Uebel und Böse verstrickt durch alle die Beunruhi=
gungen, Begierden, Leidenschaften, Kämpfe, welche aus dem Ueberwiegen des
sinnlichen Prinzips, aus der Nothwendigkeit der physischen Selbsterhaltung,
aus dem Streben nach Besitz und Genuß für sie entspringen. Eine dunkle
Ahnung ihres höhern Ursprungs, eine Sehnsucht nach ihrer Heimath, der
idealen Welt, ist ihr zwar geblieben und kündigt sich an in der Liebe zum
Wissen, in der Begeisterung für das Schöne (Eros), in dem Streben des
Geistes, über den Körper Herr zu werden. Aber diese Sehnsucht weist eben
darauf hin, daß das wahre Leben der Seele nicht das gegenwärtige sinn=
liche Dasein ist, daß dasselbe vielmehr in der Zukunft, in der Zeit nach
ihrer Trennung vom Körper liegen muß. Die Seele, die der Sinnlichkeit
sich ergeben hat, verfällt sofort dem Geschick der Wanderung in neue Körper,
nach Umständen auch in niedere Formen der Existenz, von der sie einst erlöst
wird, nachdem sie in der Reihe der Zeiten zu ihrer Reinheit sich wieder
emporgearbeitet hat; die reine Seele, welche die Probe des Zusammenseins
mit der Körperwelt unbefleckt überstand, kehrt gleich nach dem Tode in den
Zustand seliger Ruhe zurück, um erst, nachdem sie diesen genossen, ins körper=
liche Leben wieder einmal einzutreten. Die platonischen Schilderungen dieser
zukünftigen Zustände der Seele stimmen zwar vielfach nicht unter sich über=
ein; Phädrus und Phädon, Republik und Timäus weichen in Manchem von
einander ab; aber es ist Plato, wie den Pythagoreern, wirklich ernst damit.
Es ist wirklich seine Meinung, der Weltlauf, die Geschichte des Universums
habe zu ihrem Inhalt eben dieß stete Hinundhergehen der Psyche zwischen
höherer und niederer, göttlicher und menschlicher Welt. Die Psyche ist von
zu edlem Stoff, um mit diesem Leben erst anzufangen und schon unterzu=
gehen, sie ist göttlich und ewig; aber sie ist nicht reines Sein, wie die Idee,
sondern bereits ein solches, das von der Natur „des Andern" etwas an sich
hat, sie ist geistig und ungeistig, frei und unfrei zugleich; diese beiden wider=
sprechenden Elemente ihres Wesens kommen in jenem Wechsel höherer und
niederer Zustände in der Form des zeitlichen Nacheinanders zur Erscheinung.
Die Seele bietet das Räthsel dar, ebenso dem Idealen wie dem niedrig
Sinnlichen zugekehrt zu sein; dieses Räthsel löst sich nach Plato allein in
dieser Lehre von dem Wesen und Schicksal der Seele. Von Sokrates scheint
das Alles unendlich weit abzuliegen; das sokratische Postulat, der Mensch
soll nicht sinnlich, sondern intelligent handeln, erscheint umgewandelt in ein
spekulatives Philosophem, das erklären will, woher im Menschen Beides,
Sinnlichkeit und Vernunft, zusammen sei. Allein gerade hierin, daß sich
schließlich das ganze Philosophiren Plato's auf diesen Punkt der ethischen

Natur und Bestimmung der Seele konzentrirt, zeigt er sich als den ächten Schüler seines Meisters, der eben diese hohe Idee von der Erhabenheit des Geistes über die Sinnlichkeit in ihm angeregt hatte.

6. Die platonische Ethik. Die Grundfrage der Ethik Plato's, die nichts Anderes ist als die praktisch gewendete Ideenlehre, ist bei ihm, wie bei den andern Sokratikern, die Bestimmung des höchsten Gutes, des Zweckes, den alles Wollen und Handeln sich zum Ziele zu setzen hat. Nach ihr bestimmt sich die Lehre von der Tugend, die hinwiederum die Grundlage für die vom Staate als der objektiven Verwirklichung des Guten im menschlichen Gesammtleben bildet.

a. Das höchste Gut. Was der höchste Zweck sei, geht einfach aus der Gesammtanschauung des platonischen Systems hervor. Nicht das Leben im Nichtseienden, Vergänglichen, Wechselnden des sinnlichen Daseins, sondern die Erhebung zum wahrhaften, idealen Sein ist wie an sich so für die Seele das Gute schlechthin. Ihre Aufgabe und Bestimmung ist die Flucht aus den innern und äußern Uebeln der Sinnlichkeit, die Läuterung und Befreiung von dem Einfluß des Körperlichen, das Streben rein, gerecht und damit Gott ähnlich zu werden (Theätet, Phädon); der Weg dazu ist die Abwendung des Geistes vom sinnlichen Vorstellen und Begehren, die Zurückziehung zum denkenden Erkennen der Wahrheit, mit einem Wort die Philosophie. Die Philosophie ist für Plato, wie für Sokrates, nicht etwas bloß Theoretisches, sondern die Rückkehr der Seele zu ihrem wahren Wesen, die geistige Wiedergeburt, in welcher sie die verlorene Erkenntniß der idealen Welt und damit das Bewußtsein ihres eigenen höhern Ursprungs, ihrer ursprünglichen Erhabenheit über die sinnliche Welt wieder gewinnt; in der Philosophie reinigt sich der Geist von aller sinnlichen Beimischung, er kommt zu sich, er erlangt die Freiheit und Ruhe wieder, welche das Versinken ins Materielle ihm geraubt hat. Es war natürlich, daß Plato von dieser Ansicht aus in den entschiedensten Gegensatz zu dem sophistisch-cyrenaischen Hedonismus trat; der Gorgias und Philebus sind vorzugsweise der Widerlegung desselben gewidmet. Es wird nachgewiesen, daß die Lust etwas Halt- und Maßloses ist, durch das keine Ordnung und Harmonie ins Leben kommen kann, daß sie etwas sehr Relatives ist, da die Lust ebensosehr in Unlust sich verwandeln kann und desto mehr Unlust mit sich führt, je schrankenloser ihr gehuldigt wird; und daß es ein Widerspruch ist, die Lust, dieses innerlich Werthlose, über die Kraft und Tugend des Geistes hinaufstellen zu wollen. Auf der andern Seite jedoch billigt Plato, wie in seiner theoretischen, so auch in seiner praktischen Philosophie die cynisch-megarische Abstraktion keineswegs, welche außer dem Erkennen gar nichts Positives, keine konkrete geistige Thätigkeit, keine speziellere Wissenschaft und Kunst, sowie keine Verschönerung des Lebens durch Lust anerkennen will. Neben der reinen Philosophie haben auch die konkreten Wissenschaften und Künste und diejenigen Arten der Lust, welche die Harmonie des geistigen Lebens nicht beeinträchtigen, die reinen, unlustfreien, begierdelosen, lautern Freuden am Geistig- und Natürlichschönen ihre Berechtigung; nicht ein bloß aus Einsicht oder bloß aus Lust bestehendes, sondern ein aus beiden gemischtes Leben ist das Gute, jedoch ein solches, in welchem das Erkennen obenansteht als dasjenige Element, durch das Maaß, Ordnung und Vernünftigkeit in das Wollen und Handeln gebracht wird. — Ein gewisses Schwanken ist jedoch in den Ansichten Plato's über das höchste Gut nicht zu verkennen. Wie ihm das sinnliche Dasein bald nur das rein Nichtseiende, die bloße Trübung und Verzerrung des idealen Seins, bald auch wieder das schöne Abbild seines idealen Urbilds ist, so tritt in der Ethik bald eine Hinneigung zu einer rein ascetischen Ansicht von der Sinnlichkeit als bloßem Ursprung des Bösen und Uebels (Phädon), bald auch wieder eine positivere Anschauung (Symposion, Philebus) hervor, welche ein Leben ohne Lust als ein zu abstraktes, eintöniges, geistloses betrachtet, und daher neben dem Guten auch dem Schönen sein Recht angedeihen läßt.

b. Die Tugend. In der Tugendlehre ist Plato ursprünglich ganz sokratisch. Daß sie Wissenschaft (Protagoras) und darum lehrbar (Meno) sei, steht ihm fest, und wenn sich ihm, was ihre Einheit betrifft, aus seinen späteren dialektischen Untersuchungen ergeben haben mußte, daß das Eins zugleich Vieles und das Viele zugleich Eins sei, und daß folglich die Tugend ebensowohl als Eins, wie als Vieles betrachtet werden könne, so hebt er doch vorzugsweise die Einheit und Zusammengehörigkeit aller Tugenden hervor; namentlich in den vorbereitenden Gesprächen liebt er es, jede der einzelnen Tugenden als die Gesammtheit aller Tugend in sich umfassend zu schildern. In der Eintheilung der Tugenden setzt Plato meist die vorgefundene populäre Quadruplizität voraus; erst in der Republik (IV, 441) versucht er eine wissenschaftliche Ableitung derselben, indem er sie auf seine psychologische Dreitheilung zurückführt. Die Tugend der Vernunft ist die Weisheit, die leitende und maßgebende Tugend, da die Vernunft in der Seele regieren muß; die Tugend des Muths ist die Tapferkeit, die Helferin der Vernunft, oder der von dem rechten Wissen durchdrungene Muth, der im Kampfe gegen Lust und Unlust, Begierde und Furcht als die richtige Vorstellung über das Furchtbare und Nichtfurchtbare sich bewährt; die Tugend der sinnlichen Begehrungen, welche dieselben auf ihr bestimmtes Maß zurückzuführen hat, die Mäßigung; diejenige Tugend endlich, welcher die schickliche Anordnung und Ausbildung der einzelnen Seelenkräfte unter einander zukommt, die Ordnerin der Seele und darum das Band und die Einheit der andern drei Tugenden, ist die Gerechtigkeit.

Der letztere Begriff, der Begriff der Gerechtigkeit, ist es nun auch, der, wie er alle Fäden der Tugendlehre zusammenfaßt, über den Kreis des sittlichen Einzellebens hinausführt und das Ganze einer sittlichen Welt begründet. Die Gerechtigkeit „in großen Buchstaben," die Sittlichkeit als im Gesammtleben verwirklicht ist der Staat. Erst hier wird die Forderung einer völligen Harmonie des menschlichen Lebens verwirklicht. Im und durch den Staat geschieht die völlige Durchbildung der Materie für die Vernunft.

c. Der Staat. Gewöhnlich hält man den platonischen Staat für ein sogenanntes Ideal, d. h. für eine Chimäre, die zwar von einem genialen Kopfe sich ausdenken lasse, aber unter Menschen, wie sie einmal unter dem Monde seien, unausführbar sei. Plato selbst habe die Sache nicht anders angesehen und eben, weil er in seiner Republik nur ein reines Ideal einer Staatsverfassung entworfen habe, habe er in den Gesetzen, wie diese Schrift auch ausdrücklich erklärt, das in der Wirklichkeit Ausführbare vorzeichnen, eine angewandte Staatsphilosophie vom Standpunkt des gemeinen Bewußtseins aus geben wollen. Allein zuerst war dieß nicht Plato's eigene Meinung. Obwohl er bekanntlich selbst erklärt, daß der Staat, welchen er beschrieben habe, auf Erden nicht zu finden sein möchte und daß er nur ein Urbild im Himmel sei, nach welchem der Philosoph sich selbst zu bilden habe (IX, 592), so fordert er nichts desto weniger, daß nach der Verwirklichung desselben annäherungsweise gestrebt werden soll, ja er untersucht die Bedingungen und Mittel, mit und unter welchen wohl ein solcher Staat verwirklicht werden könne, und so sind denn die einzelnen Institutionen seines Staats auch großentheils auf die Mangelhaftigkeiten, welche aus dem Charakter und der Temperamentsverschiedenheit der Menschen hervorgehen müssen, berechnet. Einem Philosophen wie Plato, der nur in der Idee das Wirkliche und Wahre erblickt, konnte eine von der Idee sich entfernende Verfassung nur als das Unwahre erscheinen, und die gewöhnliche Ansicht, welche ihn seine Republik mit dem Bewußtsein ihrer Unausführbarkeit schreiben läßt, verkennt ganz den Standpunkt der platonischen Philosophie. Weiter aber ist die Frage, ob ein solcher Staat wie der platonische möglich und der beste sei, überhaupt schief und verkehrt. Der platonische Staat ist die griechische Staatsidee, dargestellt in Form einer Erzählung. Die Idee aber als das in jedem Augenblicke der Weltgeschichte Vernünftige ist eben darum, weil sie ein absolut Wirkliches, das Wesentliche und Nothwendige im Existirenden ist, kein müßiges und kraftloses Ideal. Das wahrhafte Ideal soll nicht wirklich sein, sondern ist wirklich und das allein Wirkliche; wäre eine Idee zu gut zur Existenz oder die empirische Wirklichkeit dafür zu schlecht, so wäre dieß ein Fehler des Ideals selbst. So hat sich auch Plato nicht mit der Aufstellung abstrakter Theorieen abgegeben; der Philosoph kann seine Zeit nicht überspringen, sondern sie nur nach ihrem wahren Inhalte erkennen und begreifen. Dieß hat Plato gethan; er steht ganz auf dem Boden seiner Gegenwart; es ist das in die Idee erhobene griechische Staatsleben, was den wahrhaften Inhalt der platonischen Republik ausmacht. Plato hat in ihr die griechische Sittlichkeit nach ihrer substanziellen Seite dargestellt. Wenn die platonische Republik vorzugsweise als ein mit der empirischen Wirklichkeit unvereinbares Ideal erschien, so hat sie dieß, statt ihrer Idealität, vielmehr einem Mangel des antiken Staatslebens zu danken. Die Gebundenheit der persönlichen subjektiven Freiheit ist es, was das Charakteristische des hellenischen Staatsbegriffs ausmachte, ehe die griechischen Staaten sich in Zügellosigkeit aufzulösen begannen. So hat auch bei Plato das Sittliche die Grundbestimmung des Substanziellen. Die Institutionen seines Staats, so viel Spott und Tadel sie schon im Alterthum hervorgerufen haben, sind nur Folgerungen, die, mit unerbittlicher Strenge gezogen, aus der Idee des griechischen Staats sich ergeben, insofern derselbe, in seinem Unterschiede von den Staaten neuerer Zeit, keine von ihm unabhängige gesetzliche Wirkungssphäre weder dem einzelnen Bürger noch einer Korporation zugestand. Das Prinzip der subjektiven Freiheit fehlte; diese Nichtanerkennung des Subjekts hat Plato den auflösenden Zeittendenzen gegenüber allerdings in streng begrifflicher Weise zum Einen Prinzip seines Staates gemacht.

Der allgemeine Grundcharakter des platonischen Staats ist, wie gesagt, die Aufopferung, die ausschließliche Dahingabe des Individuellen aus Allgemeine, ans Staatsleben, die Zurückführung der moralischen auf die politische Tugend. Die Sittlichkeit, will Plato, soll allgemein werden und zu fester Existenz gelangen, das sinnliche Prinzip soll in Allen gebändigt, dem intelligenten unterworfen werden. Soll dieß geschehen, so muß eine allgemeine, d. h. eine staatliche Ordnung die Erziehung Aller zur Tugend, die Bewahrung der guten Sitte übernehmen, und muß aller selbstische Eigenwille und Eigenzweck im Gesammtwillen und Gesammtzweck aufgehen. Das sinnliche Prinzip ist im Menschen so mächtig, daß es nur durch die Macht gemeinsamer Institutionen und durch die Aufhebung aller egoistischen Thätigkeit für Sonderinteressen, durch Aufgehen des Einzelnen im Ganzen unwirksam werden kann; nur hiedurch ist die Tugend und damit die wahre Glückseligkeit möglich; die Tugend muß im Staat real sein, dadurch erst wird sie es in dem Einzelnen. Daher die Strenge und Härte der platonischen Staatsanschauung. Im vollkommenen Staate soll Allen Alles gemein sein, Freude und Leid, selbst Augen und Ohren und Hände. Alle sollen nur als allgemeine Menschen gelten. Um diese vollkommene Allgemeinheit und Einheit zu verwirklichen, muß alle Besonderheit und Partikularität wegfallen. Privateigenthum und Familienleben (an deren Stelle Güter- und Weibergemeinschaft tritt), Erziehung und Unterricht, die Wahl des Standes und Lebensberufs, selbst alle übrigen Thätigkeiten des Einzelnen in Kunst und Wissenschaft — alles dieß muß dem Staatszweck geopfert und der Lenkung und Leitung der obersten Staatsbehörde anheimgestellt werden. Der Einzelne muß sich bescheiden, nur auf diejenige Glückseligkeit Anspruch zu machen, die ihm als Bestandtheil des Staats zukommt. Die platonische Construktion des idealen Staats steigt daher bis ins Einzelnste herab. Ueber die beiden Bildungsmittel der höhern Stände, Gymnastik und Musik, über das Studium der Mathematik und Philosophie, über die Wahl der musikalischen Instrumente und der Versmaaße, über die Leibesübungen und den Kriegsdienst des weiblichen Geschlechts, über die Ehestiftung, über das Alter, in welchem ein Jeder Dialektik studiren, heirathen und Kinder zeugen darf, hat Plato deßhalb die genauesten Vorschriften und Anweisungen gegeben: der Staat ist ihm nur eine große Erziehungsanstalt, eine Familie im Großen. Sogar die lyrische Dichtkunst will Plato nur unter der Aufsicht von Richtern ausgeübt wissen. Epische und dramatische Dichtkunst, selbst Homer und Hesiod, sollen aus dem Staate verbannt werden, die eine, weil sie die Gemüther aufregt und verführt, die andere, weil sie unwürdige Vorstellungen von den Göttern verbreitet. Mit gleichem Rigorismus verfährt der platonische Staat gegen physische Entartungen: schlechtgeborne oder kranke Kinder sollen ausgestoßen, Kranke nicht ernährt und gepflegt werden. — Wir finden hier den Hauptgegensatz der antiken Naturstaaten gegen die modernen Rechtsstaaten. Plato hat das Wissen, Wollen und Beschließen des Individuums nicht anerkannt, und doch hat das Individuum ein Recht, dieß zu fordern. — Beide Seiten, den allgemeinen Zweck und die partikularen Zwecke des Einzelnen zu versöhnen, zur möglichsten Omnipotenz des Staats die möglichst große Freiheit des bewußten Einzelwillens zu gesellen, war die dem modernen Staat vorbehaltene Aufgabe.

Die politischen Institutionen des platonischen Staats sind entschieden aristokratisch. Im Widerwillen gegen die Ausschweifungen der athenischen Demokratie aufgewachsen, zieht Plato das unbeschränkte Königthum allen andern Verfassungen vor, aber ein solches, an dessen Spitze ein vollkommener Herrscher, ein vollendeter Philosoph stehen soll. Bekannt ist der platonische Satz, daß nur, wenn die Philosophen Herrscher würden, oder die gegenwärtigen Herrscher wahrhaft und gründlich philosophirten und Staatsgewalt und Philosophie vereinigten, dem Staat zu seinem Ziele verholfen werden könne (V, 473). Daß nur Einer herrsche, scheint ihm darum gut, weil immer nur Wenige der politischen Weisheit theilhaftig werden. Auf dieses Ideal eines vollkommenen Herrschers, der als belebtes Gesetz im Stande sei, den Staat nach unbedingtem Wissen zu lenken, verzichtet Plato in der Schrift von den Gesetzen, und er zieht deßhalb hier die gemischten Staatsverfassungen, welche etwas vom Monarchischen, etwas vom Demokratischen an sich tragen, als die besten vor. Aus der aristokratischen Tendenz des platonischen Staatsideals geht nun weiter die scharfe Sonderung der Stände und die gänzliche Ausschließung des dritten Standes vom eigentlichen Staatsleben hervor. Eigentlich hat Plato, wie psychologisch nur die Zweitheilung des Sinnlichen und Geistigen, Sterblichen und Unsterblichen, so auch politisch nur die Zweitheilung von Obrigkeit und Unterthanen: dieser Grundunterschied wird als nothwendige Bedingung all' und jeden Staates gesetzt; aber analog der psychologischen Mittelstufe des Muths wird zwischen den Herrscher- und Nährstand die Mittelstufe des Wehrstands eingeschoben. So erhalten wir drei Stände, der Vernunft entsprechend den Stand der Herrscher, dem Muth entsprechend den Stand der Wächter oder Krieger, dem sinnlichen Begehren entsprechend den Stand der Handarbeiter. Diesen drei Ständen kommen drei gesonderte Funktionen zu, dem ersten die Funktion der Gesetzgebung, der Thätigkeit und Vorsorge für's Allgemeine, dem zweiten die Funktion der Vertheidigung des Gemeinwesens nach Außen gegen Feinde, dem dritten die Sorge für das Einzelne, das Bedürfniß, wie Ackerbau, Viehzucht, Häuserbau. Durch jeden der drei Stände und seine Funktionen kommt dem Staat eine eigenthümliche Tugend zu: durch den Stand der Herrscher die Weisheit, durch den Stand der Wächter oder Krieger die Tapferkeit, dadurch daß der Stand der Handwerker den Herrschern gehorsam lebt, die Mäßigung, die deßhalb vorzugsweise die Tugend des dritten Standes ist; aus der richtigen Verbindung dieser drei Tugenden im gesammten Staatsleben geht die Gerechtigkeit des Staats hervor, eine Tugend, die somit die Gliederung der Totalität, die organische Theilung des Ganzen in seine Momente repräsentirt. Mit dem untersten Stande, dem der Handarbeiter, beschäftigt sich Plato am flüchtigsten; er ist dem Staate nur Mittel. Selbst Gesetzgebung und Rechtspflege in Beziehung auf die gewerbtreibende Masse des Volks hält er für unwesentlich. Geringer ist der Abstand zwischen Herrschern und Wächtern; Plato läßt vielmehr, gleich als ob die Vernunft die höchste Entwicklungsstufe des Muths wäre, analog der ursprünglichen psychologischen Zweitheilung, beide Stände in einander übergehen, indem er will, daß die Aeltesten und Besten aus den Wächtern zur Obrigkeit werden sollen. Die Erziehung der Wächter soll daher sorgfältig vom Staate geordnet und geregelt werden, damit bei ihnen das Muthige, ohne die ihm eigenthümliche Thatkraft einzubüßen, von der Vernunft durchdrungen werde. Die Tugendhaftesten und dialektisch Gebildetsten unter den Wächtern werden sofort nach zurückgelegtem dreißigsten Jahre ausgesondert, geprüft und zur Uebernahme von Aemtern genöthigt, und nachdem sie auch hier sich bewährt, im fünfzigsten Jahre zum Ziele geführt, und wenn sie die Idee des Guten geschaut haben, verpflichtet, jenes Urbild im Staate zu verwirklichen, jedoch so, daß Jeder nur, wenn ihn die Reihe trifft, die Lenkung des Staats übernimmt, die übrige Zeit aber der Philosophie widmet. Durch diese Einrichtung soll der Staat zur unbedingten, von der Idee des Guten geleiteten Vernunftherrschaft erhoben werden.

7. **Rückblick.** Mit Plato ist die griechische Philosophie an dem Höhepunkt ihrer Entwicklung angelangt. Das platonische System ist die erste vollständige Konstruktion des ganzen natürlichen und geistigen Universums aus Einem philosophischen Prinzip, das Urbild aller höheren Spekulation, alles metaphysischen wie ethischen Idealismus. Auf der einfachen sokratischen Grundlage hat hier die Idee der Philosophie zum ersten Mal eine umfassende Realisirung gewonnen; der philosophische Geist hat sich zu dem vollen Bewußtsein seiner selbst

erhoben, das in Sokrates nur erst wie ein dunkler, schüchterner Instinkt sich
regte; der Adlerflug des platonischen Genius mußte hinzukommen, um das=
jenige zu voller Wirklichkeit zu entfalten, was Sokrates anzubahnen ver=
mochte. Zugleich jedoch versetzte Plato die Philosophie in einen idealistischen
Gegensatz zur gegebenen Wirklichkeit, der mehr in Charakter und Zeitstellung
seines Urhebers, als im Wesen des griechischen Geistes wurzelnd, eine Er=
gänzung durch eine realistischere Anschauung der Dinge forderte, wie dieselbe
mit Aristoteles eingetreten ist.

§. 15. Die ältere Akademie.

In der älteren Akademie waltete kein erfinderischer Geist; wir finden
außer wenigen Fortsetzungen nur Stillstand und allmäliges Zurücktreten des
platonischen Philosophirens. Nach dem Tode Plato's setzte Speusipp, sein
Neffe, den Unterricht in der Akademie acht Jahre lang fort; auf ihn folgte
Xenokrates; später wirkten Polemon, Krates und Krantor. Wir befinden uns
in einer Zeit, in welcher förmliche Lehranstalten für höhere Bildung eingerich=
tet wurden und der frühere Lehrer dem spätern die Nachfolge übertrug. Im
Allgemeinen charakterisirt sich, so viel sich aus den spärlichen Nachrichten schließen
läßt, die ältere Akademie durch ein Vorherrschen des Zugs zur Gelehrsamkeit,
durch das Ueberhandnehmen pythagoreischer Elemente, namentlich der pytha=
goreischen Zahlenlehre, womit die Hochstellung der mathematischen Wissenschaf=
ten, namentlich der Arithmetik und Astronomie und das Zurücktreten der
Ideenlehre zusammenhing, und endlich durch das Aufkommen phantastischer
dämonologischer Vorstellungen, in welchen namentlich die Verehrung der Ge=
stirne eine Rolle spielte. — In späterer Zeit bestrebte man sich, auf die un=
verfälschte Lehre Plato's wieder zurückzugehen. Krantor wird als erster Aus=
leger der platonischen Schriften genannt.

Wie Plato der einzig wahre Sokratiker, so war des Plato einzig wahr=
hafter Schüler, wenn gleich von seinen Mitschülern der Untreue angeklagt,
Aristoteles.

Wir gehen sogleich zu ihm über, da sich sein Verhältniß zu Plato und
sein Fortschritt über diesen seinen Vorgänger innerhalb seiner Philosophie
(vgl. §. 16, 3. c. aa.) herausstellen wird.

§. 16. Aristoteles.

1. **Leben und Schriften des Aristoteles.** Aristoteles war im
Jahr 385 v. Chr. zu Stagira, einer griechischen Kolonie in Thrazien, ge=
boren. Sein Vater Nikomachus war Arzt und ein Freund des mazedoni=
schen Königs Amyntas: das Erstere mag Einfluß auf die wissenschaftliche
Richtung des Sohns, das Letztere auf seine spätere Berufung an den maze=
donischen Hof gehabt haben. Frühzeitig seiner Eltern beraubt, kam er im
siebenzehnten Jahre zu Plato nach Athen, in dessen Umgang er zwanzig
Jahre blieb. Ueber sein persönliches Verhältniß zu Plato laufen verschie=
dene Gerüchte, theils günstige, wie ihn denn Plato um seines unverändert=
lichen Studirens willen den Leser genannt und ihn mit Xenokrates verglei=
chend geäußert haben soll, dieser bedürfe des Sporns, jener des Zügels, —

theils auch ungünstige. Unter den Beschuldigungen seiner Gegner findet sich der Vorwurf der Undankbarkeit gegen seinen Lehrer, und wiewohl die meisten von den hierauf bezüglichen Anekdoten wenig Glauben verdienen, zumal da Aristoteles auch nach Plato's Tode noch in freundschaftlichen Verhältnissen mit Xenokrates stand, so läßt sich doch der Schriftsteller Aristoteles von einer gewissen, wenn auch psychologisch erklärlichen Rücksichtslosigkeit gegen Plato und seine Philosophie nicht freisprechen. Nach Plato's Tode ging Aristoteles mit Xenokrates zu Hermeias, dem Tyrannen der mysischen Stadt Atarneus, dessen Schwester Pythias er zur Gattin nahm, als Hermeias durch persische List gefallen war. Nach dem Tode der Pythias heirathete er die Herpyllis, von der sein Sohn Nikomachus stammte. Im Jahre 343 wurde er vom macedonischen König Philipp zur Erziehung seines dreizehnjährigen Sohnes Alexander berufen. Vater und Sohn ehrten ihn hoch und der Letztere unterstützte ihn auch später mit königlicher Freigebigkeit in seinen Studien. Als Alexander nach Persien ging, begab sich Aristoteles nach Athen und lehrte im Lykeion, dem einzigen Gymnasium, das ihm noch offen stand, da Xenokrates die Akademie, die Cyniker den Kynosarges inne hatten. Von den Schattengängen (περίπατοι) beim Lykeion, in welchen Aristoteles hin und her wandelnd zu philosophiren pflegte, erhielt seine Schule den Namen der peripatetischen. Aristoteles soll des Morgens die schon gereisteren Schüler in der tiefern Wissenschaft (akroamatische Untersuchungen), des Nachmittags eine größere Anzahl in den auf allgemeine Bildung abzweckenden Wissenschaften (exoterische Vorträge) unterrichtet haben. Nach dem Tode Alexanders, bei dem er in der letzten Zeit in Ungnade fiel, wurde er, nachdem er dreizehn Jahre lang zu Athen gelehrt, von den Athenern (wahrscheinlich aus politischen Gründen) des Frevels gegen die Götter angeklagt und verließ daher die Stadt, damit sich die Athener nicht zum zweitenmal an der Philosophie versündigten. Er starb im Jahr 322 zu Chalcis auf Euböa.

Aristoteles hat außerordentlich viele Schriften hinterlassen, von denen der kleinere (etwa ein Sechstel), aber ungleich wichtigste Theil auf uns gekommen ist: jedoch in einer Gestalt, die manchen Fragen und Bedenken Raum läßt. Zwar ist die Erzählung Strabo's über das Schicksal der aristotelischen Schriften und den Schaden, den sie im Keller zu Skepsis (in Troas) erlitten hätten, als Fabel nachgewiesen oder wenigstens auf die Urhandschriften zu beschränken; aber die bruchstückartige, entwurfsähnliche Gestalt, die mehrere unter denselben, und gerade die wichtigsten, z. B. die Metaphysik, haben, die Mehrfachheit von Rezensionen und Bearbeitungen, in welchen ein und dasselbe Werk, z. B. die Ethik vorliegt, Unordnungen und auffallende Wiederholungen in einer und derselben Schrift, und die schon von Aristoteles selbst gemachte Unterscheidung akroamatischer und esoterischer Schriften gibt zur Vermuthung Veranlassung, daß wir größtentheils nur mündliche, von Schülern redigirte Vorträge vor uns haben.

2. **Allgemeiner Charakter und Eintheilung der aristotelischen Philosophie.** Mit Aristoteles wird die Philosophie, die in Plato nach Form und Inhalt noch volksthümlich gewesen war, universell, sie verliert ihre hellenische Partikularität: der platonische Dialog verwandelt sich in trockene Prosa, an die Stelle der Mythen und der poetischen Einkleidung tritt eine feste nüchterne Kunstsprache, das in Plato intuitiv gewesene Denken wird in Aristoteles diskursiv, die unmittelbare Vernunftanschauung des Erstern wird beim Andern Reflexion und Begriff. Von der platonischen

Einheit alles Seins sich abwendend, richtet Aristoteles den Blick mit Vorliebe auf die Mannigfaltigkeit der Erscheinung, er sucht die Idee nur in ihrer konkreten Verwirklichung, und ergreift daher das Besondere, statt in seinem Zusammenhange mit der Idee, vielmehr vorzugsweise nach seiner eigenthümlichen Bestimmtheit, nach seinen gegenseitigen Unterschieden. Mit gleichem Interesse umfaßt er das in der Natur, in der Geschichte und im Innern des Menschen selbst Gegebene. Aber immer geht er am Einzelnen fort, er bedarf immer eines Gegebenen, um an ihm seine Gedanken zu entwickeln, immer ist es das Empirische, das Thatsächliche, was seine Spekulation solicitirt und leitet. Seine ganze Philosophie ist Beschreibung des Gegebenen und nur weil sie das Empirische in seiner Totalität, seiner Synthese auffaßt, weil sie die Induktion vollständig durchführt, verdient sie den Namen einer Philosophie. Nur weil der absolute Empiriker, ist Aristoteles der wahrhafte Philosoph.

Aus diesem Charakter der aristotelischen Philosophie erklärt sich zuerst ihre encyklopädische Tendenz, sofern alles in der Erfahrung Gegebene gleiche Ansprüche auf Berücksichtigung macht. Aristoteles ist daher der Gründer mehrerer, vor ihm unbekannter Disziplinen: er ist nicht bloß der Vater der Logik, sondern auch der Naturgeschichte, der empirischen Psychologie, des Naturrechts.

Weiter erklärt sich aus der Hinwendung des Aristoteles zum Gegebenen seine vorherrschende Neigung zur Physik; denn die Natur ist das Unmittelbarste, Thatsächlichste. Ferner hängt es damit zusammen, daß Aristoteles, der Erste unter den Philosophen, die Geschichte tendenzmäßig einer genauen Aufmerksamkeit gewürdigt hat. Das erste Buch der Metaphysik ist ebenso der erste Versuch einer Geschichte der Philosophie, wie seine Politik die erste kritische Geschichte der verschiedenen Staatsformen und Verfassungen. Wie dort durch die Kritik seiner Vorgänger, so legt er hier durch die Kritik der vorliegenden Verfassungen den Grund zu seiner eigenen Theorie: er will die letztere überall nur als die Konsequenz des geschichtlich Gegebenen erscheinen lassen.

Es ist klar, daß hiernach auch die Methode des Aristoteles eine andere sein mußte, als diejenige Plato's. Statt synthetisch und dialektisch, wie der Letztere, verfährt er vorherrschend analytisch und regressiv, d. h. je vom Konkreteren rückwärts schreitend zu dessen letzten Gründen und Bestimmungen. Hatte Plato seinen Standpunkt in der Idee genommen, um von hier aus das Gegebene und Empirische zu beleuchten und zu erklären, so nimmt Aristoteles seinen Standpunkt im Gegebenen, um in ihm die Idee zu finden und aufzuzeigen. Seine Methode ist daher die Induktion, d. h. die Ableitung allgemeiner Sätze und Maximen aus einer Summe gegebener Thatsachen und Erscheinungen, seine Darstellung gewöhnliches Raisonnement, ein nüchternes Abwägen von Thatsachen, Erscheinungen, Umständen und Möglichkeiten. Er verhält sich meist nur als denkender Beobachter. Auf Allgemeinheit und Nothwendigkeit seiner Resultate verzichtend, ist er zufrieden, ein approximativ Wahres, möglichste Wahrscheinlichkeit hergestellt zu haben. Er äußert häufig, die Wissenschaft beziehe sich nicht bloß auf das Unveränderliche und Nothwendige, sondern auch auf das, was gewöhnlich zu geschehen pflegt: nur das Zufällige falle außer ihren Bereich. Die Philosophie hat ihm daher den Charakter und den Werth einer Wahrscheinlichkeitsrechnung, und seine Darstellungsweise nimmt nicht selten nur die Form des zweifelhaften Ueberlegens an. Daher keine Spur von den platonischen Idealen. Daher

5*

sein Widerwille gegen dichterischen Schwung und poetische Ausdrucksweisen in der Philosophie, ein Widerwille, der ihn zwar einerseits zu einer festen philosophischen Terminologie veranlaßte, aber andererseits seine Vorgänger oft von ihm mißdeutet werden ließ. Daher auch im Gebiet des Handelns seine durchgängige Anschmiegung an die gegebene Wirklichkeit.

Mit dem empirischen Charakter des aristotelischen Philosophirens hängt endlich die zerstückte Art seiner Schriften, der Mangel einer systematischen Eintheilung und Anordnung zusammen. Immer an der Hand des Gegebenen vom Einzelnen zum Einzelnen vorwärts schreitend, faßt er jedes Gebiet des Wirklichen für sich und macht es zum Gegenstande einer besondern Schrift, aber er unterläßt es meistens, die Fäden aufzuzeigen, durch welche die Theile unter sich zusammenhängen und zum Ganzen eines Systems sich zusammenschließen. So erhält er eine Vielheit koordinirter Wissenschaften, von denen jede ihre unabhängige Begründung hat, aber keine sie zusammenhaltende oberste Wissenschaft. Ein leitender und verknüpfender Grundgedanke ist da, alle Schriften verfolgen die Idee eines Ganzen; aber in der Darstellung fehlt so sehr alle systematische Gliederung, jede seiner Schriften ist so sehr eine selbstständige, in sich geschlossene Monographie, daß man nicht selten über die Frage in Verlegenheit geräth, was Aristoteles selbst für einen Theil der Philosophie gehalten habe oder nicht. Nirgends gibt er ein Schema oder einen Grundriß, selten abschließende Ergebnisse oder übersichtliche Erörterungen, selbst die verschiedenen Eintheilungen der Philosophie, die er aufstellt, weichen sehr von einander ab. Bald unterscheidet er praktische und theoretische Wissenschaft, bald stellt er neben diese zwei noch eine Wissenschaft von der künstlerischen Hervorbringung, bald spricht er von drei Theilen, Ethik, Physik und Logik; die theoretische Philosophie selbst hinwiederum theilt er bald in Logik und Physik, bald in Theologie, Mathematik und Physik. Keine dieser Eintheilungen hat er aber der Darstellung seines Systems ausdrücklich zu Grund gelegt; er legt überhaupt keinen Werth darauf, spricht sogar seinen Widerwillen gegen die Methode der Eintheilungen offen aus, und es geschieht nur aus Rücksichten der Zweckmäßigkeit, wenn wir der platonischen Dreitheilung den Vorzug geben.

3. **Logik und Metaphysik.** a. Begriff und Verhältniß beider. Der Name Metaphysik ist erst von den aristotelischen Kommentatoren geschaffen worden; Plato hat sie Dialektik genannt und Aristoteles hat dafür die Bezeichnung „erste (fundamental-) Philosophie," wogegen ihm die Physik „zweite Philosophie" ist. Das Verhältniß dieser ersten Philosophie zu den andern Wissenschaften bestimmt Aristoteles folgendermaßen: Jede Wissenschaft, sagt er, nimmt ein bestimmtes Gebiet, eine besondere Art des Seienden zur Untersuchung heraus, aber keine derselben geht auf den Begriff des Seienden. Es ist also eine Wissenschaft nöthig, welche dasjenige, was die andern Wissenschaften aus der Erfahrung oder hypothetisch annehmen, selbst hinwiederum zum Gegenstand der Untersuchung macht. Dieß thut die erste Philosophie, indem sie sich mit dem Sein als Sein beschäftigt, während die andern es mit dem bestimmten konkreten Sein zu thun haben. Als diese Wissenschaft des Seins und seiner ersten Gründe ist die Metaphysik, indem sie die Voraussetzung der andern Disziplinen bildet, **erste Philosophie**. Würde es nämlich, sagt Aristoteles, nur physische Wesen geben, so wäre die Physik die erste und einzige Philosophie; gibt es aber eine immaterielle und unbewegte Wesenheit, die der Grund alles Seins ist, so muß es auch eine frühere, und weil sie früher ist, eine allgemeine Philo-

sophie geben. Dieser erste Grund alles Seins ist nun Gott, weßwegen Aristoteles auch bisweilen die erste Philosophie Theologie nennt.

Schwierig ist die Bestimmung des Verhältnisses zwischen dieser ersten Philosophie als der Wissenschaft von den letzten Gründen, und derjenigen Wissenschaft, die man gewöhnlich die Logik des Aristoteles nennt, und deren Darstellung in den unter dem Namen Organon zusammengefaßten Schriften vorliegt. Aristoteles selbst hat das Verhältniß beider Wissenschaften nicht näher erörtert, woran zum Theil die unausgeführte Gestalt der Metaphysik Schuld sein mag. Da er jedoch beide Wissenschaften unter dem Namen Logik zusammenfaßt, da er die Untersuchung des Wesens der Dinge (VII, 17) und die Ideenlehre (XIII, 5) ausdrücklich als logische Untersuchung bezeichnet, da er den logischen Satz des Widerspruchs als absolute Voraussetzung alles Denkens, Sprechens und Philosophirens in der Metaphysik weitläufig festzustellen sucht (Buch IV), und die Untersuchung des Beweisverfahrens derjenigen Wissenschaft zueignet, welche auch das Wesen zu untersuchen habe (III, 2. IV, 3); da er eine Erörterung der Kategorieen, denen er früher ein eigenes, dem Organon einverleibtes Buch gewidmet hatte, noch einmal auch in der Metaphysik (Buch V) gibt, so kann wenigstens so viel mit Sicherheit behauptet werden, daß ihm die Untersuchungen des Organon von denen der Metaphysik nicht schlechthin getrennt sind, und daß die gewöhnliche Auseinanderhaltung der formalen Logik und der Metaphysik nicht in seinem Sinne ist, wenn er gleich unterlassen hat, beide näher unter einander zu vermitteln.

b. Die Logik. Die Hauptaufgabe sowohl des natürlichen logischen Vermögens als auch der Logik als Wissenschaft und Kunst besteht darin: Schlüsse zu bilden und beurtheilen und durch Schlüsse beweisen zu können. Die Schlüsse aber bestehen aus Sätzen, die Sätze aus Begriffen. Nach diesen natürlichen, in der Sache selbst liegenden Gesichtspunkten hat Aristoteles den Inhalt der logischen und dialektischen Lehre den verschiedenen einzelnen Schriften des Organon zugetheilt. Die erste Schrift im Organon sind die „Kategorieen," eine Schrift, welche die einzelnen Begriffe, die allgemeinen Bestimmungen des Seins abhandelt, den ersten Versuch einer Ontologie gibt. Aristoteles zählt zehn solcher Kategorieen auf, Einzelsubstanz, Größe, Beschaffenheit, Verhältniß, Ortsbestimmung, Zeitbestimmung, Lage, Zustand, Thun, Leiden. Die zweite Schrift handelt von der Rede als Ausdruck der Gedanken (de interpretatione) und handelt die Lehre von den Redetheilen, den Sätzen und Urtheilen ab. Die dritte sind die analytischen Bücher, die zeigen, wie die Schlüsse auf ihre Prinzipien zurückgeführt und nach Vordersätzen geordnet werden können. Die ersten Analytiken in zwei Büchern enthalten die allgemeine Lehre vom Vernunftschluß. Die Schlüsse sind aber ihrem Inhalt und Zweck nach entweder apodiktische, die eine gewisse und streng zu beweisende Wahrheit enthalten, oder dialektische, welche auf das Bestreitbare und Wahrscheinliche gerichtet sind, oder endlich sophistische, welche trügerischer Weise für richtige Schlüsse ausgegeben werden, ohne es zu sein. Die Lehre von den apodiktischen Schlüssen und somit vom Beweise wird gegeben in den zwei Büchern der zweiten Analytiken, diejenige von den dialektischen in den acht Büchern der Topik, diejenige von den sophistischen in der Schrift „über die sophistischen Fangschlüsse."

Das Nähere der aristotelischen Logik ist durch die gewöhnlichen formalen Darstellungen dieser Wissenschaft, für welche Aristoteles das Material fast vollständig geliefert hat (weßwegen Kant sagen konnte, die Logik habe seit Aristoteles keinen Schritt vorwärts und keinen rückwärts gethan), Jedermann bekannt. Nur in zwei Punkten ist die jetzige formale Logik über Aristoteles hinausgeschritten, zuerst, indem sie dem kategorischen Schluß, welchen Aristoteles allein im Auge hat, den hypothetischen und disjunktiven, dann, indem sie den drei ersten Figuren des Schlusses die vierte beigefügt hat. Aber die Unvollkommenheit der aristotelischen Logik, die beim Gründer, dieser Wissenschaft zu entschuldigen war, das durchaus empirische Verfahren, hat sie nicht nur beibehalten, sondern auch durch die nicht aristotelische Entgegensetzung der Denkformen und des gedachten Inhalts zum Prinzip erhoben. Aristoteles ist eigentlich nur darauf ausgegangen, die logischen Thatsachen in Beziehung auf Satzbildung und Schlußverfahren zu sammeln, er hat in seiner Logik nur eine Naturgeschichte des endlichen Denkens gegeben. So hoch nun auch dieses Bewußtwerden über die logischen Operationen des Verstandes, dieses Abstrahiren vom Stoffartigen des vorstellenden Denkens anzuschlagen ist, so auffallend ist dabei der Mangel aller wissenschaftlichen Ableitung und Begründung. Die zehn Kategorieen z. B., die er, wie bemerkt, in einer eigenen Schrift abhandelt, zählt er einfach auf, ohne einen Grund oder ein Eintheilungsprinzip für diese Aufzählung anzugeben; es besteht ihm nur als Thatsache, daß so viele Kategorieen sind, ja er gibt sie in verschiedenen Schriften verschieden an. Ebenso nimmt er die Schlußfiguren empirisch auf: er betrachtet sie nur als Formen und Verhältnißbestimmungen des formalen Denkens und bleibt so, obwohl er den Schluß für die einzige Form der Wissenschaft erklärt, innerhalb der Verstandeslogik stehen. Weder in seiner Metaphysik noch in seiner Physik u. s. f. wendet er die Regeln des formalen Schlußverfahrens an, die er im Organon entwickelt, zum klaren Beweis, daß er weder die Lehre von den Kategorieen, noch seine Analytik überhaupt in sein System recht hineingearbeitet hat; seine logischen Untersuchungen greifen überhaupt in die Entwicklung seiner philosophischen Gedanken nicht ein, sondern haben großentheils nur den Werth einer vorläufigen sprachlichen Untersuchung.

c. Die Metaphysik. Unter allen aristotelischen Schriften ist die Metaphysik am wenigsten ein zusammenhängendes Ganzes, sondern eine Sammlung von Entwürfen, die zwar eine gewisse Grundidee verfolgen, denen aber die innere Vermittlung und vollständige Entwicklung fehlt. Es lassen sich in ihr sieben Hauptgruppen unterscheiden: 1) Kritik der bisherigen philosophischen Systeme vom Gesichtspunkt der vier aristotelischen Prinzipien aus, I. Buch. 2) Aufstellung der Aporieen oder philosophischen Vorfragen, III. 3) Der Satz des Widerspruchs IV. 4) Die Definitionen V. 5) Erörterung des Begriffs der Einzelsubstanz (οὐσία) und des begrifflichen Wesens (des τί ἦν εἶναι) oder der Begriffe Stoff (ὕλη), Form (εἶδος) und aus diesen beiden zusammengesetztes Ding (σύνολον) VII. VIII. 6) Potenzialität und Aktualität IX. 7) Der Alles bewegende, selbst unbewegte göttliche Geist XII. 8) Hiezu kommt noch die durch die ganze Metaphysik sich durchziehende, besonders aber in Buch XIII. und XIV. ausgeführte Polemik gegen die platonische Ideen- und Zahlenlehre.

aa. Die aristotelische Kritik der platonischen Ideenlehre. In dem Widerspruch des Aristoteles gegen die platonische Ideenlehre ist die spezifische Differenz beider Systeme zu suchen, weßwegen auch Aristoteles bei jeder sich ihm darbietenden Gelegenheit (bes. Metaph. I. und XIII.) auf diesen seinen Gegensatz gegen die Akademiker zurückkommt. Plato hatte in der Idee alle Wirklichkeit angeschaut, aber die Idee war ihm noch starre, in das Leben und die Bewegung des Daseins nicht verflochtene Wahrheit. So war sie aber vielmehr selbst verendlicht, hatte die Erscheinungswelt, so wenig dieß Plato auch wollte, in selbstständigem Sein sich gegenüber und trug das Prinzip für das Sein der Erscheinung nicht in sich. Dieß erkennt Aristoteles, wenn er Plato'n entgegenhält, seine Ideen seien nur "verewigte Sinnendinge" und es lasse sich aus ihnen das Sein und Werden des Sinnlichen nicht erklären. Um diesen Konsequenzen zu entgehen, gibt er selbst dem Geistigen eine ursprüngliche Beziehung zur Erscheinung, indem er das Verhältniß beider als das des Wirklichen zum Möglichen, der Form zur Materie bestimmt, indem er den Begriff als die absolute Wirklichkeit der Materie, die Materie als ansichseienden Begriff auffaßt. Seine Einwendungen gegen die platonische Ideenlehre begründet Aristoteles in folgender Weise.

Abgesehen davon, daß Plato für die objektive, von den Sinnendingen unabhängige Realität der Ideen keinen genügenden Beweis geführt hat und daß seine Theorie eine ungerechtfertigte ist, ist sie zuerst völlig unfruchtbar, daß sie keinen Erklärungsgrund für das Seiende in sich trägt. Die Ideen entbehren alles eigenthümlichen selbstständigen Gehalts. Wir dürfen uns nur erinnern, wie sie entstanden sind. Um die Möglichkeit der Wissenschaft zu retten, hatte Plato besondere, vom Sinnlichen unabhängige, von seinem Strome ungefährdete Substanzen aufzustellen gesucht. Aber zu diesem Behufe bot sich ihm nichts anderes dar, als eben nur dieses Einzelne, diese Sinnendinge. Er setzte daher dieses Einzelne in verallgemeinerter Form als Idee. So kam es, daß seine Ideen von den daran theilnehmenden sinnlichen Einzeldingen wenig verschieden sind. Die ideale Zweiheit und die empirische Zweiheit ist ein und derselbe Inhalt. Man kann sich leicht hievon überzeugen, sobald man die Anhänger der Ideenlehre auffordert, bestimmt anzugeben, was denn nun ihre unvergänglichen Substanzen neben den sinnlichen Einzeldingen, die an ihnen Theil nehmen, eigentlich sind. Der ganze Unterschied zwischen beiden beschränkt sich auf ein den letztern angehängtes An-sich; statt Mensch, Pferd — heißt es nun: Mensch-an-sich, Pferd-an-sich. Nur diese formelle Aenderung ist es, worauf die Ideenlehre beruht: der endliche Inhalt bleibt, aber er wird als ein ewiger bezeichnet. Diesen Einwurf, daß in der Ideenlehre eigentlich nur das Sinnliche als ein Unsinnliches gesetzt und mit dem Prädikat der Unveränderlichkeit ausgestattet werde, faßt Aristoteles wie oben bemerkt so zusammen, daß er die Ideen „verewigte Sinnendinge" nennt, nicht als ob sie wirklich etwas Sinnliches, Räumliches wären, sondern weil in ihnen das sinnlich Einzelne unmittelbar als Allgemeines ausgesprochen wird. Er vergleicht sie in dieser Beziehung mit den Göttern der anthropomorphistischen Volksreligion: wie diese nichts Anderes als vergottete Menschen, so seien jene nichts Anderes als potenzirte Naturdinge, ein ins Unsinnliche erhobenes Sinnliches. Diese zwischen den Ideen und den betreffenden Einzeldingen stattfindende „Gleichnamigkeit" ist es nun auch, welche die Annahme von Ideen als eine überflüssige und lästige Verdoppelung der zu erkennenden Gegenstände erscheinen läßt. Wozu das Nämliche zweimal setzen? Wozu außer der sinnlichen Zweiheit, Dreiheit, eine Zweiheit, Dreiheit in der Idee? Aristoteles meint daher, die Anhänger der Ideenlehre, wenn sie für jede Klasse von Naturdingen eine Idee setzen, und mittelst dieser Theorie eine gleichnamige Doppelreihe sinnlicher und unsinnlicher Substanzen aufstellen, kommen ihm vor wie Menschen, die mit wenigen Zahlen nicht ebenso gut rechnen zu können vermeinten, als mit vielen, und die deßhalb die Zahlen erst vervielfachten, ehe sie mit ihren Rechenoperationen beginnen. — Also noch einmal: die Ideenlehre ist eine Tautologie und für die Erklärung des Seienden völlig unfruchtbar. „Zur Erkenntniß der an den Ideen theilnehmenden Einzeldinge helfen die Ideen nichts, da ihnen ja die Ideen nicht immanent, sondern von ihnen abgesondert sind." — Ebenso unfruchtbar sind die Ideen, wenn man sie im Verhältniß zum Entstehen und Vergehen der Sinnendinge betrachtet. Sie enthalten gar kein Prinzip des Werdens der Bewegung. Es ist in ihnen keine Ursächlichkeit, welche ein Geschehen herbeiführte oder das wirkliche Geschehen erklärte. Selbst unbeweglich und prozeßlos würden sie, wenn sie je eine Wirkung hätten, nur völligen Stillstand zur Folge haben können. Zwar heißt es in Plato's Phädon, die Ideen seien Ursachen des Seins sowohl als des Werdens; allein trotz der Ideen wird Nichts ohne ein Bewegendes: und ein solches Bewegendes sind die Ideen, bei ihrer Abgesondertheit vom Werdenden, nicht. Dieses gleichgültige Verhalten der Ideen zu dem wirklichen Werden und Geschehen, ihre starre Jenseitigkeit bezeichnet nun Aristoteles unter Anwendung der Kategorieen Potenzialität und Aktualität weiter so, daß er sagt, die Ideen seien nur potenziell, sie seien bloße Möglichkeit, bloßes Ansichsein, weil ihnen die Aktualität fehle. — Der innere Widerspruch der Ideenlehre ist kurz der, daß sie ein Einzelnes unmittelbar als ein Allgemeines, und umgekehrt das Allgemeine, die Gattung zugleich als numerisch Einzelnes ausspricht, daß sie die Idee einerseits als getrenntes Einzelwesen, andererseits als theilnehmbar, folglich als Allgemeines setzt. Obgleich daher die Ideen ursprünglich Gattungsbegriffe, ein Allgemeines sind, aus der Fixirung des Seienden im Taseienden, des Einen im Mannigfaltigen, des Beharrlichen im Wechsel entstanden, so sind sie nichtsdestoweniger, da sie nach der Voraussetzung der Platoniker Einzelsubstanzen sein sollen, gar nicht definirbar; denn von einem absolut Einzelnen, einem Individuum, ist weder Definition noch Ableitung möglich, da schon das Wort — und nur in Worten ist eine Definition möglich — seiner Natur nach ein Allgemeines ist und auch andern Gegenständen zukommt, folglich alle Prädikate, in welchen ich die Bestimmung eines Einzeldings zu geben versuche, für dieses Einzelding nicht spezifisch sind. Die Anhänger der Ideenlehre sind demnach gar nicht im Stande, eine Idee begrifflich zu bestimmen: ihre Ideen sind undefinirbar. — Ueberhaupt hat Plato das Verhältniß der Einzeldinge zu den Ideen ganz im Unklaren gelassen. Er nennt die Ideen Urbilder und läßt die Dinge an ihnen Theil nehmen: dieß sind jedoch leere poetische Metaphern. Wie sollen wir uns denn diese „Theilnahme", dieses Nachgebildetwerden der jenseitigen Musterbilder vorstellen? Vergeblich sucht man hierüber bei Plato nähere Aufklärungen. Es ist gar nicht abzusehen, wie und warum die Materie an den Ideen Theil nimmt. Um dieß zu erklären, müßte man zu den Ideen hin noch ein weiteres höheres Prinzip annehmen, das für diese „Theilnahme" der Dinge die Ursache enthielte, denn ohne ein Bewegendes sieht man den Grund der „Theilnahme" nicht ein. Jedenfalls müßte über der Idee (z. B. der Idee des Menschen) und der Erscheinung (z. B. dem bestimmten einzelnen Menschen) ein Drittes, ihnen Gemeinsames stehen, in welchem Beide Eins wären, d. h., wie Aristoteles diesen Vorwurf gewöhnlich ausdrückt, die Ideenlehre führt auf die Annahme eines „dritten Menschen." — Das Ergebniß dieser aristotelischen Kritik ist die Immanenz des Allgemeinen im Einzelnen. So berechtigt das Verfahren des Sokrates war, wenn er das Allgemeine als das Wesen des Einzelnen aufzufinden und begriffsmäßige Definitionen zu geben suchte (denn ohne das Allgemeine ist keine Wissenschaft möglich), so verfehlt ist die platonische Theorie, indem sie diese Allgemeinbegriffe zu selbstständigem Bestehen, zu realen Einzelsubstanzen erhob. Nichts Allgemeines, Nichts, was Art oder Gattung ist, existirt neben und gesondert vom Einzelnen: ein Ding und sein Begriff können nicht getrennt von einander sein. Mit diesen Bestimmungen ist Aristoteles von der Grundidee Plato's, daß das Allgemeine das allein wahrhaft Seiende, das Wesen der Einzeldinge sei, so wenig abgefallen, daß er sie vielmehr nur von der ihr anklebenden Abstraktion befreit und mit der Erscheinungswelt tiefer vermittelt hat. Seine Grundvoraussetzung ist, trotz des scheinbaren Widerspruchs gegen seinen Lehrer, die gleiche, wie diejenige Plato's, daß nämlich in dem Begriffe das Wesen eines Dings (τὸ τί ἐστιν, τὸ τί ἦν εἶναι) erkannt und dargestellt werde; nur will er das Allgemeine, den Begriff, von der bestimmten Erscheinung so wenig getrennt wissen, als die Form vom Stoff, und Wesen oder Substanz (οὐσία) im eigentlichsten Sinne ist ihm nur Dasjenige, was nicht von einem Andern, sondern von dem das Uebrige ausgesagt wird, Dasjenige, was ein Dieses (τόδε τι) ist, das Einzelwesen oder Einzelding, nicht ein Allgemeines.

bb. **Die vier aristotelischen Prinzipe oder Ursachen und das Verhältniß von Form und Materie.** Aus der Kritik der platonischen Ideenlehre ergeben sich unmittelbar die beiden Grundbestimmungen des aristotelischen Systems, die den Angelpunkt desselben bilden, die Bestimmungen Stoff oder Materie (ὕλη) und Form (εἶδος). Aristoteles zählt zwar meistens, wo er vollständig zu Werke geht, vier metaphysische Prinzipe oder Ursachen auf, Stoff, Form, bewegende Ursache, Zweck. Bei einem Hause z. B. ist der Stoff das Bauholz, die Form der Begriff des Hauses, die bewegende Ursache der Baumeister, der Zweck das wirkliche Haus. Diese vier Grundbestimmungen alles Seins reduziren sich jedoch bei näherer Untersuchung auf den Grundgegensatz von Stoff und Form. Zuerst fällt der Begriff der bewegenden Ursache mit den beiden andern ideellen Prinzipien, mit dem Prinzip der Form und mit dem Prinzip des Zwecks, zusammen. Die bewegende Ursache ist nämlich dasjenige, was den Uebergang der unvollendeten Wirklichkeit oder der Potenzialität zur vollendeten Wirklichkeit (Aktualität, Entelechie) oder das Werden des Stoffs zur Form herbeiführt. Bei jeder Bewegung des Unvollendeten zum Vollendeten ist aber das Vollendete das begriffliche Prius und das begriffliche Motiv dieser Bewegung. Die bewegende Ursache des Stoffs ist folglich die Form. So ist die bewegende und erzeugende Ursache des Menschen der Mensch; die Form der Bildsäule im Verstande (in der künstlerischen Anschauung) des Bildhauers ist die Ursache der Bewegung, durch welche die Bildsäule wird; die Gesundheit ist früher im Gedanken des Arztes, ehe sie die bewegende Ursache der Genesung wird. So ist die Heilkunde gewissermaßen die Gesundheit und die Baukunst die Form des Hauses. Ebenso ist aber die bewegende oder erste Ursache auch identisch mit der Endursache oder dem Zwecke, denn das Motiv alles Werdens und aller Bewegung ist der Zweck. Die bewegende Ursache des Hauses ist der Baumeister, aber die bewegende Ursache des Baumeisters ist der zu verwirklichende Zweck, das Haus. Schon aus diesen Beispielen geht aber hervor, daß auch die Grundbestimmungen der Form und des Zweckes zusammenfallen, insofern Beide im Begriff der Aktualität oder Wirklichkeit (ἐνέργεια) sich verknüpfen. Denn der Zweck eines jeden

Dings ist sein vollendetes Wesen, sein Begriff oder seine Form, die Heraussetzung dessen, was in ihm potenziell enthalten ist, zur vollen Wirklichkeit. Der Zweck der Hand ist ihr Begriff; der Zweck des Samenkorns ist der Baum, der zugleich des Samenkorns Wesen ist. Es bleiben uns also nur die beiden nicht in einander aufgehenden Grundbestimmungen, Stoff und Form.

Der Stoff (die Materie), in seiner Abstraktion von der Form gedacht, ist für Aristoteles das völlig Prädikatlose, Unbestimmte, Unterschiedslose, Dasjenige, was allem Werden als Bleibendes zu Grunde liegt und die entgegengesetztesten Formen annimmt, das aber selbst seinem Sein nach von allem Gewordenen verschieden ist und an sich gar keine bestimmte Form hat, dasjenige, was die Möglichkeit zu Allem, aber nichts in Wirklichkeit ist. Wie sich das Holz zur Bank und das Erz zur Bildsäule verhält, so gibt es eine erste Materie, die allem Bestimmten zu Grunde liegt. Mit diesem Begriff der Materie rühmt sich Aristoteles die vielfach angeregte Schwierigkeit besiegt zu haben, wie überhaupt Etwas werden könne, da doch das Seiende weder aus dem Seienden noch aus dem Nichtseienden werden könne. Denn nicht aus dem Nichtseienden schlechthin, sondern nur aus dem Nichtseienden der Wirklichkeit nach, d. h. aus dem Seienden dem Vermögen nach werde Etwas. Mögliches (potenzielles) Sein ist ebensowenig Nichtsein als Wirklichkeit. Jedes existirende Naturding ist daher ein zur Wirklichkeit gelangtes Mögliches. Die Materie ist dem Aristoteles hienach ein weit positiveres Substrat als dem Plato, der sie für das schlechthin Nichtseiende erklärt hatte. Es erklärt sich hieraus auch, wie Aristoteles die Materie im Gegensatz gegen die Form als ein positives Negatives, als ein der Form Entgegengesetztes auffassen und als positive Verneinung ($\sigma\tau\acute{\epsilon}\varrho\eta\sigma\iota\varsigma$) bezeichnen konnte.

Wie die Materie mit der Potenzialität, so fällt die Form mit der Aktualität zusammen. Sie ist dasjenige, was den unterschiedslosen bestimmungslosen Stoff zu einem Unterschiedenen, einem Diesen ($\tau\acute{o}\delta\epsilon\ \tau\iota$), einem Wirklichen macht; sie ist die eigenthümliche Tugend, die vollendete Thätigkeit, die Seele jedes Dings. Das, was Aristoteles Form nennt, ist also nicht mit dem zu verwechseln, was wir etwa Façon nennen. Eine abgehauene Hand z. B. hat noch die äußere Gestalt einer Hand, nach aristotelischer Auffassung dagegen ist sie nur dem Stoff nach Hand, nicht der Form nach: eine wirkliche Hand, eine Hand der Form nach ist nur diejenige, die das eigenthümliche Geschäft einer Hand vollbringen kann. Reine Form ist dasjenige, was ohne Materie in Wahrheit ist ($\tau\grave{o}\ \tau\acute{\iota}\ \mathring{\eta}\nu\ \epsilon\tilde{\iota}\nu\alpha\iota$), oder der Begriff des Wesens, der reine Begriff. Solche reine Form existirt aber im gegebenen Bereiche des bestimmten Seins nicht: alles gegebene Sein, alle Einzelsubstanz ($o\mathring{v}\sigma\acute{\iota}\alpha$), Alles, was ein Dieses ist, ist vielmehr ein aus Stoff und Form Zusammengesetztes, ein $\sigma\acute{v}\nu o\lambda o\nu$. So ist es also die Materie was verhindert, daß das Seiende reine Form, reiner Begriff ist, sie ist der Grund des Werdens, der Vielheit und Mannigfaltigkeit und des Zufälligen, sie ist es, die zugleich der Wissenschaft ihre Grenze setzt. Denn das Einzelne ist in dem Maße nicht erkennbar, in welchem es das Materielle in sich trägt. Aus dem Gesagten ergibt sich aber zugleich, daß der Gegensatz zwischen Materie und Form ein fließender ist; was in einer Beziehung Stoff ist, ist in anderer Beziehung Form: Bauholz im Verhältniß zum fertigen Haus ist Stoff, im Verhältniß zum unbehauenen Baum Form; die Seele im Verhältniß zum Körper ist Form, im Verhältniß zur Vernunft, welche Form der Form (εἶδος εἴδους), ist sie Stoff. Von diesem Standpunkt aus muß sich überhaupt die Gesammtheit alles Daseins als eine Stufenleiter darstellen, deren unterste Stufe eine erste Materie (πρώτη ὕλη) ist, welche schlechthin nicht Form ist, deren oberste eine letzte Form, die schlechthin nicht Materie, sondern reine Form ist (der absolute, göttliche Geist): was zwischen diesen beiden Endpunkten ist, ist in der einen Rücksicht Materie, in der andern Form, d. h. ein stetes Sichübersetzen der erstern in die letztere. Dieß ist der, namentlich der aristotelischen Naturansicht zu Grunde liegende, zunächst auf dem analytischen Wege der Naturbeobachtung gefundene Gesichtspunkt, daß die ganze Natur ein ewiges stufenweises Formwerden des Stoffs, ein ewiges Herausleben dieses unerschöpften Urgrunds zu immer höheren ideellen Formationen sei. Daß aller Stoff Form werde, alles Vermögen Wirklichkeit, alles Sein Wissen, dieß ist die freilich unvollziehbare Forderung der Vernunft und das Ziel alles Werdens — unvollziehbar, da Aristoteles ausdrücklich behauptet, die Materie könne als Beraubung der Form, als ςέρησις niemals ganz zur Wirklichkeit und mithin auch niemals ganz zur Erkenntniß kommen. Auch das aristotelische System endigt somit im unüberwundenen Dualismus von Stoff und Form.

cc. **Potenzialität und Aktualität** (δύναμις und ἐνέργεια). Das Verhältniß des Stoffs zur Form hat sich, logisch gefaßt, als das Verhältniß der Potenzialität zur Aktualität herausgestellt. Erst Aristoteles hat diese Bezeichnungen (nach ihrer philosophischen Bedeutung) geschaffen und sie sind für sein System am meisten charakteristisch. Wir haben in der Bewegung des potenziell Seienden zum aktuell Seienden den explizirten Begriff des Werdens, in den vier Prinzipien überhaupt eine Auseinanderlegung dieses Begriffs in seine Momente. Das aristotelische System ist folglich ein System des Werdens und so kehrt, wie das Prinzip der Eleaten in Plato, so in ihm das Prinzip des Heraklit in reicherer und vermittelterer Fassung wieder. Aristoteles hat damit zur Ueberwindung des platonischen Dualismus einen bedeutenden Schritt gethan. Ist die Materie die Möglichkeit der Form, werdende Vernunft, so ist der Gegensatz zwischen Idee und Erscheinungswelt wenigstens im Prinzip, potenziell überwunden, sofern es Ein Sein ist, das sich in beiden, in Stoff und Form, nur auf verschiedenen Entwicklungsstufen darstellt. Das Verhältniß des Potenziellen zum Aktuellen macht Aristoteles anschaulich am Verhältniß des Unbearbeiteten zum Bearbeiteten, des Baumeisters zu dem mit Bauen Beschäftigten, des Schlafenden zum Erwachten. Potenziell ein Baum ist das Samenkorn; der ausgewachsene Baum ist es aktuell; potenziell Philosoph ist auch der in diesem Augenblick nicht im Philosophiren Begriffene; potenziell Sieger ist der bessere Feldherr auch vor der Schlacht; potenziell ist der Raum ins Unendliche theilbar; dem Vermögen nach ist überhaupt Alles, was ein Prinzip der Bewegung, Entwickelung, Veränderung des Andersseins hat, was ohne äußere Hemmung durch sich selbst sein wird. Aktualität oder Entelechie dagegen bezeichnet die vollkommene Handlung, das erreichte Ziel, die vollendete Wirklichkeit (der ausgewachsene Baum z. B. ist die Entelechie des Samenkorns), diejenige Thätigkeit, worin die Handlung und die Vollendung derselben in Eins zusammenfällt, z. B. Sehen, Denken: er sieht und er hat gesehen, er denkt und er hat gedacht — ist eins und dasselbe, während bei denjenigen Thätigkeiten, die mit einem Werden verbunden sind, z. B. Lernen, Gehen, Gesundwerden, Beides auseinanderfällt. In dieser Fassung der Form (oder Idee) als der Aktualität oder Entelechie, d. h. in ihrer

Verknüpfung mit der Bewegung des Werdens, liegt der Hauptgegensatz des aristotelischen und platonischen Systems. Plato setzt die Idee als ruhendes, dem Werden und der Bewegung entgegengesetztes, für sich bestehendes Sein, bei Aristoteles ist sie das ewige Produkt des Werdens, ewige Energie, d. h. Thätigkeit in vollendeter Wirklichkeit, das in jedem Augenblicke durch die Bewegung des Ansichseienden (Potenziellen) zum Fürsichseienden (Aktuellen) erreichte Ziel, nicht ein fertiges, sondern ewig hervorgebrachtes Sein.

dd. **Der absolute, göttliche Geist.** Den Begriff des absoluten Geistes oder, wie er ihn gleichfalls nennt, des ersten Bewegers, hat Aristoteles von mehreren Seiten her zu begründen versucht, vorzugsweise an das Verhältniß von Potenzialität und Aktualität anknüpfend. a. Die kosmologische Form. Das Aktuelle ist immer früher als das Potenzielle, nicht nur dem Begriff nach — denn Vermögen kann ich nur in Beziehung auf die Thätigkeit aussagen — sondern auch der Zeit nach, denn das Mögliche wird nur durch ein Wirkendes zum Wirklichen; der Ungebildete wird zum Gebildeten durch den Gebildeten: dieß führt zur Annahme eines ersten Bewegenden, das reine Thätigkeit ist. Oder: die Bewegung, das Werden, eine Kausalitätsreihe ist nur möglich, wenn ein Prinzip der Bewegung, ein Bewegendes vorhanden ist; dieses Prinzip der Bewegung muß aber ein solches sein, dessen Wesen Aktualität ist, da Dasjenige, was nur der Möglichkeit nach existirt, ebensogut auch nicht in Wirklichkeit übergehen, also nicht Prinzip der Bewegung sein kann. Alles Werden postulirt somit ein Ewiges, Nichtgewordenes, welches, selbst unbewegt, Prinzip der Bewegung, erstes Bewegendes ist. b. Ontologische Form. Auch aus dem Begriff der Potenzialität selbst ergibt es sich, daß das Ewige und nothwendig Seiende nicht potenziell sein kann. Denn was potenzieller Weise ist, kann ebensowohl sein als nicht sein: was aber möglicher Weise nicht ist, ist vergänglich. Nichts also, was schlechthin unvergänglich ist, ist potenziell, sondern aktuell. Oder: wäre die Potenzialität das Erste, so könnte möglicherweise gar nichts existiren, was dem Begriffe des Absoluten, das nicht Nichtseinkönnende zu sein, widerspricht. c. Moralische Form. Die Potenzialität ist immer die Möglichkeit zum Entgegengesetzten. Wer das Vermögen hat, gesund zu sein, hat auch das Vermögen krank zu sein: in Wirklichkeit (aktuell) dagegen ist Niemand zugleich gesund und krank. Folglich ist die Aktualität besser, als die Potenzialität, und nur sie kommt dem Ewigen zu. d. Sofern das Verhältniß von Potenzialität und Aktualität identisch ist mit dem Verhältniß von Stoff und Form, können diese Argumente für die Existenz eines Wesens, das reine Aktualität ist, auch so gefaßt werden: Die Unterstellung eines absolut formlosen Stoffs (die $\pi\varrho\acute{\omega}\tau\eta$ $\ddot{\upsilon}\lambda\eta$) postulirt auf dem entgegengesetzten Ende die Unterstellung einer absolut stofflosen Form (ein $\pi\varrho\tilde{\omega}\tau\text{ov}$ $\varepsilon\tilde{\iota}\delta\text{o}\varsigma$). Und da der Begriff der Form sich in die drei Grundbestimmungen der bewegenden, der begrifflichen und der Endursache auseinanderlegt, so ist das Ewige auch absolutes Bewegungsprinzip (erster Beweger, $\pi\varrho\tilde{\omega}\tau\text{ov}$ $\varkappa\iota\nu\tilde{\omega}\nu$), absoluter Begriff oder rein intelligibler (reines $\tau\acute{\iota}$ $\tilde{\eta}\nu$ $\varepsilon\tilde{\iota}\nu\alpha\iota$) und absoluter Zweck (Urgutes).

Alle übrigen Prädikate des ersten Bewegers oder höchsten Weltprinzips ergeben sich aus diesen Prämissen mit formeller Nothwendigkeit. Er ist Einer, da der Grund der Vielheit, der Mannigfaltigkeit des Seins in der Materie liegt, er selbst aber der Materie untheilhaftig ist; er ist unbeweglich und unveränderlich, weil er sonst nicht der absolute Beweger, die Ursache alles Werdens sein könnte; er ist Leben als thätiger Selbstzweck, als Entelechie; intelligibel und Intelligenz zugleich, weil schlechthin immateriell und naturfrei; thätige, d. h. denkende Intelligenz, weil er seinem Wesen nach reine Aktualität ist; sich selbst denkende Intelligenz, weil der göttliche Gedanke seine Wirklichkeit nicht außer sich selbst haben kann, und weil er, wenn er der Gedanke eines Andern wäre, als er selbst ist, erst vom Vermögen heraus zur Aktualität gelangen müßte. Daher die berühmte aristotelische Definition des Absoluten, es sei das Denken des Denkens (νόησις νοήσεως), die persönliche Einheit des Denkens und des Gedachten, des Erkennenden und Erkannten, das absolute Subjekt-Objekt. Metaph. XII, 7. enthält eine Zusammenstellung dieser Attribute des göttlichen Geistes und eine fast hymnische Schilderung des in ewiger Ruhe sich selbst als die absolute Wahrheit wissenden, keines Handelns und mithin auch keiner Tugend bedürftigen, sich selbst genießenden, ewig seligen Gottes.

Wie aus dieser Darstellung hervorgeht, hat Aristoteles die Idee seines absoluten Geistes, wenn gleich durch manche Konsequenzen seines Systems auf sie hingetrieben und in zahlreichen Wendungen auf sie vorbereitend, doch nicht vollständig abgeleitet, und noch weniger mit den Grundlagen und Grundvoraussetzungen seiner Philosophie befriedigend vermittelt. Sie tritt im zwölften Buch der Metaphysik ganz assertorisch, ja unerwartet, ohne durch Induction weiter vermittelt zu sein, auf. Dann leidet sie auch an bedeutenden Schwierigkeiten. Man sieht nicht, warum der letzte Grund der Bewegung, was der absolute Geist zunächst einzig ist, auch als persönliches Wesen gedacht werden müsse, man sieht nicht, wie Etwas bewegende Ursache und doch selbst unbewegt, Ursache alles Werdens, d. h. des Vergehens und Entstehens, und doch sich selbst gleichbleibende Energie, ein Bewegungsprinzip ohne Vermögen (Potenzialität) sein könne: denn das Bewegende muß doch in einem Verhältnisse des Leidens und Thuns mit dem Bewegten stehen. Ueberhaupt hat Aristoteles, was schon aus diesen widersprechenden Bestimmungen hervorgeht, das Verhältniß zwischen Gott und Welt nicht vollständig und folgerichtig durchgebildet. Da er den absoluten Geist einseitig nur als beschauende theoretische Vernunft bestimmt, und alles Thun und Handeln, weil dieses einen unvollendeten Zweck voraussetzt, von ihm als den vollendeten Zwecke ausschließt, so fehlt das rechte Motiv seiner Thätigkeit in Beziehung auf die Welt. Bei seinem nur theoretischen Verhalten ist er nicht wahrhafter erster Beweger; außerweltlich und unbewegt, was er seinem Wesen nach ist, geht er nicht einmal mit seiner Thätigkeit ins Weltleben ein; und da auch die Materie ihrerseits nie ganz zur Form wird, so offenbart sich auch hier der unvermittelte Dualismus zwischen dem göttlichen Geist und dem unerkennbaren Ansich des Stoffs. Die Einwendungen, die Aristoteles gegen den Gott des Anaxagoras erhebt, treffen zum Theil seine eigene Theorie.

4. **Die aristotelische Physik.** Die aristotelische Physik, den größten Theil seiner Schriften umfassend, verfolgt das Werden als die Heraufbildung des Stoffs zur Form, die Stufenreihen, welche die Natur, ein lebendiges Wesen, durchläuft, um individuelle Seele zu werden. Alles Werden hat nämlich einen Zweck, Zweck aber ist Form und die absolute Form ist der Geist. Ganz folgerichtig sieht also Aristoteles den Zweck und den Mittelpunkt der irdischen Natur in der realisirten Form, im Menschen, und zwar im männlichen Menschen. Alles Uebrige unter dem Monde ist gleichsam nur ein verfehlter Versuch der Natur, den männlichen Menschen hervorzubringen,

ein Ueberschüssiges, das aus dem Unvermögen der Natur, die Materie überall zu bewältigen und zur Form zu gestalten, entsteht. Alles, was den allgemeinen Zweck der Natur nicht erreicht, muß als Unvollkommenes angesehen werden und ist eigentlich eine Ausnahme oder Mißgeburt. So erscheint es dem Aristoteles schon als Mißgeburt, wenn das Kind dem Vater nicht gleicht, und die Geburt eines weiblichen Kindes ist ihm nur ein geringerer Grad der Mißgeburt, welcher daher stammt, daß der erzeugende Mann als das formende Prinzip nicht Kraft genug besaß. Ueberhaupt sieht Aristoteles das Weibliche als ein Verstümmeltes an im Vergleich mit dem Männlichen, und in höherem Grade findet er die übrigen Thiere außer dem Menschen zwergartig. Würde die Natur mit vollem Bewußtsein wirken, so wären alle diese unvollkommenen und unzweckmäßigen Naturbildungen, diese Mißgriffe unerklärlich; aber sie ist eine nicht nach klarer Einsicht, nicht nach vernünftiger Ueberlegung ihr Werk vollbringende, sondern nur nach unbewußtem Triebe wirksame Künstlerin.

a. Die allgemeinen Bedingungen alles natürlichen Daseins, **Bewegung, Raum, Zeit** hat Aristoteles in den Büchern der Physik untersucht. Auch diese physikalischen Grundbegriffe reduziren sich auf die metaphysischen Grundbegriffe der Potenzialität und Aktualität; die Bewegung wird hiernach definirt als die Thätigkeit des dem Vermögen nach Seienden, also als Mittleres zwischen dem potenziellen Sein und der gänzlich verwirklichten Thätigkeit; der Raum als die Möglichkeit der Bewegung, der darum die Eigenschaft unendlicher Theilbarkeit hat, ein potenziell, aber nicht aktuell in's Unendliche Theilbares ist; die Zeit als das ebenfalls in's Unendliche theilbare, in der Zahl aussprechbare Maaß der Bewegung, als die Zahl der Bewegung in Beziehung auf das Früher und Später. Alle drei sind unendlich, aber das Unendliche, das sich in ihnen darstellt, ist nur potenziell ein Ganzes, aber nicht aktuell: es umfaßt nicht, sondern es wird umfaßt, was Diejenigen verkennen, welche das Unendliche zu preisen pflegen, als umfaßte es Alles und hielte Alles in sich, weil es einige Aehnlichkeit mit dem Ganzen hat.

b. Aus dem Begriff der Bewegung leitet Aristoteles seine **Ansicht vom gesammten Universum**, die er in seinen Büchern „vom Himmel" dargestellt hat, ab. Die vollkommenste, weil die unaufhörliche, in sich selbst abgeschlossene und gleichmäßige Bewegung ist die Kreisbewegung. Die Welt als Ganzes ist somit durch die Kreisbewegung bedingt, ein in sich geschlossenes Ganzes und hat Kugelgestalt. In diesem kugelförmigen Universum ist aber eben aus dem genannten Grunde, weil die in sich zurückkehrende Bewegung besser ist als jede andere, diejenige Sphäre die bessere, welche der vollkommenen Kreisbewegung theilhaftig, folglich in der Peripherie befindlich ist, die schlechtere diejenige, welche um den Mittelpunkt der Weltkugel sich herumlagert. Jenes ist der Himmel, dieses die Erdkugel, zwischen beiden die Planetensphäre. Der Himmel, als der Ort der Kreisbewegung und der Schauplatz einer unvergänglichen Ordnung, steht der ersten bewegenden Ursache am nächsten, er steht unter ihrer unmittelbaren Einwirkung; er besteht nicht aus vergänglicher Materie, sondern aus dem höhern Element des Aethers; in ihm haben die Alten das Göttliche gesucht, von einer richtigen Ueberlieferung verschwundener Urweisheit geleitet. Seine Theile, die Gestirne, sind leidenlose, nicht alternde und ewige Wesen, welche das beste Theil erhalten haben, ewig in müheloser Thätigkeit begriffen, und wenn auch nicht klar erkennbar, doch jedenfalls viel göttlicher als der Mensch. Eine niederere Sphäre gegen die Sphäre der Fixsterne bildet die Sphäre der Planeten, denen Aristoteles außer den fünf den Alten bekannten noch Sonne und Mond zuzählt. Sie steht dem Vollkommenen weniger nahe: statt sich, wie der Firsternhimmel, nach rechts im Kreise zu bewegen, bewegt sie sich auch in entgegengesetzter Richtung und in schiefen Kreisbahnen; auch sie hat jedoch ihre göttlichen Beweger, die selbst ewige und geistige Wesen sind. In der Mitte der Welt steht endlich die Erdkugel, am weitesten ab vom ersten Beweger, und daher nur im geringsten Maaße des Göttlichen theilhaftig, das Gebiet fortwährenden Wechsels zwischen Entstehen und Vergehen, welcher durch die Einflüsse der Planeten, besonders der Sonne unterhalten wird, übrigens gerade durch sein endloses Fortgehen ein Abbild der Ewigkeit des Himmlischen darstellt. So sind denn drei Arten von Wesen, welche zugleich drei Stufen der Vollkommenheit darstellen, nothwendig zur Erklärung der Natur, ein immaterielles Wesen, das, selbst unbewegt, bewegt, nämlich der absolute Geist oder Gott; zweitens ein Wesen, das bewegt wird und bewegt, zwar nicht ohne Materie, aber ewig und unvergänglich und im Kreise beständig gleichartig bewegt, die überirdische Region des Himmels; endlich in unterster Reihe das vergängliche Wesen dieser Erde, dem nur die leidende Rolle des Bewegtwerdens zukommt.

c. Die Natur im engern Sinne, der Schauplatz des elementarischen Wirkens, stellt uns eine Stufenreihe und einen stetigen Uebergang des Elementarischen zu den Pflanzen und der Pflanzenwelt zur Thierwelt dar. Die unterste Stufe nehmen die leblosen Naturkörper ein, reine Produkte der sich vermischenden Elemente, die folglich nur in den bestimmten Mischungsverhältnissen dieser Elemente ihre Entelechie haben; ihre Energie dagegen besteht nur darin, daß sie nach einem naturgemäßen Ort im Universum streben und in demselben, sofern sie ihn ungehindert erreichen, ausruhen. Eine solche bloß äußerliche Entelechie haben nun die lebendigen Körper nicht; ihnen wohnt die Bewegung, in welcher sie zur Wirklichkeit gelangen, als organisirendes Prinzip inne, und wirkt auch nach vollendeter Organisation als erhaltende Thätigkeit in ihnen fort; kurz sie haben Seele, denn Seele ist die Entelechie eines organischen Körpers. Die Seele nun finden wir in den Pflanzen nur als erhaltende und ernährende Kraft wirksam; die Pflanze hat kein anderes Werk oder Geschäft als dieß, sich zu ernähren und ihre Art fortzupflanzen; bei den Thieren, unter denen selbst hinwiederum eine Stufenleiter stattfindet nach der Art ihrer Fortpflanzung, stellt sich die Seele dar als empfindende; die Thiere haben Sinne und sind der örtlichen Bewegung fähig, die menschliche Seele endlich ist ernährend, empfindend und erkennend.

d. Der Mensch als Zweck der gesammten Natur ist auch die centrale Zusammenfassung der verschiedenen Entwicklungsstufen, in welchen das Naturleben sich darstellt. Das Eintheilungsprinzip der lebendigen Wesen wird daher auch Eintheilungsprinzip der Seelenvermögen sein müssen. Kam den Pflanzen nur Ernährung (Vegetation), den Thieren Empfindung, den vollkommeneren Thieren örtliche Bewegung zu, so gehören diese drei Thätigkeiten auch der menschlichen Seele zu; je die vorhergehende ist nothwendige Bedingung und zeitliche Voraussetzung der folgenden, und die Seele selbst ist zunächst nichts Anderes, als die Vereinigung dieser verschiedenen Funktionen des organischen Lebens zu gemeinsamer zweckmäßiger Thätigkeit, die Zweckeinheit oder Entelechie des organischen Körpers. Die Seele verhält sich zum Körper wie die Form zur Materie, sie ist das ihn belebende Prinzip, sie kann aber eben deßwegen ohne ihn nicht gedacht werden, nicht für sich existiren und hört mit dem Körper auf zu sein. Anders dagegen verhält es sich mit dem vierten Vermögen, das die Eigenthümlichkeit des Menschen konstituirt, mit dem Denken oder der Vernunft (νοῦς). Sie ist von der übrigen Seele wesentlich verschieden, sie ist nicht Produkt der niedern Seelenvermögen, sie verhält sich zu ihnen nicht bloß als höhere Entwicklungsstufe, nicht etwa nur, wie die Seele zum Körper, als Zweck zum Werkzeug, als Wirklichkeit zur Möglichkeit, als Form zum Stoff. Sondern als rein intellektuelle Thätigkeit bedarf sie für sich keiner Vermittlung eines körperlichen Organs, sie steht außerhalb des Zusammenhangs mit den körperlichen Funktionen, sie ist schlechthin einfach, immateriell, selbstständig, sie ist das Göttliche im Menschen; sie kommt, da sie nicht Resultat der niedern Lebensprozesse ist, von außen in den Körper und ist ebenso auch wieder trennbar von ihm. Zwar besteht wohl ein Zusammenhang zwischen Denken und Empfinden; denn zunächst gehen die äußerlich nach den verschiedenen Sinnesorganen getrennten Empfindungen innerlich in einem Mittelpunkt, einem gemeinsamen Sinne zusammen: sie werden dort in Bilder und Vorstellungen, diese hinwiederum in Gedanken verwandelt; hiernach könnte es scheinen, als ob das Denken nur Resultat des Empfindens, als ob die Intelligenz eine leidentlich bestimmte wäre, und Aristoteles unterscheidet daher auch wirklich innerhalb der Vernunft wieder zwischen einer thätigen und einer leidentlichen (receptiven) Vernunft, welche letztere nur allmälig zu denkendem Erkennen sich entwickelt. (Hieher gehört der fälschlich dem Aristoteles zugeschriebene Satz: nihil est intellectu, quod non fuerit in sensu. so wie die bekannte, so vielfach mißverstandene Vergleichung der Seele mit einer unbeschriebenen Tafel, die nur so viel heißen will: wie die unbeschriebene Tafel zwar potenziell, aber nicht aktuell ein Buch ist, so kommt auch das Wissen der menschlichen Vernunft potenziell zu, aber nicht aktuell; der Anlage nach hat das Denken die allgemeinen Begriffe von Hause aus in sich, sofern es die Fähigkeit hat, sie zu bilden, aber nicht der Wirklichkeit nach, nicht bestimmt und entwickelt). Allein diese Leidentlichkeit setzt vielmehr eine Thätigkeit voraus: denn wenn das Denken in seiner Wirklichkeit, indem es als Erkennen auftritt, alle Formen, mithin alle Dinge wird, so muß es sich doch auch wiederum zu allem dem, was es wird, selbst machen, und die leidentliche Vernunft hat daher die thätige als ihr bewegendes Princip hinter sich, durch welches sie das wird, was sie an sich ist. Diese thätige Vernunft ist die Vernunft in ihrer Reinheit, die als solche von allem Materiellen unabhängig und unberührt, und mithin auch beim Tode des Leibes gar nicht betheiligt ist, sondern als allgemeine Vernunft ewig und unsterblich fortbesteht. Der aristotelische Dualismus bricht auch hier hervor. Offenbar verhält sich diese thätige Intelligenz zur Seele, wie Gott zur Natur: beide Seiten stehen in keinem wesentlichen Verhältnisse zu einander. Wie der göttliche Geist nicht ins Weltleben, so geht auch der menschliche Geist nicht ins Sinnenleben recht ein; obwohl als leidenlos und immateriell bestimmt, soll er doch als Seele an die Materie geknüpft sein; obwohl reine, sich denkende Form, soll er doch vom göttlichen Geist, der das gleiche ist, verschieden sein; der Mangel an Vermittlung nach beiden Seiten hin, nach der Seite des Menschlichen, wie nach der Seite des Göttlichen, ist in diesen Bestimmungen unverkennbar.

5. Die aristotelische Ethik. a. Verhältniß der Ethik zur Physik. Aristoteles hat, auch hierin von seiner Richtung zur Natur geleitet, die Ethik enger, als seine beiden Vorgänger Sokrates und Plato, mit der Physik verknüpft. Wenn Plato es unmöglich fand, über das Gute

in den menschlichen Angelegenheiten zu reden, ohne dabei anzuknüpfen an
die Idee des Guten an sich, so meinte Aristoteles im Gegentheil, das Gute
an sich, die Idee des Guten helfe Nichts zur Erkenntniß des im praktischen
Leben ausführbaren Guten, des Guten für uns. Nur das Letztere, das
Sittliche im Leben des Menschen, nicht das Gute im Großen der Welt, sei
Gegenstand der Ethik. Aristoteles betrachtet daher das Gute vorzugsweise
in seinem Verhältniß zur gegebenen Naturanlage des Menschen, als das von
der Natur selbst angestrebte Ziel; statt als etwas rein Intellektuelles, faßt
er das Sittliche vielmehr nur als Blüthe, als Vergeistigung und Ethisirung
des Physischen, statt als Wissen, faßt er die Tugend als normale Ausbil=
dung des natürlichen Triebs. Daß der Mensch von Natur ein politisches
Thier ist, gilt ihm als der Vordersatz und die Grundvoraussetzung der Lehre
vom Staat. Aus dieser Verknüpfung des Ethischen und Physischen erklärt,
sich die aristotelische Polemik gegen den sokratischen Tugendbegriff. Sokrates
hatte das Wesen des Sittlichen im intelligenten, die sinnlichen Antriebe be=
meisternden Handeln gesucht und daher Tugend und Wissen als Eins gesetzt:
hiedurch, meint Aristoteles, werde dasjenige aufgehoben, was von Natur
bei jedem sittlichen Handeln mitgesetzt sei, das pathologische Moment. Nicht
die Vernunft sei die erste Grundlage der Tugend, sondern die natürlichen
Empfindungen, Neigungen und Begehrungen der Seele, ohne welche kein
Handeln denkbar wäre, die Naturbestimmtheit, der Trieb, der anfangs instinkt=
mäßig nach dem für die menschliche Natur Guten strebe, und zu dem erst
später die sittliche Einsicht hinzutrete: aus der natürlichen Tugend erst werde
die sittliche. Aus demselben Grund bestreitet Aristoteles auch die Lehrbar=
keit der Tugend; nicht durch Ausbildung des Wissens, sondern durch Uebung,
welche den natürlichen Neigungen und Trieben die Richtung auf das Gute
gibt, sie zum Guten gewöhnt, des Schlechten entwöhnt, komme die Tugend
zu Stande; durch Uebung im sittlichen Handeln werden wir tugendhaft, wie
durch Uebung der Musik und Baukunst Musiker und Baukünstler; zur Tu=
gend gehöre nicht bloß Wissen des Guten, sondern Festigkeit im Guten, gute
Gesinnung; diese aber könne sich nur durch Gewöhnung ans Gute, und letztere
selbst wieder nur durch beharrliche Uebung und Zucht im Guten bilden.
Die Einsicht sei wohl nothwendig zur Erkenntniß des Guten und zur Aus=
übung desselben im Einzelnen; aber sie könne einen tugendhaften Willen nicht
hervorbringen, sie sei vielmehr durch diesen selbst bedingt, da ein schlechter
Wille auch die Einsicht verderbt und irreleitet. Durch dreierlei also wird der
Mensch gut, durch Natur, durch Gewöhnung und durch Vernunft. Der
Standpunkt des Aristoteles ist in diesen Bestimmungen dem sokratischen direkt
entgegengesetzt. Während Sokrates, das Sittliche und Natürliche als Gegen=
sätze fassend, das sittliche Handeln zu einer Folge der vernünftigen Einsicht
gemacht hatte, macht Aristoteles, beide als Entwickelungsstufen betrachtend, die
vernünftige Einsicht in sittlichen Dingen zu einer Folge des sittlichen Handelns.

b. Das höchste Gut. Alles Thun hat einen Zweck; es kann aber
nicht jeder Zweck nur wieder Mittel zu einem andern Zwecke sein; es muß
vielmehr auch einen letzten und höchsten Zweck, es muß etwas geben, nach
welchem wir um seinetwillen streben, ein Gutes schlechthin oder ein Bestes.
Was nun dieses angestrebte höchste Gut sei, darüber ist man dem Namen
nach einig: man nennt es Glückseligkeit; über den Begriff der Glückseligkeit
jedoch ist Streit. Wenn gefragt wird, worin die menschliche Glückseligkeit
bestehe, so kann die Antwort nur die sein, sie müsse sich auf das eigenthüm=

liche Wesen des Menschen beziehen, sie müsse in einer Thätigkeit bestehen, welche aus diesem eigenthümlichen Wesen entspringt, und welche es selbst zu vollkommener, das Gefühl voller Befriedigung mit sich führender Aktualität erhebt. Eigenthümlich ist aber dem Menschen nicht das sinnliche Empfinden, denn dieses theilt er mit den Thieren, sondern die Intelligenz; die in der Befriedigung der Begierde vorhandene Lustempfindung kann also wohl die Glückseligkeit des Thiers sein, die wesentlich menschliche ist sie sicher nicht. Das eigenthümlich Menschliche ist vielmehr vernünftige Seelenthätigkeit; der Mensch ist durch seine Natur und Intelligenz aufs Handeln und zwar aufs vernünftige Handeln, auf vernünftige Bethätigung seiner natürlichen Vermögen und Kräfte angelegt: das ist seine Bestimmung und seine Glückseligkeit; für den Thätigen ist ja überall die Thätigkeit selbst, die ungehemmte, wohlgelingende Ausübung der Thätigkeit, zu welcher seine Natur ihn hintreibt, das Höchste und Beste. Glückseligkeit ist also ein solches Wohlbefinden, das zugleich ein Wohlhandeln ist, und ein solches Wohlhandeln, das als naturgemäße Bethätigung, als ungehemmte Energie zugleich die höchste Befriedigung gewährt oder Wohlbefinden ist. Thätigkeit und Lust sind durch ein natürliches Band unzertrennlich verbunden und bilden in ihrer Vereinigung, wenn sie durch ein vollkommenes Leben hindurchgeführt werden, die Glückseligkeit. Daher ist die aristotelische Definition der Glückseligkeit, sie sei eine vollkommene praktische Thätigkeit in einem vollkommenen Leben.

Wenn es jedoch dieser Begriffsbestimmung zufolge scheinen könnte, als ob Aristoteles eine naturgemäße Thätigkeit als etwas Selbstgenugsames und zur Glückseligkeit Hinreichendes betrachte, so hat er sich dabei nichtsdestoweniger nicht verhehlt, daß die vollkommene Glückseligkeit doch von zureichenden äußern Hilfsmitteln der Thätigkeit und auch noch von andern Gütern, deren Besitz nicht in unserer Macht steht, abhängt. Zwar meint er, mäßige äußere Güter seien genügend und nur etwa große Unglücksfälle seien in Anschlag zu bringen; aber doch seien Reichthum, der Besitz von Freunden und Kindern, edle Geburt, Schönheit des Körpers u. A. mehr oder minder nothwendige Bedingungen der Glückseligkeit, diese selbst also doch zum Theil von Zufälligkeiten abhängig. Dieses Moment der aristotelischen Lehre von der Glückseligkeit hat seinen natürlichen Grund in seiner empirischen Betrachtungsweise. Sorgsam Alles berücksichtigend, was die allgemeine Erfahrung auszusagen scheint, will er ausschließlich weder die Tugend oder die vernünftige Thätigkeit, noch das äußere Glück zum Prinzip machen, weil die thatsächliche Erfahrung das Bedingtsein des Einen durch das Andere zeigt; er ist noch weit entfernt von der Einseitigkeit, mit welcher Spätere dem Aeußern allen Werth für die Glückseligkeit absprechen.

c. Begriff der Tugend. Wie sich aus der aristotelischen Polemik gegen Sokrates ergeben hat, ist die Tugend Produkt eines oft wiederholten sittlichen Handelns, eine durch Uebung erworbene Beschaffenheit, eine sittliche Fertigkeit der Seele. Welcher Art nun diese Fertigkeit sei, läßt sich folgendermaßen bestimmen. Jede Handlung vollbringt Etwas als ihr Werk; nun ist aber ein Werk unvollkommen, wenn an ihm entweder ein Mangel oder etwas Ueberflüssiges vorhanden ist, somit wird auch jede Handlung insofern unvollkommen sein, als in ihr entweder zu wenig oder zu viel geschieht; ihre Vollkommenheit mithin darin bestehen, daß in ihr das rechte Maaß, die Mitte zwischen dem Zuviel und Zuwenig eingehalten wird. Sonach ist die Tugend überhaupt als das Beobachten der richtigen Mitte im Handeln zu erklären, nicht der arithmetischen Mitte, der Mitte an sich, sondern der

…s nämlich für den einen Menschen genug ist, ist es nicht
…nderes ist die Tugend eines Mannes, ein Anderes die
Kindes, eines Sklaven. Ebenso kommt es auf Zeit, Um=
…sse an. In Beziehung hierauf hat freilich die Bestim=
…Mitte immer etwas Schwankendes. Es läßt sich darüber,
einer genauen und erschöpfenden regulativen Formel,
…sei Sache der praktischen Urtheilskraft, richtige Mitte
…dige dafür ansieht.
…e besondere Tugenden geben muß, als Lebensbeziehungen
hiernach aus dem Begriff der Tugend überhaupt, und
…er in neue Lagen kommt, in welchen es der praktischen
…ird, die richtigen Handlungsweisen zu bestimmen, so ist
besondern Tugenden nach keiner bestimmten Anzahl zu
…satz gegen Plato), daher auch nicht durchzusprechen. Nur
…onstante Hauptverhältnisse des menschlichen Lebens gibt,
…se Haupttugenden nennen. So ist z. B. ein konstantes
…niß das Verhältniß zur Unlust und Lust: die sittliche
…in Beziehung auf die Unlust, sie weder zu fürchten,
…t zu fürchten, ist die Tapferkeit; die richtige Mitte in
…ust ist Mäßigkeit als Mitte zwischen Genußsucht und
…eobachtung des sittlichen Maaßes im gesellschaftlichen
…ischen Unrechtthun und Unrechtleiden, Selbstsucht und
…rechtigkeit. In der nämlichen Weise lassen sich noch viele
…rakterisiren; bei allen kann nachgewiesen werden, daß sie
…wei Untugenden einnehmen, die in ihrer Fehlerhaftigkeit
…gegengesetzt sind, als die eine einen Mangel, die andere
…drückt. Das Nähere der aristotelischen Tugendlehre hat
…en und praktischen, weniger philosophischen Werth; Ari=
…die Begriffe seiner Tugenden mehr aus dem Sprach=
…em durchgeführten Eintheilungsprinzip, namentlich bleibt
…r Tugenden des praktischen Lebens ohne alle systematische
…erung. Am meisten wissenschaftliche Haltung hat noch
…Tugenden in ethische und dianoetische, d. h. in solche,
…ungen und Affekten, und solche, die es mit dem (theore=
…n) Erkennen zu thun haben. Die letztern als die Tu=
…s Höchsten im Menschen, stehen ihm höher, als jene;
εωρία ist das Beste und Edelste, das Leben in ihr, die
…hste Stufe der Glückseligkeit. Doch findet gerade auf
…genden die Bestimmung der richtigen Mitte keine Anwen=
…z unvermittelt neben den andern, in derselben dualistischen
…unst den übrigen Seelenvermögen gegenübersteht.
…t. Weder Tugend noch Glückseligkeit kann nach Ari=
…für sich erlangen; sittliche Bildung und sittliche Thätig=
…g der zu ihr erforderlichen äußern Mittel, ist bedingt
…Gemeinleben, innerhalb dessen der Einzelne Erziehung
…des Gesetzes, Beistand der Uebrigen, Gelegenheit zur
…nd erhält. Indeß auch schon von Natur ist der Mensch
…oren, er ist ein politisches Wesen, das menschliche Leben
…enleben mit Seinesgleichen. Der Staat ist daher das
…inzelnen, sowie gegen die Familie; die Einzelnen sind
…le des Staatsganzen. Indeß ist Aristoteles weit ent=

6*

fernt von der abstrakten Auffassung dieses Verhältnisses bei Plato, dessen Politik er ausdrücklich bestreitet. Der Staat hat auch bei ihm seine Aufgabe darin, seine Bürger zu guten Menschen, das menschliche Leben zu einem vollkommenen zu machen; aber es soll dieß nicht geschehen mittelst Aufhebung der natürlichen Berechtigung des Individuums und der Familie, des Mein und Dein, der persönlichen Freiheit; der Staat, sagt er, ist nicht Einheit, sondern wesentlich Vielheit von Individuen und kleinern Gemeinschaften: dieß hat er anzuerkennen und nur durch Gesetz und Verfassung dahin zu wirken, daß Tugend, humane Bildung möglichst allgemein werde und die politische Macht in den Händen der tugendhaften Bürger bleibe. — Unter den verschiedenen Verfassungsformen gibt Aristoteles den Vorzug der gesetzlich regierenden Monarchie und der Aristokratie, d. h. dem Staate, in welchem nicht Reichthum und nicht Kopfzahl, sondern die Gesammtheit der auf der Basis vollzureichenden Besitzes zu allseitiger sittlicher Tüchtigkeit erzogenen, und damit zur Vertheidigung und Verwaltung des Ganzen befähigten Bürger das Herrschende ist; der Staat ist der beste, in welchem die Tugend, sei es nun eines Einzelnen oder Mehrerer, regiert. Uebrigens will Aristoteles nicht eine besondere Staatsform als die alleinwahre behaupten; nicht um ein Staatsideal, sondern um Das, meint er, handle es sich, was jedesmal unter den gegebenen, natürlichen, klimatischen, geographischen, ökonomischen, intellektuellen und moralischen Verhältnissen das Räthlichste sei, — auch hierin dem Caarakter seiner ganzen Philosophie getreu, auf dem Boden des Empirischen kritisch und reflektirend vorwärts zu schreiten und, auf die Ermittelung und Erreichung des schlechthin Wahren und Guten verzichtend, das relativ Wahre und Gute, das Wahrscheinliche und Ausführbare, im Auge zu behalten.

6. Die peripatetische Schule. Die Schule des Aristoteles, die peripatetische genannt, kann bei der verhältnißmäßigen Unselbstständigkeit ihres Philosophirens, das deßhalb auch nicht von großer und allgemeiner Wirkung war, hier nur erwähnt werden. Theophrast, Eudemus, Strato sind ihre im Alterthume hochberühmten Leiter. Sie hat sich, in der gewöhnlichen Weise der philosophischen Schulen, fast durchaus darauf beschränkt, das aristotelische System genauer auszuführen und zu erläutern; wo sie es weiter zu bilden versuchte, betrifft dieß, bei ihrer Richtung aufs gelehrte stoffliche Wissen, zunächst nur die empirischen Gebiete, besonders das Physikalische, unter Zurücksetzung und Vernachlässigung der spekulativen Grundlagen des Systems; am weitesten ging hierin Strato, der „Physiker," der den aristotelischen Dualismus zwischen dem intelligenten und dem natürlichen Prinzip der Dinge verließ und die Natur als die alleinige, Alles (auch das Denken) hervorbringende und gestaltende Macht des Seins behauptete.

7. Uebergang auf die nacharistotelische Philosophie. Mit Aristoteles hat die produktive Kraft der griechischen Philosophie sich ausgelebt, gleichzeitig und im Zusammenhang mit dem allgemeinen Zerfall des griechischen Lebens und Geistes. Statt der großen universellen Systeme eines Plato und Aristoteles, treten jetzt einseitige subjektivistische Systeme auf, entsprechend jenem allgemeinen Bruch zwischen dem Subjekt und der objektiven Welt, der im staatlichen, religiösen und socialen Leben diese letzte Epoche des Griechenthums, die Zeit nach Alexander dem Großen, charakterisirt. Die zuerst in der Sophistik hervorgetretene Richtung der Subjektivität hat nach langen Kämpfen, auf den Trümmern des griechischen Staats- und Kunstlebens, gesiegt; das Individuum hat von Staat und Gesellschaft sich emanzipirt; die unbefangene Hingebung des Subjekts an die gegebene Welt

ist gänzlich zu Ende, es handelt sich fortan nur noch um die Ausbildung und Befriedigung der autonom gewordenen, sich auf sich selbst zurückziehenden Subjektivität. Dieser Entwicklungsgang des allgemeinen Geistes zeigt sich auch in der Philosophie. Auch sie wird nicht mehr in rein wissenschaftlichem, ebensowenig im politischen Interesse behandelt; sie wird vielmehr Mittel für das Subjekt; sie soll diesem gewähren, was die untergehende nationale Religiosität und Sittlichkeit ihm nicht mehr bieten kann, eine mittelst freien Denkens gewonnene philosophische Ueberzeugung in Betreff der höchsten, religiösen, metaphysischen, sittlichen Probleme, eine feste Weltanschauung für das Leben und Handeln. Alles, auch Logik und Physik, wird nur von diesem praktischen Gesichtspunkt angesehen; die erstere soll dazu dienen, ein sicheres, das Subjekt über alle beunruhigenden Zweifel erhebendes Erkennen zu gewähren; die letztere soll über die letzten Gründe alles Daseins, über Gott, Natur, Wesen des Menschen, die nöthigen Aufklärungen geben, damit man wisse, wie man sich zu Allem zu verhalten, was man von der Welt zu hoffen und zu fürchten, in was man gemäß der Natur der Dinge seine Glückseligkeit zu setzen habe. In Einer Beziehung bezeichnen somit die nacharistotelischen Systeme einen Fortschritt des Geistes; es wird in ihnen ernst mit der Philosophie, sie soll Religion und Herkommen ersetzen, sie soll Wahrheit für das Leben geben, sie wird Glaube, Dogma, Ueberzeugung, nach welcher das Subjekt nun konsequent sein ganzes Leben und Thun bestimmt, in welcher es seine Beruhigung, seine Glückseligkeit sucht. Es hat dieß zur Folge, daß man jetzt vor Allem auf Gewißheit, auf abschließendes Wissen ausgeht; man strebt auf festen Grund zu kommen, man gibt die Transscendenz des platonischen Idealismus, das hypothetische Philosophiren des Aristoteles auf, man stellt sich auf den realistischen Boden der unmittelbaren äußern und innern Erfahrung, und sucht von diesem aus zu einer folgerecht durchgeführten, nichts unbestimmt lassenden Anschauung der Dinge zu gelangen; man strebt namentlich dahin, den Dualismus der platonisch-aristotelischen Philosophie zu heben, das Problem der Zurückführung aller Unterschiede und Gegensätze des Seins, des Subjekts und Objekts, des Geistes und der Materie, auf Einen letzten Grund definitiv zu lösen; die Philosophie soll Alles erklären, nirgends eine Lücke, eine Ungewißheit oder Halbheit stehen lassen. Andererseits aber fehlt es hiemit der nacharistotelischen Philosophie die unbefangene wissenschaftliche Hingabe an das Objekt, sie ist ein Dogmatismus, der nur Wahrheit für das Subjekt will und daher einseitig wird; sie läßt nicht mehr die Sache, das Erkennen gewähren, sondern die subjektive Konsequenz des Denkens; sie sucht die Wahrheit in der konsequenten Durchführung Eines Prinzips durch das gesammte Gebiet des Daseins. Daher tritt denn auch diesem Dogmatismus mit gleicher Entschiedenheit eine die Möglichkeit aller realen Erkenntniß läugnende Skepsis gegenüber, in welcher die negativen Tendenzen der sophistischen und megaristischen Eristik zur äußersten Konsequenz fortgebildet erscheinen.

Das Hauptsystem der nacharistotelischen Periode ist der **Stoizismus**. In ihm tritt die Subjektivität auf als allgemeine, denkende (vgl. §. 11, 6.) und macht dieses Uebergreifen des Allgemeinen der Subjektivität, des Denkens über alles Besondere und Einzelne, zum theoretischen wie praktischen Prinzip; alles einzelne Sein ist nur Produkt der im Ganzen der Welt lebendigen und thätigen Allvernunft, die Eine und allgemeine Vernunft ist das Wesen der Dinge; so ist auch die Bestimmung des Menschen keine andere als die, allgemeine, über alles Einzelne und Besondere erhabene Subjektivität zu sein, nur in natur- und vernunftgemäßem Leben, nicht in äußern Dingen und individuellem Genießen sein Glück zu suchen. Gerade das Gegentheil hiervon behauptet der Epikureismus; in ihm zieht sich das Subjekt zurück in das Individuelle der Lust, in die Glückseligkeit philosophischer Seelenruhe, welche die Gegenwart genießt, von aller Sorge und übermäßigen Begierde sich frei erhält und an der objektiven Welt nur, so weit sie Mittel für die Befriedigung der eigenen Individualität ist, Antheil nimmt. Der Skeptizismus trifft mit den beiden Hauptsystemen darin zusammen, daß er auf Ungestörtheit und Unerschütterlichkeit des Subjekts durch alles Aeußere ausgeht, aber dieselbe auf dem negativen Wege der Gleichgültigkeit gegen das Objektive, der Resignation auf alles bestimmte Erkennen und Wollen zu erreichen sucht.

Denselben Charakter der Subjektivität hat endlich auch das letzte der antiken philosophischen Systeme, der Neuplatonismus; denn auch hier bildet die Erhebung des Subjekts zum Absoluten den Angelpunkt des Systems; wenn der Neuplatonismus andererseits auch gegenständlich über Gott und sein Verhältniß zum Endlichen spekulirt, so hat doch auch diese Spekulation ihr Motiv in dem Interesse, den stufenweisen Uebergang vom absoluten Objekt zur menschlichen Persönlichkeit nachzuweisen. Das beherrschende Prinzip ist daher auch hier das Interesse der Subjektivität, und der größere Reichthum objektiver Bestimmungen hat selbst seinen Grund nur darin, daß sich die Subjektivität zur Absolutheit erweitert hat.

§. 17. Der Stoizismus.

Der Stifter der stoischen Schule ist Zeno, ums Jahr 340 in Kittion, einer Stadt auf Cypern, geboren, nicht rein hellenischer, sondern phönizischer Abkunft. Durch einen Schiffbruch seines Vermögens beraubt, ebenso aber auch von innerer Neigung getrieben, flüchtete er sich zur Philosophie. Er wurde zuerst ein Schüler des Cynikers Krates, später des Megarikers Stilpo, zuletzt des Akademikers Polemo. Nachdem er so 20 Jahre zugebracht, eröffnete er endlich, von der Nothwendigkeit einer neuen Philosophie überzeugt, in einer Säulenhalle zu Athen, welche von den Malereien des Polygnotos, mit denen sie geschmückt war, die "bunte Halle" (Stoa Pökile) hieß, eine eigene Schule, deren Theilnehmer von daher den Namen „die Philosophen der Halle" (Stoiker) erhielten. Zeno soll achtundfünfzig Jahre lang der stoischen Schule vorgestanden und in hohem Alter freiwillig sein Leben geendet haben. Seine Mäßigkeit und die Strenge seiner Sitten waren im Alterthum berühmt; seine Enthaltsamkeit wurde sprichwörtlich. Das Ehrendenkmal, das ihm die Athener nach seinem Tode auf Anregung des macedonischen Königs Antigonos setzten, enthielt das schöne Lob, sein Leben sei seiner Philosophie gleich gewesen. Der Nachfolger Zeno's in der stoischen Schule war Kleanthes, aus Assos in Kleinasien, ein treuer Fortsetzer der Denkweise seines Lehrers. Auf Kleanthes folgte Chrysipp, geboren zu Soli in Cilizien, gestorben um 208 v. Chr., die vorzüglichste Stütze der Stoa, so sehr, daß man von ihm sagte, „wenn Chrysipp nicht wäre, so wäre die Stoa nicht." Auf jeden Fall muß er, da er den spätern Stoikern ein Gegenstand hoher Verehrung und fast von unwiderleglichem Ansehen war, als der vorzüglichste Gründer ihrer Lehre angesehen werden.

Er war ein so fruchtbarer Schriftsteller, daß er, wie überliefert wird, nicht weniger als 705 Bücher verfaßte, indem er freilich öfters einen und denselben Lehrsatz abhandelte und Stellen aus fremden Werken, namentlich Dichterstellen, als Zeugnisse und Beispiele in großer Menge auszuschreiben pflegte. Von seinen sämmtlichen Schriften ist uns keine übrig geblieben. Mit Chrysipp schließt die Reihe der Philosophen, welche die Stoa gegründet haben. Spätere Häupter der Schule, wie Panätius, der Freund des jüngern Scipio (sein berühmtes Werk von den Pflichten verarbeitete Cicero in seiner gleichnamigen Schrift) und Posidonius, bei dem Cicero, Pompejus u. A. Philosophie hörten, verfuhren mehr eklektisch.

Die Stoiker haben die Philosophie in die engste Verbindung mit dem praktischen Leben gesetzt. Die Philosophie ist ihnen Weisheitslehre in praktischem Interesse, Uebung der Tugend, Vorschule zur Tugend, Wissenschaft von den Prinzipien, nach welchen das sittliche Leben sich gestalten soll. Alle um ihrer selbst willen betriebene Wissenschaft, Kunst, Bildung, gilt ihnen als überflüssiges Beiwerk; der Mensch hat nach nichts zu streben als nach der Weisheit, nach der Erkenntniß der göttlichen und menschlichen Dinge, und nach ihr sein Leben einzurichten. Die Logik gibt die Methode an, um zu wahrer Erkenntniß zu gelangen, die Physik umfaßt die Lehre von der Natur und Ordnung des Universums; die Ethik leitet daraus die Folgerungen für das praktische Leben ab.

In ihrer Logik ist am meisten beachtenswerth und für den dogmatischen Charakter der nacharistotelischen Philosophie bezeichnend ihr Suchen nach einem subjektiven Kriterium (Kennzeichen) der Wahrheit, um die wahren und die falschen Vorstellungen sicher von einander unterscheiden zu können. Alle Erkenntniß stammt nach den Stoikern aus realen Eindrücken der Dinge auf uns, aus sinnlicher, objektiver Erfahrung, welche der Verstand zu Begriffen verknüpft; die Erkenntniß kommt nicht aus dem Subjekt, sondern aus dem Objekt; darum ist sie wahr. Sofern es aber doch möglich ist, daß Vorstellungen unserer subjektiven Einbildungskraft sich in die durch die Dinge in uns erzeugten wahren Vorstellungen einmischen, fragt es sich, wodurch wir beide Arten von Vorstellungen zu trennen, woran wir die wahren als wahr, die falschen als falsch zu erkennen im Stande sind. Das Kriterium hiefür ist die zwingende Evidenz, die Ueberzeugungskraft, mit welcher eine Vorstellung sich der Seele aufbringt; von einer Vorstellung, welche diese Evidenz hat, vermöge der sie die Seele unwillkürlich zur Anerkennung ihrer selbst als einer wahren nöthigt, ist anzunehmen, daß sie keine bloße Einbildung, sondern Erzeugniß eines realen Gegenstandes sei; ein anderes Kriterium als diese „schlagende Evidenz" der Vorstellung gibt es nicht, da wir die Dinge nur durch das Medium unserer Vorstellungen hindurch kennen. Die stoische Erkenntnißtheorie bildet so ein Mittleres zwischen Empirismus und Idealismus. Gewiß ist nur das sinnlich Erfahrene; ob aber etwas wirklich wahrgenommen ist, entscheidet sich selbst wieder nur durch den für das Subjekt überzeugenden Eindruck der Wahrheit, den eine Vorstellung mit sich führt.

In der Physik, worin sie sich wesentlich an Heraklit anschlossen, unterscheiden sich die Stoiker von ihren Vorgängern, namentlich Plato und Aristoteles, am meisten durch den allerseits durchgeführten Grundsatz, daß nichts Unkörperliches existire, daß alles Wesentliche, alle Dinge körperlich seien (wie sie schon in der Logik alle Erkenntniß aus der sinnlichen Wahrnehmung abzuleiten gesucht hatten). Dieser Sensualismus oder Materialis=

muß der Stoiker erscheint bei ihrer moralisch-idealistischen Gesammtrichtung befremdlich; nichtsdestoweniger erklärt auch er sich aus ihrem dogmatistischen Standpunkt; ein ideelles Sein ist ihnen nicht objektiv, substanziell genug; die Verhältnisse und Thätigkeiten der Dinge sind ideell, die Dinge selbst aber müssen körperliche Realität haben. Zugleich erschien es ihnen als unmöglich, daß ein Ideelles auf ein Körperliches, ein Geistiges auf ein Materielles wirke und umgekehrt; was auf einander wirkt, muß gleicher Gattung sein; der Geist, die Gottheit, die Seele ist somit ein Körper nur anderer Art als Leib und Materie. Die unmittelbarste Konsequenz dieses Strebens der Stoiker, allen Dualismus zwischen Geistigem und Materiellem aufzuheben, ist ihr Pantheismus. Hatte vor ihnen Aristoteles das göttliche Wesen von der Welt geschieden als die reine ewige Form von der ewigen Materie, so konnten die Stoiker folgerichtig diese Auseinanderhaltung beider, welche alle reale Einwirkung Gottes auf die Welt ausschloß, nicht zugeben; es erschien ihnen als eine falsche Verselbstständigung der Welt, Gott von der Materie zu trennen; sie setzten daher Gott und Welt, wie Kraft und Aeußerung, als Eins. Die Materie ist der leidende Grund der Dinge, das Ursubstrat der göttlichen Thätigkeit; Gott die thätige und bildende Kraft der Materie, ihr inwohnend und wesentlich mit ihr verbunden; die Welt der Leib Gottes, Gott die Seele der Welt. So dachten sich also die Stoiker Gott und Materie als eine mit sich identische Substanz, die von der Seite ihres leidenden und veränderlichen Vermögens betrachtet Materie, von der Seite ihrer thätigen, immer sich gleich bleibenden Kraft Gott genannt werde. Die Welt hat kein Bestehen für sich, sie ist nicht für sich seiendes endliches Sein, sie ist von Gott produzirt, belebt, beherrscht; sie ist ein großes Lebendiges (ζῶον), dessen vernünftige Seele die Gottheit ist; Alles in ihr ist gleich göttlich, weil die göttliche Kraft Alles gleichmäßig durchdringt; Gott ist in ihr als die ewige Nothwendigkeit, welche Alles nach unabänderlichem Gesetz erfolgen läßt, als vernünftige Vorsehung, die Alles zweckmäßig bildet und gestaltet, als vollkommene Weisheit, welche die Ordnung der Welt aufrecht erhält, das Gute besiehlt und belohnt, das Böse verbietet und bestraft; nichts in der Welt kann sich isoliren, aus seiner Natur und ihrer Schranke heraustreten, Alles ist unbedingt abhängig von der Ordnung des Ganzen, deren Prinzip und Kraft die Gottheit ist. So spiegelt sich schon in der Physik der Stoiker der streng gesetzliche Geist ihrer Philosophie; sie sind, wie Heraklit, die geschworenen Feinde aller Willkür des Individuums. Dieses ihr Prinzip der Einheit alles Seins führte sie aber auch noch in anderer Hinsicht mit Heraklit zusammen; sie faßten das Sein Gottes, das ihnen vermöge jenes Prinzips ein körperliches war, wie er auf als feurige, erwärmende Kraft, welche als solche die Kraft des Lebens in der Welt ist, ebenso aber alles Einzelleben wieder in sich zurücknimmt, um es sodann aufs Neue aus sich hervorgehen zu lassen (vgl. §. 7, 4.) und sofort ins Unendliche. Sie nannten Gott bald den vernünftigen Athem, welcher durch die ganze Natur bringe, bald das künstlerische Feuer, welches die ganze Welt bilde oder erzeuge, bald auch den Aether, der ihnen jedoch vom künstlerischen Feuer nicht verschieden war. Bei dieser Identifikation von Gott und Welt, durch welche den Stoikern die gesammte Weltbildung eine Entwicklung des göttlichen Lebens selbst wurde, gestaltete sich ihre übrige Lehre von der Welt sehr einfach. Alles erscheint ihnen in der Welt von dem göttlichen Leben beseelt, aus dem göttlichen Ganzen zu eigener Existenz hervortretend und in dasselbe wiederum sich auflösend, und so einen nothwendigen Kreislauf beständigen Entstehens und Vergehens bildend, in welchem nur das Ganze selbst das Beharrende, sich ewig neu Erzeugende ist. Andererseits aber ist innerhalb des Ganzen nichts Einzelnes umsonst, nichts ohne Zweck, in allem Wirklichen ist Vernunft. Selbst das Böse (innerhalb gewisser Schranken) gehört zur Vollkommenheit des Ganzen, da es Bedingung der Tugend, z. B. Ungerechtigkeit der Gerechtigkeit ist; das Weltganze könnte nicht besser und zweckmäßiger sein als es ist.

Die Ethik der Stoiker steht in der genauesten Verbindung mit ihrer Physik. In der Physik hat sich die vernünftige, durch das göttliche Denken bestehende Ordnung des Weltganzen herausgestellt. Hieran knüpft sich nun die Ethik an, indem sie das oberste Gesetz der menschlichen Handlungen, und mithin die ganze sittliche Gesetzmäßigkeit des Lebens von der Vernünftigkeit und Gesetzmäßigkeit der allgemeinen Natur abhängig macht, und das höchste Gut oder das höchste Ziel unseres Strebens darein setzt, daß wir unser Leben dem allgemeinen Weltgesetz anpassen, der Weltharmonie, der Natur gemäß leben. „Folge der Natur" oder „lebe in Uebereinstimmung mit der Natur!" lautet das stoische Moralprinzip. Genauer: lebe in Uebereinstimmung mit deiner vernünftigen Natur, soweit diese nicht verkünstelt und verschroben, sondern in ihrer natürlichen Einfalt erhalten worden ist; sei mit Wissen und Wollen, was du von Natur bist, ein vernünftiger Theil des vernünftigen Weltganzen, sei Vernunft und sei im vernünftigen Ganzen, statt der Unvernunft und eigenen Willkür zu folgen: darin besteht deine Bestimmung, darin deine Glückseligkeit, da du auf diesem Wege jeden Widerspruch mit deiner Natur und mit der Ordnung der Dinge außer dir vermeidest, und dir ein in schönem Flusse ungestört dahingehendes Leben bereitest.

Aus dem angegebenen Moralprinzip, in welchem zugleich der Tugendbegriff der Stoiker gegeben ist, folgen die Eigenthümlichkeiten der stoischen Sittenlehre mit logischer Nothwendigkeit. a. **Hinsichtlich des Verhältnisses zwischen Tugend und Lust.** Mit der Forderung naturgemäßen Lebens wird das Einzelne ganz dem Allgemeinen unterworfen, und jeder persönliche Zweck ausgeschlossen, mithin auch das Allerindividuellste: die Lust. Die Lust als ein Nachlassen der sittlichen Energie des Geistes, in welcher allein die Glückseligkeit besteht, konnte den Stoikern nur als Hemmung des Lebens, als Uebel erscheinen. Sie sei überhaupt nicht naturgemäß und nicht Zweck der Natur, behauptete Kleanthes, und wenn auch andere Stoiker von dieser Strenge etwas nachließen und zugaben, daß sie als ein Naturgemäßes, ja gewissermaßen als ein Gut betrachtet werden könne, so hielten sie doch daran fest, daß sie keinen sittlichen Werth habe und kein Zweck der Natur sei, sondern nur Etwas, was mit der ungehemmten und angemessenen Thätigkeit der Natur accidenteller Weise verknüpft sei, nicht eine Thätigkeit, sondern ein leidender Zustand der Seele. Hierin liegt die ganze Strenge der stoischen Sittenlehre: alles Persönliche wird verworfen, jeder äußere Zweck des Handelns soll dem Sittlichen fremd sein, das Weise-Handeln allein ist Zweck. Unmittelbar hängt hiemit zusammen b. Die Ansicht der Stoiker von den äußern Gütern. Die Tugend ist, wie der einzige Zweck des Menschen als vernünftigen Wesens, so auch seine einzige Glückseligkeit, sein einziges Gut, da nur innere Vernünftigkeit und Kraft der Seele, naturgemäßes Wollen und Handeln den Menschen glücklich machen und ihm ein Gegengewicht gegen die Zufälligkeiten und Hemmungen des äußern Lebens geben kann. Hieraus folgt einfach, daß die äußern Güter, Gesundheit, Reichthum u. s. w. sämmtlich gleichgültig sind; sie tragen zur Vernünftigkeit, zur

Kraft und Größe der Seele nichts bei, sie können ebensowohl vernünftig als unvernünftig gebraucht werden, ebensowohl zum Uebel wie zum Guten ausschlagen; sie sind also nichts wirklich Gutes, nur die Tugend ist nützlich; die äußern Güter zu entbehren oder ihrer beraubt zu werden, hebt die Glückseligkeit des Tugendhaften nicht auf; auch die sogenannten äußern Uebel sind keine Uebel, das einzige Uebel ist die Schlechtigkeit, die naturwidrige Unvernunft. Nur das geben die Stoiker, hierin von ihren Vorgängern in der Ethik, von den Cynikern, abweichend, zu, daß es einen Unterschied unter den gleichgültigen Dingen gebe, daß einige derselben, wenn auch allerdings keine sittlichen Güter, doch etwas „Vorzuziehendes, Werthhabendes" seien, und daß das Vorzuziehende, sofern es zum naturgemäßen Leben beitrage, in die Rechnung des sittlichen Lebens mitaufgenommen werden dürfe. So zieht der Weise Gesundheit und Reichthum vor, wenn sie gegen Krankheit und Armuth in die Wahl kommen; in dieser Wahl folgt er einem vernünftigen Grunde, weil sie der Thätigkeit und somit auch der tugendhaften Thätigkeit doch förderlicher sind, als die entgegengesetzten; aber er hält sie nicht für Güter, denn sie sind nicht das Höchste, gegen welches Alles zurückgesetzt werden müßte: dem Besitz der Tugend selbst stehen sie nach und kommen ihm gegenüber gar nicht in Frage. Man sieht in dieser Unterscheidung des Guten von dem Vorgezogenen, wie die Stoiker überall darauf ausgingen, das Gute nur in seiner höchsten Bedeutung zu fassen und alles Relative davon auszuschließen. c. Diese abstrakte Fassung des Tugendbegriffs beurkundet sich ferner in ihrer schroffen Entgegensetzung von Tugend und Nichttugend. Tugend ist Vernünftigkeit, richtiges Handeln nach der Natur der Dinge; Untugend ist Vernunftwidrigkeit, Verkehrtheit, die sich im Widerspruch mit Natur und Wahrheit befindet. Entweder nun, folgern sie hieraus, ist das Handeln des Menschen vernünftig, widerspruchsfrei, oder ist es dieß nicht; im ersten Fall ist er gut, im zweiten, mag auch der Widerspruch seines Thuns mit Vernunft und Natur nur ein geringer sein, ist er schlecht; gut ist nur, wer vollkommen gut ist, schlecht Jeder, der in irgend einem Punkte unvernünftig oder schlecht, z. B. einer Begierde, einem Affekt, einer Leidenschaft, einem Fehler unterworfen ist oder einen solchen begeht; zwischen Widerspruchlosigkeit und Widerspruch gibt es kein Mittleres, keine Uebergänge, ebensowenig wie zwischen Wahrheit und Lüge. Dasselbe ergab sich den Stoikern aber auch daraus, daß ein wirklich fehlerfreies sittliches Handeln nur möglich ist, wenn man die ganze Tugend, die volle Erkenntniß des Guten und die volle Kraft zu seiner Ausführung hat; man ist sittlich nur, wenn man die ganze Tugend hat, die Tugend kann nur ganz oder gar nicht besessen werden. Hieran schloß sich das weitere stoische Paradoxon an: alle guten Handlungen sind gleich richtig, also gleich gut, alle schlechten gleich verfehlt, also gleich schlecht, es gibt keine Grade des Guten und Schlechten, der Tugendhaftigkeit und Lasterhaftigkeit, es besteht zwischen Beiden ein absoluter prinzipieller Gegensatz. Nur so viel geben die Stoiker zu, daß legale Handlungen, die dem Gehalte nach mit dem Gesetz der Tugend übereinstimmen, aber nicht die ganze und volle Tugend selbst zu ihrer Quelle haben, zwischen Gutem und Bösem zwischen innen liegen, als mittlere, aber moralisch werthlose Handlungen. d. Die spezielle Lehre vom sittlichen Handeln haben besonders die spätern Stoiker ausgebildet und sind dadurch die Gründer der Pflichtenlehre geworden. Die Tugend besteht nach stoischer Lehre in absoluter Einsicht, absoluter Kraft der Seele gegen Unlust, absoluter Herrschaft über Lust und Begierde, absoluter

Gerechtigkeit, die Alles dem Werthe nach behandelt, welchen es innerhalb des Ganzen der Dinge einnimmt. Die Pflichten zerfallen entsprechend in Selbst= und Sozialpflichten. Die erstern gehen auf naturgemäße, alles Nutz= lose und Naturwidrige fern haltende, vernünftige Selbsterhaltung, die letzern auf das Verhalten des Einzelnen zur Gesellschaft, das sich nach der ver= wandtschaftlichen Natur des menschlichen Geschlechtes zu richten und alle hieraus fließenden Pflichten der Rechtschaffenheit und Humanität gegen den Nächsten zu erfüllen hat. Das Staatsleben ist gleichfalls ein Ausfluß der verwandtschaftlichen Natur des Menschengeschlechts; aber im Widerspruch mit ihr ist die Trennung der Menschen in einzelne, feindselige Völker und Staaten, das ganze Menschengeschlecht sollte Eine große Gemeinschaft mit gleichen Gesetzen und Sitten bilden; der Stoicismus hat zuerst die Idee des Kosmopolitismus aufgestellt. e. Den Abschluß der stoischen Lehre bildet die Darstellung des Weisen; sie soll das Ideal der Tugend, wie es dem strengen Begriff nach realisirt werden sollte, und die mit ihr gegebene ab= solute Glückseligkeit des Subjekts darstellen als Vorbild und Muster für das Handeln. Der Weise ist der, welcher die wahre Erkenntniß der göttlichen und menschlichen Dinge, und die aus ihr fließende absolute sittliche Einsicht und Kraft wirklich besitzt, und eben hiedurch alle denkbare menschliche Voll= kommenheit in sich vereinigt. Die speziellere Ausführung erscheint paradox, da eine solche absolute Vollkommenheit mit dem Begriff des Individuums unvereinbar ist; die Stoiker legten aber gerade auf sie den meisten Werth, weil eben die Erhebung des einzelnen Subjekts zur Tugend und zwar zu reiner und ganzer Tugend das Postulat ist, das ihre ganze Ethik durch= dringt und sie von der aristotelischen, welche bloß einzelne und relative Tugenden fordert, spezifisch unterscheidet. Der Weise, sagen sie, weiß Alles, was zu wissen ist, und versteht Alles besser als jeder Andere, weil er die Kenntniß der wahren Natur der Dinge und die wahre Bildung des Geistes hat; er allein ist der wahre Staatsmann, Gesetzgeber, Redner, Erzieher, Kritiker, Dichter, Arzt, während der Unweise stets roh und ungebildet bleibt, mag er auch noch so viele Kenntnisse besitzen. Der Weise ist ohne Irrthum und Fehler, da er stets seine Vernunft gebraucht und Alles in seinem ver= nünftigen Zusammenhang denkt; eben deßwegen bewundert und fürchtet er auch nichts, verfällt in keine Schwäche und Leidenschaft; er allein ist wahr= hafter Verwandter, Mitbürger, Mitmensch und Freund, weil nur er die Pflich= ten, die aus diesen Verhältnissen sich ergeben, vollkommen erkennt und erfüllt. Ebenso ist der Weise, weil er das Gute in sich als sein eigenes Gesetz hat, frei von aller Gebundenheit an äußeres Gesetz und Herkommen, er ist König, Herr seines Handelns, weil er aus demselben Grunde nur sich selbst verant= wortlich ist. Nicht minder ist er durch seine Bildung und Tugend frei in Bezug auf Beschäftigung und Lebensart, er kann in allen Sphären des Lebens sich bewegen; er ist reich, denn er kann sich Alles erwerben, was er braucht, und Alles entbehren, was ihm fehlt; er ist glücklich unter allen Umständen, weil er das Glück in sich, in seiner Tugend hat. Die Unweisen aber haben in Wahrheit alle innern und äußern Güter, die sie zu haben meinen und scheinen, nicht, weil sie die Grundbedingung wahrer Glückselig= keit, die Vollkommenheit des Geistes nicht besitzen. In diesem Gedanken, daß innere sittliche Tüchtigkeit des Geistes die nothwendige Grundlage aller Befähigung zum Handeln und alles wahren Glückes sei, hat die stoische Lehre vom Weisen ihre Wahrheit. Ebenso aber zeigt sie die Abstraktion, in der das ganze System befangen ist; diese Weisheit ist ein unwirkliches

Ideal, von dem die Stoiker selbst zugaben, daß es keine praktische Realität habe, sie ist ein Allgemeinbegriff der Vollkommenheit, der auf das Leben nicht anwendbar ist und somit zeigt, daß die Stoiker einseitig überall nur das Allgemeine der Subjektivität zu ihrem Principe haben. Das Subjekt soll absolut werden, statt wie früher nur Accidens des Staates zu sein; damit löst sich ihm seine eigene Realität in den Dunst und Nebel eines abstratten Ideals auf. — Das Verdienst der stoischen Philosophie ist deßungeachtet, daß sie in einem Zeitalter des Verfalls die sittliche Idee mit Energie festhielt, und daß sie, durch Ausscheidung des politisch nationalen Elements aus der Moral, diese selbst erst als eigene, von der Politik wirklich getrennte Wissenschaft hingestellt hat.

§. 18. Der Epikureismus.

Ungefähr gleichzeitig mit der Stoa, um Weniges früher als diese, entstand die epikureische Schule. Ihr Stifter Epikur, Sohn eines nach Samos ausgewanderten Atheners, ist geboren 342 v. Chr., sechs Jahre nach Plato's Tod. Ueber seine Jugend und Bildungsgeschichte ist wenig Zuverlässiges bekannt. In seinem 36sten Jahre eröffnete er zu Athen eine philosophische Schule, der er bis zu seinem Tode (im Jahr 270 v. Chr.) vorstand. Seine Schüler und Anhänger bildeten eine geschlossene Gesellschaft, welche ein enges Freundschaftsband zusammenhielt (wie jetzt überhaupt, in der Zeit nach Alexander, das sociale Leben an die Stelle des untergehenden politischen tritt). Epikur selbst verglich seine Gesellschaft mit dem pythagoreischen Bunde, nur daß sie nicht, wie dieser, ihr Vermögen in eine Gemeinkasse zusammenlegte, da, wie Epikur sagte, der wahre Freund dem wahren Freund vertrauen dürfe. Epikur's moralischer Charakter ist vielfach angegriffen worden; den glaubwürdigsten Zeugnissen zufolge war jedoch sein Leben in jeder Hinsicht tadellos, seine Persönlichkeit eben so achtbar als liebenswürdig. Ueberhaupt ist Vieles von dem, was von der schnöden Wollust der epikureischen Heerde erzählt wird, für Verläumdung zu halten. Epikur hat sehr viele Schriften geschrieben, mehr als selbst Aristoteles; nur dem Chrysipp stand er hierin nach. Dem Untergang seiner größeren Werke hat er selbst vorgearbeitet, indem er die Summe seiner Philosophie in kurze Auszüge brachte, die er seinen Schülern zum Auswendiglernen empfahl; diese Auszüge sind uns größtentheils erhalten worden.

Die Richtung Epikur's charakterisirt sich sehr bestimmt in seiner Definition der Philosophie. Er nannte sie eine Thätigkeit, welche durch Begriffe und Beweise ein glückliches Leben bewirkt. Sie hat ihm also einen wesentlich praktischen Zweck, und er läßt sie deßhalb auch auf die Ethik hinauslaufen, welche uns lehren soll, wie ein glückseliges Leben von uns erreicht werden könne. Zwar nahmen auch die Epikureer die gewöhnliche Eintheilung der Philosophie in Logik (von ihnen Kanonik genannt), Physik und Ethik an, aber die Logik, die sie auf die Lehre von den Kennzeichen der Wahrheit beschränkten, betrachteten sie nur als Werkzeug für die Physik; die Physik aber war ihnen ganz nur für die Ethik vorhanden, um den Menschen vor abergläubischer Furcht und vor dem eitelen Schrecken leerer Naturfabeln, die ihn an der Glückseligkeit behindern könnten, zu bewahren. So haben wir also im Epikureismus die drei alten Theile der Philosophie, aber in umgekehrter Ordnung, da Logik und Physik im Dienste der Ethik stehen.

Wir beschränken uns in unserer Darstellung auf die letztere, da die epikureische Kanonik und Physik geringes wissenschaftliches Interesse darbieten, und namentlich die sehr lückenhafte und innerlich unzusammenhängende Physik sich durchaus an die demokritische Atomenlehre anlehnt.

Mit den übrigen Philosophen seiner Zeit, auch Aristoteles, suchte Epikur, wie gesagt, das höchste Gut in der Glückseligkeit oder im seligen Leben. Die Glückseligkeit aber besteht nach ihm in nichts als in der Lust; die Tugend, erklärt er, kann nicht für sich, sondern nur, sofern sie uns etwas für uns, ein angenehmes Leben, bietet, Werth für uns haben. Doch handelt es sich nun um die genauere Bestimmung der Lust, und hier weicht Epikur von seinen Vorgängern, den Cyrenaikern (vgl. §. 13, 3.) in wesentlichen Punkten ab. a. Während Aristipp die augenblickliche Lust zum Gegenstand des menschlichen Strebens gemacht hatte, hält Epikur die bleibende ruhige Lust, die Lust als dauernden Zustand des ganzen Lebens, für das Anzustrebende. Die wahre Lust ist daher der Gegenstand der Berechnung und Abwägung. Manche einzelne Lust muß verschmäht werden, weil sie uns Unlust bereiten kann; manchen Schmerz muß man sich gefallen lassen, weil ihm größere Lust folgt. b. Weil der Weise das höchste Gut nicht bloß für die Gegenwart, sondern für den Zusammenhang des ganzen Lebens sucht, so kommen ihm geistige Lust und Unlust, da sich geistige Zustände dieser Art als Erinnerung und Hoffnung auch über das Vergangene und Künftige erstrecken, mehr in Betracht, als die nur die Gegenwart betreffende fleischliche Lust und Unlust. Die Lust des Geistes aber besteht in der unerschütterlichen Gemüthsruhe des Weisen, im Gefühl seines innern Werths und seiner Erhabenheit über die Schläge des Schicksals. So konnte Epikur wohl sagen, daß es besser sei, mit Vernunft unglücklich, als ohne Vernunft glücklich zu sein, und daß der Weise auch unter Martern noch glückselig lebe. Ja er konnte, hierin ein treuer Nachfolger des Aristoteles, die Lust und die Glückseligkeit in die genaueste Verbindung mit der Tugend setzen und behaupten, die Tugend sei von der wahren Lust unabtrennbar, und es gebe kein angenehmes Leben ohne Tugend und keine Tugend ohne angenehmes Leben. Aus demselben Grunde erklärte er auch die Freundschaft, welche die Cyrenaiker für überflüssig hielten, für ein Hauptmittel zur Glückseligkeit; sie ist dieß, sofern sie eine dauernde, das ganze Leben erheiternde und verschönernde Verbindung Gleichgesinnter ist, sie beglückt in bleibender Weise, was der Genuß nicht vermag. c. Wenn andere Hedoniker das positive, möglichst gesteigerte und intensive Lustgefühl für das höchste Gut erklärt hatten, so konnte Epikur, die Möglichkeit einer über das ganze Leben sich erstreckenden Glückseligkeit im Auge behaltend, auch hiemit nicht einverstanden sein. Er verlangt zu einem glückseligen Leben nicht die ausgesuchtesten Genüsse; er empfiehlt im Gegentheil Naturgemäßheit des Lebens, Genügsamkeit bei Wenigem, Nüchternheit und Mäßigung; er verwahrt sich gegen die falsche Auslegung seiner Lehre, als empfehle er die Lust des Schwelgers und Genußsüchtigen als höchstes Gut; er rühmt sich, in der Glückseligkeit mit Zeus wetteifern zu wollen, wenn er nur Gerstenbrod und Wasser habe; er verabscheut sogar die Lust, welche großen Aufwand verlangt, zwar nicht an sich, aber doch wegen der Uebel, welche sie herbeiführt. Freilich wird darum der epikureische Weise nicht wie ein Cyniker leben; er wird genießen, wo er es ohne Schaden kann; er wird sich auch die Mittel zu verschaffen suchen, mit Anstand und Behaglichkeit zu leben. Doch dieser feinern Lebensgenüsse kann der Weise auch entbehren, wenn er es auch nicht soll, denn er hat in sich selbst den größten Schatz seiner Glückseligkeit, er genießt die beständigste und wahrste Lust, die Ruhe der Seele, die Unerschütterlichkeit des Gemüths. Im Gegensatz gegen die positive Lust einiger Hedoniker läuft somit die Theorie Epikur's in den negativen Lustbegriff aus, sofern er die Schmerzlosigkeit, die Freiheit von der Unlust bereits als Lust ansieht, und daher die Thätigkeit des Weisen vorzugsweise auf das Vermeiden des Unangenehmen gerichtet sein läßt. Der Mensch thut Alles, sagt Epikur, um keinen Schmerz zu dulden und zu fürchten; hat er dieß erreicht, so ist die Natur zufrieden; positive Genüsse können die Lust nie vermehren, sondern nur vermannigfaltigen. Die Glückseligkeit ist daher nach Epikur etwas Einfaches, leicht zu Erreichendes; wenn man nur der Natur folgt und nicht durch Uebermaaß des Begehrens, oder andererseits durch thörichte Furcht vor vermeintlichen Uebeln sich das Leben selbst verdirbt und verbittert. Unter die Uebel, die man nicht zu fürchten hat, gehört vor Allem der Tod. Nicht zu leben ist kein Uebel. Darum fürchtet der Weise den Tod nicht, vor welchem die Menschen am meisten schaudern; denn sind wir, so ist er nicht, ist aber er, so sind wir nicht; wenn er gegenwärtig ist, so empfinden wir ihn nicht, denn er ist das Ende aller Empfindung, und was uns, wenn es gegenwärtig ist, keine Unlust bereiten, das darf uns, als Zukünftiges gedacht, auch nicht betrüben. Die epikureische Lehre läuft so allerdings überall in das rein subjektive Streben aus, dem Individuum die Ruhe und Zufriedenheit des Daseins zu sichern, sie weiß nichts von einer sittlichen Bestimmung des Menschen; aber sie hat den antiken Lustbegriff so weit veredelt, als er dessen fähig war.

Epikur krönt seine gesammte Weltansicht durch seine Lehre von den Göttern, auf welche er sein Glückseligkeitsideal überträgt. Die Götter führen nach ihm in menschlicher Gestalt, doch ohne menschliche Bedürfnisse und ohne festen Körper, in den leeren Zwischenräumen zwischen den unendlichen Welten ein ungestörtes, unveränderliches Leben, dessen Glückseligkeit keines Zusatzes fähig ist. Aus der Seligkeit der Götter schließt er, daß sie mit der Verwaltung unserer Angelegenheiten nichts zu thun haben können; denn die Seligkeit ist Ruhe; sie machen weder sich selbst, noch Andern etwas zu schaffen; auch sie dürfen daher nicht Gegenstand abergläubischer, das Leben beunruhigender Furcht sein. Freilich passen diese unthätigen Götter Epikur's, diese unzerstörbaren und doch nicht festen Gestalten, diese Körper, welche nicht Körper sind, wenig in den Zusammenhang des übrigen Systems; aber es soll eben auch hier der Glückseligkeit des Menschen zu lieb die Vorstellung von der Gottheit alles Furchtbaren entkleidet und doch beibehalten werden in einer Modifikation, in welcher sie der Glückseligkeitslehre Epikur's vielmehr zur Bestätigung, statt zur Widerlegung dient.

§. 19. Der Skeptizismus und die neuere Akademie.

Die Vollendung dieser Richtungen der Subjektivität ist der **Skeptizismus** in der völligen Abbrechung der Brücke zwischen Subjekt und Objekt, in der Leugnung aller objektiven Wahrheit, Erkenntniß und Wissenschaft, in der vollendeten Zurückziehung des Wesens auf sich selbst und sein subjektives Fürwahrhalten. Man unterscheidet zwischen dem ältern Skeptizismus, der neuern Akademie und dem spätern Skeptizismus.

1. **Der ältere Skeptizismus.** Das Haupt der ältern Skeptiker ist **Pyrrhon** von Elis, Zeitgenosse des Aristoteles; Hauptzeuge über dessen Meinungen, da Pyrrhon nichts Schriftliches hinterließ, ist sein Schüler und Anhänger **Timon** aus Philus, der Sillograph (Verfasser eines Spottgedichts gegen alle bisherige griechische Philosophie). Die Tendenz dieser skeptischen Philosophen war zunächst, wie diejenige der Stoiker und Epikureer, eine praktische: die Philosophie soll uns zur Glückseligkeit führen. Aber um glückselig zu leben, müssen wir wissen, wie die Dinge sind und wie wir uns folglich zu ihnen zu verhalten haben. Die erste Frage beantworteten sie dahin: was die Dinge wirklich sind, liegt außerhalb des Bereichs unserer Erkenntniß, da wir die Dinge nicht wahrnehmen, wie sie sind, sondern wie sie uns erscheinen; unsere Vorstellungen über sie sind weder wahr noch falsch; über nichts läßt sich etwas Bestimmtes aussagen. Weder unsere Sinne, noch unsere Meinungen über die Dinge lehren uns etwas Wahres; jedem Lehrsatze, jeder Aussage läßt sich das Gegentheil entgegenstellen; daher auch die widersprechenden Ansichten der Menschen und besonders der Schulphilosophen über eine und dieselbe Sache. Bei dieser Unmöglichkeit alles objektiven Erkennens und aller Wissenschaft, ist das wahre Verhältniß des Philosophen zu den Dingen gänzliche Zurückhaltung des Urtheils, gänzliche Enthaltung von jeder positiven Behauptung. Um jede bestimmte Aussage zu vermeiden, bedienten sich daher die Skeptiker überall zweifelnder Ausdrucksweisen, wie: es ist möglich, es kann sein, vielleicht, wie es mir scheint, ich bestimme Nichts (wozu sie dann noch vorsichtig hinzusetzten: auch dieß nicht, daß ich nichts bestimme). In dieser Zurückhaltung des Urtheils glaubten sie ihren praktischen Zweck, die Glückseligkeit, erreicht; denn der Urtheilslosigkeit, sagten sie, folgt gleichsam als Gabe des Glücks wie ein Schatten die Unerschütterlichkeit des Gemüths. Wer die skeptische Stimmung angenommen, lebt immer in Ruhe, ohne Sorgen und Begierden, in reiner Apathie, die von keinem Gut und keinem Uebel weiß. Zwischen Gesundheit und Krankheit, zwischen Leben und Tod sei kein Unterschied — in dieser schroffen Behauptung soll Pyrrhon den Grundsatz der skeptischen Apathie ausgesprochen haben.

Es liegt in der Natur der Sache, daß die Skeptiker den Stoff ihrer Betrachtungen hauptsächlich vermittelst des polemischen Eingehens in die Untersuchungen und Ansichten der Dogmatiker erhielten. Allein die Gründe, auf welche sie sich stützten, gingen nicht tief und erschienen theils als leicht widerlegliche dialektische Irrthümer, theils als leere Spitzfindigkeiten. Den ältern Skeptikern wird der Gebrauch von folgenden zehn skeptischen Tropen (Wendungen oder Argumenten) zugeschrieben, die vielleicht noch nicht durch Pyrrhon und Timon, sondern erst durch den spätern, wahrscheinlich bald nach Cicero aufgetretenen Aenesidemus vollständig zusammengestellt und erläutert worden sind. Die Zurückhaltung des entschiedenen Urtheils sollte sich berufen: 1) auf die Verschiedenheit der Vorstellungen, Sinnesempfindungen der lebenden Wesen überhaupt, 2) auf die körperlichen und geistigen Verschiedenheiten der Menschen, welche Einem die Dinge anders erscheinen lassen als dem Andern, 3) auf die verschiedenen Aussagen der Sinne selbst über die Dinge und auf die Ungewißheit, ob unsere Sinneswerkzeuge zureichend sind, 4) auf die Bedingtheit unserer Vorstellungen von den Dingen durch die Verschiedenheit unserer körperlichen und geistigen Zustände, sowie 5) durch die verschiedenen Stellungen der Dinge zu uns und unter sich (Entfernung u. s. w.), 6) auf die Thatsache, daß wir nichts rein, sondern

Alles nur durch anderweitige Medien (Luft u. s. w.) erkennen, 7) darauf, daß die Eindrücke desselben Dings bei verschiedener Quantität, Temperatur, Farbe, Bewegung ganz verschieden sein können, 8) auf die Abhängigkeit unserer Vorstellungen von der Gewohnheit, indem das Neue und Seltene anders auf uns wirkt, als das Alltägliche, 9) auf die Relativität aller Begriffe, da alle Prädikate nur Verhältnisse der Dinge unter sich oder zu unserem Vorstellen aussagen, 10) auf die Verschiedenheit der Lebensweisen, Sitten, Gesetze, mythischen Vorstellungen und dogmatischen Meinungen der Menschen.

2. **Die neuere Akademie.** Eine größere Bedeutung, als in den Leistungen der Pyrrhonäer, erhielt die Skepsis besonders in Folge ihres Kampfs mit dem stoischen Systeme, als sie in die platonische Schule eingeführt wurde, was zuerst durch Arkesilaus (316—241) geschah. Hier suchte sie ihre Stütze vorzugsweise im Ansehen der platonischen Schriften und in der Ueberlieferung der mündlichen Lehren Plato's. Arkesilaus würde nicht den Lehrstuhl in der Akademie haben übernehmen und behaupten können, wenn er nicht die Ueberzeugung gehegt und seinen Schülern mitgetheilt hätte, daß seine Ansicht von der Zurückhaltung des entscheidenden Urtheils im Wesentlichen mit der sokratischen und platonischen übereinstimme, und daß er durch Verdrängung der dogmatischen Lehrweise die ächte und ursprüngliche dialektische Bedeutung des Platonismus wieder herstelle. Eine unmittelbare Anregung erhielt das Streben des Arkesilaus durch seinen Gegensatz gegen das streng dogmatische System, welches mit dem Ansprüche, in jeder Beziehung eine Verbesserung des platonischen zu sein, in der Stoa kurz zuvor sich erhoben hatte. Daher bemerkt Cicero, Arkesilaus habe alle seine skeptischen und polemischen Angriffe auf Zeno, den Stifter der Stoa gerichtet. Er bestritt namentlich die stoische Erkenntnißlehre, indem er gegen sie geltend machte, auch falsche Vorstellungen können eine schlagende Ueberzeugungskraft mit sich führen, alles Vorstellen führe immer nur zu einem Meinen, nie zu einem Wissen. Demgemäß leugnete Arkesilaus das Vorhandensein eines Kriteriums, durch welches die Wahrheit unserer Erkenntnisse für uns gewiß werde. Möge auch Wahrheit in unsern Behauptungen enthalten sein, so werden wir ihrer doch, meint er, nicht gewiß. In diesem Sinne erklärte er: man vermöge Nichts zu wissen, nicht einmal das, dieß man Nichts wisse. Im Sittlichen jedoch, in der Wahl des Guten und im Abscheu vor dem Bösen solle man, forderte er, der Wahrscheinlichkeit, der Ansicht, für die sich die meisten und besten Gründe finden lassen, folgen: dadurch werde man gut handeln und glücklich sein, weil dieses Verhalten das vernünftige und sachgemäße sei. Von den späteren Häuptern der neuen Akademie kann hier nur Karneades (214—129) genannt werden, dessen ganze Philosophie jedoch fast ausschließlich in der Polemik gegen die stoische Logik, Theologie und Physik bestand; seine positive Leistung ist der von ihm angestellte Versuch einer Methodenlehre für das wahrscheinliche Denken, der Versuch einer philosophischen Wahrscheinlichkeitslehre, einer Bestimmung der verschiedenen Grade der Wahrscheinlichkeit, die auch Karneades namentlich für das praktische Leben nöthig fand. Die spätern Akademiker lenkten zu einer eklektisch dogmatischen Lehrweise zurück.

3. **Der spätere Skeptizismus.** Noch einmal lebte der eigentliche Skeptizismus auf zur Zeit des gänzlichen Verfalls der griechischen Philosophie. Aus dieser Zeit sind die wissenschaftlich bedeutendsten Skeptiker oder wenigstens Beförderer der Skepsis, Aenesidemus, Agrippa, jünger als Aenesidemus,

der namentlich geltend machte, daß nichts unbewiesen bleiben dürfe, jeder Beweis aber wieder einen Beweis bedürfe und so fort bis ins Unendliche, und Sextus der Empiriker (d. h. ein griechischer Arzt der empirischen Sekte), wahrscheinlich aus der ersten Hälfte des dritten Jahrhunderts nach Christus. Der Letztere ist für uns der wichtigste, weil man von ihm noch zwei als Geschichtsquellen beachtenswerthe Schriften (die pyrrhonischen Hypotyposen in drei Büchern und die Schrift gegen die Mathematiker in eilf Büchern) besitzt, in denen er Alles weitläufig zusammengestellt hat, was der Skeptizismus des Alterthums gegen die Gewißheit des Erkennens vorzubringen wußte.

§. 20. Die Römer.

Die Römer haben an der Fortbildung der Philosophie keinen selbstthätigen Antheil genommen. Seit der Zeit, daß die Beschäftigung mit griechischer Philosophie und Literatur unter ihnen Eingang zu finden begonnen hatte, besonders seit drei ausgezeichnete Repräsentanten attischer Geistesbildung und Beredsamkeit, der Akademiker Karneades, der Peripatetiker Kritolaus und der Stoiker Diogenes als Gesandte Athens in Rom aufgetreten waren und Griechenland wenige Jahre darauf zur römischen Provinz geworden, auch äußerlich in nähere Berührung mit Rom gekommen war, haben fast alle bedeutenderen griechischen Systeme der Philosophie, besonders das epikureische (Lukretius) und stoische (Seneca), in Rom geblüht und Anhänger gefunden, doch ohne daß wir irgendwo einen wirklichen philosophischen Fortschritt fänden. Der durchgängige Charakter des römischen Philosophirens ist Eklektizismus, was sich am augenfälligsten bei dem bedeutendsten und einflußreichsten philosophischen Schriftsteller unter den Römern, bei Cicero, beurkundet. Doch ist die Popularphilosophie dieses Mannes und der ihm verwandten Geister, trotz ihres Mangels an Originalität, an Selbständigkeit und Folgerichtigkeit, aus dem Grunde nicht allzu gering anzuschlagen, weil sie den Uebergang der Philosophie in die allgemeine Bildung eingeleitet und vermittelt hat.

§. 21. Der Neuplatonismus.

Im Neuplatonismus machte der antike Geist den letzten verzweifelten Versuch einer monistischen, die Entzweiung zwischen Subjektivität und Objektivität aufhebenden Philosophie. Er macht diesen Versuch einerseits vom Standpunkt der Subjektivität aus, und steht in dieser Hinsicht auf demselben Boden mit den übrigen Subjektivitätsphilosophieen der nacharistotelischen Zeit (vergl. §. 16, 7.); andererseits hat er das Interesse, objektive Bestimmungen über die höchsten Begriffe der Metaphysik, über das Absolute aufzustellen, ein System absoluter Philosophie zu entwerfen, und in dieser Hinsicht ist er ein Gegenbild der platonisch-aristotelischen Philosophie, an die er auch äußerlich anknüpft, indem er eine Erneuerung des ursprünglichen Platonismus sein will. Nach beiden Seiten hin bildet er also den Schlußpunkt der alten Philosophie; er stellt die letzte Zusammenraffung, aber auch die Ermattung des antiken Denkens und die Auflösung der alten Philosophie dar.

Der erste und zugleich bedeutendste Repräsentant des Neuplatonismus ist **Plotinus** aus Lykopolis in Aegypten. Er war Schüler des Ammonius Sakkas, der im Anfang des dritten Jahrhunderts zu Alexandrien platonische Philosophie lehrte, jedoch nichts Schriftliches hinterließ. Plotin (205—270 nach Chr.) lehrte seit seinem vierzigsten Jahre in Rom Philosophie. Er legte seine Ansichten in einer Reihe flüchtig geschriebener und nicht genau zusammenhängender Abhandlungen nieder, welche nach seinem Tode der berühmteste seiner Schüler, **Porphyrius** (geb. 233, lehrte gleichfalls in Rom Philosophie und Beredsamkeit), seinem Auftrage gemäß ordnete und in sechs Enneaden (Abtheilungen von je neun Büchern) herausgab. Von Rom und Alexandrien ging im vierten Jahrhundert der plotinische Neuplatonismus auch nach Athen über, wo er sich in der Akademie festsetzte. Unter den Neuplatonikern des vierten Jahrhunderts erwarb sich Porphyr's Gegner, **Jamblichus**, unter denen des fünften **Proklus** (412—485) ein hervorragendes Ansehen im Kreise der Schule. Mit dem Zerfall und der äußern Verdrängung des Heidenthums durch das jetzt herrschend gewordene Christenthum welkte im Laufe des sechsten Jahrhunderts auch diese letzte Blüthe der griechischen Philosophie dahin. Der gemeinsame Zug sämmtlicher neuplatonischen Philosophen ist der Hang zur Schwärmerei, Theosophie und Theurgie. Die meisten unter ihnen gaben sich mit Zauberkünsten ab, und die Hervorragenderen rühmten sich, göttliche Eingebungen und Erscheinungen gehabt, die Zukunft beschaut und wunderbare Thaten vollbracht zu haben: sie gerirten sich ebenso als Hierophanten, wie als Philosophen, in der unverkennbaren Tendenz, als heidnisches Gegenbild des Christenthums eine Philosophie zu stiften, die zugleich universelle Religion sein könnte. — In der folgenden Darstellung des Neuplatonismus halten wir uns vorzugsweise an Plotin.

a. **Der subjektive Zustand der Ekstase.** Das Resultat der dem Neuplatonismus vorangegangenen philosophischen Bestrebungen war der Skeptizismus gewesen, die Einsicht in die Unzulänglichkeit stoischer und epikureischer Lebensweisheit, ein schlechthin negatives Verhalten zu allem positiven theoretischen Inhalt. Damit hatte jedoch der Skeptizismus das Gegentheil von dem erreicht, was er anstrebte; angestrebt hatte er die vollendete Apathie des Weisen, aber was er erreichte, war die Nothwendigkeit eines unaufhörlichen widerlegenden Opponirens gegen alle positiven Behauptungen, statt der Ruhe, die ihre Skepsis ihnen bringen sollte, vielmehr eine absolute nicht zu beschwichtigende Unruhe. Diese nach absoluter Ruhe strebende absolute Unruhe des Bewußtseins erzeugte unmittelbar die Sehnsucht, sich von dieser Unruhe zu befreien, die Sehnsucht nach einem allen skeptischen Einwürfen entrückten, schlechthin befriedigenden Inhalt. Dieses sehnsüchtige Interesse für ein absolut Wahres hat im Neuplatonismus seinen geschichtlichen Ausdruck gefunden. Das Subjekt sucht des Absoluten sich zu bemächtigen, es zu umarmen, es unmittelbar innerhalb seiner selbst, des Subjekts, zu haben, d. h. nicht durch objektives Erkennen, durch dialektische Vermittlung, sondern unmittelbar durch eine innere mystische Steigerung des Subjekts in der Form des unmittelbaren Schauens, der Ekstase. Die Erkenntniß des Wahren, behauptet Plotin, wird nicht durch Beweis gewonnen noch durch irgend eine Vermittlung, nicht so, daß die Gegenstände außerhalb des Erkennenden bleiben, sondern so, daß alle Verschiedenheit zwischen Erkennendem und Erkanntem aufhört; sie ist ein Schauen der Vernunft in sich selbst; nicht wir schauen die Vernunft, sondern die Vernunft schaut sich; auf andere Weise kann man nicht zu ihrer Erkenntniß kommen. Ja auch über dieses vernünftige Anschauen, innerhalb dessen Subjekt und Objekt einander noch als Getrennte gegenüberstehen, müssen wir hinaus; die höchste Stufe des Erkennens ist ein Schauen des Höchsten, des Einen Prinzips der Dinge, in welchem alle Trennung zwischen ihm und der Seele aufhört, die Seele in reiner Verzückung das Absolute selbst berührt, sich von ihm erfüllt und erleuchtet fühlt. Ist Jemand zu dieser wahrhaften Einigung mit dem Göttlichen gelangt, so verachtet er selbst das reine Denken, welches er sonst liebte, weil doch dieses Denken nur eine Bewegung war, eine Differenz zwischen dem Schauenden und Geschauten voraussetzte. Die mystische Versenkung in die Gottheit oder das Eins, dieses Sichhinschwindeln ins Absolute ist es, was dem Neuplatonismus gegenüber von den ächt-griechischen Systemen der Philosophie einen so eigenthümlichen Charakter gibt.

b. Die kosmischen Prinzipien. Im engsten Zusammenhang mit dieser Ekstasentheorie der Neuplatoniker steht ihre Lehre von drei kosmischen Prinzipien. Zu den zwei, auch schon bisher angenommenen kosmischen Prinzipien der (Welt-) Seele und (Welt-) Vernunft fügten sie noch ein drittes höheres Prinzip, als letzte Einheit aller Unterschiede und Gegensätze, in welcher eben darum, damit sie dieß sein könne, aller Unterschied aufgehoben sein muß zur reinen Einfachheit des Wesens. Die Vernunft ist dieses Einfache nicht, da in ihr der Gegensatz des Denkenden, des Denkens und des Gedachten und die Bewegung vom Ersten zum Letzten ist, die Vernunft gehört zum Vielfachen; dem Vielfachen aber muß das Einfache vorangehen als sein Prinzip; es muß daher, wenn es eine Einheit der Totalität des Seins geben soll, über die Vernunft zum absolut Einen hinaufgestiegen werden. Dieses Urwesen nun nennt Plotin mit verschiedenen Namen bald das Erste, bald das Eine, bald das Gute (vergl. S. 55), bald das über dem Seienden Stehende (das Seiende schwindet ihm zu einem Nebenbegriffe der Vernunft zusammen, und bildet in der Zusammenordnung der obersten Begriffe mit der Vernunft verbunden nur die zweite Staffel), Namen freilich, mit denen Plotin das Wesen jenes Ur-Einen nicht genügend ausdrücken, sondern nur bildlich bezeichnen will. Denken und Wollen spricht er ihm ab, weil es keines Dinges bedürftig, nichts begehren kann; es ist nicht Energie, sondern über der Energie; Leben kommt ihm nicht zu; kein Seiendes, kein Etwas und kein Wesen, auch keine von den allgemeinsten Kategorieen des Seins kann ihm beigelegt werden, und was dieser abwehrenden Bestimmungen mehr sind; kurz es ist ein Unaussprechliches und Undenkbares. Plotin ist durchaus bestrebt, das erste Prinzip als absolute, alle und jede Bestimmtheit, die es zu verendlichen scheint, ausschließende Einfachheit, und darum auch als ein an sich außerhalb aller Beziehung zu anderem Sein Stehendes zu denken. Diese reine Abstraktion kann er jedoch nicht durchführen, wenn er nun weiter sich anschickt, zu zeigen, wie aus dem Ersten alles Andere, zunächst die beiden andern kosmischen Prinzipien, geworden oder emanirt sei. Um ein Prinzip seiner Emanationslehre zu haben, sieht er sich genöthigt, das Erste in seiner Beziehung zum Zweiten als ein Erzeugendes zu setzen und zu denken.

c. Die Emanationslehre der Neuplatoniker. Jede Emanationslehre, also auch die der Neuplatoniker, setzt die Welt als Ausstrahlung oder Ausströmung Gottes in der Art, daß je die mittelbarere oder entferntere Emanation einen geringeren Grad von Vollkommenheit besitzt, als ihr Prinzip, die Gesammtheit des Seienden als ein absteigendes Stusenverhältniß darstellt. Das Feuer, sagt Plotin, entsendet Wärme, der Schnee Kälte, die duftenden Gegenstände hauchen Gerüche aus und jedes Organische, sobald es zu seiner vollendeten Ausbildung gekommen ist, erzeugt etwas ihm Aehnliches. So läßt auch das Vollkommenste und an sich Ewige im Ueberflusse seiner Vollkommenheit dasjenige aus sich hervorgehen, was gleichfalls ein Immerdauerndes und nächst ihm das Beste ist — die Vernunft oder Weltintelligenz, die der unmittelbare Abglanz, das Abbild des Ur=Einen ist. Plotin ist reich an Bildern, um begreiflich zu machen, daß das Ur=Eine bei dieser Ausstrahlung oder Hervorbringung der Vernunft Nichts verliere, sich nicht schwäche. Nächst dem Ur=Einen ist die Vernunft das Vollkommenste. Sie enthält in sich die Ideenwelt, das All des unveränderlichen wahrhaften Seins. Von ihrer Erhabenheit und Herrlichkeit kann man eine Vorstellung gewinnen, wenn man die sinnliche Welt, ihre Größe und Schönheit, die Regelmäßigkeit ihrer unaufhörlichen Bewegung mit Aufmerksamkeit betrachtet, und alsdann zu ihrem Urbilde, zum Sein der intelligibeln Welt den Gedanken erhebt, die intelligibeln Dinge in ihrem lauteren unvergänglichen Wesen anschaut, und als den Urheber und Vorsteher derselben die Intelligenz anerkennt. In ihr gibt es keine Vergangenheit und keine Zukunft, sondern nur die stets bleibende Gegenwart, und ebensowenig eine räumliche Trennung, als eine zeitliche Veränderung: sie ist die wahre Ewigkeit, welche von der Zeit bloß nachgeahmt wird. Wie die Vernunft aus dem Ur=Einen, so strömt aus der Vernunft hinwiderum, gleichfalls ohne daß sie irgend eine Veränderung dabei erleidet, ewig die Weltseele aus. Die Weltseele ist das Abbild der Vernunft, selbst von der Vernunft erfüllt, verwirklicht sie dieselbe wiederum in einer Außenwelt: sie stellt die Ideen äußerlich dar an der sinnlichen Materie, die das Unbestimmte, Qualitätslose, Nichtseiende, und in der Stufenfolge der Emanationen das Letzte und Unterste ist. In dieser Weise ist die Weltseele die Bildnerin des sichtbaren Weltalls, welches sie als ihr Abbild aus der Materie gestaltend, durchdringend und belebend im Kreise herumführt. Hiemit ist die Reihe der Emanationen geschlossen, und wir sind, was der Zweck der Emanationslehre war, in einem fortlaufenden Prozesse vom Höchsten, von Gott, zum Niedrigsten, zum bloßen Abbilde des wahren Seins oder zur sinnlichen Welt gelangt.

Die einzelnen Seelen sind, wie die Weltseele, Amphibien zwischen dem Höhern, der Vernunft, und dem Niederen, dem Sinnlichen, bald mit dem Sinnlichen verflochten und an seinen Schicksalen theilnehmend, bald ihrem Ursprunge, der Vernunft, sich zuwendend. Von der Vernunftwelt, die ihre ursprüngliche und eigentliche Heimath ist, sind sie, eine jede zu der ihr angewiesenen Zeit, unfreiwillig und einer innern Nöthigung folgend, in die Körperwelt herabgestiegen, ohne jedoch die Ideenwelt gänzlich zu verlassen; sondern wie ein Sonnenstrahl zugleich die Sonne und die Erde berührt, befinden sie sich sowohl in der einen, wie in der anderen. Unser Beruf kann also — und hiemit gelangen wir auf den Punkt zurück, von welchem wir in der Darstellung der neuplatonischen Philosophie ausgegangen sind — nur der sein, unser Sinnen und Trachten unserer eigentlichen Heimath, der Ideenwelt, zuzuwenden, und unser besseres Selbst durch Ertödtung der Sinnlichkeit, durch Ascese, ganz von der Theilnahme am Körperlichen zu befreien. Ist aber einmal unsere Seele in die Ideenwelt, dieses Abbild des Urguten und Urschönen, aufgestiegen, so gelangt sie von da aus zum letzten Ziel alles Wünschens und Strebens durch die unmittelbare Vereinigung mit Gott, durch das entzückte Schauen des Ur=Einen, in das sie sich bewußtlos versenkt und verliert.

Nach allem diesem ist die neuplatonische Philosophie Monismus, somit Vollendung der antiken Philosophie, sofern sie die Gesammtheit alles Seins auf Einen letzten Grund zurückzuführen bestrebt ist; indem sie jedoch ihr oberstes Prinzip, aus welchem sie das Uebrige ableitet, nicht auf dem Wege natürlicher und vernünftiger Vermittlung, durch Vermittlung des selbstbewußten Denkens, sondern nur mittelst der Ekstase, durch mystische Selbstvernichtung der Ichheit, durch Ascese und Theurgie zu finden weiß, ist sie eine verzweifelte Ueberspringung aller — und somit auch die Selbstauflösung der alten Philosophie

§. 22. Das Christenthum und die Scholastik.

1. **Die christliche Idee.** Der Charakter des griechischen Geisteslebens zur Zeit seiner schönsten Blüthe war die unmittelbare Hingebung des Subjekts ans Objekt (Natur und Staat u. s. w.); der volle Bruch zwischen beiden, zwischen Geist und Natur, war noch nicht eingetreten; das Subjekt hatte sich noch nicht in sich reflektirt, sich noch nicht in seiner absoluten Bedeutung, seiner Unendlichkeit erfaßt. Mit dem Zerfall des griechischen Lebens, in der Zeit nach Alexander dem Großen, trat dieser Bruch ein; unter Aufgebung der objektiven Welt zog sich das Selbstbewußtsein auf sich selbst zurück; aber eben damit war die Brücke zwischen beiden abgebrochen; dem noch nicht gehörig vertieften Selbstbewußtsein mußte jetzt das Wahre, das Göttliche als ein Jenseitiges erscheinen, und ein Gefühl des Unglücks, unbefriedigter Sehnsucht trat an die Stelle jener schönen Einheit zwischen Geist und Natur, die den bessern Zeiten des griechischen Staats= und Kunstlebens eigen gewesen war. Einen letzten verzweifelten Versuch, dieses Jenseits durch überfliegende Speculation und praktisch durch Ertödtung des sinnlichen Menschen, durch Ascese, zu erreichen oder sich zu erschwindeln, beide Seiten gewaltsam zusammenzubringen, machte der Neuplatonismus; er mißlang und die alte Philosophie endigte mit gänzlicher Erschöpfung. Der Dualismus also ist es, an dessen Ueberwindung die alte Philosophie gescheitert ist. Das Christenthum nahm dieses Problem auf; ja es sprach eben die Idee, welche das antike Denken nicht zu vollziehen gewußt hatte, als sein Prinzip aus, die Aufhebung der Jenseitigkeit Gottes, die wesentliche Einheit des Göttlichen und Menschlichen. Daß Gott Mensch geworden — ist die spekulative Grundidee des Christenthums, die sich auch praktisch (und zunächst war das Christenthum eine praktisch=religiöse Erscheinung) in der Idee der Versöhnung und der Forderung der Wiedergeburt (d. h. einer Verklärung und religiösen Durchdringung des Sinnlichen, im Gegensatz gegen das rein negative Verhalten der Ascese) ausdrückt. Von hier aus ist der Monismus der Charakter und die Grundtendenz der gesammten neueren Philosophie geblieben. Und zwar ist die neuere Philosophie genau von dem Punkte ausgegangen, auf welchem die alte stehen geblieben war; die Zurückziehung des Denkens, des Selbstbewußtseins auf sich selbst, was der Standpunkt der nacharistotelischen Philosophie gewesen war, bildet in Cartesius den Ausgangspunkt der neueren Philosophie, die von hier aus zur gedankenmäßigen Vermittlung und Versöhnung jenes Gegensatzes fortschritt, über welchen die alte Philosophie nicht hinausgekommen war.

2. **Die Scholastik.** Das Christenthum hat sich sehr früh, schon in den Apologeten des zweiten Jahrhunderts und den alexandrinischen Kirchenvätern, mit der Zeitphilosophie, besonders dem Platonismus, in Berührung gesetzt, später, im neunten Jahrhundert, mit Scotus Erigena, auch Versuche einer Kombination mit dem Neuplatonismus hervorgebracht, doch erst in der zweiten Hälfte des Mittelalters, vom eilften Jahrhundert ab, sich zu einer im eigentlichen Sinne christlichen Philosophie, der sogenannten Scholastik, entwickelt.

Der Charakter der Scholastik ist die Vermittlung zwischen dem Dogma und dem denkenden Selbstbewußtsein, zwischen Glauben und Wissen. Indem das Dogma aus der Kirche, welche es aus sich erzeugt hat, in die Schule übergeht, die Theologie zur Universitätswissenschaft wird, sucht das Interesse des Wissens zu seinem Rechte zu kommen und das Dogma, das bis jetzt dem Selbstbewußtsein als äußerliche Macht gegenüber gestanden war, dem Subjekte näher zu bringen. Eine Reihe von Versuchen wird jetzt gemacht, die Kirchenlehre in Form von wissenschaftlichen Systemen zu bearbeiten (das erste vollständige System der Dogmatik von Petrus Lombardus gest. 1164, in seinen vier Büchern der Sentenzen, von den spätern Scholastikern vielfach kommentirt), sie alle ausgehend von der unerschütterlichen Voraussetzung, daß der Kirchenglaube absolute Wahrheit sei (über diese Voraussetzung ging das scholastische Denken nie hinaus), aber ebenso alle geleitet vom Interesse, diese geoffenbarte, gegebene Wahrheit auch zu begreifen, das Dogma zu rationalisiren. „Credo ut intelligam" — dieser Ausspruch Anselm's, des Anfängers und Begründers der scholastischen Richtung (geb. um 1035, seit 1093 Erzbischof zu Canterbury) war das Losungswort der gesammten Scholastik. Sie hat auch in der That an die Lösung ihrer Aufgabe mit der glänzendsten, freilich meist nur formellen, syllogistischen Scharfsinn gewandt und großartig ausgeführte, in ihrer Architektonik den gothischen Domen ähnliche Lehrgebäude hervorgebracht. Das ausgebreitete Studium des Aristoteles, des vorzugsweise sogenannten „Philosophen", den mehrere der bedeutendsten Scholastiker kommentirten und der gleichzeitig auch unter den Arabern blühte (Avicenna und Averroes), lieferte Terminologie und schematische Gesichtspunkte. Auf dem Höhepunkte der Scholastik stehen die unstreitig größten Meister der scholastischen Kunst und Methode, Thomas von Aquino (gest. 1274, Dominikaner) und Duns Scotus (gest. 1308, Franziskaner), die Stifter zweier Schulen, in welche sich seitdem die ganze scholastische Theologie theilte, jener den Verstand (intellectus), dieser den Willen (voluntas) zum höchsten Prinzip erhebend, beide durch diesen Gegensatz des theoretischen und des praktischen Prinzips auf prinzipiell differirende Richtungen geführt. Eben damit begann aber der Verfall der Scholastik; ihr Höhepunkt war der Wendepunkt zu ihrer Selbstauflösung. Die Vernünftigkeit des Dogma's, die Einheit von Glauben und Wissen, war ihre stillschweigende Grundvoraussetzung gewesen; diese Voraussetzung fiel aber weg, der ganze Boden der scholastischen Verstandesmetaphysik war im Prinzip aufgegeben, sobald man mit Duns Scotus die Aufgabe der Theologie ins Praktische setzte. Mit der Trennung des Praktischen und Theoretischen, und noch mehr mit der Trennung des Denkens und Seins im Nominalismus (s. u.) löste sich die Philosophie von der Theologie, das Wissen vom Glauben; das Wissen nahm seine Stellung über dem Glauben, über der Autorität (neuere Philosophie), und das religiöse Bewußtsein brach mit dem traditionellen Dogma (Reformation).

3. **Nominalismus und Realismus.** Hand in Hand mit dem allgemeinen Entwicklungsgange der Scholastik ging die Entwicklung des Gegensatzes zwischen Nominalismus und Realismus, eines Gegensatzes, dessen Ursprung in der Beziehung der Scholastik zur platonischen und aristotelischen Philosophie zu suchen ist. Nominalisten nannte man Diejenigen, denen die Begriffe des Allgemeinen (die universalia) bloße Namen, flatus vocis, inhaltsleere Vorstellungen ohne Realität waren; nach der Ansicht des Nominalismus gibt es kein Allgemeines, keine Gattungen, keine Arten; Alles, was ist, existirt nur als Einzelnes in seinem reinen Fürsichsein; es gibt also auch kein reines Denken, sondern nur ein Vorstellen und sinnliches Wahrnehmen. Die Realisten hielten hiegegen nach dem Vorgange Plato's an der objektiven Realität der Universalien fest (universalia ante res). Der Gegensatz beider Richtungen trat zuerst hervor zwischen **Roscellin** und **Anselm**, von denen der Erstere auf der Seite des Nominalismus, der Letztere auf der Seite des Realismus stand, und zieht sich sofort durch die ganze Periode der Scholastik hindurch; schon seit **Abälard** (geb. 1079) bildete sich jedoch eine vermittelnde, sowohl nominalistische als realistische Ansicht, die von dort an mit unbedeutenden Modifikationen die herrschende blieb (universalia in rebus). Nach dieser Ansicht ist das Allgemeine ein Gedachtes und Vorgestelltes, aber zugleich ist es nicht bloß ein Produkt des vorstellenden Bewußtseins, sondern es hat auch seine objektive Realität in den Dingen selbst, aus denen es nicht abstrahirt sein könnte, wenn es nicht an sich in ihnen enthalten wäre. Diese Identität des Denkens und Seins ist die Grundvoraussetzung, auf welcher das ganze dialektische Verfahren der Scholastiker beruht. Alle ihre Argumente gründen sich auf die Annahme, daß es sich mit Demjenigen, was syllogistisch bewiesen wird, in der Wirklichkeit ebenso verhalte, wie im logischen Denken. Stürzte jene Voraussetzung, so stürzte mit ihr der ganze Boden der Scholastik und es blieb dem an seiner Objektivität irre gewordenen Denken nichts übrig, als sich in sich selbst zurückzuziehen. In der That trat diese Selbstauflösung der Scholastik ein mit **Wilhelm von Occam** (gest. 1347), dem einflußreichen Erneuerer jenes Nominalismus, der schon im Beginne der Scholastik sich geltend gemacht hatte, aber jetzt, siegreicher gegen eine erschöpfte als damals gegen eine auftretende Bildungsform, dem Gebäude des scholastischen Dogmatismus seine Grundlage entzog und es unaufhaltsam nachstürzen machte.

§. 23. Uebergang zur neuern Philosophie.

Der Bruch der neuern Philosophie mit der Scholastik zieht sich in einer Reihe vorbereitender Erscheinungen und Anzeichen durch das fünfzehnte Jahrhundert hindurch, vollendet sich negativ im Laufe des sechzehnten, positiv in der ersten Hälfte des siebenzehnten Jahrhunderts.

1. **Der Fall der Scholastik.** Der nächste Grund dieser veränderten Richtung der Zeit hat sich uns so eben dargestellt: es ist der innere Verfall der Scholastik selbst. Sobald die stillschweigende Grundvoraussetzung, auf welcher die scholastische Theologie und die ganze Methode der Scholastik ruhte, die Rationalität des Dogma's oder die wissenschaftliche Beweisbarkeit des Offenbarungsinhalts, sich aufgelöst hatte, stürzte, wie schon oben bemerkt, das ganze Gebäude unaufhaltsam nach. Die dem Prinzip der Scholastik

direkt entgegengesetzte Ueberzeugung, daß Etwas vom Standpunkt des Dogma's aus wahr, vom Standpunkt der Vernunft aus falsch oder wenigstens unbeweisbar sein könne, ein Gesichtspunkt, von dem aus z. B. der Aristoteliker Pomponatius (1462—1530) die Unsterblichkeitsfrage, später Vanini (s. unten) die Grundprobleme der Philosophie behandelte, wurde, so sehr sich auch die Kirche dagegen auflehnte, immer allgemeiner und eben damit die Einsicht in die Unvereinbarkeit von Vernunft und Offenbarung. Das Gefühl, daß die Philosophie aus ihrem bisherigen Zustand der Unmündigkeit und Knechtschaft befreit werden müsse, nahm überhand; ein Streben nach größerer Unabhängigkeit und Selbstständigkeit der philosophischen Forschung erwachte; und wenn man sich auch noch nicht gegen die Kirchenlehre selbst zu wenden wagte, so suchte man wenigstens die Hauptstütze der Scholastik, die aristotelische Philosophie (d. h. was damals dafür galt) in ihrem Ansehen zu erschüttern (so besonders Petrus Ramus 1515—1572, in der Bartholomäusnacht ermordet). Die Autorität der Kirche sank mehr und mehr im Glauben der Völker und die großen Systeme der Scholastik hörten auf.

2. Die Folgen der Scholastik. Trotz dem Allem war die Scholastik nicht ohne positiv gute Folgen. Obgleich ganz im Dienste der Kirche stehend, war sie doch aus wissenschaftlichen Trieben hervorgegangen und so weckte sie auch hinwiederum freien Forschungsgeist und Sinn für Erkenntniß. Sie machte die Gegenstände des Glaubens zu Gegenständen des Denkens, hob den Menschen aus der Sphäre des unbedingten Glaubens in die Sphäre des Zweifels, der Untersuchung, des Wissens, und indem sie die theologischen Satzungen des Autoritätsglaubens zu beweisen und durch Gründe zu bekräftigen suchte, begründete sie gerade dadurch, wider Wissen und Willen, die Autorität der Vernunft: sie brachte so ein anderes Prinzip in die Welt, als das der alten Kirche war, das Prinzip des denkenden Geistes, das Selbstbewußtsein der Vernunft, oder bereitete doch wenigstens den Sieg dieses Prinzips vor. Selbst die Mißgestalt und Schattenseite der Scholastik, die vielen absurden Quästionen, auf welche die Scholastiker zum Theil verfielen, selbst ihre tausendfältigen unnöthigen und zufälligen Distinktionen, ihre Kuriositäten und Subtilitäten müssen aus einem vernünftigen Prinzipe, aus ihrem Lichtdurste und Forschungsgeiste, der sich unter der drückenden Herrschaft des alten Kirchengeistes nur so und nicht anders äußern konnte, abgeleitet werden. Erst als sie vom fortschreitenden Geiste der Zeit überflügelt war, schmolz die Scholastik, ganz im Widerspruch mit ihrer ursprünglichen Bedeutung, mit der Sache und den Interessen des alten Kirchenthums in Eins zusammen, und wurde alsdann die heftigste Gegnerin des erwachten besseren Geistes der Neuzeit.

3. Das Wiederaufleben der Wissenschaften. Ein Hauptbeförderungsmittel jener Umwandlung des Zeitgeistes, welche den Beginn der neuen Epoche der Philosophie bezeichnet, war das Wiederaufleben der klassischen Literatur. Das Studium der Alten, besonders der Griechen, war im Laufe des Mittelalters abgekommen; selbst die platonische und aristotelische Philosophie kannte man meist nur aus lateinischen Uebersetzungen oder sekundären Quellen; vom Geiste des klassischen Lebens hatte man keine Ahnung; aller Sinn für Schönheit der Form, für geschmackvolle Darstellung war erstorben. Hauptsächlich durch die aus Konstantinopel nach Italien geflüchteten gelehrten Griechen änderte sich dieß: das Quellenstudium der Alten kam wieder auf; mit Hülfe der neuentdeckten Buchdruckerkunst wurden die Klassiker in Abdrücken verbreitet; die Mediceer zogen klassische Gelehrte an ihren Hof;

besonders **Bessarion**, (gest. 1472) und **Ficinus** (gest. 1499) wirkten für ein besseres Verständniß der alten Philosophie. So entstand bald ein Kampf der klassisch gebildeten Gelehrten gegen die starre, unkritische und geschmacklose Weise, in welcher bisher die Wissenschaften bearbeitet worden waren; neue Ideen kamen in Umlauf; es entstand wieder der freie, universelle, denkende Geist des Alterthums. Auch in Deutschland fanden die klassischen Studien einen fruchtbaren Boden: **Reuchlin** (geb. 1455), **Melanchthon** und **Erasmus** wirkten in diesem Sinn und die humanistische, dem scholastischen Treiben feindselige Partei gehörte zu den entschiedensten Stützen der erstarrenden Reformationstendenzen.

4. **Die deutsche Reformation.** Alle Elemente der Neuzeit, der Kampf gegen die Scholastik, die Interessen des Humanismus, das Streben nach nationaler Unabhängigkeit, die Versuche des Staats und des Bürgerthums, sich von der Kirche und Hierarchie zu emancipiren, der Zug der Geister zur Natur und zur Wirklichkeit, vor Allem das Verlangen des denkenden Selbstbewußtseins nach Autonomie, nach Freiheit von den Fesseln der Autorität — alle diese Elemente fanden ihren Brenn- und Einigungspunkt in der deutschen Reformation. Wenn auch zunächst in praktisch-religiösen und nationalen Interessen wurzelnd, wenn auch sehr frühzeitig auf eine falsche Bahn gerathen und in dogmatisch-kirchlicher Einseitigkeit aufgegangen, war die Reformation doch im Prinzip und in ihren wahren Konsequenzen ein Bruch des denkenden Geistes mit der Autorität, ein Protestiren gegen die Fessel des Positiven, eine Rückkehr des Geistes aus seiner Selbstentfremdung zu sich selbst. Aus dem Jenseitigen kehrte der Geist ins Diesseitige zurück: die Natur und ihre sittlich-natürlichen Gesetze, das rein Menschliche als solches, das eigene Herz, das eigene Gewissen, die subjektive Ueberzeugung, kurz die Rechte des Subjekts begannen Etwas zu gelten. Hatte früher die Ehe, wenn auch nicht als etwas Unsittliches, so doch als etwas der Entsagung und Ehelosigkeit Untergeordnetes gegolten, so erschien sie jetzt als etwas Göttliches, als ein von Gott geordnetes Naturgesetz. Hatte früher die Armuth für höher gegolten, als der Besitz, das beschauliche Leben des Mönchs für höher, als das weltliche Thun des Laien, der sich von seiner Hände Arbeit nährt, so erscheint jetzt die Armuth nicht mehr als Zweck an sich. An die Stelle des Gehorsams, des dritten geistlichen Gelübdes, tritt kirchliche Freiheit: Mönchthum und Priesterthum hören auf. Ebenso kehrte nach der Seite der Erkenntniß der Mensch in sich zurück aus dem Jenseits der Autorität. Er überzeugte sich, daß innerhalb seiner der ganze Prozeß der Heilsordnung durchgemacht werden müsse, daß seine Versöhnung und Heiligung seine eigene Sache sei, zu der er der Vermittlung der Priester nicht bedürfe, daß er zu Gott in einem unmittelbaren Verhältniß stehe. In seinem Glauben, in der Tiefe seines Gemüths und seiner Ueberzeugung fand er sein ganzes Sein. — Da somit der Protestantismus aus dem Wesen desselben Geistes hervorging, aus welchem die neuere Zeit und Philosophie entsprang, so steht er zu dieser in der innersten Beziehung, obgleich natürlich ein spezieller Unterschied stattfindet zwischen der Art, wie der Geist der neuern Zeit sich als religiöses Prinzip, und der Art, wie er sich als wissenschaftliches Prinzip verwirklichte. Aber im Prinzip sind, wie gesagt, beide Arten des Protestantismus, der Protestantismus des religiösen Geistes und der Protestantismus der denkenden Vernunft, eines und dasselbe, und sie sind auch in ihrem Verlaufe Hand in Hand mit einander gegangen. Denn die Reduktion der Religion auf ihre einfachen Elemente, die der religiöse Protestantismus einmal begonnen, aber

bei der Bibel abgebrochen und sistirt hatte, mußte nothwendig weiter fortgesetzt, und bis auf die letzten, ursprünglichen, übergeschichtlichen Elemente, nämlich auf die sich als den Ursprung wie aller Philosophie so aller Religion wissende Vernunft zurückgeführt werden.

5. **Das Aufkommen der Naturwissenschaften.** Zu allen diesen Erscheinungen, die ebensowohl als Ursachen, wie als Anzeichen und Symptome der geistigen Umwälzungen der Reformationsepoche zu betrachten sind, kommt noch eine Erscheinung hinzu, welche die Befreiung des philosophischen Geistes von den Fesseln der kirchlichen Autorität wesentlich erleichterte und positiv unterstützte — das Emporkommen der Naturwissenschaften, der erfahrungsmäßigen Naturbeobachtung. Jene Epoche ist ein Zeitraum der fruchtbarsten und eingreifendsten Entdeckungen im Gebiete der Naturforschung. Schon die Auffindung Amerika's und des Seewegs nach Ostindien hatte den Gesichtskreis erweitert; noch größere Revolutionen knüpfen sich an die Namen eines Kopernikus (gest. 1543), Kepler (gest. 1631), Galilei (gest. 1642), Revolutionen, welche auf die gesammte Denkweise und Weltanschauung ihrer Zeit nicht ohne Einfluß bleiben konnten, und welche namentlich dem kirchlichen Autoritätsglauben großen Abbruch thaten. Die Scholastik, von der Natur und Erfahrungswelt abgekehrt, blind gegen das, was vor den Füßen lag, hatte in einer traumartigen Intellektualität gelebt; jetzt kam die Natur wieder zu Ehren und in ihrer Herrlichkeit und Erhabenheit, in ihrer Unendlichkeit und Lebensfülle wurde sie wieder unmittelbarer Gegenstand der Anschauung, ihre Erforschung wurde ein wesentliches Objekt der Philosophie, und damit die wissenschaftliche Empirie eine allgemeine und wesentliche Angelegenheit des denkenden Menschen. Erst von dieser Zeit an bekamen die Naturwissenschaften ihre welthistorische Bedeutung; erst seit dieser Zeit haben sie eine fortlaufende Geschichte. Die Folgen dieser neuen geistigen Bewegung lassen sich leicht ermessen. Die wissenschaftliche Naturforschung zerstörte nicht bloß eine Reihe überlieferter Irrthümer und Vorurtheile, sie lenkte auch, was von höchster Wichtigkeit war, Sinn und geistiges Interesse der Menschen aufs Diesseitige, aufs Wirkliche, sie nährte und unterstützte das Selbstdenken, das Selbstständigkeitsgefühl, den erwachten Prüfungs- und Zweifelgeist. Der Standpunkt der beobachtenden und experimentirenden Empirie setzt ein unabhängiges Selbstbewußtsein des Individuums, eine Losreißung von Autorität und Autoritätsglauben, kurz es setzt Skepsis voraus; daher auch die Anfänger der neuern Philosophie, Baco und Cartesius mit ihr anhuben, jener, indem er zur Bedingung der Naturerkenntniß die Abstraktion von allen Vorurtheilen und vorgefaßten Meinungen macht, dieser in seiner Forderung, daß man im Anfang an Allem zweifeln müsse. Kein Wunder, daß zwischen den Naturwissenschaften und der kirchlichen Orthodoxie bald ein erbitterter Kampf ausgebrochen war, der nur mit der Niederlage der letztern endigen konnte.

6. **Baco von Verulam.** Derjenige Philosoph, der die Erfahrung, d. h. die beobachtende und experimentirende Naturforschung mit Bewußtsein zum Prinzip gemacht hat, und zwar in ausdrücklichem Gegensatz gegen die Scholastik und die bisherige Methode der Wissenschaft, weßwegen er häufig an die Spitze der neuen Philosophie gestellt wird, ist (der eben genannte) Baco, Baron von Verulam (geb. 1561, unter Jakob I. Lordsiegelbewahrer und Großkanzler, später gestürzt, gest. 1626, als Charakter nicht ohne Schwächen).

Die Wissenschaften, sagt Baco, befanden sich bisher in einem höchst kläglichen Zustande. In leere und unfruchtbare Wortstreitigkeiten verloren, hat die Philosophie während so vieler Jahrhunderte kein einziges Werk oder Experiment hervorgebracht, das dem menschlichen Leben wirklichen Nutzen gebracht hätte. Die bisherige Logik hat mehr zur Befestigung des Irrthums als zur Erforschung der Wahrheit gedient. Woher alles dieß? Woher kommt das bisherige Elend der Wissenschaften? Daher, daß sie sich von ihrer Wurzel, der Natur und Erfahrung, losgerissen haben. Die Schuld hievon tragen mehrere Ursachen: zuerst das alte eingewurzelte Vorurtheil, daß der menschliche Geist sich von seiner Würde Etwas vergäbe, wenn er sich mit Experimenten, mit materiellen Dingen viel und anhaltend beschäftige; ferner der Aberglaube und der blinde Religionseifer, von jeher der unversöhnlichste Gegner der Naturphilosophie; dann die ausschließliche Beschäftigung mit der Moral und Politik, welche die Römer, — und mit der Theologie, welche seit den christlichen Zeiten die guten Köpfe ausschließlich in Anspruch nahm; weiter die große Autorität, die gewisse Philosophen erhielten, und die Verehrung des Alterthums; endlich eine gewisse Muthlosigkeit und Verzweiflung, die vielen und großen Schwierigkeiten überwinden zu können, die sich der Erforschung der Natur entgegenstellen. Alle diese Ursachen haben das Sinken der Wissenschaft herbeigeführt. Es handelt sich daher um eine völlige Erneuerung, Wiedergeburt und Reformation derselben von ihren untersten Grundlagen an: es gilt jetzt, eine neue Basis des Wissens, neue Prinzipien der Wissenschaft zu finden. Diese Reformation und Radikalkur der Wissenschaften hängt von zwei Bedingungen ab: die objektive Bedingung derselben ist die Zurückführung der Wissenschaften auf die Erfahrung und die Naturphilosophie; die subjektive Bedingung ist die Reinigung des Sinnes und Geistes von allen abstrakten Theorieen und überlieferten Vorurtheilen. Beide Bedingungen zusammen ergeben die richtige Methode der Naturwissenschaft, welche keine andere ist als die Methode der Induktion. Von der wahren Induktion hängt alles Heil der Wissenschaften ab.

In diesen Sätzen ist die Philosophie Baco's enthalten. Seine geschichtliche Bedeutung ist also im Allgemeinen die, daß er den Blick und das Nachdenken seiner Zeitgenossen wieder auf die gegebene Wirklichkeit, zunächst die Natur hinlenkte, und die Erfahrung, die früher nur Sache des Zufalls war, an und für sich zum Objekte des Denkens machte, ihre Nothwendigkeit und Unentbehrlichkeit zum allgemeinen Bewußtsein brachte. Das Prinzip der wissenschaftlichen Empirie, der denkenden Naturforschung aufgebracht zu haben, ist sein Verdienst. Aber auch nur in der Aufstellung dieses **Prinzips** liegt seine Bedeutung: von einem **Inhalt** der baconischen Philosophie kann man, streng genommen, nicht sprechen, wenn er gleich (in seiner Schrift **de augmentis scientiarum**) eine systematische Encyklopädie der Wissenschaften nach einem neuen Eintheilungsprinzip versucht und eine Fülle feiner und fruchtbarer Bemerkungen (die noch jetzt zu Motto's benützt zu werden pflegen) hineingestreut hat.

7. Die italienischen Philosophen der Uebergangsepoche.
Neben Baco müssen noch einige Erscheinungen genannt werden, welche die neue Zeit der Philosophie vorbereitet und eingeleitet haben. Zuerst eine Reihe italienischer Philosophen aus der zweiten Hälfte des sechszehnten und ersten Hälfte des siebenzehnten Jahrhunderts. Mit den oben geschilderten Bestrebungen unserer Uebergangsepoche hängen die Philosophen in doppelter Weise zusammen, einestheils durch ihre Naturbegeisterung, die bei allen einen mehr oder weniger pantheistischen Charakter trägt (Vanini z. B. gab einer

seiner Schriften den Titel: „von den wunderbaren Geheimnissen der Königin und Göttin der Sterblichen, der Natur"), anderntheils durch ihr Anknüpfen an die Systeme der alten Philosophie. Die bekanntesten dieser Philosophen sind folgende: Cardanus (1501—1575), Campanella (1568—1639), Giordano Bruno (—1600), Vanini (1586—1619). Sie alle waren Menschen von leidenschaftlichem, enthusiastischem, brausendem Wesen, unstetem und wildem Charakter, unruhigem und abenteuerlichem Leben, Menschen, die ein heißer Drang nach Erkenntniß beseelte, bei denen aber viel Phantasterei, Wildheit und Einbildung, Sucht nach geheimen astrologischen und geomantischen Kenntnissen mit unterlief, weßwegen sie auch ohne fruchtbare nachhaltige Wirkung vorübergingen. Sie alle wurden von der Hierarchie verfolgt; zwei von ihnen (Bruno und Vanini) endigten auf dem Scheiterhaufen. In ihrer ganzen historischen Erscheinung sind sie, ähnlich den Eruptionen eines Vulkans, mehr Vorläufer und Vorboten, als Anfänger und Stifter der neuen Zeit der Philosophie.

Der bedeutendste unter ihnen ist Giordano Bruno. Er erneuerte die alte (besonders von den Stoikern ausgebildete) Idee, daß die Welt ein lebendiges Wesen sei, und Eine Weltseele das Ganze durchdringe. Der Inhalt seiner allgemeinen Gedanken ist die tiefste Begeisterung für die Natur und die in ihr gegenwärtige, schaffende Vernunft. Die Vernunft ist nach ihm der innerliche Künstler, der die Materie bildet und in den Gestaltungen des Weltalls sich offenbart. Aus dem Innern der Wurzel oder des Samenkorns sendet er die Sprossen hervor, aus diesen treibt er die Aeste, aus den Aesten die Zweige, sofort Knospen, Blätter, Blumen hervor. Es ist Alles innerlich angelegt, zubereitet und vollendet. Ebenso ruft jene allgemeine Vernunft von innen die Säfte aus den Früchten und Blüthen zu den Zweigen zurück, u. s. f. Das Weltall ist so ein unendliches Thier, in welchem Alles auf die mannigfaltigste Weise lebt und webt. — Das Verhältniß der Vernunft zur Materie bestimmte Bruno ganz in aristotelischer Weise: Beide verhalten sich, wie Form und Stoff, wie Aktualität und Potenzialität, keins ist ohne das andere, die Form ist die innere, treibende Macht der Materie, die Materie, als die unendliche Möglichkeit, als das unendlich Formfähige ist die Mutter aller Formen. — Die andere Seite von Bruno's Philosophiren, seine Lehre von den Erkenntnißformen (Topik), womit es die meisten seiner Schriften zu thun haben, hat geringeres philosophisches Interesse, weßwegen wir sie für unsern Zweck übergehen müssen.

8. Jakob Böhm. Wie Baco unter den Engländern, Bruno unter den Italienern, so bezeichnet unter den Deutschen Jakob Böhm die in Rede stehende Uebergangsperiode. Jeder von den Dreien auf eine für seine Nationalität charakteristische Weise: Baco als Schildträger des Empirismus, Bruno als Vertreter eines poetisch gestimmten Pantheismus, Böhm als Vater der theosophischen Mystik. Nach der Tiefe seines Prinzips würde Böhm weit später zu stellen sein, nach der unvollkommenen Form seines Philosophirens dagegen reiht er sich an die Mystiker des Mittelalters an, während er historisch-genetisch mit der deutschen Reformation und den damals gährenden protestantischen Elementen zusammenhängt. Wir stellen ihn am besten unter die Vorläufer und Propheten der neuen Zeit.

Jakob Böhm wurde 1575 zu Alt-Seidenburg unweit Görlitz in der Oberlausitz geboren. Seine Eltern waren arme Bauersleute. Als Knabe hütete er das Vieh, später wurde er, nachdem er in der Dorfschule lesen und nothdürftig schreiben gelernt hatte, nach Görlitz zu einem Schuhmacher in die Lehre geschickt, hierauf reiste er auf sein Handwerk und setzte sich alsdann, 1594, als Meister in Görlitz. Schon in seiner Jugend hatte er Erleuchtungen oder geheimnißvolle Erscheinungen, noch mehr später, als der Drang nach Wahrheit in ihm überhandnahm und seine ohnehin durch die religiösen Streitigkeiten der damaligen Zeit beunruhigte Seele in gesteigerter Erregung sich befand. Außer der Bibel hatte Böhm nur einige mystische Schriften theosophischen und alchymistischen Inhalts, z. B. die des Paracelsus, gelesen; als er nun ans Niederschreiben seiner Gedanken oder, wie er sie nannte, seiner Erleuchtungen ging, zeigte sich bald der Mangel aller Vorbildung. Daher jenes drangvolle Ringen des Gedankens mit dem Ausdruck, der sich jedoch nicht selten zu dialektischer Schärfe und poetischer Schönheit erhebt. Durch seine erste im Jahr 1612 verfaßte Schrift Aurora bekam Böhm Ungelegenheiten mit dem Oberpfarrer in Görlitz, Gregorius Richter, der sie öffentlich von der Kanzel herab verdammte und selbst die Person ihres Verfassers schmähte. Das Bücherschreiben wurde ihm vom Magistrat untersagt, ein Verbot, das Böhm mehrere Jahre lang beobachtete, bis endlich das Gebot des Geistes allzu mächtig in ihm wurde und er seine schriftstellerische Thätigkeit wieder aufnahm. Böhm war ein unscheinbarer, stiller, bescheidener und sanftmüthiger Mensch. Er starb 1624.

Eine Darstellung der Böhm'schen Theosophie ist schwer in wenigen Worten zu geben, da Böhm seine Gedanken, statt in gedankenmäßiger Form, nur in sinnlichen Bildern, in dunkeln Naturanschauungen auszugebären gewußt hat und sich zum Ausdruck derselben oft der willkürlichsten und seltsamsten Hülfsmittel bedient. Es herrscht in seinen Schriften eine Dämmerung, wie in einem gothischen Dom, in welchen das Licht durch buntbemalte Fenster fällt. Daher die zauberhafte Wirkung, die er auf viele Gemüther macht. Der Hauptgedanke des Böhm'schen Philosophirens ist der: daß die Selbstunterscheidung, die innere Entzweiung, wesentliche Bestimmung des Geistes und daher Gottes sei, sofern Gott als Geist gefaßt werden soll. Lebendiger Geist ist nach Böhm Gott nur, wenn und inwiefern er den Unterschied von sich selbst in sich selbst begreift, und an diesem Andern, an diesem Unterschiede in sich selbst Gegenstand, offenbar Bewußtsein ist. Der Unterschied von Gott in Gott selbst ist allein die Quelle seiner und aller Aktuosität und Spontaneität, die Spring- und Sprudelquelle selbstthätigen, das Bewußtsein aus sich selbst wirkenden und herausschöpfenden Lebens. Böhm ist unerschöpflich an Bildern, um diese Negativität in Gott, Gottes Selbstunterscheidung und Selbstentäußerung zur Welt anschaulich zu machen. Die große Weite ohne Ende, sagt er, begehrt der Enge und einer Einfaßlichkeit, darinnen sie sich mag offenbaren; denn in der Weite ohne Enge wäre keine Offenbarung: so muß ein Anziehen und ein Einschließen sein, daraus die Offenbarung erscheine. Siehe, sagt er an einem andern Ort, so der Wille nur einartig wäre, so hätte das Gemüth auch nur eine Qualität und wäre ein unbeweglich Ding, das immer stille läge und ferner Nichts thäte, als immer Ein Ding; in dem wäre keine Freude, auch keine Kunst noch Wissenschaft von Mehrerem und wäre keine Weisheit; es wäre Alles ein Nichts und wäre eigentlich gar kein Gemüth noch Wille zu Etwas, denn es wäre nur das Einige. So kann man nun nicht sagen, daß der ganze Gott sei in Einem Willen und Wesen: es ist ein Unterschied. Kein Ding ohne Widerwärtigkeit mag ihm selber offenbar werden; denn so es Nichts hat, das ihm widerstrebet, so gehet's immerdar für sich aus und gehet nicht wieder in sich ein; so es aber nicht wieder in sich eingehet, als in das, daraus es ist ursprünglich gegangen, so weiß es nichts von seinem Urstand. — Ganz rein drückt Böhm den obigen Gedanken aus, wenn er in seiner Beantwortung theosophischer Fragen sagt: der Leser soll wissen, daß in Ja und Nein alle Dinge bestehen, es sei göttlich, teuflisch, irdisch, oder was genannt werden mag. Das Eine als das Ja ist eitel Kraft und Liebe und ist die Wahrheit Gottes und Gott selber. Dieser wäre in sich selber unerkenntlich, und wäre darin keine Freude oder Erheblichkeit noch Empfindlichkeit ohne das Nein. Das Nein ist ein Gegenwurf des Ja oder der Wahrheit, auf daß die Wahrheit offenbar und Etwas sei, darinnen ein Contrarium sei, darinnen die ewige Liebe wirkend, empfindlich und wollend sei. Denn Eins hat Nichts in sich, das es wollen kann, es duplire sich denn, daß es zwei sei; so kann sich's auch selbst in der Einheit nicht empfinden; aber in der Zweiheit empfindet es sich. — Kurz, ohne Unterschied, ohne Gegensatz, ohne Entzweiung ist nach Böhm keine Erkenntniß, kein Bewußtsein möglich, nur am Andern, an seinem mit seinem Wesen identischen Gegensatze wird Etwas sich klar und bewußt. — Es lag von hier aus nahe, diese Grundanschauung, den Gedanken einer sich in sich selbst unterscheidenden Einheit an die kirchliche Trinitätslehre anzuknüpfen: Böhm hat das Schema derselben in mannigfacher Anwendung und Ausbeutung seiner Anschauung des göttlichen Lebens- und Entzweiungsprozesses zu Grunde gelegt. Schelling hat später diese Ideen Böhm's wieder aufgenommen und philosophisch verarbeitet.

Sollte man der Theosophie Böhm's nach dem innern Gehalte ihres Prinzips eine entsprechende Stelle anweisen im Entwicklungsgang der spätern Philosophie, so würde sie am besten dem spinozischen System als Complement gegenübergestellt. Lehrt Spinoza die Rückströmung alles Endlichen ins ewige Eine, so zeigt Böhm den Hervorgang des Endlichen aus dem ewigen Einen und die innere Nothwendigkeit dieses Hervorgangs, da das Sein dieses Einen ohne solche Selbstentzweiung vielmehr ein Nichtsein wäre. Mit Cartesius verglichen, hat Böhm jedenfalls den Begriff des Selbstbewußtseins und das Verhältniß des Endlichen zu Gott tiefer gefaßt. Seine geschichtliche Stellung ist jedoch im Uebrigen eine allzu isolirte und exceptionelle, seine Darstellungsform eine allzu unreine, als daß man nicht Bedenken tragen müßte, ihn einer sonst kontinuirlichen und genetisch zusammenhängenden Entwicklungsreihe von Systemen einzuverleiben.

§. 24. Cartesius.

Der Anfänger und Vater der neuern Philosophie ist Cartesius. Während er einerseits, wie die Männer der Uebergangsepoche, mit dem bisherigen Philosophiren gänzlich gebrochen und die Sache wieder einmal ganz von vorne angefangen hat, hat er doch andererseits nicht bloß, wie Baco, ein nur methodologisches Prinzip aufgebracht oder, wie Böhm und die gleichzeitigen Italiener, philosophische Anschauungen ohne methodische Begründung ausgesprochen, sondern er hat, vom Standpunkt gänzlicher Voraussetzungslosigkeit aus, ein neues positives, inhaltsvolles, philosophisches Prinzip aufgestellt und aus demselben sofort, auf dem Wege zusammenhängender Beweisführung, Hauptsätze eines Systems abzuleiten gesucht. Die Voraussetzungslosigkeit und Neuheit seines Prinzips macht ihn zum Anfänger, die innere Fruchtbarkeit dessen zum Stifter der neuern Philosophie.

René Descartes (Renatus Cartesius) ist geb. 1596 zu La Haye in

Touraine. Schon frühe von der herrschenden Philosophie und Gelehrsamkeit unbefriedigt und zum vollendeten Zweifler an ihr geworden, entschloß er sich nach vollbrachten Studien, allem Schulwissen Lebewohl zu sagen und hinfort nur aus sich selbst und aus dem großen Buche der Welt, aus der Natur und der Anschauung des Menschenlebens zu lernen; er vertauschte, 21 Jahre alt, das wissenschaftliche Leben mit dem kriegerischen, indem er als Freiwilliger anfangs unter Moriz von Oranien, später unter Tilly Dienste nahm. Doch der Trieb zu philosophischen und mathematischen Forschungen war zu mächtig in ihm, als daß er sich auf die Dauer davon losreißen konnte; 1621 verließ er, nachdem nach langen innerlichen Kämpfen der Vorsatz einer Reformation der Wissenschaft auf festern Grundlagen reif in ihm geworden war, das Feldlager, er machte mehrere große Reisen, hielt sich alsdann längere Zeit in Paris auf, verließ aber 1629 sein Vaterland und begab sich nach Holland, um hier ungestört und unbekannt der Philosophie zu leben und seine wissenschaftlichen Ideen auszuarbeiten. Er verlebte in Holland, jedoch nicht ohne mancherlei verdrießliche Händel mit fanatischen Theologen, zwanzig Jahre, bis er 1649, einer Einladung der Königin Christine von Schweden folgend, nach Stockholm ging, wo er jedoch schon im nächsten Jahre, 1650, starb.

Der Hauptinhalt und Gedankengang des cartesianischen Philosophirens läßt sich in folgendem Umriß gedrängt darstellen.

a) Soll etwas Festes und Bleibendes in der Wissenschaft hingestellt werden, so muß von den ersten Gründen angefangen, so müssen alle Voraussetzungen und Annahmen, mit denen wir uns von Kindheit an getragen, zerstört werden, kurz, so müssen wir an Allem zweifeln, was nur im Geringsten ungewiß erscheint. Wir müssen also zweifeln nicht nur an der Existenz der sinnlichen Dinge, da die Sinne vielfach täuschen, sondern auch an den Wahrheiten der Mathematik und Geometrie: denn so sicher auch der Satz scheint, daß die Summe von zwei und drei fünf ist, oder daß das Quadrat vier Seiten hat, so können wir doch nicht wissen, ob uns endlichen Wesen überhaupt Wahrheit der Erkenntniß beschieden ist, ob uns Gott nicht bloß zum Meinen und Irren geschaffen hat. Es ist also rathsam, an Allem zu zweifeln, ja sogar, Alles zu negiren, Alles als falsch zu setzen. b) Indem wir so Alles, woran sich irgend zweifeln läßt, als falsch setzen, können wir doch Eines nicht negiren, nämlich die Wahrheit, daß wir selbst, die wir so denken, existiren. Vielmehr gerade daraus, daß ich Alles als falsch setze, Alles bezweifle, folgt meine, des Zweifelnden, Existenz offenbar. Also der Satz: ich denke, also bin ich (cogito, ergo sum), ist der erste und gewisseste, der jedem Philosophirenden entgegentritt. Von diesem gewissesten aller Sätze hängt die Gewißheit aller andern Erkenntnisse ab. Die Einwendung Gassendi's, aus jeder menschlichen Thätigkeit könne ebenso, wie aus dem Denken, die Existenz gefolgert werden, man könne ebenso gut sagen: ich gehe spazieren, also bin ich — trifft nicht, denn ich bin keiner meiner Handlungen ganz und gar gewiß, als nur meines Denkens. c) Aus dem Satze: ich denke, also bin ich, ergibt sich weiterhin einmal die allgemeine Bestimmung des Wesens des Geistes. Indem wir nämlich untersuchen, wer denn wir sind, die wir für falsch halten Alles, was von uns verschieden ist, so sehen wir klar, daß wir Alles, was an uns ist, von uns wegdenken können, ohne unsere Persönlichkeit aufzuheben, nur unser Denken nicht; das Denken beharrt, während es alles Andere negirt; also kann keine Ausdehnung, keine Figur, noch irgend Etwas, was dem Körper zugeschrieben werden kann, zu unserer

Natur gehören, sondern nur das Denken. Ich bin also wesentlich denkendes Wesen, d. h. Geist, Seele, Intelligenz, Vernunft. Das Denken ist meine Substanz. Der Geist kann daher für sich allein vollständig und deutlich erkannt werden, ohne irgend eines von den Attributen, die zum Körper gehören; sein Begriff enthält Nichts von dem, was zum Begriff des Körpers gehört. Es ist darum unmöglich, ihn durch eine sinnliche Vorstellung zu fassen oder sich ein Bild von ihm zu machen: er erfaßt sich nur durch die reine Intelligenz. d) Aus dem Satze: ich denke, also bin ich, ergibt sich ferner die allgemeine Regel aller Gewißheit. Ich bin gewiß, daß ich, weil ich denke, existire. Was ist es, das mir die Gewißheit dieses Satzes gibt? Offenbar nichts Anderes, als die evidente Einsicht, es sei unmöglich, daß Jemand denke und doch nicht existire. Hieraus nun folgt einfach auch für alles weitere Wissen das Kriterium der Gewißheit: gewiß ist Alles, was ich klar und evident als wahr erkenne, was meine Vernunft mit derselben zwingenden Deutlichkeit als wahr einsieht, wie jenes Cogito, ergo sum. e) Diese Regel ist jedoch nur ein Prinzip der Gewißheit, sie gibt noch nicht die Erkenntniß der Wahrheit selbst. Wir mustern daher, unter Anwendung jener Regel, unsere Gedanken oder Ideen durch, um ein objektiv Wahres zu entdecken. Unsere Ideen aber sind theils angeboren, theils beigebaut, theils selbstgemacht. Unter diesen Ideen finden wir vor Allem die Idee Gottes vor. Es fragt sich, woher wir diese Idee haben. Offenbar nicht von uns selbst: diese Idee kann uns vielmehr nur von einem Wesen eingepflanzt sein, das die Fülle aller Vollkommenheiten in sich hat, d. h. nur von einem wirklich existirenden Gotte. Auf die Frage, woher ich das Vermögen habe, eine vollkommenere Natur als die meine zu denken, muß ich immer darauf kommen, daß ich es von Jemand habe, dessen Natur wirklich vollkommener ist. Alle Eigenschaften Gottes zeigen, je mehr ich sie betrachte, daß die Idee von ihnen nicht von mir allein hervorgebracht sein kann. Denn wenn gleich eine Idee von einer Substanz in mir sein kann, weil ich selbst eine Substanz bin; so doch nicht die einer unendlichen Substanz, da ich endlich bin, eine solche kann nur durch eine wirklich unendliche Substanz in mir hervorgebracht sein. Und man muß nicht denken, daß der Begriff des Unendlichen durch Abstraktion und Negation gewonnen ist, so wie etwa Finsterniß Negation des Lichtes ist; vielmehr sehe ich, daß das Unendliche mehr Realität enthält, als das Endliche, und daß darum der Begriff des Unendlichen gewissermaßen früher in mir sein muß, als der des Endlichen. Da ich nun zudem eine klare und bestimmte Idee von der unendlichen Substanz habe und diese mehr objektive Realität hat, als jede andere, so ist keine, an der zu zweifeln ich weniger Ursache hätte. Es bleibt nun, da ich weiß, daß die Idee Gottes mir von Gott gekommen ist, nur übrig, zu untersuchen, auf welche Weise ich sie von Gott empfangen habe. Aus den Sinnen habe ich sie weder geschöpft, noch ist sie mir daraus unwillkürlich gekommen, wie die Ideen des Sinnlichen, denn diese entstehen durch Affektion der äußern Sinneswerkzeuge; auch habe ich sie nicht erdichtet, denn ich kann ihr weder Etwas abnehmen, noch Etwas hinzufügen: so bleibt Nichts übrig, als daß sie mir angeboren ist, ebenso wie mir die Idee meiner selbst angeboren ist. Der erste Beweis also, der für das Dasein Gottes geführt werden kann, ist der, daß wir die Idee Gottes in uns finden und sie eine reale Ursache ihres Daseins haben muß. Es wird ferner aus meiner Unvollkommenheit und namentlich dem Wissen meiner Unvollkommenheit, auf das Dasein Gottes geschlossen. Denn da ich einige Vollkommenheiten erkenne, die mir mangeln, so folgt daraus, daß ein Wesen existiren muß, welches vollkommener ist, als ich, von dem ich abhänge und von dem ich empfangen habe, was ich besitze. Der vorzüglichste aber und evidenteste Beweis für das Dasein Gottes ist endlich der, welcher aus seinem Begriffe folgt. Der Geist, indem er unter den verschiedenen Ideen, welche er hat, eine bemerkt, die vorzüglichste von allen, die des vollkommensten Wesens, erkennt, daß sie nicht nur, wie alle andern Ideen, die Möglichkeit der Existenz, d. h. zufällige Existenz hat, sondern daß sie nothwendige Existenz in sich schließt. Und so wie er daraus, daß es in der Idee des Dreiecks liegt, daß seine drei Winkel zwei rechten gleich sind, weiß, daß es in jedem Dreieck sich so verhalte, so schließt er mit Nothwendigkeit daraus, daß zum Begriff des vollkommensten Wesens die nothwendige Existenz gehöre, darauf, daß es wirklich existirt. Keine einzige andere Idee, die er in sich findet, enthält die nothwendige Existenz, die Existenz aber ist von der Idee des höchsten Wesens ohne Widerspruch nicht zu trennen. Dieß einzusehen hindern uns nur unsere Vorurtheile. Weil wir nämlich gewohnt sind, bei allen Dingen ihren Begriff von der Existenz zu unterscheiden, ferner weil wir uns oft nach unserer Willkür Ideen machen, so geschieht es leicht, daß wir bei der Betrachtung des höchsten Wesens zweifelhaft werden, ob die Idee desselben nicht auch eine solche willkürlich ersonnene sei, oder wenigstens eine solche, in deren Begriff die Existenz nicht liegt. Dieser Beweis ist wesentlich von dem des Anselm von Canterbury, welchen Thomas bekämpft, verschieden. Dieser schließt folgendermaßen: „Die Einsicht in das, was das Wort Gott bedeutet, zeigt, daß darunter verstanden wird, was als das Größte gedacht werden muß; nun ist aber wirklich und in Gedanken sein mehr, als in der Vorstellung allein, also existirt Gott nicht nur in der Vorstellung, sondern auch in der That." Hier ist der Fehler in der Schlußform offenbar, denn es konnte nur geschlossen werden: also muß Gott vorgestellt werden als in der That existirend; daraus folgt aber noch nicht die Wirklichkeit seiner Existenz. Mein Beweis dagegen ist dieser: Wovon wir klar und deutlich einsehen, daß es zu der wahren und unveränderlichen Natur eines Dings oder zu seinem Wesen oder seiner Form gehört, das kann von ihm prädizirt werden. Nachdem wir untersucht hatten, was Gott ist, fanden wir, daß zu seiner wahren und unveränderlichen Natur die Existenz gehört, also können wir mit Recht von Gott die Existenz prädiziren. In der Idee des vollkommensten Wesens ist die nothwendige Existenz enthalten, nicht durch eine Fiktion unseres Verstandes, sondern weil die Existenz zu seiner ewigen und unveränderlichen Natur gehört. f) Das eben gefundene Resultat, die Existenz Gottes, ist von der höchsten Wichtigkeit. Vorher mußten wir an Allem zweifeln und auf jede Gewißheit verzichten, weil wir nicht wußten, ob das Irren nicht zur Natur des menschlichen Geistes gehöre, ob uns Gott nicht zum Irrthum erschaffen hat. Jetzt wissen wir, indem wir uns die angeborene Idee Gottes auf ihre nothwendigen Attribute ansehen, daß Gott wahrhaftig ist: es wäre also ein Widerspruch, wenn er uns täuschte oder die Ursache unseres Irrens wäre; denn wenn auch Betrügen-können als Beweis der Klugheit erscheinen könnte, so ist doch Betrügen-wollen ein Beweis von Bosheit. Unsere Vernunft kann folglich nie ein Objekt erfassen, welches nicht wahr wäre, sofern es von ihr erfaßt, d. h. sofern es klar und deutlich erkannt wird. Denn Gott wäre mit Recht ein Betrüger zu nennen, wenn er uns eine so verkehrte Vernunft gegeben, daß sie das Falsche für wahr hält. Und so ist jener absolute Zweifel, mit welchem wir angefangen haben, aufgehoben. Aus dem Wesen Gottes fließt uns alle Gewißheit. Zu jeder sichern Erkenntniß ist es hinreichend, daß wir eine Sache klar und deutlich erkannt haben, und dabei der Existenz des nicht täuschenden Gottes gewiß sind. g) Aus der wahren Gottesidee ergeben sich die Prinzipien der Naturphilosophie oder die Lehre von den beiden Substanzen. Substanz ist, was so existirt, daß es zu seiner Existenz keines Andern bedarf. In diesem (höchsten) Sinne Substanz ist nur Gott. Gott als die unendliche Substanz hat seinen Grund in sich selbst, ist Ursache seiner selbst. Die beiden geschaffenen Substanzen dagegen, die denkende und die körperliche Substanz, Geist und Materie, sind nur im weiteren Sinne des Worts Substanzen; man kann sie unter den gemeinschaftlichen Begriff fassen, daß sie Dinge sind, die zu ihrer Existenz bloß der Mitwirkung Gottes bedürfen. Jede dieser beiden Substanzen hat ein Attribut, das ihre Natur und ihr Wesen ausmacht, und worauf ihre übrigen Bestimmungen insgesammt zurückzuführen sind. Das Attribut und Wesen der Materie ist die Ausdehnung, das Wesen des Geistes Denken. Denn alles Andere, was vom Körper prädizirt werden kann, setzt die Ausdehnung voraus, und ist nur eine Weise der Ausdehnung, so wie Alles, was wir im Geiste finden, nur eine Modifikation des Denkens ist. Eine Substanz, der unmittelbar das Denken angehört, heißt Geist, eine Substanz, die unmittelbar Substrat der Ausdehnung ist, heißt Körper. Da Denken und Ausdehnung von einander verschieden sind, und der Geist nicht nur ohne die Attribute des Körpers erkannt wird, sondern in sich die Negation der Attribute des Körpers ist, so ist das Wesen der Substanzen dieß, daß sie sich gegenseitig negiren. Geist und Körper sind ganz verschieden und haben nichts miteinander gemein. h) In anthropologischer Hinsicht (um die cartesianische Physik, die nur untergeordnetes philosophisches Interesse hat, zu übergehen) ergibt sich aus diesem dualistischen Verhältniß zwischen Geist und Materie ein dualistisches Verhältniß zwischen Seele und Leib. Ist die Materie wesentlich Ausdehnung, der Geist wesentlich Denken, und haben beide nichts mit einander gemein, so kann die Vereinigung von Seele und Leib nur als mechanische gedacht werden. Der Körper seinerseits ist anzusehen wie ein künstliches Automat, das Gott verfertigt hat, wie eine von Gott geformte Statue oder Maschine aus Erde. In diesem Körper wohnt die Seele, enge, aber nicht innerlich mit ihm verknüpft. Die Vereinigung beider ist nur eine gewaltsame Zusammensetzung, da beide nicht nur selbstständige Faktoren, sondern wesentlich von einander verschieden, ja sich entgegengesetzt sind. Der selbstständige Leib ist eine fertige Maschine, in welcher durch das Hinzutreten der denkenden Seele nichts geändert wird, nur daß durch sie gewisse Bewegungen mehr hervorgebracht werden können; das Räderwerk der Maschine bleibt wie es war. Nur das in ihr wohnende Denken unterscheidet darum diese Maschine von jeder andern, daher denn nothwendig die Thiere, da sie nicht Selbstbewußtsein, Denken sind, mit allen andern Maschinen den gleichen Rang einnehmen. — Von diesem Standpunkt aus erhebt sich nun namentlich die Frage nach dem Sitz der Seele. Sind Leib und Seele selbstständige, sich wesentlich entgegengesetzte Substanzen, so können sie sich nicht gegenseitig durchdringen, sondern sich nur, wenn sie nun doch gewaltsam vereinigt werden, an Einem Punkte berühren. Dieser Punkt nun, wo die Seele ihren Sitz hat, ist nach Cartesius nicht das ganze Gehirn, sondern der innerste Theil desselben, eine kleine Drüse in der Mitte der Hirnsubstanz die Zirbeldrüse. Der Beweis für diese Annahme, daß die

Zirbeldrüse der einzige Ort ist, wo die Seele unmittelbar ihre Wirksamkeit zeigt, liegt in dem Umstand, daß alle andern Theile des Gehirns gedoppelt sind, was nicht sein darf bei einem solchen Organ, weil sonst die Seele die Objekte doppelt wahrnähme. Es ist darum kein anderer Ort im Körper, in welchem sich die Eindrücke so vereinigen können, wie in dieser Drüse. Die Zirbeldrüse ist mithin der vorzüglichste Sitz der Seele und der Ort, in welchem alle unsere Gedanken gebildet werden.

Wir haben im Vorstehenden die Grundgedanken des cartesianischen Systems entwickelt und rekapituliren nun in wenigen Worten die für den Standpunkt und die geschichtliche Stellung desselben charakteristischen Punkte. Cartesius ist der Begründer einer neuen Epoche der Philosophie, indem er **erstens** das Postulat gänzlicher Voraussetzungslosigkeit ausgesprochen hat. Eben das von Cartesius geforderte absolute Protestiren gegen Alles, was nicht vom Denken gesetzt ist, gegen alles Gegebensein der Wahrheit, ist von da an Grundprinzip der neuern Zeit geblieben. **Zweitens** hat Cartesius das Prinzip des Selbstbewußtseins, des rein für sich seienden Ichs (der Geist oder die denkende Substanz wird nämlich von Cartesius gefaßt als individuelles Selbst, als einzelnes Ich) aufgebracht — ein neues, dem Alterthum in dieser Fassung unbekanntes Prinzip. **Drittens** hat Cartesius den Gegensatz von Sein und Denken, Dasein und Bewußtsein aufgestellt, und die Vermittlung dieses Gegensatzes (das Problem der ganzen neuern Philosophie) als philosophische Aufgabe ausgesprochen. Mit diesen in der Geschichte der Philosophie epochemachenden Ideen hängen jedoch zugleich die Mängel des cartesianischen Philosophirens zusammen. **Erstens** hat Cartesius den Inhalt seines Systems, namentlich seine drei Substanzen, empirisch aufgenommen. Es hat zwar, indem das System mit einer Protestation gegen alles Daseiende beginnt, den Anschein, als sollte nichts Gegebenes als solches aufgenommen, sondern Alles aus dem Denken abgeleitet werden. Allein jenes Protestiren ist nicht so ernstlich gemeint; das scheinbar Weggeworfene wird nachher, nachdem das Prinzip der Gewißheit gewonnen ist, unverändert wieder angenommen. Und so kommt es, daß Cartesius sowohl die Idee Gottes als die beiden Substanzen **vorfindet**, als unmittelbar gegebene. Um sie zu finden, abstrahirt er zwar von Vielem, was unmittelbar vorliegt, aber am Ende bleiben die beiden Substanzen als Rest zurück, nachdem von allem Uebrigen abstrahirt ist. Sie werden, empirisch aufgenommen. Ein **zweiter** Mangel ist es, daß Cartesius die beiden Seiten des Gegensatzes, Denken und Sein, gegen einander isolirt. Er setzt beide als „Substanzen," d. h. als Mächte, die sich gegenseitig ausschließen und negiren. Das Wesen der Materie besteht ihm nur in der Ausdehnung, d. h. im reinen Außersichsein, das des Geistes nur im Denken, d. h. im reinen Insichsein. Beide stehen sich gegenüber, wie Centrifugales und Centripetales. Bei dieser Fassung von Geist und Materie ist eine innere Vermittlung beider eine Unmöglichkeit; wo beide Seiten zusammenkommen und vereinigt sind, wie im Menschen, können sie dieß nur sein durch einen gewaltsamen Akt der Schöpfung, durch die göttliche Assistenz. — Nichtsdestoweniger fordert und sucht Cartesius eine Vermittlung beider Seiten. Aber eben die Unfähigkeit, den Dualismus seines Standpunkts wahrhaft zu überwinden, ist der **dritte**, ist der Hauptmangel seines Systems. In dem Satze: „ich denke, also bin ich," oder „ich bin denkend," werden zwar beide Seiten, das Sein und das Denken, mit einander verbunden, aber doch nur, um als selbstständig gegen einander fixirt zu werden. Auf die Frage, wie verhält sich das Ich zum Ausgedehnten?

8*

kann nur geantwortet werden: denkend, d. h. negativ, ausschließend. So bleibt also zur Vermittlung beider Seiten nur die Idee Gottes übrig. Von Gott sind beide Substanzen geschaffen, durch den göttlichen Willen sind beide mit einander verbunden, durch die Gottesidee erhält das Ich die Gewißheit, daß das Ausgedehnte existirt. Gott ist so gewissermaßen ein Deus ex machina, um die Einheit des Ich mit dem Ausgedehnten zu vermitteln. Es leuchtet ein, wie äußerlich eine solche Vermittlung ist.

Dieser Mangel des cartesianischen Systems ist es, der den folgenden Systemen als treibendes Motiv zu Grund liegt.

§. 25. Geulinx und Malebranche.

1) Geist und Materie, Bewußtsein und Dasein hatte Cartesius in der weitesten Entfernung von einander firirt. Beide sind ihm Substanzen, selbstständige Mächte, sich ausschließende Gegensätze. Der Geist (d. h. nach seiner Fassung das einfache Selbst, das Ich) ist ihm wesentlich dieß: sich von der Materie zu unterscheiden, die Materie von sich auszuschließen, vom Sinnlichen zu abstrahiren; die Materie wesentlich dieß: ein dem Denken Entgegengesetztes zu sein. Wird das Verhältniß beider Mächte in der angegebenen Weise bestimmt, so drängt sich von selbst die Frage auf, wie alsdann noch ein Rapport zwischen ihnen stattfinden könne? Wie können einerseits die Affektionen des Körpers auf die Seele wirken, wie kann andererseits das Wollen der Seele den Körper bestimmen, wenn beide schlechthin verschieden, ja sich entgegengesetzt sind? Bei diesem Punkte faßte der Cartesianer Arnold Geulinx (geb. 1625 zu Antwerpen, gest. 1669 als Professor der Philosophie zu Leyden) das cartesianische System, um ihm eine konsequentere Ausbildung zu geben. Nach Geulinx wirkt weder die Seele unmittelbar auf den Körper, noch der Körper unmittelbar auf die Seele. Das Erstere nicht: denn meinen Körper kann ich zwar mannigfach nach Willkür bestimmen oder bewegen, aber ich bin nicht die Ursache dieser Bewegung; denn ich weiß nicht, wie sie geschieht, ich weiß nicht, auf welche Weise die Bewegung von meinem Gehirn in meine Glieder sich fortpflanzt, und es ist unmöglich, daß ich das mache, von dem ich nicht einsehe, wie es gemacht wird. Kann ich aber die Bewegung in meinem Körper nicht hervorbringen, so noch viel weniger eine Bewegung außerhalb meines Körpers. Ich bin also bloß Zuschauer dieser Welt; die einzige Handlung, die mein ist, die mir übrig bleibt, ist die Beschauung. Aber selbst dieses Beschauen geschieht auf eine wunderbare Weise. Denn wie bekommen wir unsere Anschauung von der Außenwelt? Unmöglich kann die Außenwelt direkt auf uns einwirken. Denn wenn auch z. B. im Akte des Sehens die äußern Objekte ein Bild in meinen Augen hervorbringen, oder einen Eindruck in meinem Gehirn wie in einem Wachse machen, so ist doch dieser Eindruck oder dieses Bild nur etwas Körperliches oder Materielles, das daher in meinen vom Materiellen schlechthin unterschiedenen Geist nicht kommen kann. — Somit bleibt nur übrig, die Vermittlung beider Seiten in Gott zu suchen. Gott ist es allein, der das Aeußere mit dem Innern, das Innere mit dem Aeußern verbindet, der die äußern Erscheinungen zu innern Vorstellungen, zu Vorstellungen des Geistes, die Welt daher ihm anschaulich macht und die Bestimmungen des Innern, den Willen zu äußerer That werden läßt. Jede Wirkung, jede Handlung, die Aeußeres und Inneres, die Geist und Welt,

verbindet, ist daher weder eine Wirkung des Geistes, noch der Welt, sondern nur eine unmittelbare Wirkung Gottes. Die Bewegung in meinen Gliedern erfolgt nicht auf meinen Willen, es ist nur Gottes Wille, daß diese Bewegungen erfolgen, wenn ich will. Bei Gelegenheit meines Willens bewegt Gott meinen Körper, bei Gelegenheit einer Affektion meines Körpers bringt Gott eine Vorstellung in mir hervor: das Eine ist nur die gelegentliche Veranlassung des Andern (daher der Name dieser Theorie, Occasionalismus). Mein Wille bewegt jedoch nicht den Beweger dazu, daß er meine Glieder bewegt, sondern der, welcher der Materie die Bewegung mittheilte und ihr Gesetze gab, eben der schuf auch meinen Willen, und er hat daher die unterschiedlichsten Dinge, die Bewegung der Materie und die Willkür meines Willens, so unter einander verbunden, daß, wenn mein Wille will, eine solche Bewegung erfolgt, als er will, und wenn die Bewegung erfolgt, der Wille sie will, ohne daß sie jedoch in einander einwirken oder einen physischen Einfluß gegenseitig auf sich ausüben. Im Gegentheil, wie die Uebereinstimmung zweier Uhren, die ganz gleich gehen, so daß, wenn die eine, auch die andere die Stunden schlägt, nicht von einer gegenseitigen Einwirkung, sondern nur daher kommt, daß beide gleich gerichtet oder gestellt wurden: so hängt die Uebereinstimmung der Bewegungen des Körpers und des Willens nur von jenem erhabenen Künstler ab, der sie auf diese unaussprechliche Weise mit einander verbunden hat. — Man sieht, daß Geulinx die dualistische Grundanschauung des Cartesius nur auf die Spitze getrieben hat. Hatte Cartesius die Vereinigung von Geist und Körper eine gewaltsame Zusammensetzung genannt, so nennt sie Geulinx geradezu ein Wunder. Konsequentermaßen ist bei dieser Auffassung keine immanente, sondern nur eine transcendente Vermittlung beider möglich.

2) Verwandt mit der Grundanschauung des Geulinx, gleichfalls nur eine Konsequenz und weitere Entwicklung des cartesianischen Philosophirens, ist der philosophische Standpunkt des Nikolaus Malebranche (geb. zu Paris 1638, im zweiundzwanzigsten Jahre Oratorianer, durch die Schriften des Cartesius für die Philosophie gewonnen, starb nach mancherlei Fehden mit theologischen Gegnern 1715).

Malebranche geht aus von der cartesianischen Auffassung des Verhältnisses zwischen Geist und Körper. Beide sind streng von einander geschieden, ihrem Wesen nach sich entgegengesetzt. Wie kommt nun der Geist (d. h. das Ich) zur Erkenntniß der Außenwelt, zu Ideen der körperlichen Dinge? Denn nur in der geistigen Form von Ideen können äußere und besonders materielle Dinge dem Geist gegenwärtig sein, der Geist hat nicht das Ding selbst, sondern nur die Idee von ihm, das Ding selbst bleibt außerhalb seiner. Diese Ideen kann der Geist weder aus sich, noch von den Dingen her haben. Nicht aus sich: denn der Seele als beschränktem Wesen kann die Fähigkeit nicht zugeschrieben werden, die Ideen der Dinge rein aus sich selbst zu erzeugen; was bloß Idee der Seele ist, existirt darum noch nicht wirklich, und was wirklich ist, dessen Existenz und Vorstellung hängt nicht von der Willkür der Seele ab, die Ideen der Dinge sind uns gegeben, sie sind nicht Produkt unseres Denkens. Ebensowenig aber schöpft der Geist diese Ideen aus den Dingen selbst; es ist undenkbar, daß von materiellen Dingen Eindrücke auf die Seele, welche immateriell ist, ausgehen, davon ganz abgesehen, daß diese unendlich vielen und mannigfaltigen Eindrücke bei ihrem Zusammentreffen sich gegenseitig stören und vernichten würden. Es bleibt also nur übrig, daß der Geist die Dinge schaut in einem Dritten, über dem Gegensatz

Stehenden in Gott. Gott, die absolute Substanz, faßt alle Dinge in sich, er schaut alle Dinge ihrem Wesen und Sein nach in sich selbst; in ihm sind ebendarum auch die Ideen aller Dinge; er ist die ganze Welt als intellektuelle oder ideale Welt. Gott ist also das höhere Medium zwischen dem Ich und der Außenwelt. In ihm schauen wir die Ideen, da auch wir selbst so genau mit ihm verbunden, so ganz in ihm befaßt sind, daß man ihn den Ort der Geister nennen kann; von ihm geht ebenso auch unser Wollen und Empfinden in Bezug auf die Dinge aus; er hält die objektive und subjektive Welt, die an sich getrennt und geschieden sind, zusammen.

Die Philosophie Malebranche's, deren einfacher Grundgedanke der ist, daß wir alle Dinge in Gott erkennen und sehen, — erweist sich somit, ähnlich dem Occasionalismus des Geulinx, als ein eigenthümlicher Versuch, auf dem Boden und unter den Grundvoraussetzungen der cartesianischen Philosophie den Dualismus derselben zu überwinden.

3) Zwei Mängel oder innere Widersprüche der cartesianischen Philosophie haben sich herausgestellt. Cartesius faßt Geist und Materie als Substanzen, als sich ausschließende Gegensätze, und sucht sofort eine Vermittlung beider. Die Vermittlung kann bei diesen Voraussetzungen nur eine äußerliche, jenseitige sein. Ist Denken und Dasein, jedes von beiden eine Substanz, so können sie sich nur negiren, ausschließen. Unnatürliche Theorieen, wie die eben betrachteten, sind dann eine unvermeidliche Konsequenz. Der einfachste Ausweg ist, man läßt jene Voraussetzung fallen, man streift beiden Gegensätzen ihre Selbstständigkeit ab, man faßt sie, statt als Substanzen, als Erscheinungsformen einer Substanz. Dieser Ausweg ist besonders angezeigt und nahe gelegt durch einen zweiten Umstand. Nach Cartesius ist Gott die unendliche Substanz, die einzige Substanz im eigentlichen Sinne des Worts. Geist und Materie sind zwar auch Substanzen, aber nur im Verhältniß zu einander; im Verhältniß zu Gott sind sie unselbstständig, sind sie nicht Substanzen. Dies ist genau genommen ein Widerspruch. Die wahre Konsequenz wäre vielmehr, zu sagen: weder die Ich (d. h. die einzelnen Denkenden), noch die materiellen Dinge sind etwas Selbstständiges, sondern nur die Substanz, Gott; nur die letztere hat ein reales Sein, und alles Sein, das den Einzelwesen zukommt, haben sie nicht als ein substanzielles Sein, sondern nur als Accidenzen an der Einen, allein wahren und realen Substanz. Malebranche nähert sich dieser Konsequenz; die Körperwelt wenigstens ist nach ihm ideell aufgehoben und gewissermaßen verschwindend in Gott, in dem die ewigen Urbilder aller Dinge sind. Ganz entschieden und folgerichtig aber hat jene Konsequenz, die Accidenzialität aller Einzelwesen, die alleinige und ausschließliche Substanzialität Gottes Spinoza ausgesprochen: sein System ist die Vollendung und Wahrheit des cartesianischen.

§. 26. Spinoza.

Baruch Spinoza ist in Amsterdam den 24. Nov. 1632 geboren. Seine Eltern, Juden aus portugiesischem Geschlecht, waren wohlhabende Kaufleute, die ihm eine gelehrte Erziehung geben ließen. Er studirte mit vielem Fleiße die Bibel und den Talmud. Bald vertauschte er jedoch das Studium der Theologie mit dem der Physik und der Werke des Cartesius; gleichzeitig trennte er sich vom Judenthum, mit dem er frühzeitig innerlich gebrochen hatte, auch äußerlich, ohne jedoch förmlich zum Christenthum überzugehen. Um den Verfolgungen der Juden, die ihn erkommunizirt hatten und ihm sogar nach dem Leben trachteten, zu entgehen, verließ er Amsterdam und begab sich nach Rhynsburg bei Leyden; zuletzt siedelte er sich nach dem Haag über, wo er, einzig mit wissenschaftlichen Arbeiten beschäftigt, in größter Eingezogenheit lebte. Seinen Unterhalt erwarb er sich mit dem Schleifen optischer Gläser, welche seine Freunde verkauften. Der Churfürst von der Pfalz, Carl Ludwig, ließ ihm, unter dem Versprechen völliger Lehrfreiheit, eine Professur der Philosophie in Heidelberg antragen: Spinoza schlug sie aus. Von Natur schwächlich, lange Jahre an der Schwindsucht kränkelnd, starb Spinoza, erst 44 Jahre alt, den 21. Febr. 1677. In seinem Leben spiegelte sich überall die wolkenlose Klarheit und erhabene Ruhe des vollendeten Weisen. Nüchtern, mit Wenigem zufrieden, Herr seiner Leidenschaften, nie unmäßig traurig oder fröhlich, mild und wohlwollend, ein bewundernswerth reiner Charakter, hat er die Lehren seiner Philosophie auch im Leben getreulich befolgt. Sein Hauptwerk, die Ethik, erschien in seinem Todesjahre. Wahrscheinlich wollte er sie noch bei Lebzeiten selbst herausgeben, aber das gehässige Gerücht, daß er ein Atheist sei, hat ihn wohl davon abgehalten. Sein vertrautester Freund, Ludwig Meyer, ein Arzt, besorgte die Herausgabe, seinem Willen gemäß, nach seinem Tod.

Das spinozistische System ruht auf drei Grundbegriffen, aus deren Fassung sich alles Uebrige mit mathematischer Nothwendigkeit ergibt. Diese Begriffe sind der Begriff der Substanz, der des Attributs, und der des Modus.

a) Spinoza geht aus vom cartesianischen Begriff der Substanz: Substanz ist dasjenige, was zu seiner Existenz keines Andern bedarf. Bei diesem Begriff der Substanz kann jedoch nach Spinoza nur eine einzige Substanz existiren. Was bloß durch sich selbst ist, ist nothwendig unendlich, nicht bedingt und beschränkt durch Anderes; Durchsichselbstsein ist absolute Macht dazusein, die von nichts Anderem abhängen, an nichts Anderem eine Schranke, Negation ihrer selbst finden kann; nur ein unbegrenztes Sein ist selbstständiges, substanzielles Sein. Mehrere Unendliche aber kann es nicht geben; sie wären durch nichts zu unterscheiden; eine Mehrheit von Substanzen, wie eine solche noch Cartesius angenommen hat, ist daher nothwendiger Weise ein Widerspruch. Es kann nur Eine, und zwar eine absolut unendliche Substanz existiren. Die gegebene, endliche Realität setzt eine solche, durch sich selbst seiende Substanz nothwendig voraus; es wäre ein Widerspruch, daß nur das Endliche, nicht auch das Unendliche Dasein haben, daß es nur ein durch Anderes bedingtes und gesetztes, nicht auch ein durch sich selbst substistirendes Dasein geben sollte. Die absolute Substanz ist vielmehr die reale Ursache aller und jeder Existenz; sie ist allein wirkliches, unbedingtes Sein, sie ist die alleinige Kraft des Seins, aus welcher alles Endliche sein Dasein hat; ohne sie ist nichts, mit ihr ist Alles, in ihr ist, da es neben ihr kein selbstständiges Sein geben kann, alle Realität befaßt; sie ist nicht nur Ursache alles Seins, sondern selbst alles Sein, alles besondere Sein ist nur eine Modifikation (Individuation) der allgemeinen Substanz selbst, welche vermöge innerer Nothwendigkeit ihre unendliche Realität zu einer unendlichen, alle denkbaren Formen der Existenz in sich umschließenden Quantität des Seins ausbreitet. Diese Eine Substanz nennt Spinoza Gott. Man muß dabei, wie sich von selbst versteht, die christliche Gottesidee, die Vorstellung einer geistigen Einzelpersönlichkeit bei Seite lassen. Spinoza erklärt ausdrücklich, daß er von Gott eine ganz andere Vorstellung habe, als die Christen; er behauptet entschieden, daß alles Dasein, auch das materielle, unmittelbar der Natur Gottes als der Einen Substanz entstamme; er spottet über die, welche in der Welt etwas Anderes sehen, als ein Accidens der göttlichen Substanz selbst; er erblickt darin einen Dualismus, welcher die nothwendige Einheit aller Dinge, eine Verselbstständigung der Welt, welche die alleinige Kausalität Gottes aufheben würde; die Welt ist nicht freies, neben Gott stehendes Produkt des göttlichen Willens, sondern ein Ausfluß des seiner Natur nach unendlich schöpferischen Wesens Gottes selbst. Gott ist ihm nur die Substanz der Dinge und nichts Anderes. Die Sätze, daß nur Ein Gott ist, und daß die Substanz aller Dinge nur Eine ist, sind ihm identische Sätze.

Was ist nun eigentlich die Substanz? Was ist ihr positives Wesen? Diese Frage ist vom spinozistischen Standpunkt sehr schwer direkt zu beantworten. Einestheils deßhalb, weil die Definition nach Spinoza die nächste Ursache des zu Erklärenden mit enthalten (genetisch sein) muß, die Substanz aber als ein Unerschaffenes keine Ursache außerhalb ihrer haben kann. Anderntheils und hauptsächlich deßhalb, weil nach Spinoza jede Bestimmung Negation ist (omnis determinatio est negatio lautet ein zwar nur gelegentlicher, aber die Grundidee des ganzen Systems ausdrückender Ausspruch von ihm), weil jede Determination einen Mangel der Existenz, ein relatives Nichtsein andeutet. Durch Aufstellung spezieller positiver Wesensbestimmungen würde also die Substanz nur verendlicht. Die Aussagen über sie können daher vorherrschend nur abwehrende, negative sein, z. B. sie habe keine fremde Ursache, sei kein Vieles, könne nicht getheilt werden u. s. f. Selbst daß sie Eine sei, will Spinoza nicht gern von ihr sagen, weil dieses Prädikat leicht numerisch genommen werden kann und alsdann der Anschein entsteht, als stände ihr noch Anderes, das Viele, gegenüber. Somit bleiben nur solche positive Aussagen über sie übrig, die ihre absolute Beziehung auf sich selbst ausdrücken. In diesem Sinn sagt Spinoza von ihr, sie sei Ursache ihrer selbst, d. h. ihr Wesen schließe Existenz in sich. Nur ein anderer Ausdruck für denselben Gedanken ist es, wenn Spinoza sie ewig nennt, denn unter Ewigkeit versteht er die Existenz selbst, sofern sie als aus der Definition des Dings folgend begriffen wird, in gleichem Sinne, in welchem die Geometer von ewigen Eigenschaften der Figuren sprechen. Ferner nennt er die Substanz unendlich, sofern ihm der Begriff der Unendlichkeit den Begriff des wahren Seins, die absolute Affirmation der Existenz ausdrückt. Ebenso sagt auch der Ausdruck, daß Gott frei ist, Nichts, als was die erwähnten Aussagen behaupteten, nämlich negativ, daß jeder fremde Zwang ausgeschlossen ist, positiv, daß Gott mit sich selbst in Uebereinstimmung ist, daß sein Sein den Gesetzen seines Wesens entspricht.

Das Vorstehende zusammengefaßt: es gibt nur Eine, alle Determination und Negation von sich ausschließende, unendliche Substanz, welche Gott genannt wird und das Eine Sein in allem Dasein ist.

b) Neben der unendlichen Substanz oder Gott hatte Cartesius zwei abgeleitete, von Gott geschaffene Substanzen, Geist (Denken) und Materie (Ausdehnung) gestellt. Diese beiden, Denken und Ausdehnung, sind nun auch bei Spinoza die zwei Grundformen, unter die er alle Wirklichkeit subsumirt, die zwei „Attribute", unter welchen die Eine Substanz, sofern sie die Ursache aller Wirklichkeit ist, uns erscheint. Wie verhalten sich nun — dieß ist die schwierige Frage, die Achillesferse des spinozistischen Systems — diese Attribute zur unendlichen Substanz? Das Wesen der Substanz selbst kann in ihnen nicht aufgehen; sonst wäre die Substanz eine bestimmte, beschränkte, was dem oben aufgestellten Begriff der Substanz widerspräche. Wenn hiernach die beiden Attribute das objektive Wesen der Substanz nicht erschöpfen, so bleibt nur übrig, daß sie Bestimmungen sind, in welchen die an sich unendliche Substanz sich der subjektiven Erkenntniß des Verstandes darstellt, für welchen einmal Alles in Denken und Ausdehnung sich theilt. Und dieß ist die Meinung Spinoza's. Attribut ist nach ihm Dasjenige, was der Verstand an der Substanz wahrnimmt als ihr Wesen ausmachend. Die beiden Attribute sind also Bestimmungen, welche das Wesen der Substanz in dieser bestimmten Weise ausdrücken nur für den wahrnehmenden Verstand; sie können, da die Substanz selbst in keiner solchen bestimmten Weise des Seins aufgeht, nur dem außerhalb der Substanz stehenden Verstande als der Ausdruck ihres Wesens erscheinen. Daß der Verstand die Substanz gerade unter diesen beiden Attributen anschaut, ist der Substanz selbst gleichgültig; die Substanz an sich hat unendlich viele Attribute, d. h. es können alle möglichen Attribute, die nicht Beschränkungen sind, in sie gesetzt werden; nur der menschliche Verstand ist es, der eben jene beiden Attribute an die Substanz heranbringt, und zwar bloß jene beiden, weil unter allen Begriffen, die er fassen kann, bloß diese wirklich positiv sind oder Realität ausdrücken. Gott oder die Substanz ist also denkend, sofern der Verstand sie unter dem Attribut des Denkens, und ausgedehnt, sofern der Verstand sie unter dem Attribut der Ausdehnung betrachtet. Mit einem Wort, die beiden Attribute sind empirisch aufgenommene, das Wesen der Substanz selbst nicht deckende Bestimmungen; die Substanz steht hinter ihnen als das absolut Unendliche, das in so bestimmte Begriffe sich nicht fassen läßt; sie erklären nicht, was die Substanz an sich ist; sie erscheinen somit als ihr selbst zufällig; es fehlt bei Spinoza die Vermittlung zwischen dem Begriff der absoluten Substanz und der bestimmten Art und Weise, in welcher sie in den beiden Attributen sich darstellt.

Im Verhältniß zu einander sind die Attribute zunächst (wie bei Cartesius) streng zu scheiden und bestimmt auseinander zu halten. Sie sind zwar Attribute Einer und derselben Substanz; aber jedes Attribut ist selbstständig, so unendlich selbstständig, wie die Substanz es ist, deren Wesen in ihm realiter erscheint. Zwischen Denken und Ausdehnung, zwischen geistiger und körperlicher Welt findet daher kein gegenseitiger Einfluß, keine gegenseitige Einwirkung statt; ein Körperliches kann nur ein Körperliches, ein Geistiges, z. B. Vorstellung, Idee, Wille, nur wieder ein Geistiges zu seiner Ursache haben. Es kann folglich z. B. weder der Geist auf den Körper, noch der Körper auf den Geist einwirken. Soweit also hält auch Spinoza an der cartesianischen Trennung des Geistigen und Materiellen fest. Aber ebenso sehr sind vom Begriff der Einen Substanz aus beide Welten, die geistige und die körperliche, auch wiederum Eins und Dasselbe, es findet zwischen beiden Welten vollkommene Uebereinstimmung, ein durchgängiger Parallelismus statt. Ist es doch eine und dieselbe Substanz, die unter jedem von beiden Attributen gedacht wird: unter welchem von beiden sie betrachtet werde, es ist immer nur dieselbe Substanz, die in den verschiedenen Formen des Daseins erscheint; „die Idee des Zirkels und der wirkliche Zirkel sind Ein und dasselbe Ding, nur das eine Mal unter dem Attribut des gedachten, das andere Mal unter dem des ausgedehnten Seins betrachtet;" es geht von der Einen Substanz in der That nur Eine unendliche Reihe von Dingen aus, aber eine Reihe von Dingen, die unter mehreren Formen des Seins, wie diese eben in den Attributen ausgedrückt sind, subsistiren; Alles existirt, wie die Substanz selbst, sowohl unter der idealen Form des Denkens, wie unter der realen der Ausdehnung; allem Geistigen korrespondirt ein Körperliches, allem Körperlichen ein Geistiges von ganz gleicher Beschaffenheit; Natur und Geist sind verschieden, aber sie fallen nicht auseinander, sie sind überall zusammen wie Bild und Gegenbild, wie Sache und Vorstellung, wie Objekt und Subjekt, in welchem das Objekt sich spiegelt, das Reale sich idealiter reflektirt; die Welt wäre nicht das Produkt Einer Substanz, wenn in ihr nicht diese beiden Elemente, Sein und Denken, auf jedem Punkte in untrennbarer Identität beisammen wären. Diesem Gesichtspunkt der untrennbaren Einheit des geistigen und materiellen Elements, die nach ihm, nur in verschiedenen Graden der Vollkommenheit, durch die ganze Natur hindurch geht, unterstellt Spinoza insbesondere das Verhältniß zwischen Körper und Geist des Menschen; dieses, auf cartesianischem Standpunkt so schwierige, gar nicht zu erklärende Verhältniß findet bei ihm eine einfache Erledigung. Wie überall, so sind auch im Menschen Ausdehnung und Denken, und zwar dieses in ihm nicht nur als Gefühl und Vorstellung, sondern als selbstbewußtes, vernünftiges Denken zusammen und untrennbar; der Geist ist das Bewußtsein, das den mit ihm verbundenen Körper und durch dessen Vermittlung die übrige sinnliche Welt, so weit sie den Körper affizirt, zu seinem Gegenstande hat; der Körper ist der reale Organismus, dessen Zustände und Affektionen im Geist bewußt sich reflektiren. Eine Einwirkung beider aufeinander ist aber ebendarum nicht vorhanden; Geist und Körper sind dasselbe Ding, nur das eine Mal als bewußtes Denken, das andere Mal als materielles, ausgedehntes Sein gesetzt; sie sind nur der Form nach verschieden, sofern das Sein und Leben des Körpers, d. h. die körperlichen Eindrücke, Bewegungen, Thätigkeiten, die sich einzig und allein nach den Gesetzen des körperlichen Organismus bestimmen, sich im Geist von selbst zu bewußter, vorstellender, denkender Einheit zusammenfassen.

c) Die Einzelwesen, die, unter dem Attribut des Denkens betrachtet, Ideen, unter dem Attribut der Ausdehnung betrachtet, Körperdinge sind, befaßt Spinoza unter dem Begriff des Accidens oder, wie er es nennt, des Modus. Unter den Modis sind also zu verstehen die einzelnen individuellen Formen des Daseins, zu welchen das allgemeine Sein der Substanz sich besondert. Die Modi verhalten sich zur Substanz wie die kräuselnden Meerwellen zum Meerwasser, als stets schwindende, nie seiende Gestalten. Ein selbstständiges Fürsichsein hat das Endliche nicht. Es existirt, weil eine Produktion unendlich vieler endlicher Einzeldinge auch zu der unbegrenzten produktiven Thätigkeit der Substanz gehörte; aber es hat keine eigene Wirklichkeit, es existirt nur an der Substanz und durch die Substanz. Die endlichen Dinge sind nur die äußersten, letzten, untergeordnetsten Daseinsformen, zu welchen das allgemeine Leben sich spezifizirt, und sie tragen diese ihre Endlichkeit auch darin an sich, daß sie willen- und widerstandslos dem in der endlichen Welt herrschenden Kausalzusammenhang unterworfen sind. Die göttliche Substanz wirkt frei, nur nach dem innern Wesen ihrer eigenen Natur; die Einzelwesen aber sind unfrei, den Einwirkungen der Dinge, mit denen sie zusammen sind, preisgegeben; ihre Endlichkeit manifestirt sich eben darin, daß sie nicht durch sich, sondern durch Anderes bedingt und bestimmt sind; sie bilden zusammen das Gebiet der reinen Nothwendigkeit, innerhalb dessen jedes Einzelne nur insoweit andern gegenüber frei und selbstständig ist, als es von Natur Kraft hat, sein Dasein und den Bestand seines eigenthümlichen Wesens gegen sie aufrecht zu erhalten.

Dieß sind die Grundbegriffe und Grundzüge des spinozistischen Systems. Mit wenigen Worten möge noch Spinoza's **praktische Philosophie** charakterisirt werden. Ihre Hauptsätze ergeben sich mit Nothwendigkeit aus den metaphysischen Grundanschauungen. Zuerst ergibt sich aus ihnen die Unzulässigkeit dessen, was man freien Willen nennt. Denn da der Mensch nur ein Modus ist, so gilt von ihm, was von allen andern Modis gilt, daß er in der endlosen Reihe der bedingenden Ursachen steht: freier Wille kann also nicht von ihm prädizirt werden. Der Wille muß ebenso, wie jede körperliche Thätigkeit von Etwas, sei es nun von Einwirkungen äußerer Dinge (Vorstellungen), oder von seiner eigenen innern Natur (Trieben), determinirt sein. Die Menschen halten sich nur deßwegen für frei, weil sie sich zwar ihrer Handlungen, aber nicht der determinirenden Ursachen bewußt sind. — Eben so beruhen die Vorstellungen, die man gewöhnlich mit den Worten gut und bös verbindet, auf einem Irrthum, wie sich aus dem Begriff der absoluten göttlichen Ursächlichkeit von selbst ergibt. Das Gute und Böse sind nicht etwas Wirkliches in den Dingen selbst, sondern drücken nur relative Begriffe aus, die wir aus der Vergleichung der Dinge unter einander bilden. Wir bilden uns nämlich aus der Anschauung von einzelnen Dingen einen gewissen Allgemeinbegriff, den wir alsdann so behandeln, als wäre er die Regel für das Sein und Thun aller Einzelwesen. Streitet nun ein Einzelwesen mit diesem Begriff, so glauben wir, daß es seiner Natur nicht entsprechend und unvollkommen sei. Das Böse, die Sünde, ist also nur ein Relatives, nichts Positives, denn Nichts geschieht gegen Gottes Willen. Es ist eine bloße Negation oder Privation, die nur in unserer Vorstellung als ein Etwas erscheint. Bei Gott ist keine Idee des Bösen. — Was ist also gut und bös? Gut ist, was uns nützlich ist, bös, was uns verhindert, eines Guten theilhaftig zu werden. Nützlich aber ist uns dasjenige, was uns zu größerer Realität bringt, was unser Sein bewahrt und erhöht. Unser wahres Sein aber ist Erkennen, das Erkennen ist das Wesen unseres Geistes, das Erkennen ist es allein, was uns frei macht, d. h. was uns Trieb und Kraft gibt, den störenden Einwirkungen der Außendinge auf uns zu widerstehen, nach dem Gesetz vernünftiger Erhaltung und Förderung unseres Seins unser Handeln zu bestimmen, uns zu allen Dingen in ein unserer Natur adäquates Verhältniß zu setzen. Somit ist nur das nützlich, was zum Erkennen beiträgt; das höchste Erkennen aber ist die Erkenntniß Gottes; die höchste Tugend des Geistes ist: Gott erkennen und lieben. Aus der Erkenntniß Gottes entspringt uns die höchste Wonne und Freude des Geistes, die höchste Seligkeit; sie läßt uns Ruhe finden in dem Gedanken der ewigen Nothwendigkeit aller Dinge, sie befreit uns von aller Entzweiung und Unzufriedenheit, von allem fruchtlosen Kampf mit der Endlichkeit unseres Wesens, sie erhebt uns über die sinnliche Welt zur geistigen, über das sinnliche Leben zum intellektuellen, das von aller Störung und Beunruhigung durch vergängliche Einzeldinge frei, nur mit sich selbst und mit dem Ewigen zu thun hat. Die Seligkeit ist daher nicht der Lohn der Tugend, sondern die Tugend selbst.

Das Wahre und Große der spinozistischen Philosophie ist, daß sie alles Einzelne und Partikuläre als ein Endliches in den Abgrund der göttlichen Substanz versenkt. Den Blick unverwandt auf das Ewig Eine, die Gottheit, gerichtet, verliert sie alles Das aus dem Gesichtskreis, was der gewöhnlichen Vorstellung der Menschen als ein Wirkliches erscheint. Aber ihr Mangel ist, daß sie jenen negativen Abgrund der Substanz nicht wahrhaft in den positiven Grund des Seins und Werdens zu verwandeln weiß. Mit Recht hat man die Substanz des Spinoza der Höhle des Löwen verglichen, in welche viele Fußstapfen hinein=, aber aus welcher keine herausführen. Das Dasein der erscheinenden Welt, die wenn auch nur vergängliche und nichtige Realität des Endlichen erklärt Spinoza nicht; man sieht nicht, wozu diese endliche Welt nichtiger Erscheinungen da ist; es fehlt die lebendige Beziehung zwischen Gott und der Welt. Die Substanz ist bloß Prinzip der Einheit, nicht auch ein Prinzip des Unterschieds; die Betrachtung geht vom Endlichen zum Absoluten, nicht aber auch von Diesem zu Jenem, sie faßt das Viele zu selbstloser Einheit in Gott zusammen, sie opfert alles selbstständige Bestehen dem negativen Gedanken der Einheit, statt die Einheit durch lebendige Entwicklung zu konkreter Vielheit eben diese ihre leere Negativität negiren zu lassen. Das spinozistische System ist der abstrakteste Monotheismus, der sich denken läßt. Es ist nicht zufällig, daß Spinoza, ein Jude, diese Weltanschauung, die Anschauung der absoluten Einheit, wieder aufgebracht hat; sie ist bei ihm gewissermaßen eine Konsequenz seiner Nationalreligion, ein Nachklang des Morgenlandes.

§. 27. Idealismus und Realismus.

Wir stehen an einem Knotenpunkte der philosophischen Entwicklung. Cartesius hatte den Gegensatz von Denken und Sein, von Geist und Materie aufgestellt und eine Vermittlung desselben postulirt. Diese Vermittlung gelang ihm schlecht, da er die beiden Seiten des Gegensatzes in ihrer weitesten Entfernung von einander fixirte, beide als Substanzen, als sich gegenseitig negirende Mächte setzte. Eine befriedigendere Vermittlung suchten die Nachfolger des Cartesius; aber die Theorieen, zu denen sie sich hingetrieben sahen, zeigten nur um so mehr die Unhaltbarkeit der ganzen Voraussetzung. Endlich ließ Spinoza die falsche Voraussetzung fallen und ließ jeden der beiden Gegensätze seine Substanzialität einbüßen. Geist und Materie, Denken und Ausdehnen sind jetzt Eins in der unendlichen Substanz. Allein sie sind nicht Eins an ihnen selbst; und doch wäre erst dieß eine wahre Einheit beider. Daß sie in der Substanz eins sind, kommt ihnen wenig zu gut, da sie der Substanz selbst gleichgültig, da sie nicht immanente Unterschiede der Substanz sind. So bleiben sie auch bei Spinoza streng von einander gesondert. Der Grund dieser Isolirung ist darin zu suchen, daß sich selbst Spinoza der cartesianischen Voraussetzungen, des cartesianischen Dualismus nicht vollständig genug entschlagen hat; auch bei ihm ist das Denken nur Denken, die Ausdehnung nur Ausdehnung, und bei dieser Fassung schließt nothwendig das Eine das Andere aus. Soll eine innere Vermittlung zwischen beiden gefunden werden, so muß auch die Abstraktion fallen. Die Vermittlung muß an den entgegengesetzten Seiten selbst vollzogen werden. Hier waren nun zwei Wege möglich: man konnte sich entweder auf die materielle oder auf die ideelle Seite stellen, man konnte, entweder das Ideelle unter dem Materiellen, oder das Materielle unter dem Ideellen befassend, von dem Einen aus das Andere zu erklären suchen. In der That sind beide Versuche, und zwar fast gleichzeitig, angestellt worden. Es beginnen jetzt die zwei parallellaufenden Entwicklungsreihen des einseitigen Idealismus und des einseitigen Realismus (Empirismus, Sensualismus, Materialismus).

§. 28. Locke.

Der Stifter der realistischen Entwicklungsreihe, der Vater des modernen Empirismus und Materialismus, ist der Engländer John Locke. Er hat zum Vorläufer seinen Landsmann Thomas Hobbes (1588—1679), den wir jedoch, da er bloß für die Geschichte des Naturrechts Bedeutung hat, hier nur nennen können.

John Locke ist 1632 in Wrington geboren. Seine Studienjahre widmete er der Philosophie und hauptsächlich der Heilkunde; seine schwächliche Gesundheit hinderte ihn jedoch, als praktischer Arzt zu wirken; so lebte er in einer durch Amtsgeschäfte wenig beschränkten Muße seiner literarischen Thätigkeit. Wichtigen Einfluß auf seine Lebensverhältnisse übte seine freundschaftliche Verbindung mit dem berühmten Staatsmann Lord Ashley, später Grafen von Shaftesbury, in dessen Hause er die freundlichste Aufnahme und den Umgang mit den bedeutendsten Männern Englands genoß. Im Jahre 1670 entwarf er auf Zureden mehrerer Freunde den ersten Plan zu seinem berühmten Essay concerning human understanding; jedoch erst 1690 kam das Werk vollständig heraus. Locke starb, 72 Jahre alt, im Jahr 1704. — Klarheit und Präzision, Offenheit und Bestimmtheit ist das Charakteristische seiner Schriften. In seinem Philosophiren mehr scharfsinnig als tief, verleugnet er nicht die Eigenthümlichkeit seiner Nationalität. Die Grundgedanken und Hauptresultate seiner Philosophie sind jetzt, besonders bei den Engländern, in die populäre Bildung übergegangen; man darf aber darum nicht vergessen, daß er zuerst diese Anschauungsweise wissenschaftlich geltend gemacht hat und deßwegen, wenn es auch seinem Prinzip an innerer Entwicklungsfähigkeit fehlt, eine berechtigte Stelle in der Geschichte der Philosophie einnimmt.

Locke's Philosophie (d. h. Erkenntnißtheorie, denn sein ganzes Philosophiren läuft auf eine Untersuchung des Erkenntnißvermögens hinaus) ruht auf zwei Gedanken, auf die er je und je zurückkommt: erstens (negativ), es gibt keine angeborenen Ideen; zweitens (positiv), alle unsere Erkenntniß stammt aus der Erfahrung.

Viele, sagt Locke, sind der Meinung, daß es angeborene Ideen gebe, welche unsere Seele gleich mit dem Entstehen empfange und mit auf die Welt bringe. Um das Angeborensein dieser Ideen zu beweisen, beruft man sich darauf, daß sie bei Allen ohne Ausnahme allgemeine Geltung hätten. Allein, gesetzt auch, dieses Faktum wäre richtig, so würde es doch nichts beweisen, sobald man die allgemeine Uebereinstimmung auch auf andere Weise erklären könnte. Das angebliche Faktum ist jedoch keineswegs richtig. Es gibt in der That gar keine Grundsätze, welche allgemein zugestanden werden, weder im theoretischen, noch im praktischen Gebiet. Im praktischen nicht, — denn das Beispiel der verschiedenen Völker, zumal zu verschiedenen Zeiten, zeigt, daß es keine moralische Regel gibt, welche bei allen Völkern Geltung hat. Im theoretischen nicht, — denn selbst solche Sätze, die am meisten auf allgemeine Geltung Anspruch machen könnten, z. B. der Satz: „was ist, ist," oder der Satz: „es ist unmöglich, daß ein und dasselbe Ding ist und nicht ist," sind keineswegs allgemein zugestanden. Kinder und Idioten haben keine Vorstellung von diesen Prinzipien, auch die Ungebildeten wissen von diesen abstrakten Sätzen Nichts, sie können ihnen also auch nicht von Natur eingeprägt sein. Wären die Ideen angeboren, so müßten Alle von der frühesten Kindheit an davon wissen. Denn „im Verstande sein" ist dasselbe, was „gewußt werden." Die Einwendung, jene Ideen seien zwar dem Verstande eingeprägt, er wisse es aber nur nicht, ist daher ein offenbarer Widerspruch. Eben so wenig wird gewonnen mit der Ausflucht: sobald die Menschen ihre Vernunft gebrauchen, so kommen ihnen auch sogleich jene Prinzipien zum Bewußtsein. Diese Behauptung ist geradezu falsch, weil jene Maximen viel später zum Bewußtsein kommen, als viele andere Erkenntnisse, und Kinder z. B. viele Beweise ihres Vernunftgebrauchs geben, ehe sie wissen, daß ein Ding unmöglich sein und nicht sein könne. Es ist nur richtig, daß ohne Raisonnement Niemand zum Bewußtsein jener Grundsätze kommt, daß aber mit dem ersten Raisonnement auch jene Sätze gewußt werden, ist falsch. Vielmehr sind die ersten Erkenntnisse überhaupt keine allgemeinen Sätze, sondern betreffen die einzelnen Eindrücke. Lange ehe das Kind den logischen Satz des Widerspruchs erkennt, weiß es, daß süß nicht bitter ist. Wer sich recht besinnt, wird schwerlich behaupten wollen, daß die partikulären Sätze, wie „süß ist nicht bitter," aus den allgemeinen abgeleitet seien. Wären die allgemeinen Sätze angeboren, so müßten sie dem Kinde auch zuerst zum Bewußtsein kommen, denn das, was die Natur in die menschliche Seele geprägt hat, muß doch früher zum Bewußtsein kommen, als das, was sie nicht in die Seele geschrieben hat. — Mithin ist ein Angeborensein theoretischer oder praktischer Ideen überall nicht anzunehmen, so wenig als ein Angeborensein von Künsten und Wissenschaften. Der Verstand (oder die Seele) an und für sich ist eine tabula rasa, ein leerer Raum, ein weißes Papier, worauf Nichts geschrieben ist.

Wie kommt nun der Verstand zu den Ideen? Alle Ideen kommen ihm aus der Erfahrung, auf welcher alle Erkenntniß beruht, und von der, als ihrem Prinzip, sie abhängt. Die Erfahrung selbst ist aber eine doppelte: entweder entsteht sie durch die Wahrnehmung äußerer Gegenstände, durch Vermittlung der Sinne, dann nennen wir sie Empfindung (Sensation); oder sie ist Wahrnehmung der innern Operationen unserer Seele, dann nennen wir sie inneren Sinn oder besser Reflexion. Empfindung und Reflexion geben dem Verstande alle seine Ideen, sie sind als die einzigen Fenster anzusehen, durch welche in den an sich dunkeln Raum des Verstandes das Licht der Ideen hineinfällt; die äußeren Objekte geben die Ideen der sinnlichen Qualitäten, das innere Objekt, das Seelenleben, bietet die Ideen von den eigenen Thätigkeiten. Aus Beiden sämmtliche Ideen abzuleiten und zu erklären, ist nun die Aufgabe der Locke'schen Philosophie. Zu dem Ende theilt Locke die Ideen (Vorstellungen) in einfache und zusammengesetzte. Einfache Ideen nennt er diejenigen, welche dem dabei ganz passiven Verstande von außen so aufgedrungen werden, wie dem Spiegel die Bilder derjenigen Gegenstände, die sich in ihm spiegeln. Diese einfachen Ideen sind theils solche, welche dem Verstand durch einen einzigen Sinn kommen, z. B. die Ideen der Farben, die ihm durch das Auge, die Ideen der Töne, die ihm durch das Ohr zukommen, ferner die Idee der Solidität oder Undurchdringlichkeit, die er durch den Tastsinn erhält; theils solche, die ihm durch mehrere Sinne zugeführt werden, nämlich die Ideen der Ausdehnung und der Bewegung, deren wir uns vermittelst des Tast- und Gesichtsinns zugleich bewußt werden; theils solche, die er aus der Reflexion erhält, nämlich die Idee des Denkens und die Idee des Wollens; theils endlich solche, die aus der Empfindung und Reflexion zugleich stammen, z. B. die Begriffe Kraft, Einheit, Succession u. s. f. Diese einfachen Ideen bilden das Material, gleichsam die Buchstaben aller unserer Erkenntnisse. Wie nun die Sprache durch mannigfaltige Kombinationen aus den Buchstaben Sylben und Worte, — so bildet der Verstand aus den einfachen Ideen, durch mannigfache Verbindung derselben unter einander, die zusammengesetzten oder komplexen Ideen. Die komplexen Ideen lassen sich auf drei Klassen zurückführen, nämlich die Ideen der Modi, der Substanzen und der Verhältnisse. Unter den Ideen der Modi betrachtet Locke die Modifikationen des Raumes (Entfernung, Längenmaaß, Unermeßlichkeit, Fläche, Figur u. s. w.), der Zeit (Dauer, Ewigkeit), des Denkens (Wahrnehmung, Erinnerung, Abstraktionskraft u. s. w.), der Zahl und so fort. Besonders genau untersucht Locke den Substanzbegriff. Er erklärt den Ursprung dieses Begriffs so: sowohl bei der Sensation als der Reflexion finden wir, daß eine gewisse Anzahl einfacher Ideen öfters zusammengeht oder verbunden erscheint. Indem wir uns nun nicht denken können, daß diese einfachen Ideen oder Vorstellungen durch sich selber getragen werden, gewöhnen wir uns, ihnen ein für sich bestehendes Substrat zu Grunde zu legen, und dieses Substrat bezeichnen wir mit dem Worte Substanz. Die Substanz ist ein Unbekanntes, das als Träger solcher Qualitäten gedacht wird, die in uns einfache Ideen wirken. Daraus, daß die Substanz ein Erzeugniß unseres subjektiven Denkens ist, folgt jedoch nicht, daß sie nicht außer uns existirt. Vielmehr unterscheidet sie sich eben darin von allen andern komplexen Ideen, daß sie eine Idee ist, die ihr Archetyp außer uns hat, die objektive Realität hat, während die andern komplexen Ideen von unserem Geiste beliebig gebildet werden und ihnen keine Realität entspricht. Was das Archetyp der Substanz ist, wissen wir nicht, wir kennen von den Substanzen nur ihre Attribute. — Von der Betrachtung des Substanzbegriffes geht Locke endlich über zur Idee des Verhältnisses. Ein Relativ oder ein Verhältniß entsteht, wenn der Verstand zwei Dinge so mit einander verbindet, daß er bei der Betrachtung von einem zum andern übergeht. Alle Dinge sind fähig, durch den Verstand in Relation gesetzt, oder, was dasselbe ist, in ein Relatives verwandelt zu werden. Es ist deßwegen auch unmöglich, sämmtliche Verhältnisse aufzuzählen. Locke behandelt daher nur einige der wichtigeren Verhältnißbegriffe, unter andern den Begriff der Identität und Verschiedenheit, namentlich aber das Verhältniß der Ursache und Wirkung. Die Idee der Ursache und Wirkung entsteht, wenn unser Verstand sieht, wie irgend Etwas, sei es eine Substanz, sei es eine Qualität, durch die Thätigkeit eines Andern zu existiren beginnt. — So viel von den Ideen. Die Kombination der Ideen unter einander gibt den Begriff des Erkennens. Eine Erkenntniß verhält sich daher zu den einfachen und komplexen Ideen so, wie ein Satz zu den Buchstaben, Sylben und Worten. Es folgt hieraus, daß unsere Erkenntniß nicht über den Bereich unserer Ideen und somit der Erfahrung hinausreicht.

Dieß sind die Hauptgedanken der Locke'schen Philosophie. Ihr Empirismus liegt darin zu Tage. Nach ihr ist der Geist an sich leer, nur ein Spiegel der Außenwelt, ein dunkler Raum, in den die Bilder der äußeren Gegenstände hineinfallen, ohne daß er selbst Etwas dazu thut; sein ganzer Inhalt stammt aus den Eindrücken, welche die materiellen Dinge auf ihn machen. Nihil est in intellectu, quod non fuerit in sensu — ist das Losungswort dieses Standpunktes. Wenn Locke schon in diesen Sätzen unzweifelhaft das Uebergewicht des Materiellen über das Geistige ausspricht, so thut er dieß noch entschiedener, indem er es möglich, ja selbst wahrscheinlich findet, daß der Geist ein materielles Wesen sei. Die umgekehrte Möglichkeit, daß die materiellen Dinge unter die geistigen gehören, als eine Art derselben, setzt Locke nicht. Somit ist ihm der Geist das Sekundäre gegen die Materie: er steht also auf dem §. 27 charakterisirten Standpunkt des Realismus. Locke ist zwar von seinem Standpunkt aus nicht ganz konsequent verfahren und hat den Empirismus in mehreren Punkten nicht vollständig durchgeführt, wir sehen aber schon jetzt, welchen Weg die weitere Entwicklung dieser Richtung nehmen wird, nämlich zur völligen Leugnung des ideellen Faktors.

Der Locke'sche Empirismus, national wie er ist, wurde in England bald herrschende Philosophie. Auf seinem Boden stehen Isaak Newton, der große Mathematiker (1642—1727), Samuel Clarke, ein Schüler Newton's, vorzüglich der Moralphilosophie zugewandt (1675—1729), ferner die englischen Moralisten dieser Periode, William Wollaston (1659—1724), Graf Shaftesbury (1671—1713), Francis Hutcheson (1695—1747), selbst Gegner und Bestreiter Locke's, wie Petrus Brown (gest. 1735).

§. 29. Hume.

Locke hat, wie eben bemerkt worden ist, den Standpunkt des Empirismus nicht folgerichtig durchgeführt. Obwohl den materiellen Dingen entschieden die Superiorität über das denkende Subjekt einräumend, hatte er doch in Einem Punkte das Denken als die Macht über die objektive Welt bestehen lassen, durch Anerkennung des Substanzialitätsbegriffs. Unter allen komplexen, vom subjektiven Denken gebildeten Ideen hat nach Locke ausnahmsweise die Substanzialitätsidee objektive Realität, während die übrigen komplexen Ideen etwas rein Subjektives sind, dem keine objektive Wirklichkeit entspricht. Indem das subjektive Denken einen von ihm gebildeten Begriff, den Substanzialitätsbegriff, in die objektive Welt hinein trägt, spricht es mit demselben nichts desto weniger ein objektives Verhältniß der Dinge, einen objektiven Zusammenhang derselben unter einander, eine seiende Vernünftigkeit aus. Die Vernunft des Subjekts steht in dieser Beziehung gewissermaßen als Herrscherin über der objektiven Welt; denn unmittelbar aus der Sinnenwelt geschöpft, ein Produkt der Empfindung oder Sinneswahrnehmung, ist das Substanzialitätsverhältniß nicht. Auf rein empirischem Standpunkt — und auf solchen stellt sich Locke — war es also eine Inkonsequenz, den Substanzialitätsbegriff als einen objektiven stehen zu lassen. Ist der Verstand an sich ein leerer, finsterer Raum, ein weißes, unbeschriebenes Papier, besteht sein ganzer Inhalt objektiver Erkenntnisse nur aus den Eindrücken, welche die materiellen Dinge auf ihn gemacht haben, so muß auch der Substanzialitätsbegriff für eine bloß subjektive Vorstellung, eine beliebige Verknüpfung von Ideen erklärt, so muß das Subjekt vollständig entleert und ihm das Letzte genommen werden, worauf es den Anspruch gründen könnte, der materiellen Welt übergeordnet zu sein. Diesen Schritt zu einem konsequenten Empirismus hat Hume gethan mittelst seiner Kritik des Kausalitätsbegriffs.

David Hume ist zu Edinburg 1711 geboren. In seiner Jugend der Jurisprudenz, dann dem Kaufmannsstande gewidmet, wandte er sich später ausschließlich der Philosophie und Geschichte zu. Sein erster literarischer Versuch wurde kaum beachtet. Eine günstigere Aufnahme fanden seine „Versuche", von denen nach und nach fünf Bände, 1742—1757, erschienen. Hume hat in ihnen philosophische Gegenstände wie ein denkender, gebildeter Weltmann behandelt, ohne strengen systematischen Zusammenhang. Im Jahr 1752 Bibliothekar in Edinburg geworden, begann er seine berühmte Geschichte von England. Später war er Gesandtschaftssekretär in Paris, wo er mit Rousseau Bekanntschaft machte, von 1767 an Unterstaatssekretär, ein Amt, das er jedoch nur kurze Zeit bekleidete. Seine letzten Jahre verlebte er in Edinburg in stiller, zufriedener Zurückgezogenheit. Er starb 1776.

Der Mittelpunkt des Hume'schen Philosophirens ist seine Kritik des Kausalitätsbegriffs. Schon Locke hatte den Gedanken ausgesprochen, der Begriff der Substanz komme uns nur durch die Gewohnheit, gewisse Modi immer zusammenzusehen. Hume machte Ernst mit diesem Gedanken. Woher wissen wir, fragt er, daß zwei Dinge in einem Kausalitätsverhältniß zu einander stehen? Wir wissen es weder a priori, denn da die Wirkung etwas Anderes ist, als die Ursache, die Erkenntniß a priori aber nur zu Identischem fortgeht, so kann die Wirkung nicht in der Ursache entdeckt werden; noch wissen wir es aus der Erfahrung, denn die Erfahrung bietet uns nur die zeitliche Aufeinanderfolge zweier Thatsachen. Alle unsere Schlüsse aus Erfahrungen gründen sich daher bloß auf die Gewohnheit. Weil wir es gewohnt sind zu sehen, daß ein Ding auf ein anderes der Zeit nach folgt, bilden wir uns die Vorstellung, daß es aus ihm folgen müsse: wir machen aus dem Verhältniß der Succession das der Kausalität. Zeitliche Verbindung ist aber natürlich etwas Anderes, als ursächliche Verbindung. Mit dem Kausalitätsbegriff gehen wir also über das, was in der Wahrnehmung gegeben ist, hinaus und bilden uns Vorstellungen, zu denen wir eigentlich nicht berechtigt sind. Was von der Kausalität gilt, gilt von allen Verhältnissen der Nothwendigkeit. Wir finden in uns Begriffe, wie den der Kraft und Aeußerung, und überhaupt den Begriff des nothwendigen Zusammenhangs. Sehen wir zu, wie wir zu dieser Idee kommen. Durch die Empfindung nicht: da die äußeren Objekte uns wohl gleichzeitiges Zusammensein, aber nicht nothwendigen Zusammenhang zeigen. Also vielleicht durch Reflexion? Zwar scheint es, als wenn wir zu der Idee einer Kraft kommen könnten, indem wir bemerken, daß auf den Befehl unseres Geistes die Organe des Leibes ihm Folge leisten. Allein da wir weder die Mittel kennen, durch welche er wirkt, noch auch alle Organe des Körpers durch den Willen bewegt werden können, so folgt, daß wir sogar hinsichtlich dieser Wirksamkeit auf die Erfahrung angewiesen sind; und da diese uns eben nur häufiges Beisammensein, aber nicht realen Zusammenhang zeigen kann, so folgt, daß wir zum Begriff der Kraft wie überhaupt jedes nothwendigen Zusammenhangs nur dadurch kommen, daß wir gewisse Uebergänge in unsern Vorstellungen gewöhnt sind. Alle Begriffe, die ein Verhältniß der Nothwendigkeit ausdrücken, alle vermeintlichen Erkenntnisse eines realen objektiven Zusammenhangs der Dinge beruhen somit letztlich nur auf der Ideenassociation. — Aus der Leugnung des Substanzialitätsbegriffs folgte für Hume auch die Leugnung des Ich's oder Selbst's. Das Ich oder Selbst wäre, wenn es reell existirte, ein Substanzielles, ein beharrender Träger inhärirender Qualitäten. Da nun aber unser Begriff der Substanz etwas rein Subjektives ist, ohne objektive Realität, so folgt, daß auch unserem Begriffe des Selbst oder Ich keine wirkliche Realität entspricht. In der That ist das Selbst oder Ich nichts Anderes, als ein Komplex vieler, schnell auf einander folgender Vorstellungen, und diesem Komplex legen alsdann wir ein erdichtetes

Substrat unter, das wir Seele, Selbst, Ich nennen. Das Selbst oder Ich beruht somit durchaus auf einer Illusion. — Von einer Unsterblichkeit der Seele kann bei diesen Voraussetzungen natürlich nicht die Rede sein. Ist die Seele nur der Komplex unserer Vorstellungen, so hört nothwendig zugleich mit den Vorstellungen, also mit den körperlichen Bewegungen, auch der Komplex derselben, die Seele, auf.

Es bedarf nach diesen Sätzen, welche die Grundgedanken Hume's enthalten, keiner weitern Beweisführung, um darzuthun, daß der Hume'sche Skeptizismus nur eine konsequentere Durchführung des Locke'schen Empirismus ist. Konsequentermaßen müssen die Bestimmungen der Allgemeinheit und Nothwendigkeit wegfallen, wenn wir alles unser Wissen nur aus der sinnlichen Wahrnehmung haben, denn in der Sensation sind sie nicht enthalten.

§. 30. Condillac.

Den Locke'schen Empirismus zu seinen letzten Konsequenzen, zum Sensualismus und Materialismus, fortzuführen — diese Aufgabe haben die Franzosen auf sich genommen. Obwohl auf englischem Boden entstanden und bald allgemein herrschend geworden, konnte sich der Empirismus doch bei den Engländern nicht bis zu jenem Extrem ausbilden, das sich bald in Frankreich geltend machte, bis zur völligen Zerstörung aller Grundlagen des sittlichen und religiösen Lebens. Diese letzte Konsequenz des Empirismus sagte dem englischen Nationalcharakter nicht zu. Im Gegentheil, selbst schon gegen den Locke'schen Empirismus und den Hume'schen Skeptizismus erhob sich in der zweiten Hälfte des achtzehnten Jahrhunderts eine Reaktion in der schottischen Philosophie (Reid 1704—1796, Beattie, Oswald, Dugald Stewart 1753—1828), welche gegen die Locke'sche tabula rasa und die Hume'sche Bezweiflung der Vernunftnothwendigkeit die dem Subjekt immanenten angeborenen Wahrheitsprinzipien geltend zu machen suchte, nämlich (ächt englisch) als Erfahrungsthatsachen, als Thatsachen des moralischen Instinkts und gesunden Menschenverstandes (common sense), als ein empirisch Gegebenes, das durch Selbstbeobachtung, durch Reflexion auf das gemeine Bewußtsein gefunden wird. In Frankreich dagegen hatten sich im Laufe des achtzehnten Jahrhunderts die öffentlichen und gesellschaftlichen Zustände in einer Weise gestaltet, daß uns Erscheinungen, welche rücksichtslos die letzten praktischen Konsequenzen jenes Standpunkts zogen, die Systeme einer materialistischen Weltanschauung und prinzipmäßig egoistischen Moral, nur als natürliche Ausflüsse der allgemeinen Zerrüttung erscheinen können. Bekannt ist die Aeußerung einer Dame über das System des Helvetius, es sei darin nur das Geheimniß aller Welt ausgesprochen.

Dem Locke'schen Empirismus am nächsten steht der Sensualismus des Abbé von Condillac. Condillac ist 1715 zu Grenoble geboren. In seinen Erstlingsschriften Anhänger der Locke'schen Lehre, ging er später über sie hinaus und suchte einen eigenen philosophischen Standpunkt zu begründen. Seit 1768 Mitglied der französischen Akademie, starb er 1780. Seine Schriften, die von sittlichem Ernst und religiösem Interesse zeugen, füllen gesammelt 23 Bände.

Condillac ging hierin mit Locke einverstanden, von dem Satze aus, daß alle unsere Erkenntniß aus der Erfahrung stamme. Während jedoch Locke zwei Quellen dieser Erfahrungserkenntniß angenommen hatte, die Sensation und die Reflexion, den äußern und den innern Sinn, reduzirte Condillac diese beiden auf eine, die Reflexion auf die Sensation. Die Reflexion ist ihm gleichfalls nur Sensation, nur sinnliche Empfindung; alle geistigen Vorgänge, auch das Kombiniren der Ideen und das Wollen sind nach ihm nur als modifizirte Empfindungen anzusehen. Die Durchführung dieses Gedankens, die Ableitung der verschiedenen Funktionen der Seele aus der Sensation des äußeren Sinns, bildet nun die Hauptaufgabe und den Hauptinhalt des Condillac'schen Philosophirens. Er sucht jenen Gedanken besonders anschaulich zu machen an einer fingirten Bildsäule, die innerlich ganz organisirt ist, wie der Mensch, die aber noch gar keine Ideen besitzt und in welcher nun nach und nach ein Sinn nach dem andern erwacht und die Seele mit Eindrücken erfüllt. Der Mensch tritt bei dieser Auffassung, indem er alle seine Erkenntnisse und Willensmotive durch die sinnliche Empfindung erhält, ganz auf die Stufe des Thiers. Konsequent nennt Condillac die Menschen vollkommene Thiere, die Thiere unvollkommene Menschen. Doch scheut er sich noch, die Materialität der Seele zu behaupten und das Dasein Gottes zu leugnen. Diese letzten Konsequenzen des Sensualismus haben erst Andere nach ihm gezogen, und sie liegen in der That nahe genug. Behauptete der Sensualismus, die Wahrheit oder das Seiende könne bloß durch die Sinne wahrgenommen werden, so durfte man diesen Satz nur objektiv fassen und man hat die These des Materialismus: nur das Sinnliche ist; es gibt kein anderes Sein, als das materielle Sein.

§. 31. Helvetius.

Die sittlichen Konsequenzen des sensualistischen Standpunkts hat Helvetius gezogen. Sagt der theoretische Sensualismus: alles unser Wissen ist determinirt durch die sinnliche Empfindung, so fügt der praktische Sensualismus den analogen Satz hinzu: auch alles unser Wollen ist determinirt durch die sinnliche Empfindung, durch die sinnliche Lust. Die Befriedigung der sinnlichen Lust hat Helvetius zum Prinzip der Moral gemacht.

Helvetius ist 1715 in Paris geboren. Im 23sten Jahre zu einer Generalpächterstelle gelangt, befand er sich frühzeitig im Besitze eines reichen Einkommens; er gab jedoch jene Stelle wegen mancher Unannehmlichkeiten, die sie ihm machte, nach einigen Jahren wieder auf. Für seine philosophische Richtung wurde das Studium der Locke'schen Schriften entscheidend. Sein berühmtes Werk de l'esprit schrieb Helvetius, nachdem er sein Amt aufgegeben, in ländlicher Zurückgezogenheit; es kam 1758 heraus, machte im In- und Auslande großes, vielfach beifälliges Aufsehen, zog ihm jedoch auch heftige Verfolgung, namentlich von Seiten der Geistlichkeit, zu. Helvetius mußte es für ein Glück achten, daß man sich damit begnügte, das Buch zu unterdrücken. Die ländliche Ruhe, in welcher er seine spätern Jahre verlebte, unterbrach er nur durch zwei Reisen, die er nach Deutschland und England unternahm. Er starb 1771. Sein persönlicher Charakter war achtungswerth, voll Gutmüthigkeit und Menschenliebe. Namentlich in seiner Stellung als Generalpächter zeigte er sich wohlwollend gegen die Armen und streng gegen die Erpressungen seiner Untergebenen. Seine Schriften sind lichtvoll und schön geschrieben.

Die Selbstliebe oder das Interesse, sagt Helvetius, ist der Hebel aller unserer geistigen Thätigkeiten. Selbst unsere rein intellektuelle Thätigkeit, unser Trieb zum Erkennen, unser Ideenbilden beruht darauf. Da nun alle Selbstliebe im Grunde nur auf leibliche Lust geht, so folgt, daß auch die geistigen Vorgänge in uns zu ihrer eigentlichen Quelle nur das Streben nach sinnlicher Lust haben. Hiemit ist bereits gesagt, wo das Prinzip aller Moral zu suchen ist. Es ist eine Absurdität, zu verlangen, daß der Mensch das Gute um des Guten willen thue. Dieß kann er so wenig, als er das Böse um des Bösen willen will. Soll deßhalb die Moral nicht ganz unfruchtbar bleiben, so muß sie zu ihrer empirischen Grundlage zurückkehren und die Kühnheit haben, das wahre Prinzip alles Handelns, die sinnliche Lust und den sinnlichen Schmerz, d. h. den Eigennutz, auch wirklich zum Moralprinzip zu machen. Wie darum die richtige Gesetzgebung durch Lohn und Strafe, d. h. durch Eigennutz zum Befolgen der Gesetze bewegt, so wird auch eine richtige Moral die sein, welche die Pflichten des Menschen aus der Selbstliebe ableitet, welche zeigt, daß das Verbotene ein solches ist, was Ueberdruß u. s. w. kurz Unannehmlichkeit zur Folge hätte. Bringt die Moral das eigene Interesse des Menschen nicht mit ins Spiel, polemisirt sie gar dagegen, so bleibt sie nothwendig fruchtlos.

§. 32. Die französische Aufklärung und der Materialismus.

1) Es ist schon oben (§. 30) bemerkt worden, daß die Ausbildung des Empirismus zum Extreme, wie sie in Frankreich versucht worden ist, aufs Engste zusammenhängt mit den allgemeinen Zuständen des französischen Volks und Staats im Zeitalter vor der Revolution. Der Widerspruch, der den Charakter des Mittelalters ausmacht, das äußerlich dualistische Verhältniß zum Geistigen hatte sich im katholisch gebliebenen Frankreich bis zur Zerrüttung und Fäulniß aller Zustände entwickelt. Die Sitte war durch und durch verderbt, am meisten durch den Einfluß eines ausschweifenden Hofs; der Staat war zu zügellosem Despotismus, die Kirche zu einer ebenso heuchlerischen, als gewaltthätigen Pfaffenherrschaft herabgesunken. So blieb, da aus der geistigen Welt Gehalt und Würde verschwunden war, nur die Natur übrig als entgeistete Masse, als Materie, und zwar für den Menschen als Gegenstand der sinnlichen Empfindung und Begierde. — Doch ist es nicht eigentlich das materialistische Extrem, was den Charakter und die Tendenz der französischen Aufklärungsperiode ausmacht. Der gemeinsame Charakter der französischen sogenannten Philosophen des achtzehnten Jahrhunderts ist vielmehr vorzugsweise die Oppositionstendenz gegen alles in Staat, Religion und Sitte herrschende Unfreie und Verkehrte. Sie richteten ihre mehr geistreiche und beredte, als streng wissenschaftliche Kritik und Polemik gegen das ganze Reich der bestehenden Vorstellungen, des Ueberlieferten, Gegebenen, Positiven. Sie suchten den Widerspruch anschaulich zu machen, in welchem das Bestehende in Staat und Kirche mit den unabweisbaren Forderungen der Vernunft stand. Sie suchten alles für fest Geltende, sobald es seine Existenz nicht vor der Vernunft zu rechtfertigen vermochte, in dem Glauben der Welt zu erschüttern und dem denkenden Menschen das volle Bewußtsein seiner reinen Freiheit zu geben. Man muß, um das unermeßliche Verdienst dieser Männer recht zu würdigen, sich den Zustand der damaligen französischen Welt vergegenwärtigen, gegen den ihre Angriffe gerichtet waren, die Liederlichkeit eines elenden Hofs, der sklavische Gehorsam, — eine herrsch-

süchtige, heuchlerische, bis ins Mark verdorbene Pfaffenschaft, welche blinde Unterwürfigkeit, — eine tief gesunkene Kirche, welche Ehrfurcht forderte, eine Staatsverwaltung, einen Rechtszustand, einen Zustand der Gesellschaft, der jeden denkenden Menschen und jedes sittliche Gefühl aufs Tiefste empören mußte. Die Niederträchtigkeit und Heuchelei der bestehenden Zustände der Verachtung und dem Hasse preisgegeben, die Gemüther der Menschen zur Gleichgültigkeit gegen die Idole der Welt aufgerufen und zum Bewußtsein ihrer Autonomie geweckt zu haben, ist dieser Männer unsterbliches Verdienst.

2) Der glänzendste und einflußreichste Sprecher der französischen Aufklärungsperiode ist Voltaire (1694—1778). Nicht Philosoph von Fach, aber ein allseitiger Schriftsteller und unübertroffener Meister in der Darstellung, hat er mächtiger, als irgend Einer der damaligen Philosophen, auf die gesammte Denkweise seiner Zeit und seines Volkes eingewirkt. Voltaire war kein Atheist. Im Gegentheil, er hielt den Glauben an ein höchstes Wesen für so nothwendig, daß er einmal sagt, wenn es keinen Gott gäbe, so müßte man einen erfinden. Eben so wenig leugnete er die Unsterblichkeit der Seele, wenn er auch häufig Zweifel gegen sie äußert. Den atheistischen Materialismus eines La Mettrie hielt er vollends für eine Narrheit. In diesen Beziehungen steht er also weit nicht auf dem Standpunkt seiner philosophischen Nachfolger. Dagegen gehört sein ganzer Haß dem positiv Kirchlichen. Die Vernichtung des hierarchischen Glaubenszwangs betrachtete er als seine eigentliche Mission, und er ließ kein Mittel unversucht, um zu diesem heißersehnten Ziele zu gelangen. Sein unermüdlicher Kampf gegen alle positive Religion hat in der allgemeinen Bildung den spätern Gegnern des Spiritualismus wesentlich vorgearbeitet.

3) Entschieden skeptischer verhält sich zu den Grundlagen und Voraussetzungen des Spiritualismus die Richtung der Encyklopädisten. Die philosophische Encyklopädie, gegründet und in Verbindung mit d'Alembert herausgegeben von Diderot (1713—1784), ist ein merkwürdiges Denkmal des Geistes, der in Frankreich im Zeitalter vor der Revolution herrschte. Sie war der Stolz des damaligen Frankreichs, weil sie in glänzender, allgemein zugänglicher Form sein innerstes Bewußtsein aussprach. Sie raisonnirte mit beißendem Witz aus dem Staat das Gesetz, aus der Moral die Freiheit, aus der Natur den Geist und Gott hinweg, doch Alles dieses nur in zerstreuten, meist schüchternen Andeutungen. — In Diderot's selbstständigen Schriften verbindet sich bedeutendes philosophisches Talent mit gründlichem Ernst. Doch sind seine philosophischen Ansichten schwer zu fixiren und genau zu umgrenzen, da sie sich sehr allmälig ausbildeten und Diderot beim Aussprechen derselben nicht ohne eine gewisse Zurückhaltung und Accomodation zu Werke ging. Im Allgemeinen kam er jedoch mit der fortschreitenden Ausbildung seiner philosophischen Denkweise dem Extreme dieser philosophischen Richtung immer näher. In seinen früheren Schriften Deist, kommt er später auf die Ansicht hinaus, das All sei Gott. Früher Vertheidiger der Immaterialität und Unsterblichkeit der Seele, äußert er sich später entschieden dahin: nur die Gattung habe ein Bestehen, die einzelnen Individuen seien vergänglich und die Unsterblichkeit sei Nichts, als das Leben im Andenken kommender Geschlechter. Bis zum Extrem des konsequenten Materialismus kam Diderot jedoch nicht: sein sittlicher Ernst hielt ihn davor zurück.

4) Mit rücksichtsloser Keckheit hat dagegen Diderot's Zeitgenosse, der

Arzt La Mettrie (1709—1751), das letzte Wort des Materialismus ausgesprochen: alles Geistige sei ein Wahn, und physischer Genuß das höchste Ziel des Menschen. Was zuerst die Existenz Gottes betrifft, so hält La Mettrie den Glauben an dieselbe für ebenso grundlos als unfruchtbar. Die Welt werde nicht eher glücklich sein, als bis der Atheismus allgemein herrschend geworden. Dann erst werde es keine religiösen Kriege mehr geben, dann erst werden die schrecklichsten Krieger, die Theologen, verschwinden und die gegenwärtig vergiftete Natur wieder zu ihrem Rechte kommen. Hinsichtlich der menschlichen Seele könne die Philosophie nur Materialismus sein. Alle Beobachtungen und Erfahrungen der größten Philosophen und Aerzte sprächen dafür. Seele ist nichts als ein leerer Name, der einen vernünftigen Sinn nur dann hat, wenn man darunter den Theil unseres Körpers versteht, der denkt. Dieß ist das Gehirn, das eben so seine Denkfibern hat, wie die Beine Muskeln zum Gehen. Was dem Menschen einen Vorzug vor den Thieren gibt, ist erstens die Organisation seines Gehirns, und zweitens der Unterricht, den dasselbe empfängt. Sonst ist der Mensch ein Thier, wie die andern Thiere, in Manchem von ihnen übertroffen. Unsterblichkeit ist eine Absurdität. Die Seele als ein Theil des Körpers vergeht mit ihm. Mit dem Tode ist Alles aus, la farce est jouée! Die praktische Nutzanwendung: man genieße, so lange man existirt, und verschiebe den Genuß nicht.

5) Was La Mettrie in leichfertigem Tone und mit grinsender Geberde hingeworfen, suchte später das Système de la Nature, die repräsentative Hauptschrift der materialistischen Richtung in der Philosophie, mit größerem Ernst und mit wissenschaftlicher Bestimmtheit durchzuführen, nämlich die Lehre, daß nur dem Materiellen ein Sein zukomme und das Geistige gar nicht oder nur ein feineres Materielle sei.

Das Système de la Nature erschien pseudonym in London im Jahre 1770, unter dem Namen des damals bereits verstorbenen Mirabaud, Sekretärs der Akademie. Es ist ohne Zweifel in dem Kreise entstanden, der sich bei dem Baron Holbach zu versammeln pflegte und in welchem Diderot, Grimm u. A. die Tonangeber waren. Ob der Baron von Holbach selbst, ob sein Hauslehrer Lagrange Verfasser der Schrift ist, oder ob Mehrere daran gearbeitet haben, ist jetzt nicht mehr zu entscheiden. Das Système de la Nature ist kein französisches Buch: die Darstellung ist matt und langweilig.

Es gibt überall Nichts, als Materie und Bewegung, sagt das Système de la Nature. Beide sind untrennbar verbunden. Wenn die Materie ruht, so ist sie nur an der Bewegung verhindert, an und für sich ist sie keine todte Masse. Die Bewegung selbst ist eine gedoppelte, Attraktion und Repulsion. Durch diese beiden entstehen die verschiedenen Bewegungen, durch die verschiedenen Bewegungen hinwiederum die verschiedenen Verbindungen und die ganze Mannigfaltigkeit der Dinge. Die Gesetze, wornach dieß geschieht, sind ewig und unveränderlich. — Die wichtigsten Folgerungen hieraus sind: a) die Materialität des Menschen. Der Mensch ist kein Doppelwesen aus Geist und Materie, wie irrthümlich geglaubt wird. Wenn man näher fragt, was denn dieser Geist sei, so wird uns geantwortet, die genauesten philosophischen Forschungen hätten gezeigt, daß das Prinzip der Thätigkeit im Menschen eine Substanz sei, deren eigentliche Natur zwar unerkennbar sei, von der man aber wisse, sie sei untheilbar, nicht ausgedehnt, unsichtbar u. s. f. Wer aber soll sich etwas Bestimmtes denken unter einem Wesen, welches nur Negation dessen sein soll, was eine Erkenntniß gibt, eine Idee, die eigentlich nur Abwesenheit aller Idee ist? Ferner, wie soll nach jener Annahme es erklärlich sein, daß ein Wesen, welches selbst nicht materiell ist, auf materielle Dinge einwirken und diese in Bewegung setzen könne, da es ja keinen Berührungspunkt unter ihnen geben kann? In der That haben diejenigen, die ihre Seele von ihrem Leib unterscheiden, nur ihr Gehirn von ihrem Körper unterschieden. Denken ist nur eine Modifikation unseres Gehirns, eben so, wie Wollen eine andere Modifikation desselben Körperorgans ist. b) Mit der Selbstverdopplung des Menschen in Leib und Seele hängt eine andere Chimäre zusammen, der Glaube an das Dasein Gottes. Dieser Glaube ist auf eine ähnliche Weise entstanden, wie die Annahme einer Seelensubstanz, aus einer falschen Unterscheidung des Geistes von der Materie, aus einer Verdopplung der Natur. Die Nebel, die der Mensch erfuhr und deren natürliche Ursachen er nicht entdecken konnte, leitete er von einer Gottheit ab, die er sich erdichtete. Leiden, Furcht und Unwissenheit also sind die Quellen der ersten Vorstellungen von einer Gottheit. Wir zittern, weil unsere Vorfahren vor Jahrtausenden gezittert haben. Dieser Umstand erweckt kein günstiges Vorurtheil. Aber nicht bloß die rohere, auch die theologische Gottesidee ist werthlos, denn sie erklärt keine einzige Naturerscheinung. Sie ist auch voll von Widersinnigkeiten, denn indem sie Gott moralische Eigenschaften zuschreibt, vermenschlicht sie ihn, während sie ihn doch andererseits durch eine Menge negativer Attribute möglichst von allen andern Wesen zu unterscheiden sucht. Das wahre System, das System der Natur ist daher atheistisch. Eine solche Lehre aber bedarf einerseits einer Bildung, andererseits eines Muths, wie sie nicht das Eigenthum Aller, ja nicht einmal Vieler ist. Versteht man unter einem Atheisten Einen, der nur todte Materie annimmt, oder bezeichnet man die bewegende Kraft in der Natur mit dem Namen Gott, so gibt es allerdings keinen Atheisten, oder wer es sein wollte, wäre ein Thor. Allein, wenn man unter einem Atheisten den versteht, welcher das Dasein eines geistigen Wesens leugnet, eines Wesens, dessen ihm angedichtete Eigenschaften den Menschen nur beunruhigen können, so gibt es allerdings Atheisten, und es würde ihrer noch viel Mehrere geben, wenn eine richtige Naturerkenntniß und die gesunde Vernunft mehr verbreitet wären. Ist aber der Atheismus Wahrheit, so muß er auch verbreitet werden. Zwar gibt es Viele, die sich von dem Joch der Religion befreit haben, aber doch meinen, sie sei für das Volk nothwendig, um dasselbe in Schranken zu halten. Dieß heißt nichts Anderes, als Jemanden Gift geben wollen, damit er seine Kräfte nicht mißbrauche. Jeder Deismus führt nothwendig bald zum Aberglauben, da es nicht möglich ist, auf dem Standpunkt des reinen Deismus stehen zu bleiben. c) Von einer Freiheit und Unsterblichkeit des Menschen kann bei diesen Voraussetzungen nicht die Rede sein. Der Mensch ist von den andern Wesen der Natur nicht unterschieden: wie sie, ist er ein Glied in der Kette des nothwendigen Zusammenhangs, ein blindes Werkzeug in den Händen der Nothwendigkeit. Hätte irgend ein Ding die Fähigkeit, sich selbst zu bewegen, d. h. eine Bewegung hervorzubringen, die nicht durch andere Ursachen hervorgebracht ist, so hätte es die Gewalt, die Bewegung im Universum aufzuheben, das doch eine endlose Reihe nothwendiger, stets weiter sich fortpflanzender Bewegungen ist. Die Annahme einer individuellen Unsterblichkeit ist eine widersinnige Hypothese. Denn behaupten, daß die Seele nach der Zerstörung des Körpers fortdaure, heißt behaupten, eine Modifikation könne bestehen, nachdem ihr Substrat verschwunden ist. Es gibt keine andere Unsterblichkeit, als die im Gedächtniß der Nachwelt. d) Die praktischen Folgerungen, die sich aus dieser Weltanschauung ergeben, sind höchst günstig für das System der Natur: und die Nützlichkeit einer Lehre ist ja das erste Kriterium ihrer Wahrheit. Während die Ideen der Theologen für den Menschen nur beunruhigend und quälend sein können, befreit ihn das System der Natur von solcher Unruhe, lehrt ihn die Gegenwart genießen, sein Schicksal fügsam tragen und gibt ihm jene Art von Apathie, die Jeder als ein Glück ansehen muß. Die Moral, wenn sie wirksam sein soll, kann nur auf die Selbstliebe, auf das Interesse gegründet werden: sie muß dem Menschen zeigen, wohin sein wohlverstandenes Interesse führt. Derjenige Mensch, welcher sein Interesse auf solche Weise befriedigt, daß die andern um ihres eigenen Interesses willen dazu beitragen müssen, heißt ein guter Mensch. Das System des Interesses befördert also die Verbindung der Menschen unter einander und damit die wahre Moralität.

Der konsequente dogmatische Materialismus des Système de la Nature ist das äußerste Extrem der empirischen Richtung, und schließt somit die Entwicklungsreihe des einseitigen Realismus, mit dem Locke begonnen hat, ab. Die von Locke zuerst eingeschlagene Erklärung und Ableitung der ideellen Welt aus der materiellen Welt hat im Materialismus mit der völligen Reduktion alles Spirituellen auf das Materielle, mit der Leugnung des Spirituellen geendet. Nach der §. 27 aufgestellten Eintheilung haben wir jetzt, ehe wir weiter gehen, die andere, mit den Systemen des einseitigen Realismus parallellaufende idealistische Entwicklungsreihe, an deren Spitze Leibnitz steht, in Betracht zu ziehen.

§. 33. Leibnitz.

War der Empirismus von dem Bestreben geleitet, das Geistige dem Materiellen unterzuordnen, das Spirituelle zu materialisiren, so wird umgekehrt der Idealismus das Materielle zu spiritualisiren, oder den Begriff des Geistes so zu fassen suchen, daß das Materielle unter ihm subsumirt werden kann. Der empirisch-sensualistischen Richtung war das Geistige Nichts, als verfeinerte Materie; die idealistische Richtung wird umgekehrt die Materie als ein vergröbertes Geistige (als „verworrene Vorstellung," wie Leibnitz sich ausdrückt) zu fassen suchen. Jene wurde in ihrer konsequenten Entwicklung auf den Satz hinausgetrieben: es gibt nur materielle Dinge; diese kommt (in Leibnitz und Berkeley) auf den entgegengesetzten Satz hinaus: es gibt nur Geister (Seelen) und Vorstellungen derselben (Ideen). Für den einseitig realistischen Standpunkt waren das wahrhaft Substanzielle die materiellen Dinge; umgekehrt wird der idealistische Standpunkt die geistigen Wesen, die Ich's, als das Substanzielle setzen. Dem einseitigen Realismus war der Geist an sich leer, tabula rasa, sein ganzer Inhalt kam ihm von der Außenwelt; umgekehrt wird der einseitige Idealismus den Satz durchzuführen bestrebt sein, es könne Nichts in ihn hineinkommen, was nicht wenigstens präformirt in ihm sei, alles sein Erkennen sei Schöpfen aus sich selbst. Nach der ersten Auffassung war das Erkennen ein passives, nach der letztern wird es ein aktives Verhalten sein. Hatte endlich der einseitige Realismus das Werden und Geschehen in der Natur vorzugsweise aus realen Bestimmungsgründen, d. h. mechanisch, zu erklären gesucht (l'homme machine lautet der Titel einer La Mettrie'schen Schrift), so wird es der Idealismus umgekehrt aus idealen Bestimmungsgründen, d. h. teleologisch zu erklären suchen. Hatte der erstere vorzugsweise nach den bewegenden Ursachen geforscht und das Aufsuchen der Endursachen häufig sogar verspottet, so wird der letztere sein Hauptaugenmerk auf die Endursachen richten. Im Zweckbegriff, in der teleologischen Harmonie aller Dinge (prästabilirte Harmonie) wird jetzt die Vermittlung zwischen dem Geistigen und Materiellen, zwischen Denken und Sein, gesucht werden. — Der Standpunkt der Leibnitz'schen Philosophie ist hiemit kurz charakterisirt.

Gottfried Wilhelm Leibnitz ist 1646 in Leipzig geboren, wo sein Vater Professor war. Im Jahr 1661 bezog er, nachdem er die Jurisprudenz zu seinem Berufsfach erwählt, die Universität, 1663 vertheidigte er zur Erlangung der philosophischen Doktorwürde seine Dissertation de principio individui (ein für die Richtung seines spätern Philosophirens charakteristisches Thema), darauf ging er nach Jena, später nach Altdorf, wo er Doktor der Rechte wurde. Eine ihm in Altdorf angebotene Professur der Jurisprudenz schlug er aus. Sein weiteres Leben ist ein unstetes, vielgeschäftiges Wanderleben, meist an Höfen, wo er als gewandter Hofmann zu den verschiedenartigsten, auch diplomatischen Geschäften verwandt wurde. Im Jahr 1672 ging er nach Paris zunächst mit dem Auftrag, Ludwig XIV. zur Eroberung Egyptens zu bereden und damit die gefährlichen Kriegsgelüste des Königs von Deutschland abzuwenden, dann nach London, von dort als Rath und Bibliothekar des gelehrten katholischen Herzogs Johann Friedrich nach Hannover, in welcher Stadt er die meiste Zeit seines spätern Lebens zubrachte, freilich mit zahlreichen Unterbrechungen durch Reisen nach Wien, Berlin u. s. f. In besonders nahem Verhältniß stand er zur preußischen Königin Sophie Charlotte, einer geistreichen Frau, die um sich einen Kreis der bedeutendsten Gelehrten jener Zeit versammelte, und für welche Leibnitz seine (auf ihr Anrathen unternommene) Theodicee zunächst bestimmt hatte. Sein Vorschlag zur Errichtung einer Akademie in Berlin trat im Jahr 1700 ins Leben; er ward der erste Präsident derselben. Auch in Dresden und Wien machte er, obwohl erfolglos, Vorschläge zur Errichtung von Akademieen. Von Kaiser Karl VI. wurde er 1711 zum Kaiserlichen Reichshofrath ernannt und zum Baron erhoben. Bald nachher begab er sich auf längere Zeit nach Wien, wo er auf Veranlassung des Prinzen Eugen seine Monadologie schrieb. Er starb 1716. — Leibnitz war nächst Aristoteles der genialste Polyhistor, der je gelebt. Er verband die höchste, durchdringendste Kraft des Geistes mit der reichsten, ausgebreitetsten Gelehrsamkeit. Deutschland hat besondere Ursache, auf ihn stolz zu sein, da er nach Jakob Böhm der erste bedeutende Philosoph ist, der den Deutschen angehört: mit ihm ist die Philosophie in Deutschland einheimisch geworden. Leider ließ ihn theils die Vielseitigkeit seiner Bestrebungen und literarischen Unternehmungen, theils seine wandernde Lebensart zu keiner zusammenhängenden Darstellung seiner Philosophie kommen. Er hat seine Ansichten meist nur in kleinen Gelegenheitsschriften und in Briefen entwickelt, größtentheils in französischer Sprache. Eine innerlich zusammenhängende Darstellung seiner Philosophie ist aus diesem Grunde nicht ganz leicht, wenn gleich keine seiner Ansichten isolirt dasteht, sondern alle in einem genauen Zusammenhange mit einander stehen. Folgendes sind die Hauptgesichtspunkte.

1) Die Monadenlehre. Die Grundeigenthümlichkeit der Leibnitz'schen Lehre ist der Unterschied vom Spinozismus. Spinoza hatte die Eine und allgemeine Substanz zum einzigen Positiven gemacht. Auch Leibnitz legt seiner Philosophie den Substanzbegriff zu Grund, aber er definirt ihn anders, erfaßt die Substanz vor Allem als lebendige Aktivität, als thätige

Kraft, und gebraucht als Beispiel der lebendigen Kraft einen gespannten Bogen, der, sobald das äußere Hinderniß weggenommen wird, sich durch eigene Kraft bewegt und ausdehnt. Daß die thätige Kraft das Wesen der Substanz ausmacht, ist ein Satz, auf den Leibnitz immer wieder zurückkommt, und mit welchem die übrigen Hauptsätze seiner Philosophie im engsten Zusammenhange stehen. Zunächst gilt dieß von zwei weiteren, dem Spinozismus gleichfalls direkt entgegengesetzten Bestimmungen der Substanz, nämlich erstens, daß sie Einzelwesen, Monade ist, und zweitens, daß es eine Vielheit von Monaden gibt. Die Substanz, indem sie eine einem elastischen Körper ähnliche Aktivität ausübt, ist wesentlich ausschließende Thätigkeit, Repulsion; was aber Anderes von sich ausschließt, ist ein Fürsichseiendes, ist Einzelwesen, Individuum, Monade. Hiemit ist zugleich das zweite, die Vielheit der Monaden, gegeben; eine Monade kann nur sein, wenn andere Monaden existiren; der Begriff des Einzelwesens postulirt andere Einzelwesen, die ihm, als von ihm ausgeschlossene, gegenüberstehen. — Im Gegensatz gegen den Spinozismus ist also die Grundthese der Leibnitz'schen Philosophie die: es gibt eine Vielheit substanzieller Einzelwesen oder Monaden, sie sind die Grundlage aller Realität, die Grundwesen des ganzen, physischen wie geistigen Universums.

2) Näher handelt es sich nun um die genauere Bestimmung der Monade. Im Allgemeinen haben die Leibnitz'schen Monaden Aehnlichkeit mit den Atomen. Sie sind, wie die letztern, punktuelle Einheiten, sie lassen keinen äußern Einfluß auf sich zu, sind nicht durch äußere Gewalt zerstörbar. Neben dieser Aehnlichkeit findet jedoch ein bedeutender charakteristischer Unterschied zwischen beiden statt. Erstlich: die Atome unterscheiden sich nicht von einander, sind einander qualitativ gleich; die Monaden dagegen sind jede von jeder qualitativ unterschieden, jede ist eine eigenthümliche Welt für sich, keine gleicht der andern. Es gibt nach Leibnitz keine zwei Dinge in der Welt, die sich völlig gleich sind. Zweitens: die Atome sind, als ausgedehnt, theilbar; die Monaden dagegen wirkliche untheilbare Punkte, metaphysische Punkte. Man muß hiezu, um sich an diesem Satze nicht zu stoßen (denn ein Aggregat von nicht ausgedehnten Monaden kann natürlich kein Ausgedehntes geben), Leibnitz's Ansicht vom Raum zu Hülfe nehmen, der nach ihm nichts Reales, sondern nur verworrene subjektive Vorstellung ist. Drittens: die Monade ist ein lebendiges, seelisches Wesen. Von dieser Bestimmung findet sich bei den Atomisten gar Nichts; bei Leibnitz dagegen spielt sie eine sehr wichtige Rolle. Ueberall in der Welt ist nach Leibnitz Leben, individuelle Lebendigkeit und lebendige Beziehung der individuellen Wesen zu einander. Die Monaden sind nicht todt, wie die bloße ausgedehnte Substanz; sie sind selbstständig, sich selbst gleich, durch nichts Aeußeres zu determiniren, aber sie sind a) an sich selbst betrachtet, in lebendiger Veränderung und Thätigkeit zu denken. Wie die Monade höherer Gattung, die menschliche Seele, nie, selbst in bewußtlosen Zuständen, ohne eine Thätigkeit eines, wenn auch dunkeln Vorstellens und Begehrens ist, so durchläuft jede Monade fortwährend verschiedene, ihrer eigenthümlichen Qualität entsprechende Modifikationen oder Zustände ihres Wesens; es regt sich überall, es gibt nirgends todte Ruhe. Und wie b) die menschliche Seele die Zustände der Natur mitempfindet, wie das Universum sich in ihr abspiegelt, so ist es bei den Monaden überhaupt. Jede der unendlich vielen Monaden ist ein Mikrokosmus, ein Centrum und Spiegel des Universums: in jeder reflektirt sich Alles, was ist und geschieht, aber durch ihre eigene spontane Kraft, vermöge welcher jede die Allheit der

Dinge, wie im Keime, ideel in sich trägt. In jeder Monade könnte daher von einem, der Alles durchschaute, Alles gleichsam gelesen werden, was in der ganzen Welt geschieht, geschehen ist und geschehen wird. Diese Lebendigkeit und lebendige Beziehung der Monaden zur übrigen Welt bestimmt Leibnitz näher so: das Leben der Monaden bestehe in einer fortwährenden Folge von Perceptionen, d. h. dunklern oder hellern Vorstellungen von Zuständen ihrer selbst und aller übrigen; die Monaden gehen von einer Perception zur andern fort; alle Monaden sind somit Seelen; darin besteht die Vollkommenheit der Welt.

3) **Die prästabilirte Harmonie.** Das Universum ist bei dieser Auffassung die Summe aller Monaden. Jedes Ding, alles Zusammengesetzte ist ein Aggregat von Monaden. Ebenso ist jeder Körper Organismus, nicht Eine Substanz, sondern viele Substanzen, eine Vielheit von Monaden, ähnlich einer Maschine, die bis auf ihre kleinsten Theile hinaus aus Maschinen besteht. Leibnitz vergleicht die Körper mit einem Fischteich, dessen Bestandtheile lebendig seien, ohne daß man ihn selbst ein Lebendiges nennen könne. Die gewöhnliche Ansicht von den Dingen ist damit gänzlich auf den Kopf gestellt: das wahrhaft Substanzielle ist auf dem Standpunkt der Monadologie nicht der Körper, d. h. das Aggregat, sondern seine Urbestandtheile. Materie im vulgären Sinn, ein entgeistetes Ausgedehntes gibt es gar nicht. Wie muß man sich nunmehr den innern Zusammenhang des Universums denken? In folgender Weise. Jede Monade ist ein vorstellendes Wesen, zugleich ist jede von jeder verschieden. Diese Verschiedenheit muß daher wesentlich eine Verschiedenheit des Vorstellens sein; es gibt so viele verschiedene Grade des Vorstellens, als es Monaden gibt, und diese Grade lassen sich nach gewissen Hauptstufen fixiren. Ein Hauptgesichtspunkt für die Eintheilung der Vorstellungen ist der Unterschied zwischen verworrener (konfuser) und deutlicher (distinkter) Erkenntniß. Eine Monade untersten Rangs (eine monade toute nue) wird also diejenige sein, die bloß vorstellt, d. h. auf der Stufe der verworrensten Erkenntniß steht. Leibnitz vergleicht diesen Zustand mit dem Schwindel oder auch mit unserem Zustand in einem traumlosen Schlaf, in welchem wir zwar nicht ohne Vorstellung sind (denn sonst könnten wir beim Erwachen keine haben), in welchem aber die Vorstellungen sich durch ihre Vielheit neutralisiren und nicht zum Bewußtsein kommen. Es ist dieß die Stufe der unorganischen Natur, auf welcher sich das Leben der Monaden nur in der Form der Bewegung äußert. Höher stehen diejenigen Monaden, in welchen die Vorstellung als bildende Lebenskraft, aber noch ohne Bewußtsein thätig ist: es ist dieß die Stufe der Pflanzenwelt. Noch höher steigert sich das Leben der Monade, wenn sie zu Empfindung und Gedächtniß gelangt, was in der Thierwelt der Fall ist. Während die niedrigeren Monaden schlafende Monaden sind, sind die Thiermonaden träumende. Erhebt sich die Seele zur Vernunft und reflexiven Thätigkeit, so nennen wir sie Geist. — Der Unterschied der Monaden von einander ist also der, daß, obgleich jede das ganze und selbige Universum in sich abspiegelt, dennoch jede es anders abspiegelt, die eine vollkommener, die andere unvollkommener. Jede enthält das ganze Universum, die ganze Unendlichkeit in sich und sie gleicht darin Gott (ist ein parvus in suo genere Deus): der Unterschied ist nur, daß Gott Alles ganz distinkt erkennt, während es die Monade verworren (freilich die eine mehr, die andere weniger verworren) vorstellt. Das Beschränktsein einer Monade besteht also nicht darin, daß sie weniger enthielte, als eine andere, oder auch als Gott, sondern nur darin, daß sie es auf eine unvollkommenere

Weise enthält, indem sie nicht dazu kommt, Alles distinkt zu wissen. — Das Universum bietet uns auf diesem Standpunkt, sofern jede Monas das eine und selbige Universum spiegelt, aber jede auf verschiedene Weise, ein Schauspiel eben sowohl der größtmöglichen Verschiedenheit, als der größtmöglichen Einheit und Ordnung, d. h. der größtmöglichen Vollkommenheit oder der **absoluten Harmonie.** Denn Verschiedenheit in der Einheit ist Harmonie. — Ein System der Harmonie muß aber das Universum auch noch in anderer Beziehung sein. Da die Monaden nicht auf einander einwirken, sondern jede nur den Gesetzen ihres eigenen Wesens folgt, so ist Gefahr, daß die innere Uebereinstimmung des Universums gestört wird. Wodurch wird dieser Gefahr vorgebeugt? Eben dadurch, daß jede Monade zu dem ganzen und selben Universum in lebendiger Beziehung steht, in jeder das Universum und sein Gang sich reflektirt. Die Veränderungen sämmtlicher Monaden gehen in Folge dieses gegenseitigen Sichentsprechens ihrer Vorstellungen mit einander parallel, und eben hierin besteht die (von Gott prästabilirte) Harmonie des Alls.

4) In welchem Verhältniß steht nun zu den Monaden die **Gottheit**? Welche Rolle spielt im Leibniz'schen System der **Gottesbegriff**? Eine ziemlich müßige. Der strengen Konsequenz seines Systems folgend, hätte Leibniz eigentlich keinen Theismus aufstellen dürfen, sondern die Harmonie des All hätte bei ihm an die Stelle der Gottheit treten müssen. Gewöhnlich bezeichnet er Gott als den zureichenden Grund aller Monaden. Allein als zureichenden Grund eines Dings pflegt er dessen Endzweck anzusehen. In dieser Hinsicht kommt also Leibniz der Identifizirung Gottes und des absoluten Endzwecks nahe. Anderwärts bezeichnet er die Gottheit als primitive einfache Substanz, oder als die einzige primitive Einheit, ferner als reine materienlose Aktualität, actus purus. während den Monaden Materie, d. h. eine nicht rein freie, sondern beschränkte, durch ein Prinzip passiven Widerstrebens gegen die spontane Bewegung gehemmte Aktualität (Streben, **appetitio**) zukommt, auch einmal als Monade (dieß jedoch in offenbarem Widerspruch mit seinen anderweitigen Bestimmungen). Es war für Leibniz eine schwierige Aufgabe, seine Monadologie und seinen Theismus mit einander in Einklang zu bringen, ohne die Voraussetzungen beider aufzugeben. Hält er die Substanzialität der Monaden fest, so läuft er Gefahr, ihre Abhängigkeit von der Gottheit fallen zu lassen, und im umgekehrten Falle sinkt er in den Spinozismus zurück.

5) Vom Standpunkt der prästabilirten Harmonie aus erklärte sich nun namentlich das **Verhältniß von Seele und Leib.** Dieses Verhältniß könnte bei den Voraussetzungen der Monadenlehre räthselhaft erscheinen. Wenn keine Monade auf die andere einwirken kann, wie kann alsdann die Seele auf den Körper einwirken, den Körper lenken und bewegen? Die prästabilirte Harmonie löst dieses Räthsel. Allerdings folgen Leib und Seele, jedes unabhängig vom andern, den Gesetzen ihres Wesens, der Leib mechanischen Gesetzen, die Seele Zwecken; allein Gott hat eine so harmonische Uebereinstimmung der beiderseitigen Thätigkeiten, einen solchen Parallelismus der beiderseitigen Funktionen angeordnet, daß faktisch eine vollständige Einheit von Leib und Seele vorhanden ist. Es gibt, sagt Leibniz, drei Ansichten über das Verhältniß von Leib und Seele. Die erste, die gewöhnliche, nimmt eine wechselseitige Einwirkung zwischen beiden an; diese Ansicht ist unhaltbar, weil zwischen Geist und Materie kein Wechselverkehr stattfinden kann. Die zweite, die occasionalistische (vgl. §. 25. 1.), läßt diesen Wechsel-

Verkehr durch die fortwährende Assistenz Gottes vermittelt werden; das heißt jedoch, Gott zum Deus ex machina machen. So bleibt also zu Erklärung des Problems nur die Annahme einer prästabilirten Harmonie übrig. Leibnitz veranschaulicht die angegebenen drei Ansichten an folgendem Beispiel. Man denke sich zwei Uhren, deren Zeiger immer genau dieselbe Zeit angeben. Diese Uebereinstimmung kann man erstlich so erklären, daß man eine wirkliche Verbindung zwischen den beiderseitigen Zeigern annimmt, so daß der Zeiger der einen Uhr den Zeiger der andern Uhr nach sich zieht (gewöhnliche Ansicht); zweitens so, daß man annimmt, ein Uhrmacher stelle immer den Zeiger der einen nach demjenigen der andern (occasionalistische Ansicht); endlich so, daß man jeder derselben einen so vortrefflich gearbeiteten Mechanismus zuschreibt, daß jede, ganz unabhängig von der andern, dennoch ganz gleich mit ihr geht (prästabilirte Harmonie). — Daß die Seele unsterblich (unzerstörbar) ist, folgt aus der Monadenlehre von selbst. Es gibt keinen eigentlichen Tod. Der sogenannte Tod besteht nur darin, daß, indem die Seele einen Theil der Monaden, aus denen die Maschine ihres Leibes besteht, verliert, das Lebendige in einen Zustand zurückgeht, dem ähnlich, in welchem es sich befand, ehe es auf das Theater der Welt trat.

6) Sehr wichtig sind die Consequenzen der Monadenlehre hinsichtlich der **Erkenntnißtheorie**. Wie ontologisch durch den Gegensatz gegen den Spinozismus, so ist die Leibnitz'sche Philosophie erkenntnißtheoretisch durch den Gegensatz gegen den Locke'schen Empirismus bedingt. Die Untersuchungen Locke's über den menschlichen Verstand zogen Leibnitz an, ohne ihn zu befriedigen, und er setzte ihnen daher in seinen Nouveaux essais eine neue Untersuchung entgegen, worin er die **angeborenen Ideen** in Schutz nahm. Allein diese Hypothese von den angeborenen Ideen befreite nun Leibnitz von der mangelhaften Fassung, welche die Einwürfe Locke's gerechtfertigt hatte. Das Angeborensein der Ideen sei nicht so zu verstehen, als seien sie explicite und in bewußter Weise im Geiste enthalten, vielmehr existirten sie in ihm nur potenziell, nur der Anlage nach (virtualiter); aber er habe die Fähigkeit, sie aus sich zu erzeugen. Alle Gedanken sind eigentlich angeboren, d. h. sie kommen nicht von außen in den Geist, sondern werden von ihm aus sich selbst produzirt. Eine äußere Einwirkung auf den Geist ist überhaupt undenkbar; selbst zu den sinnlichen Empfindungen bedarf er keiner Außendinge. Hatte Locke den Geist mit einem unbeschriebenen Stück Papier verglichen, so vergleicht ihn Leibnitz mit einem Marmor, in welchem die Adern die Gestalt der Bildsäule präformiren. Der gewöhnliche Gegensatz zwischen rationaler und empirischer Erkenntniß sinkt daher bei Leibnitz in den graduellen Unterschied größerer oder geringerer Deutlichkeit zusammen. — Unter den angeborenen theoretischen Ideen sind es nach Leibnitz hauptsächlich zwei, die als Prinzipe alles Erkennens und alles Vernunfträsonnements den ersten Rang einnehmen, der Satz des Widerspruchs (principium contradictionis) und der Satz des zureichenden Grundes (principium rationis sufficientis). Zu ihnen kommt hinzu als ein Satz zweiten Ranges das principium indiscernibilium oder der Satz, daß es in der Natur nicht zwei Dinge gibt, die einander völlig gleich wären.

7) Seine theologischen Ansichten hat Leibnitz am ausführlichsten in seiner **Theodicee** vorgetragen. Die Theodicee ist jedoch sein schwächstes Werk und steht mit seiner übrigen Philosophie in einem sehr lockern Zusammenhang. Zunächst durch das Verlangen einer Dame hervorgerufen, verleugnet sie diesen Ursprung weder in ihrer Form, noch in ihrem Inhalt, — in ihrer

Form nicht, indem sie durch ihr Streben nach Popularität breit und unwissenschaftlich wird, in ihrem Inhalt nicht, indem sie ihre Accomodation an das positive Dogma und die Voraussetzungen der Theologie weiter treibt, als die wissenschaftlichen Grundlagen des Systems erlauben. Leibnitz untersucht in ihr das Verhältniß Gottes zur Welt, um in diesem Verhältniß die Zweckmäßigkeit nachzuweisen und Gott von dem Vorwurf zweckloser oder gar zweckwidrigen Handelns zu befreien. Warum hat die Welt gerade die Beschaffenheit, die sie hat? Gott hätte sie ja auch anders schaffen können, als sie ist. Allerdings, antwortet Leibnitz, Gott sah unendlich viele Welten als möglich vor sich; aber aus diesen unendlich vielen wählte er die wirkliche als die beste. Dieß ist die berühmte Lehre von der besten Welt, nach welcher keine vollkommnere Welt möglich ist, als die existirende. — Doch wie? Streitet hiegegen nicht das Dasein des Uebels? Leibnitz beantwortet diesen Einwurf, indem er drei Arten des Uebels unterscheidet, das metaphysische, das physische und das moralische Uebel. Das metaphysische Uebel nun, d. h. die Endlichkeit und Unvollkommenheit der Dinge ist nothwendig, weil von endlichen Wesen unzertrennlich, und daher unbedingt von Gott gewollt. Das physische Uebel (Schmerz u. dergl.) ist zwar nicht unbedingt von Gott gewollt, wohl aber häufig in bedingter Weise, z. B. als Strafe oder als Besserungsmittel. Dar moralische Uebel oder das Böse dagegen kann freilich von Gott in keiner Weise gewollt sein. Um sein Dasein zu erklären und den in ihm liegenden Widerspruch gegen den Gottesbegriff zu beseitigen, schlägt Leibnitz verschiedene Wege ein. Bald sagt er, das Böse sei von Gott nur zugelassen, als conditio sine qua non, weil ohne Böses keine Freiheit, ohne Freiheit keine Tugend sei. Bald reduzirt er das moralische Uebel auf das metaphysische: das Böse sei gar nichts Reales, sondern nur eine Abwesenheit der Vollkommenheit, Negation, Beschränkung; er spiele dieselbe Rolle, wie die Schatten in einem farbigen Gemälde oder die Dissonanzen in der Musik, welche die Schönheit nicht mindern, sondern durch den Kontrast erhöhen. Bald unterscheidet er zwischen dem Materialen und dem Formalen der bösen Handlung: das Materiale der Sünde, die Kraft zum Handeln ist von Gott, das Formale daran, das Böse in der Handlung, gehört dem Menschen an, ist Folge seiner Beschränkung, oder, wie Leibnitz sich hin und wieder äußert, seiner ewigen Selbstprädestination. In keinem Fall wird durch das Böse die Harmonie des Universums gestört.

Dieß sind die Grundideen der Leibnitz'schen Philosophie. Die allgemeine im Eingang unseres Paragraphen gegebene Charakteristik derselben wird in der vorstehenden Darstellung ihre Bestätigung gefunden haben.

§ 34. Berkeley.

Leibnitz hatte den Standpunkt des Idealismus nicht bis zum Extrem durchgeführt. Er hatte zwar einerseits Raum, Bewegung, die Körperdinge für Phänomene erklärt, die nur in der verworrenen Vorstellung existirten, doch aber andererseits das Dasein der Körperdinge nicht schlechthin geleugnet, sondern eine derselben zu Grunde liegende Realität, nämlich die Monadenwelt, anerkannt. Die erscheinende Körperwelt hat an den Monaden ihr festes, substanzielles Fundament. So hat also Leibnitz, obwohl Idealist, mit dem Realismus nicht gänzlich gebrochen. Die äußerste Konsequenz des reinen Idealismus wäre es gewesen, die körperlichen Dinge für bloße Phänomene, für bloß subjektive Vorstellungen ohne alle und jede zu Grund liegende objektive Realität zu erklären, die Realität der objektiven, sinnlichen Welt gänzlich zu leugnen. Diese Konsequenz — das idealistische Gegenstück zu der äußersten realistischen Konsequenz des Materialismus — hat **Georg Berkeley** (geb. in Irland 1684, 1734 englischer Bischof, gest. 1753) gezogen. Wir müssen ihn daher, obwohl er in keinem äußern Zusammenhang mit Leibnitz steht, sondern vielmehr an den Locke'schen Empirismus anknüpft, als den Vollender des Idealismus an Leibnitz anreihen.

Unsere sinnlichen Empfindungen, sagt Berkeley, sind etwas durchaus Subjektives. Wenn wir glauben, äußere Gegenstände zu empfinden oder wahrzunehmen, so ist das ganz irrig: was wir haben und wahrnehmen, sind nur unsere Empfindungen selbst. Es ist z. B. klar, daß man mittelst der Gesichtsempfindungen weder die Entfernung, noch die Größe und Form von Gegenständen *sieht*, sondern auf dieselbe nur *schließt*, weil man die Erfahrung gemacht hat, daß eine gewisse Gesichtsempfindung mit gewissen Empfindungen des Tastsinns begleitet ist. Das was man *sieht*, sind nur Farben, Hell, Dunkel u. s. f., und es ist deßhalb ganz falsch, zu sagen, daß man Eins und Dasselbe sehe und fühle. Also auch bei denjenigen Empfindungen, welchen wir einen am meisten objektiven Charakter zuschreiben, treten wir aus uns selbst nicht heraus. Das eigentliche Objekt unseres Verstandes sind nur unsere eigenen Affektionen, alle Ideen sind daher nur unsere eigenen Empfindungen. So wenig aber Empfindungen außer dem Empfindenden existiren, ebensowenig kann eine Idee außer dem, der sie hat, Existenz haben. Die sogenannten Dinge existiren somit nur in unserer Vorstellung, ihr Sein ist bloßes Percipirtwerden. Es ist ein Grundirrthum der meisten Philosophen, daß sie die körperlichen Dinge außer dem vorstellenden Geiste existiren lassen und es nicht einsehen, daß die Dinge etwas nur Mentales sind. Wie sollten auch die materiellen Dinge etwas so ganz von ihnen Verschiedenes, wie die Empfindungen und Vorstellungen, hervorbringen können! Eine materielle Außenwelt existirt also überhaupt nicht; es existiren nur Geister, d. h. denkende Wesen, deren Natur im Vorstellen und Wollen besteht. — Woher erhalten wir aber alsdann unsere sinnlichen Empfindungen, die uns ohne unser Zuthun kommen, die also nicht Produkt unseres Willens sind, wie die Phantasiebilder? Wir erhalten sie von einem uns überlegenen Geiste (denn nur ein Geist kann Vorstellungen in uns hervorbringen), von Gott. Gott bringt die Ideen in uns hervor oder gibt sie uns; da es aber ein Widerspruch ist, daß ein Wesen Ideen mittheile, welches selbst keine hat, so existiren die Ideen, die wir von ihm erhalten, in Gott. Man kann diese Ideen in Gott Archetype (Urbilder), diejenigen in uns Ektype (Abbilder) nennen. — Dieser Ansicht zufolge, sagt Berkeley, wird eine von uns unabhängige Realität von Objekten der Vorstellung nicht geleugnet; es wird nur geleugnet, daß sie wo anders existiren können, als in einem Verstande. Statt daß wir also von einer Natur sprechen, in welcher etwa die Sonne Ursache der Wärme sei u. s. w., müßten wir genau genommen uns so ausdrücken: Gott kündige uns durch die Empfindung des Auges an, wir würden bald eine Wärmeempfindung spüren. Unter Natur ist deßwegen nur die Succession oder der Zusammenhang von Ideen zu verstehen, unter Naturgesetzen die konstante Ordnung, in welcher sie sich begleiten oder sich folgen, d. h. die Gesetze der Ideenassociationen. — Dieser durchgeführte reine Idealismus, die völlige Leugnung der Materie, ist nach Berkeley der sicherste Weg, dem Materialismus und Atheismus zu entgehen.

§. 35. Wolff.

Der Berkeley'sche Idealismus blieb, wie es in der Natur der Sache lag, ohne weitere Fortbildung; dagegen fand die Leibnitz'sche Philosophie einen Fortsetzer und Ueberarbeiter an Christian Wolff (geb. in Breslau 1679, als Professor der Philosophie in Halle nach langen Mißhelligkeiten mit den dortigen Theologen durch eine Kabinetsordre vom 8. Nov. 1723 seiner Stelle entsetzt, weil seine Lehren der im göttlichen Worte geoffenbarten Wahrheit entgegenstünden, und angewiesen, binnen 48 Stunden bei Strafe des Strangs die preußischen Lande zu verlassen; dann Professor in Marburg, durch Friederich II. sogleich nach dessen Regierungsantritt wieder zurückgerufen, später in den Reichsfreiherrnstand erhoben, stirbt 1754). In den Hauptgedanken (indem er freilich die kühneren Ideen seines Vorgängers fallen ließ) schloß er sich an Leibnitz an, — ein Zusammenhang, den er selbst zugibt, wenn er sich gleich gegen die Identifizirung seiner und der Leibnitz'schen Philosophie und gegen den von seinem Schüler Bilfinger geschöpften Namen philosophia Leibnitio-Wolffiana sträubt. Das geschichtliche Verdienst Wolff's ist ein dreifaches. Vor Allem hat Wolff zuerst wieder das ganze Gebiet des Wissens im Namen der Philosophie in Anspruch genommen, zuerst wieder ein systematisches Lehrgebäude, eine Encyklopädie der Philosophie im höchsten Sinne des Worts zu geben versucht. Hat er hiezu auch nicht gerade viel neues Material herbeigeschafft, so hat er doch das vorhandene zweckmäßig benützt und mit architektonischem Geiste geordnet. Zweitens hat er wieder die philosophische Methode als solche zu einem Gegenstand der Aufmerksamkeit gemacht. Seine eigene Methode ist zwar eine dem Inhalt nach äußerliche, nämlich die schon von Leibnitz empfohlene mathematische (mathematisch syllogistische); aber selbst der verflachende Formalismus, in welchen das Wolff'sche Philosophiren durch die Anwendung dieser Methode verfällt — (in Wolffs Anfangsgründen der Baukunst z. B. heißt der achte Lehrsatz: „ein Fenster muß so breit sein, daß zwei Personen gemächlich neben einander in demselben liegen können," ein Lehrsatz, der sofort folgendermaßen bewiesen wird: „man pflegt sich öfters mit einer andern Person an das Fenster zu legen und sich umzusehen. Da nun der Baumeister den Hauptabsichten des Bauherrn in Allem ein Genüge thun soll (§. 1), so muß er auch das Fenster so breit machen, daß zwei Personen gemächlich neben einander in demselben liegen können. W. zu Erw.) — selbst dieser Formalismus hat das Gute, daß dadurch der philosophische Gehalt der verständigen Betrachtung näher gebracht wird. Endlich hat Wolff die Philosophie deutsch reden gelehrt, was sie seither nicht wieder verlernt hat. Ihm (nächst Leibnitz, von dem der Anstoß hiezu ausgegangen ist) gebührt das Verdienst, die deutsche Sprache für immer zum Organ der Philosophie gemacht zu haben.

Was den Inhalt und die wissenschaftliche Eintheilung der Wolff'schen Philosophie betrifft, so mögen folgende Bemerkungen genügen. Wolff definirt die Philosophie als Wissenschaft vom Möglichen als solchem. Möglich aber ist, was keinen Widerspruch enthält. Wolff vertheidigt diese Definition gegen den Vorwurf der Anmaßung. Er behaupte, sagt er, mit dieser Definition nicht, daß er oder ein anderer Philosoph Alles, was möglich sei, wisse. Es sei mit ihr nur das ganze Gebiet des menschlichen Wissens der Philosophie zugeeignet und es sei doch immer rathsamer, man richte die Beschreibung der Philosophie nach der höchsten Vollkommenheit ein, die sie erreichen könne, wenn sie dieselbe auch nicht wirklich erreiche. — Aus welchen Theilen nun besteht diese Wissenschaft des Möglichen? Auf die Wahrnehmung gestützt, daß sich in unserer Seele zwei Vermögen befinden, ein Vermögen des Erkennens und ein Vermögen des Wollens, theilt Wolff die Philosophie in zwei Haupttheile ein, in theoretische Philosophie (ein Ausdruck, der jedoch erst bei den Wolffianern vorkommt) oder Metaphysik, und in praktische Philosophie. Die Logik geht beiden voraus als Propädeutik fürs philosophische Studium. Die Metaphysik selbst hinwiederum theilt sich nach Wolff ein in a) Ontologie, b) Kosmologie, c) Psychologie, d) Natürliche Theologie; die praktische Philosophie in a) Ethik, deren Gegenstand der Mensch als Mensch, b) Oekonomik, deren Gegenstand der Mensch als Familienglied, c) Politik, deren Gegenstand der Mensch als Staatsbürger ist.

Die Metaphysik Wolff's hat, wie gesagt, zu ihrem ersten Theile a) die **Ontologie.** Die Ontologie handelt von dem, was man heut zu Tage Kategorieen nennt, von denjenigen Grundbegriffen des Denkens, welche auf alle Gegenstände angewandt werden und welche deßhalb zuerst untersucht werden müssen. Schon Aristoteles war mit einer Kategorieentafel vorangegangen, aber er hatte seine Kategorieen nur empirisch aufgenommen. Nicht viel besser ist es mit der Wolff'schen Ontologie; sie ist angelegt wie ein philosophisches Wörterbuch. An die Spitze der Ontologie stellt Wolff den Satz des Widerspruchs: es kann etwas nicht zugleich sein und nicht sein. An diesen Satz knüpft sich sogleich der Begriff des Möglichen. Möglich ist, was keinen Widerspruch enthält. Wessen Gegentheil sich widerspricht, ist nothwendig, wessen Gegentheil ebensogut möglich ist, ist zufällig. Alles, was möglich ist, ist ein Ding, wenn auch nur ein eingebildetes; was weder ist, noch möglich ist, ist Nichts. Wenn viele Dinge zusammen ein Ding ausmachen, so ist dieß ein Ganzes, die einzelnen darunter befaßten Dinge seine Theile. In der Menge der Theile besteht die Größe eines Dings. Wenn ein Ding A Etwas enthält, woraus man verstehen kann, warum ein Ding B ist, so ist Dasjenige in A, woraus B verstanden wird, der Grund von B. Das den Grund enthaltende ganze A ist die Ursache. Was den Grund seiner übrigen Eigenschaften enthält, ist das Wesen des Dings. Raum ist die Ordnung der Dinge, die zugleich sind; Ort die bestimmte Art, wie ein Ding mit allen übrigen zugleich ist. Bewegung ist Veränderung des Orts, Zeit ist die Ordnung dessen, was auf einander folgt, u. s. f. b) **Kosmologie.** Die Welt definirt Wolff als eine Reihe veränderlicher Dinge, die neben einander sind und auf einander folgen, aber insgesammt mit einander verknüpft sind, so daß immer eins den Grund des andern enthält. Die Dinge sind entweder im Raum oder in der Zeit verknüpft. Die Welt ist vermöge dieser allgemeinen Verknüpfung Eins, ein zusammengesetztes Ding. Die Art der Zusammensetzung macht das Wesen der Welt aus. Diese Art aber kann sich nicht ändern. Es können keine neuen Ingredienzien zu ihr oder von ihr weg kommen. Alle Veränderungen der Welt müssen aus ihrem Wesen hervorgehen. In dieser Beziehung ist die Welt eine Maschine. Die Begebenheiten in der Welt sind nur hypothetisch nothwendig, sofern die vorhergehenden so und so gewesen sind; sie sind zufällig, sofern die Welt auch anders eingerichtet sein könnte. Ueber die Frage, ob die Welt einen Anfang in der Zeit habe, drückt sich Wolff schwebend aus. Da Gott außer der Zeit, die Welt aber von Ewigkeit her in der Zeit ist, so ist sie auf keinen Fall auf solche Weise ewig wie Gott. Es ist aber nach Wolff weder Raum noch Zeit etwas Substanzielles. Körper ist ein aus Materie zusammengesetztes Ding, das eine bewegende Kraft in sich hat. Die Kräfte des Körpers zusammen nennt man auch seine Natur und die Zusammenfassung aller Wesen Natur im Allgemeinen. Was seinen Grund in dem Wesen der Welt hat, heißt natürlich, und das Umgekehrte übernatürlich oder ein Wunder. Zuletzt handelt Wolff von der Vollkommenheit und Unvollkommenheit der Welt. Die Vollkommenheit der Welt ist dieß, daß Alles, was zugleich ist und aufeinander folgt, mit einander übereinstimmt. Da aber jedes Ding seine besondern Regeln hat, so muß das Einzelne so viel an Vollkommenheit entbehren, als zur Symmetrie des Ganzen nöthig ist. c) **Rationale Psychologie.** Seele ist dasjenige in uns, welches sich bewußt ist. Die Seele ist sich bewußt anderer Dinge und ihrer selbst. Das Bewußtsein ist deutlich oder undeutlich. Deutliches Bewußtsein ist Denken. Die Seele ist eine einfache, unkörperliche Substanz. Es wohnt ihr eine Kraft inne, sich eine Welt vorzustellen. In diesem Sinne kann eine Seele auch den Thieren zukommen; aber eine Seele, die Verstand und Willen besitzt, ist Geist und kommt den Menschen allein zu. Ein Geist, der mit einem Körper verbunden ist, heißt eine Seele, und dieß ist der Unterschied des Menschen von höhern Geistern. Die Bewegungen der Seele und des Leibes stimmen mit einander überein vermöge der prästabilirten Harmonie. Die Freiheit der menschlichen Seele ist die Kraft, nach Willkür unter zwei möglichen Dingen dasjenige zu wählen, was ihr am besten gefällt. Aber die Seele entscheidet sich nicht ohne Beweggründe, sie wählt immer nur, was sie für das Beste hält. So scheint die Seele zu ihrem Handeln gezwungen durch ihre Vorstellungen; aber der Verstand ist nicht gezwungen, Etwas für gut oder für schlecht zu halten, und daher ist auch der Wille nicht gezwungen, sondern frei. Als einfache Wesen sind die Seelen untheilbar, also unverweslich; die Thierseelen jedoch haben keinen Verstand, sie können sich also nach dem Tode ihres vorhergehenden Zustandes nicht besinnen. Dieß kann nur die menschliche Seele; daher ist nur die menschliche Seele unsterblich. d) **Natürliche Theologie.** Wolff beweist hier das Dasein Gottes durch das kosmologische Argument. Gott konnte verschiedene Welten schaffen, er hat aber die gegenwärtige als die beste vorgezogen. Ins Dasein gerufen ist diese Welt durch den Willen Gottes. Seine Absicht bei Erschaffung derselben war Darstellung seiner Vollkommenheit. Das Böse in der Welt entspringt nicht aus dem göttlichen Willen, sondern aus dem eingeschränkten Wesen der menschlichen Dinge. Gott läßt es nur zu als Mittel zum Guten.

Diese kurze aphoristische Darstellung der Wolff'schen Metaphysik zeigt, wie groß ihre Verwandtschaft mit der Leibnitz'schen Lehre ist. Nur verliert die letztere viel von ihrer spekulativen Tiefe durch die abstrakt verständige Behandlung, die ihr unter Wolff's Händen zu Theil wird. Am meisten tritt bei Wolff das Specifische der Monadenlehre zurück: seine einfachen Wesen sind nicht vorstellend wie die Monaden, sondern nähern sich wieder den Atomen; daher bei ihm mannigfache Inkonsequenzen und Widersprüche. Sein eigenthümlichstes Verdienst in der Metaphysik ist die Ontologie, die er weit genauer als seine Vorgänger ausgebildet hat. Eine Menge philosophischer Termini hat er zuerst festgestellt und in die philosophische Kunstsprache eingeführt.

Die Wolff'sche Philosophie, faßlich und übersichtlich, wie sie war, überdieß durch die Anwendung der deutschen Sprache zugänglicher als die Leibnitz'sche, wurde bald Popularphilosophie und gewann eine ausgebreitete Herrschaft. Unter den Männern, die sich um ihre wissenschaftliche Ausbildung verdient gemacht haben sind hauptsächlich zu nennen **Thümmig** 1687 bis 1728, **Bilfinger** 1693—1750, **Baumeister** 1708—1785, der Aesthetiker **Baumgarten** 1714—1762, und dessen Schüler **Meier** 1718—1777.

§. 36. Die deutsche Aufklärung.

Unter dem Einflusse der Leibnitz-Wolff'schen Philosophie, doch ohne direkten wissenschaftlichen Zusammenhang mit ihr, bildete sich in Deutschland in der zweiten Hälfte des achtzehnten Jahrhunderts eine eklektische Popularphilosophie aus, deren mannigfaltige Erscheinungen man unter dem Namen der **deutschen Aufklärung** zusammenfaßt. Sie hat wenig Bedeutung für die Geschichte der Philosophie, desto mehr für die Geschichte der Kultur; denn Bildung, geistige Heranziehung von Gebildeten (**Basedow**) ist es, auf was sie abzweckt, und gebildete Reflexion, geistreiches Raisonnement (in der Manier von Selbstgesprächen, Briefen, Morgenbetrachtungen) ist daher die Form, in der sie philosophirt. Sie ist das **deutsche** Gegenbild der **französischen** Aufklärung. Wie die letztere die realistische Entwicklungsperiode abschließt durch die äußerste Konsequenz des Materialismus, der entgeisteten Objektivität, so schließt die erstere die idealistische Entwicklungsreihe ab durch ihre Tendenz zu einem extremen (aller Objektivität entleerten) Subjektivismus. Das empirische, einzelne Ich als solches gilt den Männern dieser Richtung als das Absolute, als das ausschließlich Berechtigte; über ihm vergessen sie alles Andere, oder vielmehr, alles Andere hat für sie nur in dem Maaße Werth, als es sich auf das Subjekt bezieht, dem Subjekt dient, zu seiner Förderung und innern Befriedigung beiträgt. Daher wird jetzt die Unsterblichkeits-Frage philosophisches Hauptproblem (in welcher Hinsicht namentlich **Mendelssohn**, der bedeutendste Mann dieser Richtung, 1729—1786, zu nennen ist); die ewige Fortdauer der einzelnen Seele ist Hauptgegenstand des Interesses; die objektiven Ideen oder Glaubenswahrheiten, z. B. die Persönlichkeit Gottes, werden keineswegs in Abrede gestellt, aber man interessirt sich im Allgemeinen nicht für sie; daß man von Gott Nichts wissen könne, wird stehender Glaubensartikel. In zweiter Reihe sind es die Moralphilosophie (**Garve** 1742—1798, **Engel** 1741 bis 1802, **Abbt** 1738—1766) und die Aesthetik (besonders **Sulzer** 1720 bis 1779), die wissenschaftliche Bearbeitungen finden, weil beide subjektiveres Interesse gewähren. Im Allgemeinen tritt der Gesichtspunkt des Nützlichen und des Zwecks in den Vordergrund; der Nutzen wird das eigentliche Kriterium der Wahrheit; was dem Subjekt nicht nützt, seinen subjektiven Zwecken nicht dient, wird auf die Seite geschoben. Im Zusammenhang mit dieser Geistesrichtung steht die vorherrschend teleologische Richtung der Naturbetrachtung (**Reimarus** 1694—1765), und der endämonistische Charakter der Sittenlehre. Die Glückseligkeit des Individuums galt als höchstes Prinzip und oberster Zweck (**Basedow** 1723—1790). Selbst die Religion wird unter diesen Gesichtspunkt gestellt. **Reimarus** schrieb eine Abhandlung über die „Vortheile" der Religion, und suchte zu beweisen, daß die Religion den irdischen Genuß nicht störe, sondern vielmehr zu seiner Erhöhung beitrage; ebenso **Steinbart** (1738—1809), der in mehreren Schriften das Thema durchführte, daß alle Weisheit nur darin bestehe, Glückseligkeit, d. h. dauerndes Vergnügen zu erlangen, und daß die christliche Religion, fern davon, dieß zu verbieten, vielmehr selbst nur Glückseligkeitslehre sei. Im Uebrigen hegte man gegen das Christenthum nur gemäßigten Respekt; wo es eine dem

Subjekt unangenehme Auctorität in Anspruch nahm (in einzelnen Dogmen, z. B. dem Dogma der Höllenstrafen), lehnte man sich dagegen auf; überhaupt war man bestrebt, das positive Dogma soweit als möglich in der natürlichen Religion aufgehen zu lassen; Reimarus z. B., der eifrigste Vertheidiger des Theismus und der teleologischen Naturbetrachtung, ist zugleich Verfasser der Wolffenbütteler Fragmente. Durch Kritik des Positiven und Ueberlieferten (besonders der evangelischen Geschichte), durch Rationalisirung des Uebernatürlichen bethätigte das Subjekt das neugewonnene Bewußtsein seiner Berechtigung. Endlich charakterisirt sich der subjektive Standpunkt dieser Periode in der damals herrschenden schriftstellerischen Manier der Selbstbiographieen und Selbstbekenntnisse; das vereinsamte Selbst ist sich Gegenstand bewundernder Betrachtung (Rousseau 1712—1778 und seine Confessionen); es bespiegelt sich in seinen partikulären Zuständen, seinen Empfindungen, seinen vortrefflichen Absichten — ein Schönthun mit sich selbst, das sich häufig zu krankhafter Sentimentalität steigert. — Nach allem diesem ist es die äußerste Konsequenz des Subjektivismus, was den Charakter der deutschen Aufklärungsperiode ausmacht: die letztere schließt eben hierdurch die bisherige idealistische Entwicklungsreihe ab.

§. 37. Uebergang auf Kant.

Die idealistische und die realistische Entwicklungsreihe, deren Verfolgung uns bisher in Anspruch genommen, haben beide mit Einseitigkeiten geendet. Statt die Gegensätze des Denkens und des Seins wirklich und innerlich zu versöhnen, sind sie beide darauf hinausgekommen, den einen oder den andern Faktor zu leugnen. Der Realismus hatte einseitig die Materie, der Idealismus einseitig das empirische Ich zur Absolutheit erhoben, — Extreme, bei denen angekommen die Philosophie zur Unphilosophie zu werden drohte. In der That war sie in Deutschland, wie in Frankreich, zur flachsten Popularphilosophie herabgesunken. Da trat Kant auf und leitete die beiden Arme, die gesondert von einander sich im Sande zu verlieren drohten, wieder in Ein Bette zusammen. Kant ist der große Erneuerer der Philosophie, der die einseitigen philosophischen Bestrebungen der Früheren wie ein Knotenpunkt zur Einheit und Totalität zusammenfaßt. Er steht zu Allen in irgend welcher, theils in gegnerischer, theils in verwandtschaftlicher Beziehung, zu Locke nicht minder wie zu Hume, zu den schottischen Philosophen nicht minder wie zu den früheren englischen und französischen Moralisten, zur Leibnitz-Wolff'schen Philosophie ebensogut wie zum Materialismus der französischen und zum Eudämonismus der deutschen Aufklärungsperiode. Was namentlich sein Verhältniß zu den beiden Entwicklungsreihen des einseitigen Idealismus und des einseitigen Realismus betrifft, so gestaltet sich dasselbe folgendermaßen. Der Empirismus hatte dem Ich die Rolle der reinen Passivität, der Subordination unter die sinnliche Außenwelt, — der Idealismus hatte dem Ich die Rolle der reinen Aktivität, der Selbstgenügsamkeit, der Souveränetät über die Sinnenwelt übertragen; Kant sucht die Ansprüche beider auszugleichen, indem er sich dahin entscheidet: das Ich ist frei und autonom, unbedingter Gesetzgeber seiner selbst, als praktisches Ich; es ist receptiv und durch die Erfahrungswelt bedingt als theoretisches Ich; jedoch auch als theoretisches Ich hat dasselbe beide Seiten an sich, denn wenn einerseits der Empirismus so weit Recht hat, als der Stoff aller unserer Erkenntnisse aus der Erfahrung stammt, als die Erfahrung das einzige Feld unserer Erkenntniß ist, so hat andererseits der Idealismus Recht, wenn er auf einen apriorischen Faktor und Fond unseres Erkennens dringt, denn zur Erfahrung brauchen wir Begriffe, die nicht durch die Erfahrung gegeben, sondern a priori in unserem Verstande enthalten sind.

Wir knüpfen hieran, um die Uebersicht über das sehr ausgeführte Gebäude der Kant'schen Philosophie zu erleichtern, eine vorläufige Erläuterung ihrer Grundbegriffe und eine kurze Darstellung ihrer Hauptsätze und Hauptresultate. Kant machte die menschliche Erkenntnißthätigkeit überhaupt, den Ursprung unserer Erfahrung zur Aufgabe seiner kritischen Untersuchung. Darum heißt seine Philosophie kritische Philosophie oder Kritizismus, weil sie wesentlich eine Prüfung unseres Erkenntnißvermögens sein will; mit einem andern Namen auch Transscendentalphilosophie, da Kant die Reflexion der Vernunft auf ihr Verhältniß zur Objektivität eine transscendentale Betrachtung (transscendental ist zu unterscheiden von transscendent), oder mit andern Worten eine transscendentale Erkenntniß eine solche nennt, „welche es nicht sowohl mit den Gegenständen, als mit unserer Erkenntniß von den Gegenständen zu thun hat, so weit dieselbe a priori möglich sein soll." Jene Prüfung unseres Erkenntnißvermögens, die Kant in seiner „Kritik der reinen Vernunft" anstellt, ergibt nun Folgendes. Alle Erkenntniß ist ein Produkt zweier Faktoren, des erkennenden Subjekts und der Außenwelt. Der eine Faktor, die Außenwelt, leiht zu unserer Erkenntniß den Stoff, das Erfahrungsmaterial her, der andere Faktor, das erkennende Subjekt, leiht die Form her, nämlich die Verstandesbegriffe, durch welche erst eine zusammenhängende Erkenntniß, die Synthesis der Wahrnehmungen zu einem Ganzen der Erfahrung möglich wird. Wäre keine Außenwelt da, so gäbe es auch keine Erscheinungen; wäre kein Verstand da, so würden diese Erscheinungen oder Wahrnehmungen, die ein unendlich Mannigfaltiges sind, nicht mit einander in Verbindung gesetzt und zur Einheit einer Vorstellung verknüpft, es gäbe alsdann keine Erfahrung. Also: während Anschauungen ohne Begriffe blind, Begriffe ohne Anschauungen leer sind, ist das Erkennen eine Vereinigung beider, indem es die Rahmen der Begriffe mit Erfahrungsstoff ausfüllt und den Erfahrungsstoff in das Netz der Verstandesbegriffe faßt. Nichtsdestoweniger erkennen wir die Dinge nicht, wie sie an sich sind. Zuerst um der Formen unseres Verstandes, um der Kategorieen willen. Indem wir zum gegebenen Mannigfaltigen, als der Materie der Erkenntniß, unsere eigenen Begriffe als die Form der Erkenntniß hinzutragen, wird mit den Objekten offenbar eine Veränderung vorgenommen; die Objekte werden nicht gedacht, wie sie an sich sind, sondern nur, wie wir sie auffassen; sie erscheinen uns nur mit Kategorieen versetzt. Zu dieser einen subjektiven Zuthat kommt aber noch eine andere. Wir erkennen nämlich zweitens die Dinge nicht, wie sie an sich sind, weil selbst die Anschauungen, die wir in den Rahmen unserer Verstandesbegriffe fassen, nicht rein und ungefärbt, sondern ebenfalls schon durch ein subjektives Medium, nämlich durch die allgemeine Form aller Sinnenobjekte, Raum und Zeit, hindurchgegangen sind. Auch der Raum und die Zeit sind subjektive Zuthaten, Formen der sinnlichen Anschauung, die ebenso ursprünglich in unserem Gemüthe vorhanden sind, wie die Grundbegriffe oder Kategorieen unseres Verstandes. Was wir uns anschaulich vorstellen, müssen wir in Raum und Zeit setzen; ohne sie ist überhaupt keine Anschauung möglich. Hieraus folgt, daß nur Erscheinungen es sind, was wir erkennen, nicht aber die Dinge an sich in ihrer wahren Beschaffenheit, der Räumlichkeit und Zeitlichkeit entkleidet.

Faßt man diese Kant'schen Sätze oberflächlich auf, so könnte es scheinen, als ob der Kant'sche Kritizismus über den Standpunkt des Locke'schen Empirismus nicht wesentlich hinausgekommen sei. Aber doch ist er es, von allem Andern abgesehen, schon durch die Untersuchung der Verstandesbegriffe. Daß die Begriffe Ursache und Wirkung, Wesen und Eigenschaft und die andern Grundbegriffe, welche der menschliche Verstand in die Erscheinungen hineinzudenken sich genöthigt sieht und in welchen er Alles denkt, was er denkt, nicht aus der sinnlichen Erfahrung stammen, mußte Kant mit Hume anerkennen. Z. B., wenn wir von verschiedenen Seiten her affizirt werden, weiße Farbe, süßen Geschmack, rauhe Oberfläche u. s. w. perzipiren, und nun von Einem Dinge, etwa einem Stück Zucker, sprechen, so ist uns von außen nur die Mannigfaltigkeit der Empfindungen gegeben, der Begriff der Einheit aber kommt uns nicht durch die Empfindung, sondern ist ein zu dem Mannigfaltigen hinzugetragener Begriff, eine Kategorie. Aber statt darum die Realität jener Verstandesbegriffe zu leugnen, that Kant nun den weitern Schritt, daß er der Verstandesthätigkeit, welche jene Denkformen zum Erfahrungsstoff hergibt, ein eigenthümliches Gebiet zueignete, daß er jene Denkformen als die dem menschlichen Erkenntnißvermögen immanenten Gesetze, als die nothwendigen, für alle Erfahrung gültigen Bewegungsgesetze des Verstandes nachwies und sie durch eine Analyse unserer Denkthätigkeit vollständig herauszubekommen suchte. (Es sind deren zwölf: Einheit, Vielheit, Allheit; Realität, Negation, Limitation; Substanzialität, Kausalität, Wechselwirkung; Möglichkeit, Wirklichkeit, Nothwendigkeit.) Kant's Lehre ist somit nicht Empirismus, sondern Idealismus, aber nicht dogmatischer Idealismus, der alle Realität in die Vorstellung auflöst, sondern kritischer, subjektiver Idealismus, der in der Vorstellung ein objektives und ein subjektives Element ausscheidet, und dem letztern eine ebenso wesentliche Bedeutung für das Erkennen vindicirt, wie dem erstern.

Aus dem Gesagten folgen die drei Hauptsätze, in welche die Kant'sche Erkenntnißtheorie sich fassen läßt und von denen je der folgende die Konsequenz des vorangehenden ist: 1) Wir erkennen nur Erscheinungen, nicht die Dinge an sich. Der von der Außenwelt uns gebotene Erfahrungsstoff wird durch unsere eigenen subjektiven Zuthaten (denn wir fassen denselben zuerst in den subjektiven Rahmen der Zeit und des Raums, dann in die ebenfalls subjektiven Formen unserer Verstandesbegriffe) so zubereitet und beziehungsweise alterirt, daß er, wie der Widerschein eines leuchtenden Körpers, der auf einer Glasfläche mannigfaltig gebrochen wird, nicht mehr die Sache selbst rein und unvermischt in ihrer ursprünglichen Beschaffenheit darstellt. 2) Nichtsdestoweniger ist nur die Erfahrung das Gebiet unserer Erkenntniß, und eine Wissenschaft des Unbedingten gibt es nicht. Natürlich: denn da jede Erkenntniß Produkt des Erfahrungsstoffs und der Verstandesbegriffe ist, oder auf dem Zusammenwirken der Sinnlichkeit und des Verstandes beruht, so kann keine Erkenntniß möglich sein von Dingen, für welche der eine der genannten Faktoren, der Erfahrungsstoff, uns fehlt; eine Erkenntniß aus Verstandesbegriffen allein ist eine illusorische, da für den Begriff des Unbedingten, welchen der Verstand aufstellt, die Sinnlichkeit den ihm entsprechenden unbedingten Gegenstand nicht aufzeigen kann. Die Frage also, die Kant an die Spitze seiner ganzen Kritik stellte: wie sind synthetische Urtheile (Erweiterungsurtheile, zu unterscheiden von den analytischen oder Erläuterungsurtheilen) a priori möglich? d. h. können wir unser Wissen auf apriorischem Wege, durchs Denken allein, über die sinnliche Erfahrung hinaus erweitern? Ist eine Erkenntniß des Uebersinnlichen möglich? muß mit einem unbedingten Nein beantwortet werden. 3) Will das menschliche Erkennen nichtsdestoweniger die ihm gesteckten Gränzen der Erfahrung überschreiten, d. h. transscendent werden, so verwickelt es sich in die größten Widersprüche. Die drei Vernunftideen, die psychologische, kosmologische, theologische, nämlich a) die Idee eines absoluten Subjekts, d. h. der Seele oder der Unsterblichkeit, b) die Idee der Welt als Totalität aller Bedingungen und Erscheinungen, c) die Idee eines allervollkommensten Wesens, — sind so sehr ohne alle Anwendbarkeit auf die empirische Wirklichkeit, so sehr nur reine Erzeugnisse der Vernunft, regulative, nicht konstitutive Prinzipien, denen kein Objekt in der sinnlichen Erfahrung entspricht, daß sie vielmehr, wenn sie nun doch auf die Erfahrung angewendet, d. h. als wirklich existirende Objekte gedacht werden, zu lauter logischen Irrsalen, zu den auffallendsten Paralogismen und Sophismen führen. Diese Irrsale, theils Fehlschlüsse und Erschleichungen, theils unvermeidliche Widersprüche der Vernunft mit sich selbst, hat Kant an sämmtlichen Vernunftideen nachzuweisen gesucht. Nehmen wir z. B. die kosmologische Idee. Sobald die Vernunft in Beziehung auf dieselbe, in Beziehung auf das Weltganze transscendente Aussagen aufstellen, d. h. die Formen der Endlichkeit auf das Unendliche anwenden will, so zeigt es sich, daß allemal das Gegentheil dieser Aussagen, die Antithesis, sich ebensogut wie die Thesis beweisen läßt. Die Behauptung: die Welt hat einen Anfang in der Zeit, sie hat Gränzen im Raume, kann ebensogut bewiesen werden, als ihr Gegentheil: die Welt hat keinen Anfang in der Zeit, hat nirgends räumliche Gränzen. Woraus folgt, daß alle spekulative Kosmologie eine Anmaßung der Vernunft ist. Die theologische Idee ihrerseits beruht auf lauter logischen Erschleichungen und Fehlschlüssen, was Kant an sämmtlichen Beweisen fürs Dasein Gottes, welche die bisherigen dogmatischen Philosophien aufgestellt hatten, einzeln (mit großem Scharfsinne) nachwies. Es ist also unmöglich, das Dasein Gottes als eines höchsten Wesens, das Dasein der Seele als eines realen Subjekts, und das Vorhandensein eines umfassenden Weltsystems zu beweisen und zu begreifen; die eigentlichen Probleme der Metaphysik liegen jenseits der Gränzen des philosophischen Wissens.

Dieß ist der negative Theil der Kantischen Philosophie; die positive Ergänzung dazu liegt in der Kritik der praktischen Vernunft. War nach der einen Seite der theoretische, erkennende Geist schlechthin von der Objektivität, der Sinnenwelt bedingt und beherrscht gewesen — denn nur durch Anschauung war Erkenntniß möglich —: so geht der praktische Geist schlechthin über das Gegebene (den sinnlichen Trieb) hinaus, er ist nur durch den kategorischen Imperativ, das Sittengesetz, das er selbst ist, bestimmt, also frei und autonomisch; die Zwecke, die er verfolgt, sind solche, die er sich als sittlicher Geist selbst setzt; die Objekte sind nicht mehr seine Herrn und Gesetzgeber, denen er sich zu fügen hat, wenn er der Wahrheit theilhaftig werden will, sondern seine Diener, die selbstlosen Mittel zur Verwirklichung des Sittengesetzes. War der theoretische Geist an die erscheinende, nothwendigen Gesetzen gehorchende Sinnenwelt geknüpft, so gehört der praktische, kraft der ihm wesentlichen Freiheit, vermöge seiner Richtung auf den absoluten Endzweck, einer rein intelligibeln, übersinnlichen Welt an. Dieß ist der praktische Idealismus Kant's, aus dem er sofort die drei (als theoretische Wahrheiten zuvor geleugneten) praktischen Postulate, die Unsterblichkeit der Seele, die sittliche Freiheit und das Dasein Gottes ableitet.

— So viel zur Orientirung: wir gehen nunmehr zur ausführlicheren Darstellung der Kant'schen Philosophie über.

§. 38. Kant.

Immanuel Kant ward zu Königsberg in Preußen den 22. April 1724 geboren. Sein Vater, ein rechtschaffener Sattlermeister, und seine Mutter, eine verständige fromme Frau, wirkten schon in der frühesten Jugend wohlthätig auf ihn ein. Im Jahr 1740 bezog er die Universität, wo er vorzugsweise Philosophie, Mathematik und Physik, als Fakultätswissenschaft aber die Theologie studirte. Seine schriftstellerische Laufbahn begann er im 23sten Jahre, 1747, mit einer Abhandlung „Gedanken von der wahren Schätzung der lebendigen Kräfte." Durch seine äußern Verhältnisse war er genöthigt, einige Jahre hindurch Hauslehrer bei mehreren Familien in der Nähe von Königsberg zu werden. Im Jahr 1755 ließ er sich als Privatdocent (was er 15 Jahre blieb) an der Universität nieder und hielt nun Vorlesungen über Logik, Metaphysik, Physik, Mathematik, später auch über Moral, Anthropologie und physische Geographie, meist im Sinne der Wolff'schen Schule, jedoch frühzeitig Zweifel gegen den Dogmatismus äußernd. Zugleich war er seit der Herausgabe seiner ersten Dissertation unermüdlich als Schriftsteller thätig, obgleich sein entscheidendes Hauptwerk, die Kritik der reinen Vernunft, erst in seinem 57sten Lebensjahre, 1781, seine Kritik der praktischen Vernunft 1787, seine Religion innerhalb der Gränzen der reinen Vernunft erst 1793 erschien. Im Jahr 1770, ein 46jähriger Mann, wurde er ordentlicher Professor der Logik und Metaphysik; er blieb dieß in ununterbrochener Lehrthätigkeit bis zum Jahr 1797, von wo an Altersschwäche ihn daran hinderte. Berufungen nach Jena, Erlangen und Halle schlug er aus. Bald strömten aus ganz Deutschland die Edelsten und Wißbegierigsten nach Königsberg, um zu den Füßen des Königsberger Weisen zu sitzen. Einer seiner Verehrer, der Professor der Philosophie, Reuß aus Würzburg, der sich nur kurze Zeit in Königsberg aufhielt, trat mit den Worten zu ihm ins Zimmer: „er komme 160 Meilen weit her, um ihn, Kant, zu sehen und zu sprechen." — In den letzten siebzehn Jahren seines Lebens besaß er ein kleines Haus mit einem Garten in einer geräuschlosen Gegend der Stadt, wo er seine stille und regelmäßige Lebensweise ungestört fortsetzen konnte. Sein Leben war äußerst einfach, nur auf einen guten Tisch und gemächliches Tafeln hielt er Etwas. Kant ist nie aus der Provinz, nicht einmal bis nach Danzig gekommen. Seine größten Reisen hatten Landgüter in der Umgegend zum Ziel. Dennoch erlangte er durch Lesen von Reisebeschreibungen die genaueste Kenntniß der Erde, wie namentlich seine Vorlesungen über physische Geographie zeigen. Rousseau's Werke kannte er alle und dessen Emil hielt ihn bei seinem ersten Erscheinen einige Tage von den gewöhnlichen Spaziergängen zurück. Kant starb den 12. Februar 1804, im achtzigsten Lebensjahre. Er war von kaum mittlerer Größe, fein gebaut, von blauem Auge, immer gesund, bis er endlich im hohen Alter kindisch wurde. Verheirathet war er nie. Strenge Wahrheitsliebe, große Redlichkeit und einfache Bescheidenheit bezeichnen seinen Charakter.

Obwohl Kant's epochemachendes Hauptwerk die Kritik der reinen Ver=

nunft, erst 1781 erschien, hatte Kant doch längst in kleineren Schriften Anläufe zu diesem Standpunkt genommen, am bestimmtesten in seiner 1770 erschienenen Inauguraldissertation „von der Form und den Prinzipien der Sinnen- und Verstandeswelt." Die innere Genesis seines kritischen Standpunkts führt Kant vorzugsweise auf Hume zurück. „Die Erinnerung an David Hume war Dasjenige, was mir vor vielen Jahren zuerst den dogmatischen Schlummer unterbrach und meinen Untersuchungen im Felde der spekulativen Philosophie eine ganz andere Richtung gab." Die kritische Ansicht entwickelte sich also in Kant erst dadurch, daß er aus der dogmatisch-metaphysischen Schule, in der er aufgewachsen war, der Wolff'schen Philosophie, zum Studium des in Hume skeptisch gewordenen Empirismus überging. „Bisher," sagt Kant am Schlusse seiner Kritik der reinen Vernunft, „hatte man die Wahl, entweder dogmatisch, wie Wolff, oder skeptisch, wie Hume, zu verfahren. Der kritische Weg ist der einzige, der noch offen ist. Wenn der Leser diesen in meiner Gesellschaft durchzuwandern Gefälligkeit und Geduld gehabt hat, so mag er jetzt das Seinige dazu beitragen, um diesen Fußsteig zur Heerstraße zu machen, damit dasjenige, was viele Jahrhunderte nicht leisten konnten, noch vor Ablauf des gegenwärtigen erreicht werden möge: nämlich die menschliche Vernunft in dem, was ihre Wißbegierde jederzeit, bisher aber vergeblich, beschäftigt hat, zur völligen Befriedigung zu bringen." Ueber das Verhältniß endlich des Kritizismus zur bisherigen Philosophie hatte Kant das klarste Bewußtsein. Er vergleicht die Umwälzung, die er selbst in der Philosophie hervorgebracht habe, mit der durch Kopernikus in der Astronomie angestifteten Revolution. „Bisher nahm man an, alle unsere Erkenntniß müsse sich nach den Gegenständen richten; aber alle Versuche, über sie a priori Etwas durch Begriffe auszumachen, wodurch unsere Erkenntnisse erweitert würden, gingen unter dieser Voraussetzung zu nichte. Man versuche es daher einmal, ob wir nicht in den Aufgaben der Metaphysik damit besser fortkommen, daß wir annehmen, die Gegenstände müssen sich nach unserer Erkenntniß richten; welches so schon besser mit der verlangten Möglichkeit einer Erkenntniß derselben a priori zusammenstimmt, die über Gegenstände, ehe sie uns gegeben werden, Etwas festsetzen soll. Es ist hiemit ebenso, wie mit dem ersten Gedanken des Kopernikus bewandt, der, nachdem es mit der Erklärung der Himmelsbewegungen nicht gut fort wollte, wenn er annahm, das ganze Sternenheer drehe sich um den Zuschauer, versuchte, ob es nicht besser gelingen möchte, wenn er den Zuschauer sich drehen und dagegen die Sterne in Ruhe ließ." Das Prinzip des subjektiven Idealismus ist in diesen Worten auf's klarste und bewußteste ausgesprochen.

Die folgende Darstellung der Kant'schen Philosophie geben wir am passendsten nach der von Kant selbst aufgestellten Eintheilung. Kant's Eintheilungsprinzip ist ein psychologisches. Alle Seelenvermögen, sagt er, können auf drei zurückgeführt werden, welche sich nicht weiter auf einen gemeinschaftlichen Grund reduciren lassen; Erkennen, Gefühl, Begehren. Das erste Vermögen enthält für alle drei die Prinzipien, die leitenden Gesetze. Sofern das Erkenntnißvermögen die Prinzipien des Erkennens selber enthält, so ist es theoretische Vernunft; sofern es die Prinzipien des Begehrens und Handelns enthält, ist es praktische Vernunft; sofern es endlich die Prinzipien des Gefühls der Lust und Unlust enthält, ist es ein Vermögen der Urtheilskraft. So zerfällt die Kant'sche Philosophie (nach ihrer kritischen Seite) in drei Kritiken, 1) Kritik der (reinen) theoretischen Vernunft, 2) Kritik der praktischen Vernunft, 3) Kritik der Urtheilskraft.

I. Kritik der reinen Vernunft.

Die Kritik der reinen Vernunft, sagt Kant, ist das Inventarium aller unserer Besitze durch reine Vernunft, systematisch geordnet. Welches sind diese Besitze? Was ist unser Beibringen zum Zustandekommen einer Erkenntniß? Kant geht zu diesem Zweck die zwei Hauptstufen unseres theoretischen Bewußtseins, die zwei Hauptfaktoren alles Erkennens durch: Sinnlichkeit und Verstand. Erstens: Was ist der apriorische Besitz unserer Sinnlichkeit oder unseres Anschauungsvermögens? Zweitens: Was ist der apriorische Besitz unseres Verstandes? Jenes untersucht die transscendentale Aesthetik (eine Bezeichnung, die natürlich nicht in dem jetzt gebräuchlichen Sinne, sondern in ihrer etymologischen Bedeutung zu fassen ist, als „Wissenschaft von den apriorischen Prinzipien der Sinnlichkeit"); dieses untersucht die transscendentale Logik (zunächst die Analytik). Sinnlichkeit und Verstand sind nämlich, um dieß erläuternd vorauszuschicken, die beiden Faktoren alles Erkennens, die zwei — wie Kant sich ausdrückt — Stämme unserer Erkenntniß, die vielleicht aus einer gemeinschaftlichen, aber uns unbekannten Wurzel entspringen; die Sinnlichkeit ist die Rezeptivität, der Verstand die Spontaneität unseres Erkenntnißvermögens; durch die Sinnlichkeit, welche allein uns die Anschauungen liefert, werden uns die Gegenstände gegeben, durch den Verstand, der die Begriffe bildet, werden die Gegenstände gedacht. Begriffe ohne Anschauungen sind leer. Anschauungen ohne Begriffe sind blind. Anschauungen und Begriffe machen die sich gegenseitig ergänzenden Bestandtheile unserer intellektuellen Thätigkeit aus. Welches sind nun die apriorischen, „ursprünglich im Gemüth bereitliegenden" Prinzipien unseres sinnlichen, — welches diejenigen unseres denkenden Erkennens? Die erste dieser Fragen beantwortet, wie gesagt,

1) die transscendentale Aesthetik.

Um die Antwort gleich vorwegzunehmen: die apriorischen Prinzipien unseres sinnlichen Erkennens, die ursprünglichen sinnlichen Anschauungsformen sind Raum und Zeit. Und zwar ist der Raum die Form des äußern Sinns, vermittelst dessen uns Gegenstände als außer uns und als außereinander und nebeneinander existirend gegeben werden; die Zeit ist die Form des innern Sinns, vermittelst dessen uns Zustände unseres eigenen Seelenlebens gegenständlich werden. Abstrahiren wir von Allem, was zur Materie unserer Empfindungen gehört, so bleibt als die allgemeine Form, in die sich sämmtliche Materien des äußern Sinns einordnen, übrig der Raum. Abstrahiren wir von Allem, was zur Materie unseres inneren Sinnes gehört, so bleibt doch noch übrig die Zeit, welche die Gemüthsbewegung einnahm. Raum und Zeit sind die höchsten Formen des äußern und innern Sinnes. Daß diese Formen apriorisch im menschlichen Gemüth liegen, beweist Kant zuerst direkt aus der Beschaffenheit dieser Begriffe selber, was er die metaphysische Erörterung nennt, sodann auch indirekt, indem er zeigt, daß, ohne diese Begriffe als apriorische vorauszusetzen, gewisse Wissenschaften von unbezweifelter Geltung gar nicht möglich wären, was er transscendentale Erörterung nennt. 1) In der metaphysischen Erörterung ist zu zeigen, a) daß Raum und Zeit a priori gegeben sind, b) daß beide doch der Sinnlichkeit (also der Aesthetik) und nicht dem Verstande (also der Logik) angehören, d. h. daß sie Anschauungen und keine

Begriffe seien. a) Daß Raum und Zeit apriorisch sind, erhellt daraus, daß jede Erfahrung, um nur gemacht werden zu können, immer schon Raum und Zeit voraussetzt. Ich nehme Etwas wahr als außer mir: das Außer mir aber setzt den Raum voraus. Ferner: ich habe zwei Empfindungen zugleich und nach einander: dieß setzt die Zeit voraus. b) Raum und Zeit sind deßwegen noch nicht Begriffe, sondern Formen der Anschauung und selbst Anschauungen. Denn allgemeine Begriffe halten das Einzelne nur unter sich, nicht aber als Theile in sich; alle einzelnen Räume und Zeiten dagegen sind im allgemeinen Raum und in der allgemeinen Zeit enthalten. 2) Den indirekten Beweis führt Kant in der transscendentalen Erörterung, indem er zeigt, daß gewisse allgemein anerkannte Wissenschaften nur aus der Annahme der Apriorität von Raum und Zeit zu begreifen seien. Die reine Mathematik ist nur möglich, wenn Raum und Zeit reine, nicht empirische Anschauungen sind. Kant faßt daher auch das Problem der transscendentalen Aesthetik in der Frage zusammen: wie sind reine mathematische Wissenschaften möglich? Der Boden, sagt Kant, auf welchem sich die reine Mathematik bewegt, ist Raum und Zeit. Nun aber spricht die Mathematik ihre Sätze als allgemein und nothwendig aus. Allgemeine und nothwendige Sätze aber können nie aus der Erfahrung kommen; sie müssen einen Grund a priori haben: folglich können Raum und Zeit, aus welchen die Mathematik ihre Sätze nimmt, unmöglich erst a posterori, sondern sie müssen a priori, als reine Anschauungen gegeben sein. So ist also eine Erkenntniß a priori und eine Wissenschaft, welche auf apriorischen Gründen beruht, vorhanden, und die Sache steht jetzt so, daß, wer das Dasein apriorischer Erkenntnisse überhaupt leugnen wollte, zugleich auch die Möglichkeit der Mathematik leugnen müßte. Sind aber einmal die Grundlagen der Mathematik Anschauungen a priori, so wird es, kann man schließen, wohl auch apriorische Begriffe geben, aus welchen mit jenen reinen Anschauungen zusammen sich eine Metaphysik erbauen läßt. Dieß das positive Resultat der transscendentalen Aesthetik; mit dieser positiven Seite hängt aber genau zusammen die negative. Anschauen oder unmittelbar erkennen können wir Menschen nur durch die Sinnlichkeit, deren allgemeine Anschauungen nur Raum und Zeit sind. Da aber diese Anschauungen von Raum und Zeit keine objektiven Verhältnisse sind, sondern nur subjektive Formen, so mischt sich damit allen unsern Anschauungen etwas Subjektives bei; wir erkennen die Dinge nicht wie sie an sich sind, sondern nur, wie sie durch dieses subjektive Medium von Raum und Zeit uns erscheinen. Dieß ist der Sinn des Kant'schen Satzes, daß wir nicht Dinge an sich, sondern nur Erscheinungen erkennen. Wollte man aber deßwegen den Satz aufstellen, alle Dinge seien in Raum und Zeit, so wäre das zu viel; nur für uns sind alle Dinge in Raum und Zeit, und zwar so, daß alle Erscheinungen des äußern Sinnes sowohl in Raum als in der Zeit, alle Erscheinungen des innern Sinnes aber nur in der Zeit sind. Womit Kant keineswegs zugegeben haben wollte, daß die Sinnenwelt bloßer Schein sei. Er behaupte zwar, bemerkt er, eine transscendentale Idealität, aber nichtsdestoweniger eine empirische Realität von Raum und Zeit; es existiren ebenso gewiß Dinge außer uns, wie wir selbst und die Zustände in uns, nur stellen sie sich uns nicht so dar, wie sie in ihrer Unabhängigkeit von Raum und von der Zeit an sich vorhanden sind. Hinsichtlich des Dings an sich, das hinter den Erscheinungen steckt, äußerte sich Kant in der ersten Auflage seiner Kritik dahin, es sei nicht unmöglich, daß das Ich und das Ding an sich eine und dieselbe denkende

Substanz seien. Dieser Gedanke, den Kant als Vermuthung hinwarf, ist die Quelle aller weitern Entwicklungen der neuesten Philosophie geworden. Daß das Ich nicht durch ein fremdes Ding an sich, sondern rein durch sich selbst affizirt werde, ist späterhin Grundidee des Fichte'schen Systems geworden. In der zweiten Auflage seiner Kritik hat Kant jedoch jenen Satz gestrichen.

Mit der Erörterung von Raum und Zeit ist die transscendentale Aesthetik geschlossen, d. h. es ist gefunden, was in der Sinnlichkeit a priori ist. Aber der menschliche Geist begnügt sich nicht bloß mit dem rezeptiven Verhalten der Sinnlichkeit, er nimmt nicht bloß Gegenstände auf, sondern er wendet auch gegen diese aufgenommenen Gegenstände seine Spontaneität, indem er sie durch seine Begriffe zu denken, in seine Verstandesformen zu fassen sucht. Die Untersuchung dieser apriorischen Begriffe oder Denkformen, die im „Verstande ursprünglich" ebenso „bereit liegen," wie die Formen des Raums und der Zeit im Anschauungsvermögen, ist der Gegenstand der trans=scendentalen Analytik (die den ersten Theil der transscendentalen Logik bildet.)

2) Die transscendentale Analytik.

Die erste Aufgabe der Analytik wird sein, die reinen Verstandesbegriffe herauszubekommen. Schon Aristoteles hat eine solche Tafel der reinen Verstandesbegriffe oder Kategorieen aufzustellen versucht; allein er hat sie, statt sie aus einem gemeinschaftlichen Prinzip abzuleiten, empirisch aufgerafft; auch hat er den Fehler begangen, Raum und Zeit darunter zu setzen, die doch keine reinen Verstandesbegriffe, sondern Formen der Anschauung sind. Will man daher eine vollständige, reine und geordnete Tafel aller Verstandesbegriffe, aller apriorischen Denkformen erhalten, so muß man sich nach einem Prinzip umsehen. Dieses Prinzip, aus welchem die Verstandesprinzipien abzuleiten sind, ist das Urtheil. Die Stammbegriffe unseres Verstandes können vollständig gefunden werden, wenn man alle Arten der Urtheile betrachtet. Zu diesem Zweck zieht Kant die verschiedenen Arten der Urtheile in Betracht, welche die gewöhnliche Logik aufführt. Die Logik stellt vier Arten von Urtheilen auf, nämlich Urtheile der

Quantität.	Qualität.	Relation.	Modalität.
Allgemeine,	Bejahende,	Kategorische,	Problematische,
Besondere,	Verneinende,	Hypothetische,	Assertorische,
Einzelne.	Unendliche oder Limitirende.	Disjunktive.	Apodiktische.

Aus diesen Urtheilen ergeben sich eben so viele Stammbegriffe des Verstandes oder Kategorieen, nämlich die Kategorieen der

Quantität.	Qualität.	Relation.	Modalität.
Allheit,	Realität,	Subsistenz u. Inhärenz,	Möglichkeit und Unmöglichkeit,
Vielheit,	Negation,	Kausalität u. Dependenz,	Dasein und Nichtsein,
Einheit.	Limitation.	Gemeinschaft.	Nothwendigkeit und Zufälligkeit.

Aus diesen zwölf Kategorieen lassen sich sodann durch Kombination die übrigen ableiten. — Indem die aufgeführten Kategorieen sich als apriorischer Besitz des Verstandes ausgewiesen haben, ergibt sich Zweierlei: 1) diese Begriffe sind apriorisch, daher kommt ihnen eine nothwendige und allgemeine Gültigkeit zu; 2) sie sind für sich leere Formen und bekommen nur durch Anschauungen einen Inhalt. Da aber unsere Anschauung nur eine sinnliche ist, so haben jene Kategorieen ihre Gültigkeit nur in der Anwendung auf die sinnliche Anschauung, deren Wahrnehmung erst dadurch, daß sie in die Verstandes=

begriffe gefaßt wird, zur eigentlichen Erfahrung erhoben wird. — Hier sind wir auf eine zweite Frage gerathen: wie geschieht dieß? Wie werden die Gegenstände unter die für sich selber leeren Verstandesformen subsumirt? Diese Subsumtion hätte keine Schwierigkeit, wenn die Gegenstände und die Verstandesbegriffe gleichartig wären. Allein dieß sind sie nicht. Die Gegenstände sind vielmehr sinnlicher Natur, weil sie dem Verstande aus der Sinnlichkeit zukommen. Es fragt sich daher: wie können unter reine Verstandesbegriffe sinnliche Gegenstände subsumirt, wie können die Kategorieen auf die Gegenstände angewendet, Grundsätze über die Art, wie wir die Dinge den Kategorieen entsprechend zu denken haben, aufgestellt werden? Unmittelbar kann die Anwendung nicht geschehen, sondern ein Drittes muß dazwischen treten, welches gleichsam beide Naturen an sich trägt, d. h. welches einerseits rein und apriorisch und andererseits sinnlich ist. Von dieser Art sind nun jene beiden reinen Anschauungen der transscendentalen Aesthetik, Raum und Zeit, besonders die letztere. Eine transscendentale Zeitbestimmung, wie die Bestimmung des Zugleichseins, ist einerseits mit den Kategorieen gleichartig, weil sie apriorisch ist, andererseits ist sie auch mit den erscheinenden Gegenständen gleichartig, weil alles Erscheinende nur in der Zeit vorgestellt werden kann. Die transscendentale Zeitbestimmung heißt in dieser Beziehung bei Kant das transscendentale Schema, und der Gebrauch, welchen der Verstand davon macht, heißt transscendentaler Schematismus des reinen Verstandes. Das Schema ist ein Produkt der Einbildungskraft, welche selbstthätig den innern Sinn dazu bestimmt; aber das Schema ist nicht mit dem bloßen Bilde zu verwechseln. Dieses ist immer nur eine einzelne bestimmte Anschauung, das Schema dagegen ist eine allgemeine Form, welche die Einbildungskraft produzirt als Bild eines reinen Verstandesbegriffs, durch das er auf die sinnliche Erscheinung anwendbar wird. Deßwegen kann das Schema immer nur in der Vorstellung existiren, und läßt sich niemals zur sinnlichen Anschauung bringen. Betrachten wir nun den Schematismus des Verstandes näher und suchen für jede Kategorie die transscendentale Zeitbestimmung auf, so finden wir: 1) die Quantität hat zum allgemeinen Schema die Zeitreihe oder die Zahl, welche eine Vorstellung ist, die die successive Addition von Einem zu Einem (Gleichartigen) in sich zusammen befaßt. Ich kann mir den reinen Verstandesbegriff der Größe nicht anders zur Vorstellung bringen, als indem ich mehrere Einheiten nach einander in der Einbildungskraft hervorbringe. Hemme ich diese Produktion nach dem ersten Anfang, so entsteht die Einheit; lasse ich sie weiter fortgehen, die Vielheit; lasse ich sie ohne alle Gränze fortgehen, die Allheit. Will ich den Begriff der Größe auf Erscheinungen anwenden, so ist es nur möglich durch jenes successive Fortgehen von einem Theil eines Gleichartigen zu einem andern u. s. f. 2) Die Qualität hat zum Schema den Zeitinhalt. Will ich den unter die Qualität gehörigen Verstandesbegriff der Realität auf etwas Sinnliches anwenden, so denke ich mir eine erfüllte Zeit, einen Zeitinhalt. Reell ist, was eine Zeit erfüllt. Will ich mir den reinen Verstandesbegriff der Negation vorstellen, so denke ich mir eine leere Zeit. 3) Die Kategorieen der Relation nehmen ihre Schemata aus der Zeitordnung. Denn wenn ich mir ein bestimmtes Verhältniß vorstellen soll, so denke ich mir allemal eine bestimmte Ordnung der Dinge in der Zeit. Substanzialität erscheint hienach als Beharrlichkeit des Realen in der Zeit, Kausalität als regelmäßige Auseinanderfolge in der Zeit, Wechselwirkung als regelmäßiges Zusammensein der Bestimmungen in der einen Substanz mit den Bestimmungen in der andern. 4) Die Kategorieen der Modalität nehmen ihr Schema aus dem Zeitinbegriff, d. h. daraus, ob und wie ein Gegenstand zur Zeit gehört. Das Schema der Möglichkeit ist Zusammenstimmung einer Vorstellung mit den Bedingungen der Zeit überhaupt; das Schema der Wirklichkeit ist das Dasein des Gegenstands in einer bestimmten Zeit; das der Nothwendigkeit das Dasein eines Gegenstandes zu aller Zeit.

Nun sind wir also mit allen Mitteln ausgerüstet, um die sinnlichen Erscheinungen unter die Verstandesbegriffe zu subsumiren, die Verstandesbegriffe auf die Erscheinungen anzuwenden, zu zeigen, wie durch diese Anwendung (Erfahrung, zusammenhängende Erkenntniß entsteht; wir haben 1) die verschiedenen Klassen der Kategorieen, die für das ganze Gebiet der Anschauung gültigen, die Synthesis der Wahrnehmungen zu einem Ganzen der Erfahrung möglich machenden apriorischen Begriffe, und wir haben 2) die Schemata, durch welche wir sie auf sinnliche Gegenstände anwenden können. Mit jeder Kategorie und ihrem Schema ist eine besondere Art und Weise gegeben, die Erscheinungen unter eine allgemein gültige Form des Verstandes, durch welche Einheit in das Erkennen kommt, zu bringen; von jeder Kategorie aus ergeben sich somit Grundsätze der Verstandeserkenntniß, apriorische Regeln, Gesichtspunkte, denen wir die Erscheinungen unterstellen, um sie zur Erfahrungserkenntniß zu erheben, die allgemeinsten synthetischen Urtheile, die für die Erfahrungswelt Gültigkeit haben. Diese Grundsätze sind, den vier Kategorieenklassen entsprechend, folgende: 1) Alle Erscheinungen sind, weil sie nicht anders als unter den Formen des Raums und der Zeit apprehendirt werden können, der Form nach Größen, Quanta, ein Mannigfaltiges, das die Vorstellung eines bestimmten Raums oder einer bestimmten Zeit gibt, und zwar extensive Größen, aus successiv aufgefaßten Theilen bestehende Ganze. Alle Anschauung kommt nur dadurch zu Stande, daß unsere Einbildungskraft Erscheinungen auffaßt als extensive Größen in Raum und Zeit. Ebendarum sind auch alle Anschauungen den apriorischen Gesetzen der extensiven Größe, z. B. dem Gesetz der unendlichen Theilbarkeit, den Gesetzen der räumlichen Konstruktion, wie sie die Geometrie entwickelt, u. s. w. unterworfen; diese Gesetze sind die Axiome der Anschauung, die überall gültigen Regeln aller Anschauung. 2) Alle Erscheinungen sind dem Inhalt, der Realität nach intensive Größen, da ohne einen größern oder geringern Grad der Einwirkung eines Objekts auf die Empfindung keine Wahrnehmung eines bestimmten Gegenstandes, eines Realen möglich wäre. Diese Größe des Realen, das Gegenstand der Empfindung ist, ist bloß intensiv, dem Grad nach bestimmbar, da die Empfindung nichts räumlich oder zeitlich Ausgedehntes enthält. Allein deßungeachtet sind alle Gegenstände der Wahrnehmung nicht bloß extensive, sondern auch intensive, Raum und Zeit erfüllende Größen, und es findet daher auf sie Alles seine Anwendung, was von diesen überhaupt gilt; alle Eigenschaften und Kräfte der Dinge haben unendlich viele verschiedene Grade, die ab- und zunehmen können, das Reale hat jederzeit eine intensive Größe, so klein sie auch sei, diese intensive Größe kann von der extensiven unabhängig sein u. s. w.; diese Grundsätze sind die Anticipationen der Wahrnehmung, die Regeln, die zu aller Wahrnehmung zum voraus mitzubringen und für ihre Untersuchung maßgebend sind. 3) Erfahrung ist nur durch die Vorstellung einer nothwendigen Verknüpfung der Wahrnehmungen möglich; ohne eine nothwendige Ordnung der Dinge und ihres Verhältnisses zu ein-

ander in der Zeit gibt es keine Erkenntniß eines bestimmten Zusammenhangs der Erscheinungen, sondern nur zufällige Einzelwahrnehmungen. a) Der erste Grundsatz, der sich hiefür ergibt, ist: bei allem Wechsel der Erscheinungen **beharrt die Substanz unverändert**. Wo kein Beharrliches ist, ist auch kein bestimmtes Zeitverhältniß, keine Zeitdauer; soll ich einen Zustand eines Dings als einen frühern oder spätern Zustand des Dings setzen, die Zustände der Zeit nach unterscheiden, so muß ich das Ding selbst den Zuständen, die es durchläuft, entgegensetzen, ich muß es als unter dem Wechsel seiner Zustände beharrend, also ich muß es als Substanz denken, die sich gleich bleibt. b) Der zweite Grundsatz ist: alle Veränderungen geschehen nach dem Gesetze der **Verknüpfung der Ursache und Wirkung**. Die Folge verschiedener Zustände innerhalb der Zeit ist nur dann eine fest bestimmte, wenn ich den einen als Ursache des andern, somit als ihm nothwendig (regelmäßig) vorhergehend, den andern als Wirkung des ersten, somit als ihm nothwendig nachfolgend, setze; bestimmte Zeitfolge gibt nur das Kausalitätsverhältniß; ohne bestimmte Zeitfolge aber gibt es keine Erfahrung; somit ist jenes Verhältniß Grundsatz aller Erfahrungserkenntniß; nur kausale Verknüpfung der Dinge gibt einen Zusammenhang derselben, ohne sie hätten wir nur zusammenhanglose subjektive Vorstellungen. c) Der dritte Grundsatz ist: alle zugleich existirenden Substanzen sind in **durchgängiger Wechselwirkung**; nur was zusammenwirkt, ist bestimmt, untrennbar als gleichzeitig gesetzt. Diese drei Grundsätze sind die Analogieen der Erfahrung, die Regeln für das Erkennen der Verhältnisse der Dinge, ohne welche es für uns bloß vereinzelte Erscheinungen, aber kein Ganzes, keine Natur der Dinge gäbe. 4) Den Kategorieen der Modalität entsprechen die Postulate des empirischen Denkens überhaupt: a) was mit den formalen Bedingungen der Erfahrung übereinkommt, ist möglich, kann erscheinen, b) was mit den materiellen Bedingungen der Erfahrung zusammenstimmt, ist wirklich, befindet sich unter den Erscheinungen, c) Dasjenige, dessen Zusammenhang mit dem Wirklichen nach allgemeinen Bedingungen der Erfahrung bestimmt ist, ist nothwendig, muß sich unter den Erscheinungen befinden. — Dieß sind die einzig möglichen und berechtigten synthetischen Urtheile **a priori**, die Grundzüge aller und jeder Metaphysik. Allein es ist streng festzuhalten, daß wir von allen diesen Begriffen und Grundsätzen nur einen empirischen Gebrauch machen dürfen, daß wir sie immer nur auf Dinge als Gegenstände möglicher Erfahrung, niemals aber auf Dinge an sich anwenden dürfen. Denn der Begriff ist ohne Gegenstand eine leere Form, der Gegenstand aber kann ihm nur in der Anschauung gegeben werden, und die reine Anschauung von Raum und Zeit bedarf der Erfüllung durch die Wahrnehmung. Ohne Beziehung auf die menschliche Erfahrung sind also die apriorischen Begriffe und Grundsätze ein bloßes Spiel der Einbildungskraft und des Verstandes mit ihren Vorstellungen. Ihre eigentliche Bestimmung liegt nur darin, daß wir mittelst derselben Wahrnehmungen buchstabiren, um sie als Erfahrungen lesen zu können. Allein man geräth hier in eine schwer zu vermeidende Täuschung: da nämlich die Kategorieen sich nicht auf die Sinnlichkeit gründen, sondern ihrem Ursprung nach apriorisch sind, so scheinen sie sich auch ihrer Anwendung nach über die Sinne hinaus zu erstrecken. Allein diese Meinung ist, wie gesagt, eine Täuschung. Zur Erkenntniß der Dinge an sich, der Noumene, sind unsere Begriffe nicht fähig, da unsere Anschauung uns zur Erfüllung derselben nur Erscheinungen (Phänomene) liefert, und das Ding an sich nie in einer mög-

lichen Erfahrung gegeben sein kann; unsere Erkenntniß bleibt auf die Phä=
nomene eingeschränkt. Die Welt der Phänomene mit der Welt der Noumene
verwechselt zu haben, war die Quelle aller Verwirrungen, alles Irrthums und
Widerstreits in der bisherigen Metaphysik.

Außer den eben betrachteten Kategorieen oder Verstandesbegriffen, die
zunächst für die Erfahrung angelegt sind, wenn sie auch oft irrthümlich über
das Gebiet der Erfahrung hinaus angewandt werden, gibt es jedoch noch
solche Begriffe, die von Anfang an zu nichts Anderem bestimmt sind als
dazu, zu täuschen, Begriffe, die ausdrücklich die Bestimmung haben, über das
Erfahrungsgebiet hinauszugehen, und die man deßhalb transscendent nennen
kann. Es sind dieß die Grundbegriffe und Grundsätze der bisherigen Meta=
physik. Diese Begriffe zu untersuchen und den Schein objektiver Wissenschaft
und Erkenntniß, den sie fälschlich hervorbringen, zu zerstören, ist Aufgabe
(des zweiten Theils der transscendentalen Logik) der transscendentalen
Dialektik.

3) Die transscendentale Dialektik.

Von dem Verstand im engern Sinne unterscheidet sich die Vernunft. Wie
der Verstand seine Kategorieen, so hat die Vernunft ihre Ideen. Wie der
Verstand aus den Begriffen Grundsätze, so bildet die Vernunft aus den Ideen
Prinzipien, in denen die Grundsätze des Verstandes ihre höchste Begründung
finden. Der eigenthümliche Grundsatz der Vernunft überhaupt ist, zu der
bedingten Erkenntniß des Verstandes das Unbedingte zu finden, womit die
Einheit desselben vollendet wird. Die Vernunft ist also zwar das Vermögen
des Unbedingten oder der Prinzipien, aber da sie nicht unmittelbar auf Ge=
genstände sich bezieht, sondern nur auf den Verstand und dessen Urtheile, so
muß ihre Thätigkeit eine immanente bleiben. Wollte sie die höchste Vernunft=
einheit nicht bloß im transscendentalen Sinne nehmen, sondern sie zu einem
wirklichen Gegenstand der Erkenntniß erheben, so würde sie transscendent, in=
dem sie die Verstandesbegriffe auf die Erkenntniß des Unbedingten anwendet.
Aus diesem Ueberfliegen und falschen Gebrauch der Kategorieen entsteht der
transscendentale Schein, welcher uns mit dem Blendwerke einer Erweiterung
des reinen Verstandes über die Erfahrung hinaus hinhält. Diesen transscen=
dentalen Schein aufzudecken, ist Aufgabe der transscendentalen Dialektik.

Die spekulativen Ideen der Vernunft sind, abgeleitet aus den drei Arten
der logischen Vernunftschlüsse, dem kategorischen, hypothetischen und disjunk=
tiven Schluß, von dreifacher Art:

1) Die psychologische Idee, die Idee der Seele als einer denkenden Substanz
(Gegenstand der bisherigen rationalen Psychologie).
2) Die kosmologische Idee, die Idee der Welt als Inbegriffs aller Erschei=
nungen (Gegenstand der bisherigen Kosmologie).
3) Die theologische Idee, die Idee Gottes als der obersten Bedingung der
Möglichkeit von Allem (Gegenstand der bisherigen rationalen Theologie).

Mit diesen Ideen, in welchen die Vernunft die Kategorieen des Ver=
standes auf das Unbedingte anzuwenden versucht, verwickelt sie sich jedoch un=
vermeidlich in Schein und Täuschung. Dieser transscendentale Schein oder
diese optische Täuschung der Vernunft zeigt sich in den verschiedenen Vernunft=
ideen auf verschiedene Weise. Bei den psychologischen Ideen begeht die Ver=
nunft einen einfachen Fehlschluß (Paralogismen der reinen Vernunft); bei den
kosmologischen Ideen begegnet es der Vernunft, sich zu widerstreitenden Be=
hauptungen, Antinomieen, hingetrieben zu sehen; bei den theologischen treibt
sich die Vernunft in einem leeren Ideal herum.

a) **Die psychologische Idee oder die Paralogismen der reinen Vernunft.** Was Kant unter dieser Rubrik sagt, ist auf den völligen Umsturz der (hergebrachten) rationalen Psychologie berechnet. Die rationale Psychologie hatte die Seele zu einem Seelendinge gemacht, mit dem Attribut der Immaterialität; zu einer einfachen Substanz mit dem Attribut der Incorruptibilität; zu einer numerisch-identischen, intellektuellen Substanz mit dem Prädikat der Personalität; zu einem raumlos denkenden Wesen mit dem Prädikat der Immortalität. Alle diese Sätze der rationalen Psychologie, sagt Kant, sind erschlichen. Sie sind sämmtlich aus dem Einen „ich denke" abgeleitet; allein das „ich denke" ist weder Anschauung, noch Begriff, sondern ein bloßes Bewußtsein, ein Akt des Gemüths, der alle Vorstellungen und Begriffe begleitet, verbindet und trägt. Dieses Denken nun wird fälschlich als ein Ding genommen, dem Ich als Subjekt wird das Sein des Ich als Objekt, als Seele untergeschoben, und was von jenem analytisch gilt, synthetisch auf dieses übergetragen. Um das Ich auch als Objekt behandeln und Kategorieen auf es anwenden zu können, müßte es empirisch, in einer Anschauung gegeben sein, was nicht der Fall ist. Daß die Beweise für die Unsterblichkeit auf Trugschlüssen beruhen, ergibt sich aus dem Gesagten. Ich kann zwar mein reines Denken ideell vom Leibe absondern, daraus folgt aber natürlich nicht, daß mein Denken auch reell, abgesondert vom Leibe, fortdauern kann. — Das Resultat, das Kant aus seiner Kritik der rationalen Psychologie zieht, ist dieses: Es gibt also keine rationale Psychologie als Doktrin, die uns einen Zusatz zu unserer Selbsterkenntniß verschaffte, sondern nur als Disziplin, welche der spekulativen Vernunft in diesem Felde unüberschreitbare Gränzen setzt, einerseits, um sich nicht dem seelenlosen Materialismus in den Schooß zu werfen, andererseits sich nicht in dem für uns im Leben grundlosen Spiritualismus herumschwärmend zu verlieren, sondern nur uns vielmehr erinnert, diese Weigerung unserer Vernunft, den neugierigen, über dieses Leben hinausreichenden Fragen befriedigende Antwort zu geben, als einen Wink derselben anzusehen, unsere Selbsterkenntniß von der fruchtlosen überschwänglichen Spekulation zum fruchtbaren praktischen Gebrauche anzuwenden.

b) **Die Antinomieen der Kosmologie.** Um die kosmologischen Ideen vollständig zu erhalten, bedürfen wir des Leitfadens der Kategorieen. Was 1) die Quantität der Welt betrifft, so sind die ursprünglichen Quanta aller Anschauung Raum und Zeit. In quantitativer Hinsicht muß also über die Totalität der Zeiten und Räume der Welt Etwas festgestellt werden. 2) Hinsichtlich der Qualität ist über die Theilbarkeit der Materie Etwas festzusetzen. 3) Hinsichtlich der Relation muß zu den vorliegenden Wirkungen in der Welt die vollständige Reihe der Ursachen aufgesucht werden. 4) Hinsichtlich der Modalität muß das Zufällige nach seinen Bedingungen, oder es muß die absolute Vollständigkeit der Abhängigkeit des Zufälligen in der Erscheinung begriffen werden. Indem nun die Vernunft über diese Probleme Bestimmungen aufzustellen sucht, so findet sich, daß sie sich in einen Widerstreit mit sich selbst verwickelt. Hinsichtlich aller vier Punkte lassen sich entgegengesetzte Behauptungen mit gleicher Gültigkeit erweisen. Mit gleicher Gültigkeit läßt sich erweisen 1) die Thesis: die Welt hat einen Anfang in der Zeit und ist auch räumlich begränzt; und die Antithesis: die Welt hat keinen zeitlichen Anfang und keine räumliche Gränzen. 2) Die Thesis: eine jede zusammengesetzte Substanz in der Welt besteht aus einfachen Theilen und es existirt nichts Anderes, als das Einfache und das aus diesem Zusammengesetzte; und die Antithesis: kein zusammengesetztes Ding besteht aus einfachen Theilen und es existirt nichts Einfaches in der Welt. 3) Die Thesis: die Kausalität nach Gesetzen der Natur ist nicht die einzige, aus welcher die Erscheinungen in der Welt insgesammt abgeleitet werden können, es ist noch eine Kausalität durch Freiheit zur Erklärung derselben anzunehmen; und die Antithesis: es gibt keine Freiheit, sondern Alles in der Welt geschieht lediglich nach Naturgesetzen. Endlich 4) die Thesis: zu der Welt gehört Etwas, welches entweder als ihr Theil oder als ihre Ursache ein schlechthin nothwendiges Wesen ist; und die Antithesis: es existirt kein schlechthin nothwendiges Wesen weder in der Welt noch außerhalb derselben als ihre Ursache. — Aus diesem dialektischen Kampfe der kosmologischen Ideen ergibt sich von selbst die Nichtigkeit des ganzen Streites.

c) **Das Ideal der reinen Vernunft oder die Idee Gottes.** Kant zeigt zuerst, wie die Vernunft zur Idee eines allerrealsten Wesens komme, und richtet sich alsdann gegen das Bestreben der vormaligen Metaphysik, die Existenz dieses allerrealsten Wesens zu beweisen. Seine Kritik der hergebrachten Argumente fürs Dasein Gottes ist im Wesentlichen folgende. 1) Der **ontologische** Beweis argumentirt so: Es ist ein allerrealstes Wesen möglich. Nun ist unter aller Realität auch das Dasein mitbegriffen; leugne ich dieß Dasein, so leugne ich, daß ein allerrealstes Wesen möglich sei, was sich widerspricht. Allein — erwidert Kant — das Dasein ist keineswegs eine Realität, ein reales Prädikat, das zum Begriff eines Dings hinzukommen kann, sondern das Dasein ist das Gesetztsein eines Dings sammt allen seinen Eigenschaften. Es geht aber einem Begriffe keine einzige seiner Eigenschaften ab, wenn ihm das Dasein fehlt. Wenn ihm daher alle Eigenschaften zukommen, so kommt ihm doch noch keineswegs die Existenz zu. Das Sein ist Nichts, als die logische Copula, welche den Inhalt des Subjekts gar nicht bereichert. Hundert wirkliche Thaler z. B. enthalten Nichts mehr, als hundert mögliche: nur für meinen Vermögenszustand macht Beides einen Unterschied. Somit kann das allerrealste Wesen ganz richtig als das allerrealste gedacht werden, auch wenn es nur als möglich, nicht als wirklich gedacht wird. Es war daher etwas durchaus Unnatürliches und eine bloße Neuerung des Schulwitzes, aus einer ganz willkürlich entworfenen Idee das Dasein als ihr entsprechendes Gegenstandes selbst ausklauben zu wollen. Es ist also an diesem berühmten Beweise alle Mühe und Arbeit verloren; und ein Mensch würde wohl ebensowenig aus bloßen Ideen an Einsichten reicher werden, als ein Kaufmann an Vermögen, wenn er, um seinen Zustand zu verbessern, seinem Kassenbestande einige Nullen anhängen wollte. Wie der ontologische Beweis auf das Dasein eines absoluten Wesens schließt, so geht 2) der **kosmologische Beweis** von der Nothwendigkeit des Daseins aus. Wenn Etwas existirt, so muß auch ein schlechthin nothwendiges Wesen als dessen Ursache existiren. Nun aber existire zum mindesten ich selbst, also existirt auch ein schlechthin nothwendiges Wesen als meine Ursache. — Soweit ist dieser Beweis mit der letzten kosmologischen Antinomie kritisirt. Der Schluß begeht den Fehler, daß er vom erscheinenden Zufälligen auf ein nothwendiges Wesen über die Erfahrungen hinausschließt. Wollte man aber auch dem kosmologischen Beweis diesen Schluß gelten lassen, so ist mit ihm immer noch kein Gott gegeben. — Es wird daher weiter geschlossen: absolut nothwendig kann nur dasjenige Wesen sein, welches der Inbegriff aller Realität ist. Kehrt man diesen Satz um und sagt: dasjenige

Wesen, welches der Inbegriff aller Realität ist, ist absolut nothwendig — so hat man wieder den ontologischen Beweis und der kosmologische fällt mit diesem. Im kosmologischen Beweis braucht die Vernunft die List, daß sie ein altes Argument mit veränderter Kleidung als neues anftreten läßt, um sich scheinbar auf zwei Zeugen berufen zu können. 3) Wenn nun auf diese Weise weder der Begriff, noch die Erfahrung überhaupt zum Beweise des Daseins Gottes hinreicht, so bleibt noch ein dritter Versuch übrig, nämlich der: von einer bestimmten Erfahrung auszugehen, um zu sehen, ob aus der Anordnung und Beschaffenheit der Dinge dieser Welt nicht auf das Dasein eines höchsten Wesens geschlossen werden kann. Dieß thut der **physiko-theologische Beweis**, welcher von der Zweckmäßigkeit der Natureinrichtung ausgeht und dessen Hauptmomente folgende sind: überall ist Zweckmäßigkeit; sie ist den Dingen dieser Welt fremd, d. h. zufällig; es existirt also eine nothwendig, mit Weisheit und Intelligenz wirkende Ursache dieser Zweckmäßigkeit; diese nothwendige Ursache muß das allerrealste Wesen sein: das allerrealste Wesen hat also nothwendig Dasein. — Der physiko-theologische Beweis, antwortet Kant, ist der älteste, klarste und der gemeinen Vernunft am meisten angemessene. Aber apodiktisch ist auch er nicht. Er schließt von der Form der Welt auf eine proportionirte zureichende Ursache dieser Form: allein so bekommen wir nur einen Urheber der Form der Welt, einen Weltbaumeister, aber nicht auch einen Urheber der Materie, einen Weltschöpfer. In dieser Noth wird zum kosmologischen Beweis übergesprungen und der Urheber der Form als das nothwendige Wesen gedacht, welches dem Inhalt zu Grunde liegt. So haben wir ein absolutes Wesen, dessen Vollkommenheit derjenigen der Welt entspricht. In der Welt ist aber keine absolute Vollkommenheit; wir haben also nur ein sehr vollkommenes Wesen; zum vollkommensten gebrauchen wir auch noch den ontologischen Beweis. So liegt dem teleologischen Beweise der kosmologische, diesem aber der ontologische zu Grund, und aus diesem Kreise kommt das metaphysische Beweisen nicht heraus. — Das Ideal des höchsten Wesens ist nach diesen Betrachtungen nichts Anderes, als ein regulatives Prinzip der Vernunft, alle Verbindung in der Welt so anzusehen, als ob sie aus einer allgenugsamen, nothwendigen Ursache entspränge, um darauf die Regel einer systematischen und nach allgemeinen Gesetzen nothwendigen Einheit in der Erklärung derselben zu gründen, — wobei es freilich unvermeidlich ist, vermittelst einer transcendentalen Erschleichung sich dieses formale Prinzip als konstitutiv vorzustellen, und sich diese Einheit als eine schöpferische absolute Intelligenz zu denken. In Wahrheit aber bleibt das höchste Wesen für den bloß spekulativen Gebrauch der Vernunft ein bloßes, aber doch fehlerfreies Ideal, ein Begriff, der die ganze menschliche Erkenntniß schließt und krönt, dessen objektive Realität jedoch nicht apodiktisch bewiesen, freilich auch nicht widerlegt werden kann.

Die vorstehende Kritik der Vernunftideen läßt noch eine Frage übrig. Wenn den Ideen der Vernunft alle objektive Bedeutung abgeht, wozu sind sie in uns vorhanden? Da sie nothwendig sind, so werden sie ohne Zweifel auch ihre gute Bestimmung haben. Welches diese ihre Bestimmung ist, ist so eben angedeutet worden aus Veranlassung der theologischen Idee. Sie sind, wenn auch nicht konstitutive, doch regulative Prinzipien. Unsere Seelenvermögen zu ordnen gelingt uns nicht besser, als wenn wir so verfahren, „als ob" es eine Seele gäbe. Die kosmologische Idee gibt uns einen Fingerzeig, die Welt zu betrachten, „als ob" die Reihe der Ursachen unendlich werde, ohne jedoch eine intelligente Ursache auszuschließen. Die theologische Idee dient uns, den gesammten Weltkomplex unter dem Gesichtspunkt geordneter Einheit anzuschauen. So sind also die Vernunftideen zwar nicht konstitutive Prinzipien, um mittelst derselben unsere Erkenntniß über die Erfahrung hinaus zu erweitern, wohl aber regulative Prinzipien, um mittelst ihrer unsere Erfahrung zu ordnen und unter gewisse hypothetische Einheiten zu bringen. Jene drei Ideen, die psychologische, kosmologische und theologische, bilden also nicht ein Organon zur Entdeckung der Wahrheit, sondern nur einen Kanon zur Vereinfachung und Systematisirung der Erfahrungen.

Außer ihrer regulativen Bedeutung haben die Vernunftideen auch noch eine praktische. Es gibt ein, zwar nicht objektiv, aber subjektiv zureichendes Fürwahrhalten, das vorherrschend praktischer Natur ist und das Glauben oder Ueberzeugung genannt wird. Wenn die Freiheit des Willens, die Unsterblichkeit der Seele, das Dasein Gottes drei Kardinalsätze sind, die uns zum Wissen gar nicht nöthig sind und uns gleichwohl durch unsere Vernunft dringend empfohlen werden, so werden sie ihre eigentliche Bedeutung im praktischen Gebiet, für die moralische Ueberzeugung haben. Die Ueberzeugung ist nicht logische, sondern moralische Gewißheit. Da sie ganz auf subjektiven Gründen, der moralischen Gesinnung, beruht, so kann ich nicht einmal sagen: es ist moralisch gewiß, daß ein Gott sei, sondern nur: ich bin moralisch gewiß u. s. f. Das heißt, der Glaube an einen Gott und an eine andere Welt ist mit meiner moralischen Gesinnung so verwebt, daß ich, so wenig ich Gefahr laufe, die letztere einzubüßen, ebensowenig jenes Glaubens irgend je verlustig zu gehen besorge. Wir stehen hiermit auf dem Boden der praktischen Vernunft.

II. Kritik der praktischen Vernunft.

Mit der Kritik der praktischen Vernunft treten wir in eine ganz andere Welt ein, in der die Vernunft, was sie im theoretischen Gebiet eingebüßt hatte, reichlich wieder gewinnen soll. Die Aufgabe der Kritik der praktischen Vernunft ist eine wesentlich, fast diametral andere, als diejenige der Kritik der theoretischen Vernunft gewesen war. Die Kritik der spekulativen Vernunft hatte zu untersuchen, ob die reine Vernunft a priori Objekte erkennen könne; die der praktischen hat zu untersuchen, ob die reine Vernunft a priori den Willen in Beziehung auf Objekte bestimmen könne. Die Kritik der spekulativen Vernunft fragte nach der Erkennbarkeit von Objekten a priori; in der Kritik der praktischen Vernunft ist es nicht mit der Erkennbarkeit von Gegenständen gethan, sondern sie hat es mit der Frage nach den Bestimmungsgründen des Willens und nach allem Demjenigen, was sich hieraus für unser Erkennen ergeben kann, zu thun. Es findet daher in der Kritik der praktischen Vernunft gerade die umgekehrte Ordnung statt, wie in der Kritik der theoretischen Vernunft. Wie die ursprünglichen Bestimmungen unseres theoretischen Erkennens Anschauungen sind, so sind die ursprünglichen Bestimmungen des Willens Grundsätze und Begriffe. Die Kritik der praktischen Vernunft muß daher von den moralischen Grundsätzen ausgehen, und erst, wenn diese festgestellt sind, kann nach dem Verhältnisse gefragt werden, in welchem die praktische Vernunft zur Sinnlichkeit steht. Ebenso ist auch das Resultat beider Kritiken ein entgegengesetztes. Blieben auf dem theoretischen Gebiete die Vernunftideen etwas Negatives, weil die Vernunft, wenn sie hier zum Ding an sich gelangen wollte, transcendent (anschauungslos) wurde, so ist jetzt im Praktischen das Gegentheil der Fall; das Praktische ist ein Gebiet, auf welchem sich die Vernunftideen als gewiß und wahr erweisen in ganz unmittelbarer, immanenter Weise, ohne aus dem Gebiet des Selbstbewußtseins, der innern Erfahrung herauszugehen; im Praktischen handelt es sich nicht um ein Verhältniß der Vernunft zu äußern Dingen, sondern zu etwas Innerem, zum Wollen; es zeigt sich, daß die Vernunft den Willen rein aus sich selbst zu bestimmen vermag, und von hier aus erhalten sodann auch die Ideen der Freiheit, der Unsterblichkeit, der Gottheit die Gewißheit zurück, welche die theoretische Vernunft ihnen nicht zu geben vermochte.

Daß es eine Bestimmung des Willens durch reine Vernunft gibt, oder daß die Vernunft praktische Realität hat, ist deßwegen nicht unmittelbar gewiß, weil es zunächst die sinnlichen Bestimmungsgründe der Lust und Unlust, der Triebe und Neigungen sind, wovon das menschliche Handeln ausgeht. Die Kritik der praktischen Vernunft muß daher untersuchen, ob diese Willensbestimmungen wirklich die einzigen sind, oder ob es noch ein höheres Begehrungsvermögen gibt, in welchem nicht die Sinnlichkeit, sondern die Vernunft gesetzgebend ist, so daß hier der Wille nicht äußern Antrieben folgt, sondern in reiner Freiheit einem von der Vernunft allein ausgehenden praktischen Prinzip gehorcht. Die Nachweisung hievon fällt der Analytik der praktischen Vernunft zu, wogegen es der Dialektik der praktischen Vernunft aufbehalten bleibt, die Antinomieen, die sich aus dem Verhältniß jener reinen Vernunftgesetzgebung zu den empirischen Bestimmungsgründen des Willens ergeben, in Betracht zu ziehen und zur Lösung zu bringen.

1. **Analytik.** Die Realität eines höhern Begehrungsvermögens in uns ist gewiß durch das Faktum des Sittengesetzes, das nichts Anderes ist, als das Gesetz, das die Vernunft durch sich selbst dem Willen gibt. Ueber dem niedern Begehren steht in uns das sittliche Gesetz, das uns mit innerer unabweisbarer Nothwendigkeit gebietet, unabhängig von jedem sinnlichen Antrieb, ihm schlechthin und unbedingt zu folgen. Alle andern praktischen Gesetze beziehen sich lediglich auf die empirischen Zwecke der Lust und Glückseligkeit; das Sittengesetz aber nimmt auf diese keine Rücksicht und fordert, daß wir auf sie keine Rücksicht nehmen. Das Sittengesetz ist ein kategorischer, nicht ein hypothetischer, bloße Nützlichkeitsregeln für empirische Zwecke gebender Imperativ, es ist ein allgemeines, jeden vernünftigen Willen verbindendes Gesetz. Es kann folglich nur aus der Vernunft, nicht aus niederem Begehren oder individuellem Belieben, nur aus der reinen, nicht aus der empirisch bedingten Vernunft stammen, es kann nur ein Gebot der autonomischen, Einen und allgemeinen Vernunft selbst sein. Im Sittengesetz also erweist sich die Vernunft als praktisch, in ihm hat sie unmittelbare Realität, an ihm zeigt es sich, daß reine Vernunft keine bloße Idee, sondern eine das Wollen und Handeln wirklich bestimmende Macht ist, und zugleich verschafft es auch einer andern Idee, der Idee der Freiheit, ihre vollkommene Gewißheit und Wahrheit; das Sittengesetz spricht: „Du kannst, denn Du sollst," und versichert uns damit unserer Freiheit, wie es denn auch seinem eigenen Wesen nach nichts Anderes ist, als der von allem sinnlichen Inhalte des Begehrens freie Wille selbst, der uns als oberstes Gesetz für unser Wollen und Handeln gegenübertritt. — Doch es fragt sich noch näher, was es denn ist, was die praktische Vernunft kategorisch gebietet? Um diese Frage zu beantworten, müssen wir zuerst den empirischen Willen, die Naturseite des Menschen, betrachten.

Das Wesen des empirischen Willens besteht darin, daß hier das Begehren auf ein Objekt geht, zu welchem das Subjekt hingetrieben wird durch ein Gefühl der Lust an ihm, das selbst wieder in der Natur des Subjekts, in der Empfänglichkeit für Dieses oder Jenes, im natürlichen Bedürfniß u. s. w. wurzelt. Unter dieses empirische Wollen gehört alles und jedes Begehren eines bestimmten Objekts oder alles materiale Wollen, denn ein Objekt kann Gegenstand des subjektiven Wollens sein nur, sofern eine natürliche Empfänglichkeit da ist, vermöge welcher es dem Subjekt nicht gleichgültig, sondern Gegenstand der Lust ist; alle materialen Bestimmungsgründe des Willens gehören unter das Prinzip der Annehmlichkeit oder Glückseligkeit, oder subjektiv der Selbstliebe; der Wille ist, sofern er ihnen folgt, nicht autonomisch, sondern heteronomisch, durch Abhängigkeit von empirischen natürlichen Zwecken bestimmt. — Hieraus folgt nun, daß das alle Vernunftwesen unbedingt verpflichtende Vernunftgesetz von allen materialen Prinzipien total verschieden sein muß, nichts Materiales enthalten darf. Die materialen Prinzipien sind empirischer, zufälliger, veränderlicher Natur. Denn die Menschen sind uneinig über Lust und Unlust, da dem Einen unangenehm ist, was dem Andern angenehm erscheint; und wären sie auch darüber einig, so wäre dieß bloß Zufall. Folglich können materiale Bestimmungsgründe nicht, gleich Gesetzen, für jedes Wesen als verbindlich gelten; jedes Subjekt kann sich einen andern Zweck zum Bestimmungsgrunde setzen. Solche Regeln des Handelns nennt Kant Maximen des Willens. Er tadelt daher diejenigen Moralisten, welche solche Maximen zu allgemeinen Prinzipien der Moral erhoben haben.

Nichtsdestoweniger sind die Maximen, wenn auch nicht oberstes Prinzip der Moral, doch der Autonomie des Willens nothwendig, weil mit ihnen allein ein bestimmter Inhalt des Handelns gegeben ist. Nur die Verknüpfung beider Seiten kann uns also zum wahrhaften Grundsatz der Moral leiten. Zu dem Ende müssen die Maximen des Handelns von ihrer Beschränkung befreit und zur Form von allgemeinen Vernunftgesetzen erweitert werden. Nur diejenigen Maximen dürfen zu Bestimmungsgründen des Handelns gewählt werden, welche fähig sind, allgemeine Vernunftgesetze zu werden. **Der oberste Grundsatz der Moral** wird hiernach sein: Handle so, daß die Maxime deines Willens zugleich als Prinzip einer allgemeinen Gesetzgebung gelten kann, d. h. daß beim Versuche, die Maxime deines Handelns als allgemein befolgtes Gesetz zu denken, kein Widerspruch herauskommt. — Durch dieses formale Moralprinzip sind alle materialen Moralprinzipe, die nur empirischer, sinnlicher, heteronomer Natur sein könnten, ausgeschlossen; in ihm ist ein Gesetz, das den Willen über die niedern Antriebe erhebt, ein Gesetz, das alle Willen unter sich einstimmig macht, ein Gesetz, das für alle Vernunftwesen gültig ist, somit das Eine und wahre Gesetz der Vernunft selbst gegeben.

Weiter fragt es sich nun, was treibt den Willen, diesem obersten Gesetze der Vernunft gemäß zu handeln? Kant antwortet: die einzige **Triebfeder** des menschlichen Willens muß das moralische Gesetz selbst, die Achtung vor ihm sein. Geschieht die Handlung zwar dem Gesetze gemäß, aber nur vermittelst eines Gefühls, welches die Glückseligkeit einflößt, aus einer sinnlichen Neigung, geschieht sie nicht rein um des Gesetzes willen, so ist bloße **Legalität**, nicht **Moralität** vorhanden. Der Inbegriff der sinnlichen Neigungen ist Eigenliebe und Eigendünkel. Jene wird von dem Sittengesetz eingeschränkt, dieser ganz niedergeschlagen. Was aber unsern Eigendünkel niederschlägt, was uns demüthigt, das muß uns höchst schätzenswerth erscheinen. Das thut nun aber das moralische Gesetz. Folglich wird die Achtung das positive Gefühl sein, welches wir im Verhältniß zum moralischen Gesetz haben. Diese Achtung ist zwar ein Gefühl, aber kein sinnliches oder pathologisches, denn diesem stellt es sich entgegen, sondern ein intellektuelles Gefühl, indem es aus der Vorstellung des praktischen Vernunftgesetzes hervorgeht. Einerseits als Unterwerfung unter ein Gesetz enthält die Achtung Unlust, andererseits, da der Zwang nur durch die eigene Vernunft ausgeübt wird, Lust. Achtung ist die einzige Empfindung, welche dem Menschen dem Sittengesetze gegenüber ansteht. Auf innere Zuneigung zu demselben ist bei dem Menschen als sinnlichem Wesen nicht zu bauen, weil der Mensch jederzeit noch Neigungen in sich hat, die dem Gesetze widerstreben; Liebe zu dem Gesetz kann nur als etwas Idealisches betrachtet werden. — So geht der sittliche Purismus Kant's, oder sein Bestreben, alle sinnlichen Triebfedern von den Beweggründen des Handelns abzusondern, in Rigorismus über, oder in die finstere Ansicht, daß die Pflicht immer nur mit Widerstreben gethan werde. Auf diese Uebertreibung geht eine bekannte Xenie Schiller's. Schiller beantwortete nämlich folgenden Gewissensskrupel:

Gerne dien' ich den Freunden, doch thu' ich es leider mit Neigung.
Und so wurmt es mir oft, daß ich nicht tugendhaft bin —

durch folgende Entscheidung:

Da ist kein anderer Rath, du mußt suchen, sie zu verachten,
Und mit Abscheu alsdann thun, was die Pflicht dir gebeut.

2. **Dialektik.** Die reine Vernunft hat jederzeit ihre Dialektik, weil es im Wesen der Vernunft liegt, zu dem gegebenen Bedingten das Unbedingte zu fordern. So sucht also auch die praktische Vernunft zu den bedingten Gütern, nach welchen der Mensch strebt, ein unbedingtes höchstes Gut. Was ist dieses höchste Gut? Versteht man darunter das oberste Gut, die Grundbedingung aller andern Güter, so ist es die Tugend. Allein das vollendete Gut ist die Tugend nicht, da das endliche Vernunftwesen als empfindendes auch der Glückseligkeit bedarf. Das höchste Gut ist also nur dann vollständig, wenn sich mit der höchsten Tugend die höchste Glückseligkeit verbindet. Es fragt sich, wie sich diese beiden Momente des höchsten Guts zu einander verhalten? Sind sie analytisch oder synthetisch mit einander verbunden? Das Erstere war die Meinung der meisten früheren, namentlich der griechischen Moralphilosophen. Man ließ entweder, wie die Stoiker, die Glückseligkeit als accidentelles Moment in der Tugend, oder wie die Epikureer, die Tugend als accidentelles Moment in der Glückseligkeit enthalten sein. Der Stoiker sagte: sich seiner Tugend bewußt sein, ist Glückseligkeit; der Epikureer: sich seiner zur Glückseligkeit führenden Maxime bewußt sein, ist Tugend. Allein, sagt Kant, eine analytische Verbindung ist zwischen beiden Begriffen nicht möglich, da sie allzu verschiedenartig sind. Folglich kann zwischen ihnen nur eine synthetische Einheit stattfinden, und zwar wird diese Einheit näher eine kausale sein, so daß das Eine die Ursache, das Andere die Wirkung ist. Ein solches Verhältniß muß die praktische Vernunft als ihr höchstes Gut ansehen; sie muß daher die Thesis aufstellen: Tugend und Glückseligkeit müssen in entsprechendem Maße als Ursache und Wirkung mit einander verknüpft sein. Allein diese Thesis scheitert an der faktischen Wirklichkeit. Keines von beiden ist direkte Ursache des Andern. Weder ist das Streben nach Glückseligkeit Triebfeder zur Tugend, noch ist die Tugend wirkende Ursache der Glückseligkeit. Daher die Antithesis: Tugend und Glück-

seligkeit entsprechen sich nicht nothwendig und hängen überhaupt nicht als Ursache und Wirkung zusammen. Die kritische Lösung dieser Antinomie findet Kant in der Unterscheidung der sinnlichen und der intelligibeln Welt. In der Sinnenwelt entspricht sich allerdings Tugend und Glückseligkeit nicht: allein das Vernunftwesen als Noumenon ist auch Bürger einer übersinnlichen Welt, wo der Widerstreit zwischen Tugend und Glückseligkeit nicht stattfindet. In dieser übersinnlichen Welt ist die Tugend jederzeit der Glückseligkeit adäquat; mit seinem Uebertritt in dieselbe kann der Mensch auch die Verwirklichung des höchsten Guts erwarten. Das höchste Gut aber hat, wie bemerkt, zwei Bestandtheile, 1) höchste Tugend, 2) höchste Glückseligkeit. Die geforderte Verwirklichung des ersten Moments postulirt die Unsterblichkeit der Seele, diejenige des zweiten das Dasein Gottes.

1) Zum höchsten Gut gehört erstens vollendete Tugend, Heiligkeit. Nun kann aber kein sinnliches Wesen heilig sein, sondern das sinnlich=vernünftige Wesen kann der Heiligkeit nur als einem Ideal sich annähern in unendlichem Progreß. Solch' unendlicher Progreß ist aber nur in einer unendlichen Fortdauer der persönlichen Existenz möglich. Wenn also das höchste Gut verwirklicht werden soll, so muß die Unsterblichkeit der Seele vorausgesetzt werden.

2) Zum höchsten Gut gehört zweitens vollendete Glückseligkeit. Glückseligkeit ist der Zustand eines vernünftigen Wesens in der Welt, dem Alles nach Wunsch und Willen geht. Dieß kann nur geschehen, wenn die ganze Natur mit seinen Zwecken überstimmt. Allein dieß ist nicht der Fall; als handelnde Wesen sind wir nicht Ursache der Natur, und im moralischen Gesetze liegt nicht der mindeste Grund zu einer Verknüpfung von Moralität und Glückseligkeit. Gleichwohl sollen wir das höchste Gut zu befördern suchen. Es muß also auch möglich sein. Der nothwendige Zusammenhang beider Momente ist hiermit postulirt, d. h. das Dasein einer von der Natur unterschiedenen Ursache der ganzen Natur, welche den Grund dieses Zusammenhanges enthält. Es muß ein Wesen geben, das die gemeinsame Ursache der natürlichen und der sittlichen Welt ist, und zwar ein solches Wesen, das unsere Gesinnungen kennt, eine Intelligenz, und das nach dieser Intelligenz uns die Glückseligkeit zutheilt. Ein solches Wesen ist Gott.

So fließen also aus der praktischen Vernunft die Idee der Unsterblichkeit und die Idee Gottes, wie schon früher die Idee der Freiheit. Die Idee der Freiheit leitete ihre Realität ab aus der Möglichkeit des moralischen Gesetzes überhaupt; die Idee der Unsterblichkeit entlehnt ihre Realität aus der Möglichkeit der vollendeten Tugend; die Idee Gottes aus der nothwendigen Forderung vollendeter Glückseligkeit. Diese drei Ideen also, welche die spekulative Vernunft als unlösbare Aufgaben hingestellt hatte, gewinnen festeren Boden im Gebiete der praktischen Vernunft. Doch sind sie auch jetzt noch nicht theoretische Dogmen, sondern, wie Kant sie nennt, praktische Postulate, nothwendige Voraussetzungen des sittlichen Handelns. Mein theoretisches Wissen ist durch sie nicht erweitert worden: ich weiß jetzt nur, daß diesen Ideen Objekte entsprechen, aber ich kann diese Objekte nicht weiter erkennen. Von Gott z. B. haben und wissen wir nie mehr, als diesen Begriff selbst; wollte man eine auf Kategorieen gegründete Theorie des Uebersinnlichen aufstellen, so würde man die Theologie zur Zauberlaterne von Hirngespinnsten machen. Doch hat uns die praktische Vernunft Gewißheit verschafft über die objektive Realität dieser Ideen, welche die theoretische Vernunft ihrerseits hatte dahingestellt sein lassen müssen, und insofern führt die erstere den Primat. Diese Proportion beider Erkenntnißvermögen ist weislich nach der Bestimmung des Menschen berechnet. Da die Ideen von Gott und Unsterblichkeit uns theoretisch dunkel sind, so verunreinigen sie unsere moralischen Triebfedern nicht durch Furcht und Hoffnung, und lassen der Achtung vor dem Gesetz freien Spielraum.

Soweit die Kant'sche Kritik der praktischen Vernunft. Anhangsweise mögen hier noch Kant's Religionsansichten erwähnt werden, wie er sie in seiner Schrift „Religion innerhalb der Gränzen der reinen Vernunft" ausgeführt hat. Der Grundgedanke dieser Schrift ist die Zurückführung der Religion auf die Moral. Zwischen Moral und Religion kann das zweifache Verhältniß stattfinden, daß entweder die Moral auf die Religion oder die Religion auf die Moral gegründet wird. Im ersten Fall jedoch würden Furcht und Hoffnung zu Triebfedern des sittlichen Handelns gemacht: es bleibt also nur der andere Weg übrig. Moral führt nothwendig zur Religion, weil das höchste Gut nothwendig Ideal der Vernunft ist und dasselbe nur durch Gott realisirt werden kann; allein keineswegs darf uns erst die Religion zur Tugend antreiben, denn die Idee Gottes kann nie zur moralischen Triebfeder werden. Religion ist nach Kant die Anerkennung aller unserer Pflichten als göttlicher Gebote. Sie ist eine geoffenbarte, wenn ich in ihr vorher wissen muß, daß Etwas göttliches Gebot sei, um zu wissen, daß es mir Pflicht sei; sie ist natürliche Religion, wenn ich zuerst wissen muß, daß Etwas Pflicht sei, um zu wissen, daß es göttliches Gebot sei. Kirche ist ein ethisches Gemeinwesen, welches die Erfüllung und möglichst vollkommene Darstellung der moralischen Gebote zum Zweck hat, ein Verband von Solchen, welche mit vereinigten Kräften dem Bösen widerstehen und die Moralität fördern wollen. Die Kirche, sofern sie kein Gegenstand möglicher Erfahrung ist, heißt die unsichtbare Kirche, sie ist alsdann eine bloße Idee von der Vereinigung aller Rechtschaffenen unter der göttlichen moralischen Weltregierung. Die sichtbare Kirche dagegen ist diejenige, welche das Reich Gottes auf Erden, so viel es durch Menschen geschehen kann, darstellt. Die Erfordernisse, mithin auch die Kennzeichen der wahren sichtbaren Kirche (welche sich nach der Tafel der Kategorieen richten, weil diese Kirche in der Erfahrung gegeben ist) sind folgende: a) der Quantität nach muß der Kirche Allheit oder Allgemeinheit zukommen; und ob sie zwar in zufällige Meinungen getheilt ist, muß sie doch auf solchen Grundsätzen errichtet sein, welche sie nothwendig zur allgemeinen Vereinigung in eine einzige Kirche führen müssen. b) Die Qualität der wahren sichtbaren Kirche ist die Lauterkeit, also die Vereinigung unter keinen andern als moralischen Triebfedern, indem sie zugleich gereinigt ist sowohl vom Blödsinn des Aberglaubens, als vom Wahnsinn der Schwärmerei. c) Die Relation der Glieder der Kirche unter einander beruht auf dem Prinzipe der Freiheit. Die Kirche ist also ein Freistaat, keine Hierarchie noch Demokratie, sondern eine freiwillige, allgemeine und fortdauernde Herzensvereinigung. d) Der Modalität nach verlangt die Kirche Unveränderlichkeit ihrer Konstitution. Die Gesetze selbst dürfen nicht wechseln, wenn man sich auch vorbehält, zufällige, bloß die Administration betreffende Anordnungen abzuändern. — Was allein eine allgemeine Kirche gründen kann, ist der moralische Vernunftglaube, denn nur dieser läßt sich Jedermann zur Ueberzeugung mittheilen. Allein die eigenthümliche Schwäche der menschlichen Natur ist daran Schuld, daß auf diesen reinen Glauben niemals so viel gerechnet werden kann, um eine Kirche auf ihn allein zu gründen; denn die Menschen sind nicht leicht zu überzeugen, daß das Streben nach Tugend, ein guter

Lebenswandel Alles sei, was Gott fordere; sie meinen immer, sie müssen Gott noch einen besondern, durch Tradition vorgeschriebenen Dienst leisten, wobei es nur darauf ankomme, daß er geleistet werde. Zur Gründung einer Kirche gehört also noch ein auf Fakta gegründeter historischer und statutarischer Glaube. Das ist der sogenannte Kirchenglaube. In jeder Kirche sind also zwei Elemente beisammen: das rein moralische, der Vernunftglauben, und das historisch-statutarische, der Kirchenglauben. Es kommt nun auf das Verhältniß dieser beiden Elemente an, ob eine Kirche Werth haben soll oder nicht. Das statutarische Element ist seiner Bestimmung nach immer nur Vehikel des moralischen. Sowie das statutarische Element selbstständiger Zweck wird, selbstständige Geltung in Anspruch nimmt, so wird die Kirche verderbt und unvernünftig; wo die Kirche in den reinen Vernunftglauben übergeht, ist sie in der Annäherung zum Reiche Gottes. Dadurch unterscheidet sich der wahre Dienst und der Afterdienst im Reiche Gottes, Religion und Pfaffenthum. Das Dogma hat nur Werth, so weit es moralischen Gehalt hat. Der Apostel Paulus selbst würde den Sagen des Kirchenglaubens schwerlich Glauben beigemessen haben ohne diesen moralischen Glauben. Aus der Dreieinigkeitslehre z. B. läßt sich, dem Buchstaben nach genommen, schlechterdings nichts fürs Praktische machen. Ob wir in der Gottheit drei oder zehn Personen zu verehren haben, macht insofern Nichts aus, als sich für unsern Lebenswandel keine verschiedenen Regeln daraus ergeben. Auch die Bibel und ihre Auslegung ist unter den moralischen Gesichtspunkt zu stellen. Die Offenbarungsurkunden müssen in einem Sinn gedeutet werden, der mit den allgemeinen Regeln der Vernunftreligion übereinstimmt. Die Vernunft ist in Religionssachen die oberste Auslegerin der Schrift. Diese Auslegung mag nun in Ansehung des Textes öfters gezwungen erscheinen: dennoch muß sie einer solchen buchstäblichen Auslegung vorgezogen werden, die Nichts für die Moralität enthält oder den Triebfedern der Moral geradezu entgegensteht. Daß eine solche moralische Deutung angestellt werden kann, ohne immer gegen den buchstäblichen Sinn zu sehr zu verstoßen, kommt daher, weil von jeher die Anlage zur moralischen Religion in der menschlichen Vernunft lag. Man darf die Vorstellungen der Bibel nur ihrer mystischen Hülle entkleiden (ein Versuch, den Kant selbst bei den wichtigsten Dogmen durch moralische Umdeutung angestellt hat), so bekommt man einen allgemeinen gültigen Vernunftsinn. Das Geschichtliche der heiligen Bücher an sich ist gleichgültig. — Je reifer die Vernunft wird, je mehr sie den moralischen Sinn für sich festbehalten kann, um so entbehrlicher werden die statutarischen Satzungen des Kirchenglaubens. Der Uebergang des Kirchenglaubens zum reinen Vernunftglauben ist die Annäherung des Reiches Gottes, dem wir freilich nur in unendlichem Progreß näher kommen. Die wirkliche Realisation des Reiches Gottes ist das Ende der Welt, das Aufhören der Geschichte.

III. Kritik der Urtheilskraft.

Den Begriff dieser Wissenschaft gibt Kant folgendermaßen an. Die zwei bisher betrachteten Vermögen des menschlichen Geists waren das Erkenntniß- und das Begehrungsvermögen. Daß im Erkenntnißvermögen nur der Verstand konstitutive Prinzipien a priori enthalte, wurde in der Kritik der reinen Vernunft bewiesen; daß die Vernunft lediglich in Hinsicht des Begehrungsvermögens konstitutive Prinzipien a priori besitze, hat die Kritik der praktischen Vernunft gezeigt. Ob nun die **Urtheilskraft** als das Mittelglied zwischen Verstand und Vernunft ihrem Gegenstande, dem Gefühle der Lust und Unlust, als dem Mittelgliede zwischen dem Erkenntnißvermögen und Begehrungsvermögen, auch für sich konstitutive, nicht bloß regulative Prinzipien a priori gebe: das ist es, womit sich eine Kritik der Urtheilskraft zu beschäftigen hat. — Mittelglied zwischen dem Verstand, als dem Vermögen der Begriffe, und der Vernunft, als dem Vermögen der Prinzipien, ist die Urtheilskraft vermöge der ihr eigenthümlichen Funktion. Die spekulative Vernunft hatte uns die Welt nur nach Naturgesetzen begreifen gelehrt; die praktische Vernunft hatte uns eine sittliche Welt aufgeschlossen, in welcher Alles durch Freiheit bestimmt ist. So wäre eine unübersteigliche Kluft zwischen dem Reich der Natur und dem Reich der Freiheit, wenn nicht die Urtheilskraft diese Kluft dadurch ausfüllte, daß sie den Begriff eines Grundes ihrer Einheit aufstellt. Die Berechtigung hiezu liegt im Begriffe der Urtheilskraft selbst. Da sie das Vermögen ist, das Besondere als enthalten unter dem Allgemeinen zu denken, so bezieht sie die empirische Mannigfaltigkeit der Natur auf ein übersinnliches transscendentales Prinzip, welches den Grund der Einheit des Mannigfaltigen in sich schließt. Der Gegenstand der Urtheilskraft ist also der Begriff der **Zweckmäßigkeit der Natur**; denn der Zweck ist nichts Anderes, als diese übersinnliche Einheit, welche den Grund der Wirklichkeit eines Objekts enthält. Und da alle Zweckmäßigkeit, jede Verwirklichung eines Zwecks mit Lust verbunden ist, so erklärt sich auch das oben Gesagte, daß die Urtheilskraft die Gesetze für das Gefühl der Lust oder Unlust enthalte.

Die Zweckmäßigkeit der Natur kann aber entweder subjektiv oder objektiv vorgestellt werden. Im erstern Fall empfinde ich Lust und Unlust unmittelbar durch die Vorstellung eines Gegenstandes, ehe ich mir einen Begriff davon gemacht habe; meine Freude bezieht sich alsdann nur auf ein harmonisches Zweckverhältniß zwischen der Form des Gegenstandes und meinem Anschauungsvermögen. Die Urtheilskraft in dieser subjektiven Hinsicht heißt die **ästhetische**. Im zweiten Fall mache ich mir zuvor einen Begriff von dem Gegenstande und beurtheile nun, ob diesem Begriffe die Form des Gegenstandes entspricht. Ich brauche, um eine Blume schön für mein Anschauungsvermögen zu finden, keinen Begriff davon zu haben; um aber die Blume zweckmäßig zu finden, dazu wird ein Begriff gefordert. Als Vermögen, diese objektiven Zwecke zu beurtheilen, heißt die Urtheilskraft **teleologische Urtheilskraft**.

1) **Kritik der ästhetischen Urtheilskraft. a. Analytik.** Die Analytik der ästhetischen Urtheilskraft theilt sich in zwei Haupttheile, die Analytik des **Schönen** und die Analytik des **Erhabenen**.

Um zu entdecken, was dazu erfordert wird, um einen Gegenstand schön zu nennen, müssen wir die Urtheile des Geschmacks, als des Vermögens der Beurtheilung des Schönen, analysiren. 1) Der Qualität nach ist das Schöne der Gegenstand eines reinen uninteressirten Wohlgefallens. Durch diese Interesselosigkeit unterscheidet sich das Wohlgefallen am Schönen vom Wohlgefallen am Angenehmen und am Guten. Beim Angenehmen und beim Guten bin ich interessirt. Mein Wohlgefallen am Angenehmen ist verbunden mit einer Empfindung der Begierde. Mein Wohlgefallen am Guten ist zugleich ein Antrieb für meinen Willen, es zu verwirklichen. Nur mein Wohlgefallen am Schönen ist ohne Interesse. 2) Der Quantität nach ist das Schöne ein solches, was allgemein gefällt. In Hinsicht des

Angenehmen bescheidet sich Jeder, daß sein Wohlgefallen an demselben ein nur persönliches sei; aber wer sagt, dieß Gemälde ist schön, muthet jedem Andern zu, es auch schön zu finden. Nichtsdestoweniger entspringt dieses Geschmacksurtheil nicht aus Begriffen, seine Allgemeingültigkeit ist also eine bloß subjektive. Ich urtheile nicht, daß alle Gegenstände einer Gattung schön seien, sondern nur, daß ein bestimmter Gegenstand allen Betrachtern schön vorkomme. Alle Geschmacksurtheile sind einzelne Urtheile. 3) Der Relation nach ist schön Dasjenige, woran wir die Form der Zweckmäßigkeit finden, ohne daß wir uns dabei einen bestimmten Zweck vorstellen. 4) Der Modalität nach ist schön, was ohne Begriff als Gegenstand eines nothwendigen Wohlgefallens erkannt wird. Von jeder Vorstellung ist es wenigstens möglich, daß sie Lust erregt. Die Vorstellung des Angenehmen erregt wirklich Lust. Bei der Vorstellung des Schönen dagegen ist es nothwendig, daß sie Lust erregt. Die Nothwendigkeit, welche in einem ästhetischen Urtheile gedacht wird, ist eine Nothwendigkeit der Beistimmung Aller zu einem Urtheil, welches wie ein Beispiel einer allgemeinen Regel, die man aber nicht angeben kann, angesehen wird. Das subjektive Prinzip, welches dem Geschmacksurtheil zu Grunde liegt, ist also ein Gemeinsinn, der nur durch Gefühl und nicht durch Begriffe bestimmt, was gefalle oder mißfalle.

Erhaben ist, was schlechthin oder über alle Vergleichung groß ist, mit welchem verglichen alles Andere klein ist. Nun ist aber in der Natur Nichts, was nicht noch ein Größeres über sich hätte. Das schlechthin Große ist nur das Unendliche, und das Unendliche ist nur in uns selber als Idee anzutreffen. Das Erhabene liegt also eigentlich nicht in der Natur, sondern wird nur von unserem Gemüthe auf die Natur übergetragen. Erhaben nennen wir in der Natur das, was die Idee des Unendlichen in uns erweckt. Wie es beim Schönen hauptsächlich auf die Qualität ankommt, so kommt es beim Erhabenen vor Allem auf die Quantität an, und zwar ist diese Quantität entweder Größe der Ausdehnung (mathematisch Erhabenes), oder Größe der Kraft (dynamisch Erhabenes). Beim Erhabenen ist es mehr ein Wohlgefallen am Formlosen, als an der Form. Das Erhabene erregt eine starke Gemüthsbewegung und weckt Lust nur durch Unlust, nämlich durch das Gefühl einer augenblicklichen Hemmung der Lebenskräfte. Das Wohlgefallen am Erhabenen ist daher nicht sowohl positive Lust, als vielmehr Bewunderung und Achtung, was man negative Lust nennen kann. Die Momente der ästhetischen Beurtheilung des Erhabenen sind dieselben, wie beim Gefühl des Schönen. 1) In quantitativer Hinsicht ist dasjenige erhaben, was schlechthin groß, in Vergleichung mit dem alles Andere klein ist. Die ästhetische Größenschätzung liegt jedoch nicht in der Zahl, sondern in der bloßen Anschauung des Subjekts. Die Größe eines Naturgegenstandes, an welche die Einbildungskraft ihr ganzes Vermögen der Zusammenfassung fruchtlos verwendet, führt auf ein übersinnliches Substrat, das über allen Maßstab der Sinne groß ist und worauf sich eigentlich das Gefühl des Erhabenen bezieht. Nicht der Gegenstand, z. B. die tobende See, ist erhaben, sondern vielmehr die Gemüthsstimmung des Subjekts in Schätzung dieses Gegenstandes. 2) In qualitativer Hinsicht erregt das Erhabene nicht reine Lust, wie das Schöne, sondern zuerst Unlust und durch diese erst Lust. Das Gefühl der Unzulänglichkeit unserer Einbildungskraft in der ästhetischen Größenschätzung erregt Unlust, andererseits erregt das Bewußtsein unserer selbstständigen Vernunft, der das Vermögen der Einbildungskraft unangemessen ist, Lust. Erhaben ist also in dieser Hinsicht dasjenige, was durch seinen Widerstreit gegen das Interesse der Sinne unmittelbar gefällt. 3) Der Relation nach läßt das Erhabene die Natur als eine Macht erscheinen, im Verhältniß zu der jedoch wir das Bewußtsein der Ueberlegenheit haben. 4) Der Modalität nach sind die Urtheile über das Erhabene so nothwendig gültig, wie die für das Schöne; nur mit dem Unterschied, daß unser Urtheil über das Erhabene schwerer Eingang bei Andern findet, als unser Urtheil über das Schöne, weil zur Empfänglichkeit für das Erhabene Kultur, entwickelte sittliche Ideen nöthig sind.

b) Dialektik. Eine Dialektik der ästhetischen Urtheilskraft ist, wie jede Dialektik, nur möglich, wo Urtheile anzutreffen sind, die auf Allgemeinheit a priori Anspruch machen. Denn in solcher Urtheile Entgegensetzung besteht die Dialektik. Die Antinomie der Geschmacksprinzipien nun beruht auf den zwei entgegengesetzten Momenten des Geschmacksurtheils, daß es rein subjektiv ist, und doch auf Allgemeingültigkeit Anspruch macht. Woher die zwei Gemeinplätze: über den Geschmack läßt sich nicht disputiren, und: über den Geschmack läßt sich streiten. Hieraus ergibt sich folgende Antinomie. 1) Thesis: das Geschmacksurtheil gründet sich nicht auf Begriffe, sonst ließe sich darüber disputiren (durch Beweise entscheiden). 2) Antithesis: das Geschmacksurtheil gründet sich auf Begriffe, sonst ließe sich, ungeachtet der Verschiedenheit desselben, auch nicht einmal darüber streiten. — Diese Antinomie, sagt Kant, ist jedoch nur eine scheinbare und verschwindet, sobald beide Sätze genauer gefaßt werden. Die Thesis sollte nämlich heißen: das Geschmacksurtheil gründet sich nicht auf bestimmte Begriffe, es ist nicht streng erweislich; die Antithesis: es gründet sich auf einen ob zwar unbestimmten Begriff, nämlich auf den Begriff eines übersinnlichen Substrats der Erscheinungen. Bei dieser Fassung findet kein Widerspruch mehr zwischen beiden Sätzen statt.

Am Schlusse der ästhetischen Urtheilskraft kann nun die Frage beantwortet werden: liegt die Angemessenheit der Dinge zu unserer Urtheilskraft (ihre Schönheit und Erhabenheit) in den Dingen selbst oder in uns? Der ästhetische Realismus nimmt an, daß die oberste Naturursache habe Dinge hervorbringen wollen, welche unsere Einbildungskraft als schön und erhaben affiziren sollten. Dieser Ansicht reden hauptsächlich die organischen Bildungen das Wort. Andererseits zeigt doch die Natur auch in ihren bloß mechanischen Bildungen so viel Hang zum Schönen, daß man glauben kann, sie könne auch jene schönsten Bildungen bloß durch Mechanismus hervorbringen, und die Zweckmäßigkeit liege also nicht in der Natur, sondern in unserer Seele. Dieß ist der Standpunkt des Idealismus, auf welchem auch erklärlich wird, wie man über Schönheit und Erhabenes Etwas a priori bestimmen kann. Die höchste Ansicht vom Aesthetischen ist jedoch die: es als Symbol des sittlich Guten zu gebrauchen. So macht Kant zuletzt auch die Geschmackslehre, wie die Religion, zu einem Korollarium der Moral.

2) Kritik der teleologischen Urtheilskraft. Wir haben im Vorstehenden die subjektiv-ästhetische Zweckmäßigkeit der Naturobjekte betrachtet. Allein die Naturobjekte stehen auch unter einander in einem zweckmäßigen Verhältniß. Diese objektive Zweckmäßigkeit hat die teleologische Urtheilskraft zu betrachten.

a) Analytik der teleologischen Urtheilskraft. Die Analytik hat die Arten der objektiven Zweckmäßigkeit zu bestimmen. Die objektive (materiale) Zweckmäßigkeit zerfällt in zwei Arten, in äußere und innere.

Die äußere Zweckmäßigkeit ist, da sie bloß eine Nützlichkeit eines Dings für etwas Anderes bezeichnet, nur etwas Relatives. Der Sand z. B., den die Meeresküste absetzt, ist für Fichtenwälder zuträglich. Damit Thiere auf der Erde leben können, muß die Erde deren Nahrungsmittel hervorbringen u. s. f. Diese Beispiele der äußern Zweckmäßigkeit zeigen, daß hier allemal das Mittel nicht an sich, sondern nur zufälliger Weise zweckmäßig ist. Der Sand wird nicht daraus begriffen, daß man sagt, er sei ein Mittel für die Fichtenwälder: er ist für sich, ganz abgesehen vom Zweckbegriff, verständlich. Die Erde bringt nicht Nahrungsmittel hervor, weil nothwendig Menschen auf der Erde wohnen müssen. Kurz diese äußere oder relative Zweckmäßigkeit läßt sich auch aus dem Naturmechanismus allein begreifen; nicht so die innere Naturzweckmäßigkeit, die sich vorzüglich an den organischen Naturprodukten darstellt. Das organische Naturprodukt ist von der Art, daß jeder seiner Theile Zweck und jeder Mittel oder Werkzeug ist. Im Zeugungsprozeß erzeugt sich das Naturprodukt als Gattung: im Wachsthum erzeugt sich das Naturprodukt als Individuum; im Gestaltungsprozeß erzeugt jeder Theil des Individuums sich selbst. Dieser Naturorganismus läßt sich nicht bloß aus mechanischen Ursachen, sondern er muß aus Endursachen oder teleologisch erklärt werden.

b) Dialektik. Den eben hervorgetretenen Gegensatz des Naturmechanismus und der Teleologie hat die Dialektik der teleologischen Urtheilskraft zu schlichten. Auf der einen Seite haben wir die Thesis: alle Erzeugung materieller Dinge muß als nach bloß mechanischen Gesetzen möglich beurtheilt werden. Auf der andern die Antithesis: einige Produkte der materiellen Natur können nicht als nach bloß mechanischen Gesetzen möglich beurtheilt werden, sondern fordern eine Erklärung aus Zweckbegriffen. Würden diese beiden Maximen als konstitutive (objektive) Prinzipien für die Möglichkeit der Objekte selbst aufgestellt, so würden sie sich widersprechen; als bloß regulative (subjektive) Grundsätze für die Naturforschung widersprechen sie sich nicht. Die frühern Systeme haben den Begriff der Naturzweckmäßigkeit dogmatisch behandelt, sie haben ihn der Natur als Ding an sich entweder zu- oder abgesprochen. Wir aber, eingedenk, daß die Teleologie nur ein regulatives Prinzip ist, machen darüber Nichts aus, ob der Natur an sich innere Zweckmäßigkeit zukomme oder nicht, sondern wir behaupten nur, daß unsere Urtheilskraft die Natur als zweckmäßig ansehen müsse. Wir schauen den Zweckbegriff in die Natur hinein, gänzlich dahingestellt sein lassend, ob nicht vielleicht ein anderer Verstand, der nicht diskursiv denkt, wie der unsrige, zum Verständniß der Natur den Zweckbegriff gar nicht nöthig hat. Unser Verstand denkt diskursiv, geht immer von den Theilen aus und faßt das Ganze als Produkt seiner Theile; er kann daher die organischen Naturprodukte, bei denen umgekehrt das Ganze der Entstehungsgrund und das Prius der Theile ist, nicht anders begreifen, als unter dem Gesichtspunkt des Zweckbegriffs. Gäbe es dagegen einen intuitiven Verstand, welcher im Allgemeinen das Besondere, im Ganzen die Theile schon mitbestimmt erkennen würde, so würde ein solcher Verstand die ganze Natur aus einem Prinzip begreifen, den Begriff des Zwecks nicht brauchen.

Hätte Kant mit diesem Begriff eines intuitiven Verstandes, sowie mit dem Begriff der immanenten Naturzweckmäßigkeit Ernst gemacht, so hätte er den Standpunkt des subjektiven Idealismus, welchen zu durchbrechen er in seiner Kritik der Urtheilskraft mehrfache Anläufe macht, im Prinzip überwunden: so aber hat er jene Ideen nur hingeworfen und die positive Ausführung derselben seinen Nachfolgern überlassen.

§. 39. Uebergang auf die nachkantische Philosophie.

Die Kant'sche Philosophie gewann in Deutschland bald eine fast unbedingte Herrschaft. Die imponirende Kühnheit ihres Standpunkts, die Neuheit ihrer Resultate, die Anwendungsfähigkeit ihrer Prinzipien, der sittliche Ernst ihrer Weltanschauung, vor Allem der Geist der Freiheit und moralischen Autonomie, der in ihr wehte und der den Strebungen jenes Zeitalters kräftigend entgegenkam, verschafften ihr ebenso begeisterten als ausgebreiteten Beifall. Sie bewirkte eine unter allen gebildeten Ständen sich verbreitende, in solchem Maaße noch bei keinem Volke zum Vorschein gekommene Theilnahme an den philosophischen Forschungen. In kurzer Zeit hatte sie sich namentlich eine zahlreiche Schule herangezogen: es gab bald wenige deutsche Universitäten, auf denen sie nicht talentvolle Vertreter gehabt hätte, und in allen Fächern der Wissenschaft und Literatur, namentlich in der Theologie (sie ist Mutter des theologischen Rationalismus) und im Naturrecht, auch in den schönen Wissenschaften (Schiller) begann sich ihr Einfluß zu äußern. Doch haben sich die meisten in der Kant'schen Schule hervorgetretenen Schriftsteller auf eine erläuternde oder auch populäre Ausführung und Anwendung des empfangenen Lehrbegriffs beschränkt, und selbst die talentvollsten und selbstständigsten unter den Vertheidigern oder Verbesserern der kritischen Philosophie (z. B. Reinhold 1758—1813, Schulze, Beck, Fries, Krug, Bonterwek) waren nur darauf bedacht, theils dem von ihnen angenommenen Kant'schen Lehrbegriff eine festere Unterlage zu geben, theils einzelne von ihnen bemerkte Mängel und Lücken zu beseitigen, theils den Standpunkt des transscendentalen Idealismus reiner und folgerichtiger durchzuführen. Eine hervorragende, durch wirklichen Fortschritt philosophisch epochemachende Stellung nehmen unter den Fortsetzern und Fortbildnern der Kant'schen Philosophie nur zwei Männer ein, Fichte und Herbart; unter den Gegnern des Kant'schen Kriticismus (z. B. Hamann, Herder) hat nur Einer philosophische Bedeutung, Jakobi. Diese drei Philosophen sind daher der nächste Gegenstand unserer Betrachtung. Wir schicken der genauern Entwickelung eine kurze vorläufige Charakteristik ihres Verhältnisses zur Kant'schen Philosophie voraus.

1) Kant hatte den Dogmatismus kritisch vernichtet; seine Kritik der reinen Vernunft hatte zum Resultate die theoretische Unbeweisbarkeit der drei Vernunftideen, Gott, Freiheit und Unsterblichkeit. Zwar hatte Kant die vom Standpunkt des theoretischen Wissens aus abgewiesenen Ideen in praktischem Interesse wieder eingeführt, als Postulate der praktischen Vernunft; allein als Postulate, als nur praktische Voraussetzungen, gewähren sie keine theoretische Gewißheit und bleiben dem Zweifel ausgesetzt. Um diese Ungewißheit, diese Verzweiflung am Wissen, welche das Ende des Kant'schen Philosophirens zu sein schien, niederzuschlagen, stellte ein jüngerer Zeitgenosse Kant's, Jakobi, dem Standpunkt des Kriticismus als Antithese den Standpunkt der Glaubensphilosophie gegenüber. Allerdings seien die höchsten Vernunftideen, sei das Ewige und Göttliche nicht auf dem Wege und mit den Mitteln der Demonstration zu erreichen und zu erweisen; allein diese Unbeweisbarkeit, diese Unerreichbarkeit für den Verstand sei eben das

Wesen des Göttlichen. Um des Höchsten, über den Verstand Hinausliegenden gewiß zu werden, gebe es nur Ein Organ, das Gefühl. — Im Gefühl also, im unvermittelten Wissen, im Glauben gedachte Jakobi jene Gewißheit zu finden, die Kant auf dem Boden des diskursiven Denkens vergeblich gesucht hatte.

2) Wie Jakobi als Antithese, so verhält sich Fichte als unmittelbare Konsequenz zur Kant'schen Philosophie. Fichte hat den von Kant noch stehengelassenen Dualismus, wornach das Ich bald als theoretisches Ich der Außenwelt unterthan, bald als praktisches Ich ihr Herr ist, mit andern Worten, wonach es sich zur Objektivität bald receptiv, bald spontan verhält, gehoben, indem er mit dem Primat der praktischen Vernunft dadurch Ernst machte, daß er die Vernunft ausschließlich praktisch, nur Wille, nur Spontaneität sein ließ und selbst ihr theoretisches, receptives Verhalten zur Objektivität als nur verringerte Thätigkeit, als eine von der Vernunft selbst gesetzte Beschränkung auffaßte. Für die Vernunft, sofern sie praktisch ist, gibt es keine Objektivität, außer insofern sie hervorgebracht werden soll. Der Wille kennt nur ein Sollen, kein Sein. Damit ist das Objektivsein der Wahrheit überhaupt geleugnet und das unbekannte Ding an sich mußte als leerer Schatten von selbst wegfallen. „Alles was ist, ist Ich" wird Prinzip des Fichte'schen Systems, welches eben hiedurch den subjektiven Idealismus in seiner Konsequenz und Vollendung darstellt.

3) Während der subjektive Idealismus Fichte's im objektiven Idealismus Schelling's und im absoluten Idealismus Hegel's seine Fortbildung fand, erwuchs gleichzeitig mit diesen Systemen ein dritter Schößling des Kant'schen Kritizismus, die Herbart'sche Philosophie. Sie hängt jedoch mehr subjektiv genetisch, als objektiv historisch mit der Kant'schen Philosophie zusammen und nimmt im Uebrigen grundsatzmäßig, unter Abbrechung aller historischen Kontinuität, eine isolirte Stellung ein. Ihr allgemeiner Boden ist insofern der Kant'sche, als sie gleichfalls eine kritische Untersuchung und Bearbeitung der subjektiven Erfahrung zu ihrer Aufgabe macht. Wir stellen sie zwischen Fichte und Schelling.

§. 40. Jakobi.

Friedrich Heinrich Jakobi wurde 1743 zu Düsseldorf geboren. Sein Vater bestimmte ihn für den Handelsstand. Nachdem er in Genf studirt und hier Interesse für die Philosophie gewonnen hatte, übernahm er die Handlung seines Vaters, gab sie jedoch wieder auf, als er jülichberg'scher wirklicher Hofkammerrath und Zollkommissär, wie auch Geheimer Rath zu Düsseldorf geworden war. In dieser Stadt oder auf seinem benachbarten Landsitze Pempelfort brachte er einen großen Theil seines Lebens zu, in seinen Nebenstunden sich mit liebender Hingebung der Philosophie widmend, von Zeit zu Zeit auf seinem Sommersitze einen Kreis von Freunden um sich versammelnd, mit den Abwesenden durch fleißigen Briefwechsel verbunden, bald auch durch Reisen ältere Bekanntschaften erneuernd und neue anknüpfend. Im Jahr 1804 wurde er an die neu errichtete Akademie der Wissenschaften in München berufen; seit 1807 Präsident derselben, starb er daselbst 1819. Jakobi war ein geistreicher Mann und liebenswürdiger Charakter, neben dem Philosophen auch Weltmann und Dichter, daher in seinem Philosophiren ohne strenge logische Ordnung, ohne präzisen Gedankenausdruck. Seine Schriften sind kein systematisches Ganze, sondern Gelegenheitsschriften, „rhapsodisch im Heuschrecken-Gange" verfaßt, meist in Brief-, Gespräch-, auch Romanform. „Nie war es mein Zweck," sagt er selbst, „ein System für die Schule aufzustellen. Meine Schriften gingen hervor aus meinem innersten Leben, sie erhielten eine geschichtliche Folge; ich machte sie gewissermaßen nicht selbst, nicht beliebig, sondern fortgezogen von einer höhern, mir unwiderstehlichen Gewalt." — Dieser Mangel an einem innern Eintheilungsprinzip und an systematischer Gliederung macht eine Entwickelung der Jakobi'schen Philosophie nicht ganz leicht. Am besten wird sie unter folgenden drei Gesichtspunkten dargestellt: 1) Polemik Jakobi's gegen das vermittelte Wissen; 2) sein Prinzip des unmittelbaren Wissens; 3) seine Stellung zur zeitgenössischen Philosophie, namentlich zum Kant'schen Kritizismus.

1) Den negativen Ausgangspunkt seines Philosophirens hat Jakobi an Spinoza genommen. In seiner Schrift „über die Lehre des Spinoza, in Briefen an Moses Mendelssohn" (1785) richtete er zuerst wieder die öffentliche Aufmerksamkeit auf die ganz vergessene spinozistische Philosophie. Der Briefwechsel ist so eingeleitet: Jakobi macht die Entdeckung, daß Lessing Spinozist war, berichtet es an Mendelssohn, dieser will es nicht glauben, und hieraus entspinnen sich dann die weitern historischen und philosophischen Erörterungen. Die positiven philosophischen Ansichten, die Jakobi in dieser Schrift vorträgt, reduziren sich auf folgende drei Hauptsätze: 1) Spinozismus ist Fatalismus und Atheismus. 2) Jeder Weg philosophischer Demonstration führt zu Fatalismus und Atheismus. 3) Um nicht in diesen zu verfallen, müssen wir dem Demonstriren eine Gränze setzen und anerkennen, daß das Element aller menschlichen Erkenntniß der Glaube ist. 1). Der Spinozismus ist Atheismus, denn nach ihm ist die Ursache der Welt keine Person, kein nach Zwecken wirkendes, mit Vernunft und Willen begabtes Wesen, also kein Gott. Er ist Fatalismus, denn nach ihm hält sich der menschliche Wille nur fälschlich für frei. 2) Dieser Atheismus und Fatalismus ist jedoch nur die nothwendige Konsequenz alles streng demonstrativen Philosophirens. Eine Sache begreifen, sagt Jakobi, heißt, sie aus ihren nächsten Ursachen herleiten, es heißt, zu einem Wirklichen eine Möglichkeit, zu einem Bedingten die Bedingung, zu einem Unmittelbaren die Vermittelung finden. Wir begreifen nur Dasjenige, was wir aus einem Andern erklären können. Daher bewegt sich unser Begreifen in einer Kette bedingter Bedingungen, und dieser Zusammenhang bildet einen Naturmechanismus, in dessen Erforschung unser Verstand sein unabschliches Feld hat. So lange wir begreifen und beweisen wollen, müssen wir über jedem Gegenstande noch einen höheren, der ihn bedingt, annehmen; wo die Kette des Bedingten aufhört, da hört auch das Begreifen und Demonstriren auf; ohne das Demonstriren aufzugeben, kommen wir auf kein Unendliches. Will die Philosophie mit endlichem Verstande Unendliches erfassen, so muß sie das Göttliche zu einem Endlichen herabsetzen, und in diesem Argen liegt alle und jede bisherige Philosophie befangen, während es doch augenscheinlich ein ungereimtes Unternehmen ist, Bedingungen des Unbedingten entdecken zu wollen, das absolut Nothwendige zu einem Möglichen zu machen, um es konstruiren zu können. Ein Gott, welcher bewiesen werden könnte, ist kein Gott, denn allemal ist ja der Beweisgrund über dem, was bewiesen werden soll, das letztere trägt seine Realität von ihm zu Lehen. Sollte das Dasein Gottes bewiesen werden, so müßte sich Gott aus einem Grunde, der vor und über Gott wäre, ableiten lassen. Daher das Jakobi'sche Para-

daran: es ist das Interesse der Wissenschaft, daß kein Gott sei, kein übernatürliches, außerweltliches, supramundanes Wesen. Nur unter dieser Bedingung nämlich, daß allein Natur, diese also selbstständig und Alles in Allem sei, kann die Wissenschaft ihr Ziel der Vollkommenheit erreichen, kann sie ihrem Gegenstande gleich und selbst Alles in Allem zu werden sich schmeicheln. Das Resultat, das Jakobi aus dem „Drama der Geschichte der Philosophie" zieht, ist also dieses: „Es gibt keine andere Philosophie, als die des Spinoza. Wer annehmen kann, daß alle Werke und Thaten der Menschen dem Naturmechanismus zufolge hervorgebracht seien, und die Intelligenz als nur begleitendes Bewußtsein dabei bloß und allein das Zusehen habe, mit dem ist weiter nicht zu streiten, ihm ist nicht zu helfen, ihn müssen wir losgeben. Die philosophische Gerechtigkeit kann ihm Nichts mehr anhaben; denn was er leugnet, läßt sich streng philosophisch nicht beweisen, was er beweist, streng philosophisch nicht widerlegen." — Wie ist hier zu helfen? „Der Verstand, isolirt, ist materialistisch und unvernünftig; er leugnet den Geist und Gott. Die Vernunft, isolirt, ist idealistisch und unverständig; sie leugnet die Natur und macht sich selbst zum Gott." Gut: so suchen wir 3) eine andere Erkenntnißart des Uebersinnlichen, welche der Glaube ist. Jakobi nennt diese Flucht aus dem begreifenden Erkennen zum Glauben den salto mortale der menschlichen Vernunft. Jede Gewißheit, die begriffen werden soll, verlangt eine andere Gewißheit; dieß führt auf eine unmittelbare Gewißheit, die keiner Gründe und Beweise bedarf, ja schlechterdings alle Beweise ausschließt. Ein solches Fürwahrhalten, das nicht aus Vernunftgründen entspringt, heißt Glauben. Das Sinnliche sowohl als das Uebersinnliche erkennen wir nur durch Glauben. Alle menschliche Erkenntniß geht aus von Offenbarung und Glauben.

Diese Sätze, die Jakobi in seinen Briefen über Spinoza vorgetragen hatte, verfehlten nicht, in der deutschen philosophischen Welt allgemeines Aergerniß zu erregen. Man warf ihm vor, er sei ein Vernunftfeind, ein Prediger des blinden Glaubens, ein Verächter der Wissenschaft und zumal der Philosophie, ein Schwärmer, ein Papist. Um diese Vorwürfe zurückzuweisen und seinen Standpunkt zu rechtfertigen, schrieb er sofort, 1787, anderthalb Jahre nach der ersten Bekanntmachung der eben genannten Schrift, sein Gespräch „David Hume über den Glauben, oder Idealismus und Realismus," worin er sein Prinzip des Glaubens oder des unmittelbaren Wissens ausführlicher und bestimmter entwickelte.

2) Jakobi unterscheidet seinen Glauben zuerst vom blinden Auktoritätsglauben. Blinder Glaube sei ein solcher, der sich, statt auf Vernunftgründe, auf ein fremdes Ansehen stütze. Dieß sei bei seinem Glauben nicht der Fall, der sich vielmehr auf die innerste Nöthigung des Subjekts selber stütze. Ferner sei sein Glaube nicht willkürliche Einbildung: wir können uns alles Mögliche einbilden, aber um ein Ding auch für wirklich zu halten, dazu gehöre eine unerklärliche Nöthigung unseres Gefühls, die wir nicht anders als Glauben nennen. — Ueber das Verhältniß, in welchem der Glaube zu den verschiedenen Seiten des menschlichen Erkenntnißvermögens steht, äußert sich Jakobi schwankend, da er sich in seiner Terminologie nicht gleich bleibt. In seiner früheren Terminologie stellte er den Glauben (oder wie er ihn auch nennt, die Glaubenskraft) auf die Seite des Sinnes oder der Rezeptivität, und ließ ihn einen Gegensatz bilden gegen Verstand und Vernunft, indem er die beiden letzteren Ausdrücke als gleichbedeutend nahm für das endliche vermittelte Wissen der bisherigen Philosophie; späterhin setzte er, nach Kant's

Vorgang, die Vernunft dem Verstande entgegen und nannte nun dasjenige
Vernunft, was er früher Sinn und Glauben genannt hatte. Der Vernunftglaube, die Vernunftanschauung ist ihm jetzt das Organ zur Vernehmung
des Uebersinnlichen. Als solches steht sie dem Verstande entgegen. Es muß
ein höheres Vermögen geben, welchem sich das Wahre in und über den Erscheinungen, auf eine den Sinnen und dem Verstande unbegreifliche Weise,
kund thut. Dem erklärenden Verstande steht gegenüber die nicht erklärende,
positiv offenbarende, unbedingt entscheidende Vernunft, der natürliche Vernunftglaube. Wie es eine sinnliche Anschauung gibt, so gibt es eine rationale Anschauung durch die Vernunft, gegen welche so wenig eine Demonstration gilt, als gegen die Sinnesanschauung. Den Gebrauch des Ausdrucks
Vernunftanschauung rechtfertigt Jakobi aus dem Mangel einer andern passen-
den Bezeichnung. Die Sprache besitze keinen andern Ausdruck, um die Art
und Weise anzudeuten, wie das den Sinnen Unerreichbare im überschwänglichen Gefühle erfaßt wird. Wenn Jemand sagt, er wisse Etwas, so fragt
man mit Recht, woher? und dann muß er sich unvermeidlich entweder auf
Sinnesempfindung oder auf Geistesgefühl berufen; das Letztere steht über
dem Ersteren so hoch, als die Menschengattung über den Thieren. So ge-
stehe ich denn, sagt Jakobi, ohne Scheu, daß meine Philosophie vom Gefühl,
dem objektiven, reinen, ausgeht und daß sie die Auktorität desselben für die
höchste erklärt. Das Vermögen der Gefühle ist das Höchste im Menschen,
was ihn allein vom Thiere spezifisch unterscheidet; es ist mit der Vernunft
eins und dasselbe, oder, die Vernunft geht aus dem Vermögen der Gefühle
einzig und allein hervor.

In welchen Gegensatz er sich mit diesem Prinzip des unmittelbaren
Wissens gegen das bisherige Philosophiren stelle, darüber hatte Jakobi das
klarste Bewußtsein. „Es war" — sagt er in der Einleitung zu seinen sämmtlichen Werken — „seit Aristoteles ein zunehmendes Bestreben in den philosophischen Schulen entstanden, die unmittelbare Erkenntniß der mittelbaren,
das ursprünglich Alles begründende Wahrnehmungsvermögen dem durch Abstraktion bedingten Reflexionsvermögen, das Urbild dem Abbilde, das Wesen
dem Worte, die Vernunft dem Verstande unterzuordnen, ja in diesem jene
ganz untergehen und verschwinden zu lassen. Nichts sollte fortan mehr für
wahr gelten, als was sich beweisen, zweimal beweisen ließe, wechselweise in
der Anschauung und im Begriffe, in der Sache und in ihrem Bilde oder dem
Worte; und in diesem nur, dem Worte, sollte wahrhaft die Sache liegen
und wirklich zu erkennen sein." Allein jede Philosophie, welche nur reflektirende Vernunft annimmt, muß sich zuletzt in ein Nichts der Erkenntniß verlieren. Ihr Ende ist Nihilismus.

3) Welche Stellung Jakobi von seinem Glaubensprinzip aus namentlich zur Kant'schen Philosophie einnehmen würde, läßt sich zum Theil aus
dem Gesagten abnehmen. Jakobi hat sich mit ihr theils in dem oben genannten Gespräch „David Hume" (besonders in der Beilage dazu, die „über den
transcendentalen Idealismus" handelt), theils in dem Aufsatz „über das
Unternehmen des Kriticismus, die Vernunft zu Verstande zu bringen" (1801),
auseinandergesetzt. Sein Verhältniß zu ihr läßt sich auf folgende drei Haupt-
punkte reduziren: 1) Nicht einverstanden ist Jakobi mit der Kant'schen
Theorie der sinnlichen Erkenntniß. Er vertheidigt ihr gegenüber den Standpunkt des Empirismus, behauptet die Wahrhaftigkeit der Sinneswahrnehmung und leugnet die Apriorität von Raum und Zeit. Kant gehe durchaus
damit um, zu beweisen, daß sowohl die Gegenstände als ihre Verhältnisse

bloße Bestimmungen unseres eigenen Selbst und durchaus nicht außer uns vorhanden seien. Denn wenn auch gesagt werde, es entspreche unsern Vorstellungen ein Etwas als Ursache, so bleibe doch verborgen, was dieses Etwas sei. Die Gesetze unseres Anschauens und Denkens seien nach Kant ohne alle objektive Gültigkeit, unsere Erkenntniß enthalte Nichts von objektiver Bedeutung. Es sei aber ungereimt, anzunehmen, daß sich in den Erscheinungen Nichts von dem dahinter verborgenen Wahren offenbare. Bei dieser Annahme wäre es besser, das unbekannte Ding=an=sich vollends aufzuheben und den Idealismus konsequent durchzuführen. „Konsequenterweise kann Kant nicht Gegenstände voraussetzen, welche Eindrücke auf unsere Seele machen. Er muß den kräftigsten Idealismus lehren." 2) Im Wesentlichen einverstanden ist dagegen Jakobi mit der Kant'schen Kritik des Verstandes. Wie Jakobi behauptete ja auch Kant, der Verstand sei unzureichend, das Uebersinnliche zu erkennen, und die höchsten Vernunftideen könnten nur im Glauben erfaßt werden. Jakobi setzt Kant's Hauptverdienst darein, die Ideen weggeräumt zu haben, welche bloße Produkte der Reflexion und logische Phantasmen seien. „Es kann der Verstand, aus Begriffen Begriffe von Begriffen erzeugend und so allmälig hinaufsteigend zu Ideen, leicht die Einbildung gewinnen, daß er, vermöge dieser über den Sinnesanschauungen ihm aufsteigenden, bloß logischen Phantasmen, die Sinneswelt und sich selbst wahrhaft zu überfliegen und mit seinem Fluge eine von der Anschauung unabhängige höhere Wissenschaft, eine Wissenschaft des Uebersinnlichen zu erreichen nicht nur das Vermögen, sondern die entschiedenste Bestimmung habe. Diesen Irrthum und Selbstbetrug enthüllte und zerstörte Kant. So wurde für den ächten Rationalismus vorerst wenigstens ein leerer Platz gewonnen. Dieß ist Kant's wahrhaft große That, sein unsterbliches Verdienst. Der gesunde Sinn unseres Weisen aber wehrte ihm, sich zu verhehlen, daß dieser leere Platz sich sogleich in einen alle Erkenntniß des Wahren in sich verschlingenden Abgrund verwandeln müßte, wenn nicht — ein Gott ins Mittel träte, um es zu verhindern. Hier begegnen sich Kant's Lehre und die meine." Jedoch ist Jakobi 3) nicht ganz damit einverstanden, daß Kant der theoretischen Vernunft die Fähigkeit des objektiven Erkennens ganz abspricht. Jakobi tadelt es, daß Kant darüber klagt, daß die menschliche Vernunft die Realität ihrer Ideen nicht theoretisch darzuthun vermöge. Kant sei also noch in dem Wahne befangen, es liege nicht in der Natur der Ideen selbst, daß sie nicht bewiesen werden können, sondern in der mangelhaften Natur unserer Erkenntniß. Kant versuche daher auf praktischem Wege eine Art wissenschaftlichen Beweises: ein Umweg, der jedem tiefer Dringenden thöricht erscheinen müsse, da jeder Beweis ebenso unmöglich als unnöthig sei.

Nicht so befreundet als mit Kant ist Jakobi mit der nachkantischen Philosophie. Besonders war ihm die pantheistische Richtung derselben anstößig. „Kant, diesem tiefdenkenden, aufrichtigen Philosophen, galten die Worte Gott, Freiheit, Unsterblichkeit, Religion ganz dasselbe, was sie dem bloß gesunden Menschenverstande von jeher bedeutet und gegolten haben; Kant trieb mit ihnen keineswegs nur Betrug oder Spiel. Man nahm ein Aergerniß an ihm, weil er die Unzulänglichkeit aller Beweise der spekulativen Philosophie für diese Ideen unwiderleglich darthat. Den Verlust der theoretischen Beweise ersetzte er durch nothwendige Postulate einer reinen praktischen Vernunft. Hiemit war, nach Kant's Versicherung, der Philosophie vollkommen geholfen und das von ihr immer verfehlte Ziel wirklich erreicht.

Aber schon die leibliche Tochter der kritischen Philosophie (Fichte) macht die lebendige und wirkende moralische Ordnung selbst zu Gott, einem Gotte, ausdrücklich ohne Bewußtsein und Selbstsein. Diese aufrichtigen Worte erregten, da sie öffentlich und so ganz unverhohlen ausgesprochen wurden, doch noch einiges Aufsehen. Aber sehr bald legte sich der Schrecken. Gleich darauf, als die zweite Tochter der kritischen Philosophie (Schelling) die von der ersten noch stehen gelassene Unterscheidung zwischen Natur= und Moral= philosophie, Nothwendigkeit und Freiheit vollends, d. h. auch namentlich aufhob und ohne Weiteres erklärte, über der Natur sei Nichts und sie allein sei, erregte dieß schon gar kein Staunen mehr; diese zweite Tochter ist ein umgekehrter oder verklärter Spinozismus, ein Idealmaterialismus." Die letzte Aeußerung über Schelling, mit der andere noch härtere Anspielungen in derselben Schrift zusammenhingen, rief die bekannte Erwiderung dieses Philosophen ("Schelling's Denkmal der Schrift: Von den göttlichen Dingen," 1812) hervor.

Werfen wir nun einen kritischen Blick auf den philosophischen Stand= punkt Jakobi's zurück, so können wir als die Eigenthümlichkeit desselben die abstrakte Trennung von Verstand und Gefühl bezeichnen. Verstand und Ge= fühl vermochte Jakobi nicht in Uebereinstimmung zu bringen. „Licht ist in meinem Herzen — sagte er, — aber sowie ich es in den Verstand bringen will, erlischt es. Welche von beiden Klarheiten ist die wahre? Die des Verstandes, die zwar feste Gestalten, aber hinter ihnen nur einen bodenlosen Abgrund zeigt? Oder die des Herzens, welche zwar verheißend aufwärts leuchtet, aber bestimmtes Erkennen vermissen läßt? Kann der menschliche Geist Wahrheit ergreifen, wenn nicht in ihm jene beiden Klarheiten zu Einem Lichte sich vereinigen? Und ist diese Vereinigung anders als durch ein Wunder denkbar?" Wenn nun Jakobi, um diesen Widerstreit von Verstand und Gefühl einigermaßen zu schlichten, an die Stelle des vermittelnden Wissens, als eines endlichen, das unmittelbare Wissen gesetzt hat, so war dieß eine Selbsttäuschung. Auch das vermeintlich unmittelbare Wissen, das Jakobi als das eigentliche Erkenntnißorgan fürs Uebersinnliche ansieht, ist ein vermitteltes, hat eine Reihe subjektiver Vermittelungen durchlaufen und kann sich nur in gänzlichem Vergessen seiner eigenen Genesis für ein unver= mitteltes ausgeben.

§. 41. Fichte.

Johann Gottlieb Fichte wurde zu Rammenau in der Oberlausitz 1762 geboren. Ein schlesischer Edelmann nahm sich des Knaben an und übergab ihn zuerst einem Prediger, hierauf der Lehranstalt zu Schulpforte. In seinem 18ten Jahre, Michaelis 1780, bezog Fichte die Universität Jena, um Theologie zu studiren. Bald fand er sich zur Philosophie hingezogen, namentlich ergriff ihn gewaltig das Studium Spinoza's. Das Sorgenvolle seiner äußern Lage diente nur dazu, seinen Willen und seine Kraft zu stählen. Seit 1784 war er in verschiedenen Häusern in Sachsen Erzieher; als er sich daselbst 1787 um eine Stelle als Landgeistlicher bewarb, wurde ihm dieß Gesuch wegen seiner religiösen Denkweise abgeschlagen. Er mußte nun sein Vaterland, an dem er mit ganzer Seele hing, verlassen und nahm 1788 eine Hauslehrerstelle in Zürich an, woselbst er auch seine Braut, eine Schwestertochter Klopstock's, kennen lernte. Zu Ostern 1790 kehrte er nach Sachsen zurück und privatisirte in Leipzig; durch Privatstunden, die er einem

Studirenden darin zu ertheilen hatte, wurde er hier gelegentlich mit der Kant'schen Philosophie bekannt. Im Frühling 1791 finden wir ihn als Hauslehrer in Warschau, kurz darauf in Königsberg, wohin er ging, um den von ihm verehrten Kant persönlich kennen zu lernen. Statt einer Empfehlung überreichte er ihm eine in vier Wochen verfaßte Schrift: „Kritik aller Offenbarung." Fichte versuchte darin die Möglichkeit einer Offenbarung aus der praktischen Vernunft zu deduciren. Rein a priori gehe dieß nicht, sondern nur unter einer empirischen Bedingung: man müsse nämlich den Fall setzen, die Menschheit sei in solchem moralischen Ruin, daß das Sittengesetz allen seinen Einfluß auf den Willen verloren hätte, daß alle Moralität erloschen sei. In einem solchen Falle lasse es sich nun von Gott als dem moralischen Weltregenten erwarten, daß er rein moralische Antriebe auf dem Wege der Sinne an die Menschen gelangen lasse, daß er sich ihnen durch eine besondere, für diesen Zweck bestimmte Erscheinung in der Sinnenwelt als Gesetzgeber ankündige. Eine besondere Offenbarung wäre also in diesem Falle ein Postulat der praktischen Vernunft. Auch den möglichen Inhalt einer solchen Offenbarung suchte Fichte a priori zu bestimmen. Da wir außer Gott, Freiheit und Unsterblichkeit, Nichts zu wissen brauchen, so kann die Offenbarung auch nichts Anderes als dieß enthalten, und zwar müssen diese Lehren einerseits faßlich darin enthalten sein, andererseits so, daß die symbolische Einkleidung nicht auf unbegrenzte Verehrung Anspruch macht. Die Schrift, die 1792 anonym erschien, erregte das größte Aufsehen und wurde allgemein für ein Werk Kant's gehalten. Sie trug dazu bei, daß Fichte bald darauf, 1793, in Zürich, wohin er zurückgekehrt war, um seine Vermählung zu feiern, einen Ruf als Professor der Philosophie nach Jena erhielt, an die Stelle Reinhold's, der damals nach Kiel ging. Gleichzeitig war es, daß Fichte gleichfalls anonym seine „Beiträge zur Berichtigung der Urtheile über die französische Revolution" schrieb, eine Schrift, die bei den Regierungen in üblem Gedächtniß blieb. Zu Ostern 1794 trat Fichte sein neues Amt an, und er sah schnell seinen öffentlichen Ruf begründet. In einer Reihe von Schriften (die Wissenschaftslehre erschien 1794, das Naturrecht 1796, die Sittenlehre 1798) suchte er seinen neuen, über Kant hinausgehenden Standpunkt zu rechtfertigen und durchzuführen, und übte dadurch mächtigen Einfluß auf die wissenschaftliche Bewegung in Deutschland aus, zumal da Jena damals eine der blühendsten Universitäten und der Sammelpunkt aller strebenden Köpfe war. Mit Göthe, Schiller, den Gebrüdern Schlegel, W. Humbold und Hufeland stand Fichte in näherer Verbindung. Leider kam es nach einigen Jahren zum Bruch. Seit 1795 war Fichte Mitherausgeber des von Niethammer gegründeten „philosophischen Journals". Ein Mitarbeiter, Rektor Forberg zu Saalfeld, wollte 1798 einen Aufsatz „über die Bestimmung des Begriffs der Religion" in dieses Journal einrücken lassen. Fichte, der es widerrathen, nahm ihn zwar auf, schickte jedoch demselben eine Einleitung voran, „über den Grund unseres Glaubens an eine göttliche Weltregierung," wodurch er das in dem Aufsatze vielleicht Anstößige zu entfernen oder zu mildern sich bestrebte. Beide Aufsätze erregten großes Geschrei über Atheismus. Chursachsen konfiscirte das Journal in seinen Landen und erließ ein Requisitionsschreiben an die ernestinischen Herzöge, die gemeinschaftlichen Erhalter der Universität Jena, um die Verfasser zur Verantwortung zu ziehen und nach Befinden ernstlich bestrafen zu lassen. Fichte, das Konfiskationsedikt beantwortend, rechtfertigte sich öffentlich durch seine Schrift „Appellation an das Publikum. Eine

Schrift, die man erst zu lesen bittet, ehe man sie konfiszirt," 1799, und bei seiner Regierung durch die Schrift „der Herausgeber des philosophischen Journals gerichtliche Verantwortungsschriften gegen die Anklage des Atheismus." Die Weimar'sche Regierung, die sowohl ihn als Chursachsen zu schonen wünschte, zögerte mit der Entscheidung. Doch als Fichte, mit oder ohne Grund, unter der Hand erfahren hatte, daß man die ganze Sache mit einem den Angeklagten zu ertheilenden Verweise ihrer Unvorsichtigkeit abmachen wolle, so schrieb er, der entweder rechtliche Verurtheilung oder glänzende Genugthuung verlangte, einen Privatbrief an ein Mitglied der Regierung, worin er im Falle eines Verweises seinen Abschied fordern zu wollen erklärte und mit der Drohung schloß, daß mehrere seiner Freunde die Universität mit ihm verlassen würden, um zusammen eine neue in Deutschland zu gründen. Die Regierung nahm diese Erklärung als Entlassungsgesuch an, indem sie damit indirekt den Verweis als unvermeidlich aussprach. Religiös und politisch verdächtig, sah sich Fichte vergeblich nach einem Zufluchtsort um. Der Fürst von Rudolstadt, an den er sich wandte, verweigerte ihm seinen Schutz, und auch in Berlin erregte seine Ankunft (1799) Anfangs Aufsehen. In Berlin, wo er viel mit Friedrich Schlegel, auch Schleiermacher und Novalis umging, gestalteten sich seine Ansichten allmälig um: die Jenaer Katastrophe hatte ihn von dem einseitig moralischen Standpunkte, den er, auf Kant gestützt, bis dahin festhielt, zur religiösen Sphäre hingelenkt; er suchte nunmehr die Religion mit seinem Standpunkt der Wissenschaftslehre auszusöhnen und wandte sich einem gewissen Mysticismus zu (zweite Form der Fichte'schen Lehre). Nachdem er in Berlin mehrere Jahre privatisirt, auch philosophische Vorträge für Gebildete gehalten hatte, erhielt er, durch Beyme und Altenstein dem Staatskanzler Hardenberg empfohlen, 1805 eine Professur der Philosophie zu Erlangen, zugleich mit der Erlaubniß, des Winters nach Berlin zurückzukehren und daselbst, wie bisher, philosophische Vorträge vor einem gemischten Publikum zu halten. So hielt er im Winter 1807—8, während ein französischer Marschall Gouverneur von Berlin war und seine Stimme oft von den durch die Straßen ziehenden feindlichen Trommeln übertäubt wurde, seine berühmten „Reden an die deutsche Nation." Die Gründung der Berliner Universität betrieb Fichte aufs Eifrigste: denn allein durch gänzliche Umgestaltung der Erziehung glaubte Fichte die Wiedergeburt Deutschlands herbeiführen zu können. Als die neue Universität 1809 eröffnet wurde, wurde ihm im ersten Jahre das Dekanat der philosophischen Fakultät, im zweiten die Rektorwürde übertragen. An dem ausbrechenden Befreiungskriege nahm Fichte durch Wort und That den lebhaftesten Antheil. Seine Frau hatte sich bei der Pflege der Verwundeten und Kranken ein Nervenfieber zugezogen, sie wurde zwar gerettet, doch bald er selbst davon befallen; er erlag der Krankheit den 28. Januar 1814 im noch nicht vollendeten 52sten Lebensjahre.

In der folgenden Darstellung der Fichte'schen Philosophie unterscheiden wir zunächst die beiden (innerlich verschiedenen Perioden seines Philosophirens, die Jenaer und die Berliner; der erste Abschnitt hinwiederum theilt sich in zwei Hälften, Fichte's Wissenschaftslehre und seine praktische Philosophie.

I. Die Fichte'sche Philosophie in ihrer ursprünglichen Gestalt.

1) **Die theoretische Philosophie Fichte's, seine Wissenschaftslehre.** Daß der durchgeführte subjektive Idealismus Fichte's

nur die Konsequenz des Kant'schen Standpunkts ist, ist schon oben (§. 39) in der Kürze ausgeführt worden. Es war nur eine unvermeidliche Konsequenz, wenn Fichte das Kant'sche Ding-an-sich, das Kant für unerkennbar, aber nichtsdestoweniger für reell ausgegeben hatte, vollends wegwarf und jenen äußern Anstoß des Geistes, den Kant auf das Ding-an-sich zurückgeführt hatte, als eigenen Akt des Geistes setzte. Daß nur das Ich ist und daß Dasjenige, was man für eine Beschränkung des Ich durch äußere Gegenstände hält, vielmehr die eigene Selbstbeschränkung des Ich ist. — Dieß ist das Grundthema des Fichte'schen Idealismus.

Fichte selbst begründet den Standpunkt seiner Wissenschaftslehre in folgender Weise. In jeder Erfahrung ist neben einander ein Ich und ein Ding, die Intelligenz und ihr Gegenstand. Welche von beiden Seiten muß auf die andere reduzirt werden? Abstrahirt der Philosoph vom Ich, so bekommt er ein Ding-an-sich und muß alsdann die Vorstellungen als Produkte des Gegenstandes fassen; abstrahirt er vom Gegenstande, so bekommt er ein Ich an sich. Jenes ist der Dogmatismus, dieses der Idealismus. Beide sind unvereinbar mit einander und es ist kein Drittes möglich. Es muß also zwischen beiden gewählt werden. Um zwischen beiden Systemen zu entscheiden, bemerke man Folgendes: 1) daß das Ich im Bewußtsein vorkommt, wogegen das Ding-an-sich eine reine Erdichtung ist, indem wir im Bewußtsein nur ein Empfundenes haben; 2) der Dogmatismus soll die Entstehung einer Vorstellung erklären; er erklärt sie aus einem Gegenstande an sich), er geht von Etwas aus, was nicht im Bewußtsein liegt. Allein das Sein wirkt nur Sein, nicht Vorstellen. Daher kann nur der Idealismus richtig sein, der nicht vom Sein, sondern von der Intelligenz ausgeht. Diese ist nur thätig, nicht leidend, weil sie ein Erstes und Absolutes ist; eben deßwegen kommt ihr kein Sein zu, sondern lediglich ein Handeln. Die Formen dieses Handelns, das System der nothwendigen Handlungsweise der Intelligenz ist aus dem Wesen der Intelligenz abzuleiten. Nimmt man, wie Kant seine Kategorieen, die Gesetze der Intelligenz aus der Erfahrung auf, so begeht man einen doppelten Fehler, 1) sofern man nicht sieht, warum die Intelligenz so handeln müsse, und ob diese Gesetze auch immanente Gesetze der Intelligenz seien; 2) sofern alsdann nicht einzusehen ist, wie das Objekt selbst entsteht. Folglich sind sowohl die Grundsätze der Intelligenz, als die Objektivität aus dem Ich selbst abzuleiten.

Indem Fichte diese Konsequenzen zog, glaubte er nur den wahren Sinn der Kant'schen Lehre ausgesprochen zu haben. „Was mein System eigentlich sei, ob ächter durchgeführter Kritizismus, wie ich glaube, oder wie man es sonst nennen wolle, thut Nichts zur Sache." Sein System, behauptet Fichte, habe dieselbe Ansicht der Sache, wie das Kant'sche. Die zahlreichen Vertheidiger und Nachfolger Kant's aber hätten dessen Idealismus gänzlich verkannt und mißverstanden. In der zweiten Einleitung in die Wissenschaftslehre (1797) gibt Fichte diesen Auslegern der Kritik der reinen Vernunft zwar zu, daß sie Stellen enthalte, in denen Kant Empfindungen, die dem Subjekte von außen her gegeben würden, als materiale Bedingungen der objektiven Realität fordert; zeigt aber, daß jene Stellen mit den unzähligemale wiederholten Aeußerungen der Kritik, daß von einer Einwirkung eines an sich außer uns befindlichen transscendentalen Gegenstandes gar nicht die Rede sein könne, durchaus nicht zu vereinigen sein würden, wenn unter dem Grunde der Empfindungen etwas Anderes, als ein bloßer Gedanke verstanden würde. „So lange" — setzt Fichte hinzu —

„Kant nicht ausdrücklich mit denselben Worten erklärt, er leite die Empfindungen ab von einem Eindrucke des Dings=an=sich, oder, daß ich mich seiner Terminologie bediene, die Empfindung sei aus einem an sich außer uns vorhandenen transscendentalen Gegenstande zu erklären: so lange werde ich nicht glauben, was jene Ausleger uns von Kant berichten. Thut er aber diese Erklärung, so werde ich die Kritik der reinen Vernunft eher für ein Werk des Zufalls halten, als für das eines Kopfes." Der alte Kant ließ jedoch mit einer derartigen Erklärung nicht lange auf sich warten. Im Intelligenzblatt der Allg. Literaturzeitung (1799) wies er die Fichte'sche Nachbesserung seines Systems förmlich und mit vielem Nachdruck zurück, protestirte gegen jede Auslegung seiner Schriften nach einem eingebildeten Geiste, und bestand auf dem Buchstaben seiner in der Kritik der Vernunft niedergelegten Theorie. Reinhold bemerkte hiezu: „Seit der bekannten öffentlichen Erklärung Kant's über die Fichte'sche Philosophie ist es zwar keinem Zweifel mehr unterworfen, daß Kant sein eigenes System sich ganz anders vorstelle und von seinen Lesern vorgestellt wissen wolle, als Fichte dasselbe sich vorgestellt und interpretirt hat. Aber daraus läßt sich höchstens schließen, Kant selbst halte sein System darum nicht für inkonsequent, weil dasselbe ein Etwas außer der Subjektivität voraussetzt. Es folgt aber keineswegs, daß Fichte geirrt hat, sofern er jenes System eben um dieser Voraussetzung willen für inkonsequent erklärte." Daß Kant selbst eine Ahnung dieser Inkonsequenz hatte, beweisen die Abänderungen, die er bei der zweiten Auflage der Kritik der reinen Vernunft vorgenommen hat: er hat hier die idealistische Seite seines Systems hinter die empirische entschieden zurücktreten lassen.

Aus dem Gesagten ergibt sich der allgemeine Standpunkt der Wissenschaftslehre: sie wird das Ich zum Prinzip machen und aus dem Ich alles Uebrige abzuleiten suchen. Daß unter diesem Ich nicht das einzelne Individuum, sondern das allgemeine Ich, die allgemeine Vernünftigkeit zu verstehen ist, braucht kaum bemerkt zu werden. Ichheit und Individualität, reines und empirisches Ich sind ganz verschiedene Begriffe.

Ueber die Form der Wissenschaftslehre ist noch Folgendes vorauszuschicken. Die Wissenschaftslehre muß nach Fichte einen obersten Grundsatz aufstellen, aus dem sie alle übrigen Sätze ableitet. Dieser oberste Grundsatz der Wissenschaftslehre muß schlechthin durch sich selbst gewiß sein. Soll unser menschliches Wissen nicht Stückwerk sein, so muß es einen solchen höchsten Grundsatz geben. Da nun aber ein solcher Grundsatz sich nicht erweisen läßt, so kommt Alles auf den Versuch an. Es muß eine Probe gemacht werden, und nur so läßt sich ein Beweis herstellen; finden wir einen Satz, auf den sich alle Wissenschaft zurückführen läßt, so ist er als Grundsatz bewiesen. Außer dem ersten Grundsatz lassen sich aber noch zwei andere denken, von denen der eine dem Inhalt nach unbedingt, aber der Form nach durch den ersten Grundsatz bedingt und aus ihm abgeleitet ist, der andere umgekehrt. Diese drei Grundsätze werden sich endlich so zu einander verhalten, daß der zweite dem ersten entgegengesetzt ist und aus beiden zusammen ein dritter erzeugt wird. — Nach diesem Plane, das oben Erörterte hinzugenommen, wird also der erste absolute Grundsatz vom Ich ausgehen, der zweite ihm ein Ding oder ein Nicht=Ich entgegensetzen, und der dritte das Ich wieder in Reaktion gegen das Ding oder das Nicht=Ich setzen. — Die Fichte'sche Methode (Thesis=Antithesis=Synthesis) ist in ähnlicher Weise, wie später die Hegel'sche, eine Verbindung der synthetischen und der analytischen Methode, durch welche sich Fichte das Verdienst erwarb, die philosophischen Grundbegriffe zuerst von einem Punkt aus deduzirt und in Zusammenhang gebracht zu haben, statt sie, wie noch Kant, bloß empirisch aufzufassen und neben einander zu stellen. Es wird ausgegangen von einer Grundsynthesis, in dieser Synthesis werden durch Analysis Gegensätze aufgesucht, um diese Gegensätze hierauf durch eine zweite, bestimmtere Synthesis zu vereinigen. Aber auch in dieser zweiten Synthesis wird die Analysis wieder Gegensätze entdecken: es muß also eine dritte Synthesis gefunden werden und so fort, bis man zuletzt auf solche Gegensätze kommt, welche sich nicht mehr vollkommen, sondern nur annäherungsweise verbinden lassen.

Wir stehen jetzt an der Schwelle der Wissenschaftslehre. Die Wissenschaftslehre zerfällt in drei Theile: a) Grundsätze der gesammten Wissenschaftslehre, b) Grundlage des theoretischen Wissens, c) Grundlage der Wissenschaft des Praktischen.

Der obersten Grundsätze sind es, wie gesagt, drei, ein absolut unbedingter und zwei relativ unbedingte. 1) **Der absolut erste, schlechthin unbedingte Grundsatz** soll diejenige Thathandlung ausdrücken, die allem Bewußtsein zu Grunde liegt und allein es möglich macht. Dieser Grundsatz ist der Satz der Identität, $A = A$. Dieser Grundsatz bleibt zurück und läßt sich schlechthin nicht wegdenken, wenn man alle empirischen Bestimmungen des Bewußtseins absondert. Er ist Thatsache des Bewußtseins und muß deßhalb allgemein zugegeben werden; zugleich ist er doch nicht, wie jede andere empirische Thatsache, ein Bedingtes, sondern, weil er freie Thathandlung ist, ein Unbedingtes. Indem man behauptet, daß dieser Satz ohne allen weiteren Grund gewiß ist, so schreibt man sich das Vermögen zu, etwas schlechthin zu setzen. Man setzt dadurch nicht, A sei, sondern nur: wenn A sei, so sei A. Es handelt sich nicht um den Inhalt des Satzes, sondern nur um seine Form. Der Satz $A = A$ ist also seinem Inhalt nach bedingt (hypothetisch) und nur seiner Form, seinem Zusammenhang nach unbedingt. Wollen wir einen sowohl seinem Inhalt als seinem Zusammenhang nach unbedingten Satz, so setzen wir Ich statt A (wozu wir vollkommen das Recht haben, da der in dem Urtheil $A = A$ gesetzte Zusammenhang von Subjekt und Prädikat im Ich und durch das Ich gesetzt ist). So verwandelt sich also der Satz $A = A$ in den andern Ich = Ich. Dieser Satz ist nicht nur seinem Zusammenhang, sondern auch seinem Inhalt nach unbedingt. Während wir statt $A = A$ nicht sagen konnten: A ist, so können wir statt Ich=Ich sagen: Ich bin. Es ist Erklärungsgrund aller Thatsachen des empirischen Bewußtseins, daß vor allem Setzen im Ich vorher das Ich selbst gesetzt sei. Dieß schlechthin Gesetzte, auf sich selbst Gegründete ist Grund alles Handelns im menschlichen Geiste, mithin der reine Charakter der Thätigkeit an sich. Das Ich setzt sich selbst, und es ist vermöge dieses bloßen Setzens durch sich selbst, es ist nur, weil es sich selbst gesetzt hat. Und umgekehrt: Das Ich **setzt sein Sein** vermöge seines bloßen Seins. Es ist zugleich das Handelnde und das Produkt der Handlung. Ich bin, ist der Ausdruck der einzig möglichen Thathandlung. — Logisch betrachtet haben wir an dem ersten Grundsatz der Wissenschaftslehre $A = A$ das logische Gesetz der Identität. Von dem Satze $A = A$ sind wir auf den Satz Ich=Ich gekommen. Der letztere Satz entlehnt jedoch seine Gültigkeit nicht vom ersten, sondern umgekehrt. Das Prinz alles Urtheilens ist das Ich, das den Zusammenhang von Subjekt und Prädikat setzt. Das logische Gesetz der Identität entsteht also aus dem Ich=Ich. Metaphysisch angesehen

erhalten wir aus dem ersten Satz der Wissenschaftslehre die Kategorie der
Realität. Wir erhalten diese Kategorie, indem wir vom Inhalte abstrahiren und bloß auf die Handlungsart des menschlichen Geistes reflektiren.
Aus dem Ich als dem absoluten Subjekte ist jede Kategorie abgeleitet.
2) Der zweite, seinem Gehalte nach bedingte und nur seiner Form nach
unbedingte Grundsatz, der ebensowenig, als der erste, bewiesen oder abgeleitet werden kann, ist gleichfalls eine Thatsache des empirischen Bewußtseins: es ist der Satz non A ist nicht = A. Dieser Satz ist seiner Form
nach unbedingt, weil er freie Setzung, Thathandlung ist, wie der erste
Satz, und sich aus diesem nicht ableiten läßt; er ist seinem Inhalt, der
Materie nach bedingt, weil, wenn ein non A gesetzt werden soll, zuvor A
gesetzt worden sein muß. Betrachten wir den Grundsatz näher. Beim ersten
Grundsatz A = A war die Form der Thathandlung ein Setzen gewesen; beim
zweiten Grundsatz ist sie ein Gegensetzen. Es wird schlechthin entgegengesetzt, und dieses Entgegensetzen ist, seiner bloßen Form nach, eine schlechthin mögliche, unter gar keiner Bedingung stehende und durch keinen höhern
Grund begründete Handlung. Aber seiner Materie nach setzt das Gegensetzen ein Setzen voraus; soll irgend ein non A gesetzt werden, so muß zuvor A gesetzt sein. Was non A ist, weiß ich damit noch nicht; ich weiß
von non A nur, daß es von irgend einem A das Gegentheil ist; was non
A ist, weiß ich also nur unter der Bedingung, daß ich A kenne. Nun ist
aber A gesetzt durch das Ich; es ist ursprünglich gar Nichts gesetzt, als das
Ich, und nur dieses ist schlechthin gesetzt. Demnach kann nur dem Ich
schlechthin entgegengesetzt werden. Das dem Ich Entgegengesetzte ist Nicht-
Ich. Dem Ich wird schlechthin entgegengesetzt ein Nicht-Ich: dieß ist die
zweite Thatsache des empirischen Bewußtseins. Von Allem, was dem Ich
zukommt, muß, kraft der bloßen Gegensetzung, dem Nicht-Ich das Gegentheil zukommen. — Wie aus dem ersten Grundsatze Ich = Ich das logische
Gesetz der Identität sich ergeben hatte, so erhalten wir jetzt aus dem zweiten Satze: Ich ist nicht = Nicht-Ich, das logische Gesetz des Widerspruchs.
Und metaphysisch, indem wir von der bestimmten Handlung des Urtheilens
ganz abstrahiren und bloß auf die Form der Folgerung vom Entgegengesetztsein auf das Nichtsein schließen, erhalten wir aus dem zweiten Grundsatz
die Kategorie der Negation. 3) Der dritte seiner Form nach bedingte
Grundsatz ist fast durchgängig eines Beweises fähig, weil er von zwei
Sätzen bestimmt wird. Wir nähern uns mit jedem Schritte dem Gebiete,
in welchem sich Alles erweisen läßt. Der dritte Grundsatz ist der Form
nach bedingt und bloß dem Gehalte nach unbedingt; dieß heißt, die Aufgabe für die Handlung, die durch ihn aufgestellt wird, ist durch die vorhergehenden zwei Sätze gegeben, nicht aber die Lösung derselben. Die
letztere geschieht unbedingt und schlechthin durch einen Machtspruch der Vernunft. Die Aufgabe, die der dritte Grundsatz zu lösen hat, ist nämlich
die: den Widerspruch zu schlichten, der in den beiden ersten Sätzen enthalten ist. Einerseits wird durch das Nicht-Ich das Ich völlig aufgehoben:
das Ich kann nicht gesetzt sein, sofern das Nicht-Ich gesetzt ist. Andererseits ist das Nicht-Ich nur im Ich, im Bewußtsein gesetzt; es wird also das
Ich vom Nicht-Ich nicht aufgehoben, das aufgehobene Ich wird doch nicht
aufgehoben. Dieses Resultat wäre non A = A. Um diesen Widerspruch
aufzulösen, welcher die Identität unseres Bewußtseins, das einzige absolute
Fundament unseres Wissens, aufzuheben droht, müssen wir ein X finden,
vermöge dessen die beiden ersten Grundsätze richtig sein können, ohne daß

die Identität des Bewußtseins aufgehoben wird. Die Gegensätze, das Ich und das Nicht=Ich, sollen im Bewußtsein vereinigt, gleichgesetzt werden, ohne daß sie sich gegenseitig aufheben; sie sollen in die Identität des einigen Bewußtseins aufgenommen werden. Wie lassen Sein und Nichtsein, Realität und Negation sich zusammendenken, ohne daß sie sich vernichten? Sie werden sich gegenseitig **einschränken**. Das gesuchte X bezeichnet also die Schranke: Einschränkung ist die gesuchte Thathandlung des Ich und, als Kategorie gedacht, ist es die Kategorie der Bestimmung oder Begränzung (**Limitation**). In der Limitation ist aber auch schon die Kategorie der **Quantität** gegeben; denn Etwas einschränken, heißt, die Realität desselben durch Negation nicht gänzlich, sondern nur zum Theil aufheben Mithin liegt im Begriffe der Schranke, außer dem Begriffe der Realität und Negation, auch noch der Begriff der Theilbarkeit, der Quantitätsfähigkeit überhaupt. Es wird durch die Handlung der Einschränkung sowohl das Ich als das Nicht=Ich als theilbar gesetzt. Ferner ergibt sich, wie aus den beiden ersten Grundsätzen, so auch aus dem dritten Grundsatze ein logisches Gesetz. Wird von dem bestimmten Gehalte, dem Ich und Nicht=Ich abstrahirt und die bloße Form der Vereinigung Entgegengesetzter durch den Begriff der Theilbarkeit übrig gelassen, so haben wir den logischen Satz des **Grundes**, der sich in der Formel ausdrücken läßt: A zum Theil = non A, non A zum Theil = A. Der Grund ist Beziehungsgrund, sofern jedes Entgegengesetzte seinem Entgegengesetzten in einem Merkmale gleich ist; Unterscheidungsgrund, sofern jedes Gleiche seinem Gleichen in einem Merkmale entgegengesetzt ist. — Die Masse dessen, was unbedingt und schlechthin gewiß ist, ist nunmehr mit den vorstehenden drei Grundsätzen erschöpft. Man kann sie in folgender Formel zusammenfassen: **Ich setze im Ich dem theilbaren Ich ein theilbares Nicht=Ich entgegen.** Ueber diese Erkenntniß hinaus geht keine Philosophie, aber bis zu ihr zurückgehen soll jede gründliche Philosophie, und so wie sie es thut, wird sie Wissenschaftslehre. Alles, was von jetzt an im Systeme des Wissens vorkommt, muß sich von hier aus ableiten lassen, und zwar zunächst die weitere Eintheilung der Wissenschaftslehre selbst. In dem Satze, daß Ich und Nicht=Ich durch einander beschränkbar sind, liegen folgende zwei: 1) das Ich setzt sich selbst als beschränkt durch das Nicht=Ich (d. h. das Ich verhält sich erkennend); 2) das Ich setzt umgekehrt das Nicht=Ich als beschränkt durch das Ich (d. h. das Ich verhält sich handelnd). Jener Satz begründet den theoretischen — dieser den praktischen Theil der Wissenschaftslehre. Der letztere Theil bleibt vorerst aus dem Spiele: denn jenes Nicht=Ich, das von dem handelnden Ich eingeschränkt werden soll, existirt vorerst noch nicht und wir müssen erst abwarten, ob es im theoretischen Theil eine Realität bekommen wird.

Die Grundlage des theoretischen Wissens geht fort durch eine ununterbrochene Reihe von Antithesen und Synthesen. Die Grundsynthese der theoretischen Wissenschaftslehre ist der Satz: Das Ich setzt sich als bestimmt durch das Nicht=Ich. Analysiren wir diesen Satz, so finden wir in ihm zwei neue, ihm untergeordnete Sätze, die einander entgegengesetzt sind. 1) Das Nicht=Ich, als thätig, bestimmt das Ich, welches insofern leidend ist; da aber alle Thätigkeit vom Ich ausgehen muß, so bestimmt 2) das Ich sich selbst durch absolute Thätigkeit. Es liegt hierin der Widerspruch, daß das Ich zugleich thätig und leidend sein soll. Da dieser Widerspruch den obigen Satz und damit die Einheit des Bewußtseins auf=

heben würde, so müssen wir einen Punkt, eine neue Synthesis suchen, worin die angegebenen Gegensätze vereinigt sind. Diese Synthesis wird so zu Stande gebracht, daß die Begriffe von Thun und Leiden, welche unter der Realität und Negation enthalten sind, im Begriffe der Theilbarkeit ihre Ausgleichung finden. Die Sätze: „das Ich bestimmt," und: „das Ich wird bestimmt," gleichen sich aus in dem Satze: „das Ich bestimmt sich zum Theil und wird bestimmt zum Theil." Aber Beides soll gedacht werden als Eins und Dasselbe. Daher genauer: so viel Theile der Realität das Ich in sich setzt, so viele Theile der Negation setzt es in das Nicht=Ich, und so viele Theile der Realität das Ich in das Nicht=Ich setzt, so viele Theile der Negation setzt es in sich. Diese Bestimmung ist **Wechselbestimmung oder Wechselwirkung**. Hiemit hat Fichte die letzte unter den drei Kategorieen der Kant'schen Kategorieenklasse der Relation deduzirt. In gleicher Weise (nämlich durch Synthese gefundener Widersprüche) deduzirt er sofort die beiden andern Kategorieen dieser Klasse, die Kategorie der Kausalität und diejenige der Substanzialität. Und zwar folgendermaßen. Sofern das Ich bestimmt ist, also leidet, hat das Nicht=Ich Realität. Die Kategorie der Wechselbestimmung, bei der es gleichgültig war, welcher von beiden Seiten Realität oder Negation zugeschrieben wurde, bestimmt sich also näher dahin, daß das Ich leidet und das Nicht=Ich thätig ist. Der Begriff, der dieses Verhältniß ausdrückt, ist der der **Kausalität**. Dasjenige, dem Thätigkeit zugeschrieben wird, heißt **Ursache** (Ur=Realität); dasjenige, dem Leiden, **Effekt**; beides in Verbindung gedacht, heißt eine **Wirkung**. Andererseits bestimmt das Ich sich selbst. Hierin liegt ein Widerspruch: 1) das Ich bestimmt sich selbst, es ist also das bestimmende, thätige; 2) es bestimmt sich selbst, es ist also das bestimmt werdende, leidende. So wird ihm in Einer Beziehung und Handlung Realität und Negation zugeschrieben. Zur Lösung dieses Widerspruchs muß eine Handlungsweise aufgefunden werden, welche Thätigkeit und Leiden in Einem ist: das Ich muß durch Thätigkeit sein Leiden und durch Leiden seine Thätigkeit bestimmen. Die Lösung wird herbeigeführt mit Hülfe des Begriffs der Quantität. Im Ich ist zunächst alle Realität als absolutes Quantum, als absolute Totalität gesetzt, und es kann das Ich insofern einem größten Kreise verglichen werden. Ein bestimmtes Quantum der Thätigkeit oder eine beschränkte Sphäre innerhalb des größten Kreises der Thätigkeit ist zwar immer noch Realität, aber verglichen mit der Totalität der Thätigkeit ist es Negation der Totalität oder Leiden. Damit ist die gesuchte Vermittlung gefunden: sie liegt im Begriff der **Substanzialität**. Insofern das Ich betrachtet wird als den ganzen Umkreis, die Totalität aller Realitäten umfassend, ist es Substanz; sofern es in eine bestimmte Sphäre dieses Umkreises gesetzt wird, ist es accidentell. Kein Accidenz ist denkbar ohne Substanz, denn um zu erkennen, daß Etwas eine bestimmte Realität sei, muß es zuvor auf die Realität überhaupt oder die Substanz bezogen werden. Die Substanz ist aller Wechsel im Allgemeinen gedacht; das Accidenz ist ein Bestimmtes, das mit einem andern Wechselnden wechselt. Es ist ursprünglich nur Eine Substanz, das Ich; in dieser Einen Substanz sind alle möglichen Accidenzen, also alle möglichen Realitäten gesetzt. Ich allein ist das schlechthin Unendliche; ich denke, ich handle, bezeichnet schon eine Einschränkung. Die Fichte'sche Lehre ist hiernach Spinozismus, nur (wie ihn Jakobi treffend genannt hat) ein umgekehrter, idealistischer Spinozismus.

Blicken wir zurück. Die Objektivität, die Kant noch hatte bestehen lassen, hatte Fichte aufgehoben. Nur das Ich ist. Allein das Ich setzt ein Nicht=Ich, also doch eine Art von Objekt voraus. Wie das Ich zum Setzen eines Solchen komme, hat die theoretische Wissenschaftslehre sofort nachzuweisen.

Ueber das Verhältniß des Ich zum Nicht=Ich gibt es zwei extreme Ansichten, je nachdem man vom Begriffe der Kausalität oder demjenigen der Substanz ausgeht. 1) Geht man vom Begriffe der Kausalität aus, so wird durch das Leiden des Ich eine Thätigkeit des Nicht=Ich gesetzt. Das Leiden des Ich muß einen Grund haben. Dieser kann nicht im Ich liegen, das in sich nur Thätigkeit setzt. Folglich liegt er im Nicht=Ich. Hier wird somit der Unterschied zwischen Thun und Leiden nicht blos quantitativ (das Leiden als verminderte Thätigkeit) aufgefaßt, sondern das Leiden ist qualitativ dem Thun entgegengesetzt: eine vorausgesetzte Thätigkeit des Nicht=Ich ist also Realgrund des Leidens im Ich. 2) Geht man vom Begriffe der Substanzialität aus, so wird durch die Thätigkeit des Ich ein Leiden in ihm gesetzt. Hier ist das Leiden seiner Qualität nach nichts Anderes, als Thätigkeit, aber eine verminderte Thätigkeit. Während daher nach der erstern Ansicht das leidende Ich einen vom Ich qualitativ verschiedenen oder Realgrund hatte, so hat es hier nur eine quantitativ verminderte Thätigkeit des Ich zum Grunde, oder es hat einen Idealgrund. Die erstere Ansicht ist dogmatischer Realismus, die letztere dogmatischer Idealismus. Die letztere behauptet: alle Realität des Nicht=Ich ist lediglich eine aus dem Ich übertragene; die erstere: es kann nicht übertragen werden, wenn nicht schon eine unabhängige Realität des Nicht=Ich, ein Ding=an=sich vorausgesetzt ist. Beide Ansichten bilden somit einen Widerstreit, der durch eine neue Synthesis zu lösen ist. Fichte versucht diese Synthese des Idealismus und Realismus, indem er ein vermittelndes System des kritischen Idealismus aufstellt. Er sucht zu dem Ende nachzuweisen, daß der Idealgrund und der Realgrund eins und dasselbe seien. Weder die bloße Thätigkeit des Ich ist der Grund der Realität des Nicht=Ich, noch die bloße Thätigkeit des Nicht=Ich ist der Grund des Leidens im Ich. Beides ist so zusammenzudenken: auf die Thätigkeit des Ich geschieht, nicht ohne alles Zuthun des Ich, ein entgegengesetzter Anstoß, welcher die Thätigkeit desselben umbiegt, und in sich reflektirt. Der Anstoß liegt darin, daß das Subjektive nicht weiter ausgedehnt werden kann, daß die hinausstrebende Thätigkeit des Ich in sich selbst zurückgetrieben wird, woraus denn die Selbstbegränzung erfolgt. Dasjenige, was wir Gegenstände nennen, ist nichts Anderes, als die verschiedenen Brechungen der Thätigkeit des Ich an einem unbegreiflichen Anstoße, und diese Bestimmungen des Ich übertragen wir alsdann auf etwas außer uns, stellen wir uns als raumerfüllende Stoffe vor. — Der Fichte'sche Anstoß durch das Nicht=Ich ist somit in der Hauptsache dasselbe, was bei Kant Ding=an=sich hieß: nur daß es bei Fichte ein Innerliches geworden ist. — Von hier aus deduzirt Fichte sodann die subjektiven Thätigkeiten des Ich, die das Ich mit dem Nicht=Ich theoretisch vermitteln oder zu vermitteln suchen, — Einbildungskraft, Vorstellung (Empfindung, Anschauung, Gefühl), Verstand, Urtheilskraft, Vernunft; und im Zusammenhang hiemit die subjektiven Projektionen der Anschauung, Raum und Zeit.

Wir stehen am dritten Theile der Wissenschaftslehre, an der Grundlegung des Praktischen. Wir haben das Ich verlassen als vorstellend. Daß aber überhaupt das Ich vorstellend sei, ist nicht durch das Ich, sondern durch Etwas außer dem Ich bestimmt. Wir konnten die Vorstellung überhaupt auf keine Art möglich denken, als durch die Voraussetzung, daß auf die ins Unbestimmte und Unendliche hinausgehende Thätigkeit des Ich ein Anstoß geschehe. Demnach ist das Ich, als Intelligenz überhaupt, abhängig von einem unbestimmten und bis jetzt völlig unbestimmbaren Nicht-Ich, und nur durch und vermittelst eines solchen Nicht-Ich ist es Intelligenz. Diese Schranke müssen wir jedoch durchbrechen. Das Ich soll, allen seinen Bestimmungen nach, schlechthin durch sich selbst gesetzt und demnach völlig unabhängig von irgend einem möglichen Nicht-Ich sein; als Intelligenz aber ist es endlich, abhängig; mithin sind das absolute Ich und das intelligente Ich, welche beide doch nur Eines ausmachen sollen, einander entgegengesetzt. Dieser Widerspruch läßt sich nur auf folgende Art heben: daß das Ich jenes bis jetzt unbekannte Nicht-Ich, dem der Anstoß beigemessen ist, durch sich selbst bestimme, weil das absolute Ich gar keines Leidens fähig, sondern absolute Thätigkeit sein soll. Die Schranke, die das Ich als theoretisches im Nicht-Ich sich entgegengestellt hatte, muß es als praktisches wieder aufzuheben, das Nicht-Ich wieder in sich zu resorbiren (oder als Selbstbeschränkung des Ich zu begreifen) suchen. Der Kant'sche Primat der praktischen Vernunft ist hiemit zur Wahrheit gemacht. — Den Uebergang des theoretischen Theils in den praktischen, die Nöthigung, von einem zum andern vorzuschreiten, stellt Fichte näher so dar: Die theoretische Wissenschaftslehre hatte es mit der Vermittelung des Ich und Nicht-Ich zu thun. Sie hatte zu diesem Zweck ein Mittelglied nach dem andern eingeschoben, ohne ihren Zweck zu erreichen. Da tritt die Vernunft mit dem absoluten Machtspruch dazwischen: „es soll, da das Nicht-Ich mit dem Ich auf keine Art sich vereinigen läßt, überhaupt kein Nicht-Ich sein," womit der Knoten zwar nicht gelöst, aber zerschnitten wird. So ist es also die Inkongruenz zwischen dem absoluten (praktischen) und dem endlichen (intelligenten) Ich, was über das theoretische Gebiet hinaus ins praktische hinübernöthigt. Freilich verschwindet diese Inkongruenz auch im praktischen Gebiete nicht völlig; das Handeln ist nur ein unendliches Streben, die Schranke des Nicht-Ich zu überwinden. Das Ich, sofern es praktisch ist, hat zwar die Tendenz, über die wirkliche Welt hinauszugehen, eine ideale Welt zu gründen, wie sie sein würde, wenn durch das absolute Ich alle Realität gesetzt wäre; allein dieses Streben bleibt doch mit der Endlichkeit behaftet, einmal durch sich selbst schon, weil es auf Objekte geht und die Objekte endlich sind, und sodann, weil die Intelligenz, das bewußte Sich = als = sich = selbst = setzen des Ich's stets durch ein ihm gegenüberstehendes, seine Thätigkeit begränzendes Nicht-Ich bedingt bleibt. Wir sollen die Unendlichkeit zu erreichen suchen, aber wir können es nicht: eben dieses Streben und Nicht-Können ist das Gepräge unserer Bestimmung für die Ewigkeit.

Und so ist denn — in diesen Worten faßt Fichte das Resultat der Wissenschaftslehre zusammen — das ganze Wesen endlicher vernünftiger Naturen umfaßt und erschöpft. Ursprüngliche Idee unseres absoluten Seins; Streben zur Reflexion über uns selbst nach dieser Idee; Einschränkung, nicht dieses Strebens, aber unseres durch diese Einschränkung erst gesetzten wirklichen Daseins durch ein entgegengesetztes Prinzip, ein Nicht-Ich, oder überhaupt durch unsere Endlichkeit; Selbstbewußtsein und insbesondere Bewußtsein unseres praktischen Strebens; Bestimmung unserer Vorstellung darnach, durch sie unserer Handlungen; stete Erweiterung unserer Schranken in das Unendliche fort.

2) **Fichte's praktische Philosophie.** Die Grundsätze, die Fichte in seiner Wissenschaftslehre entwickelt hat, wendet er sofort auf das praktische Leben an, hauptsächlich auf die Rechts- und Sittenlehre. Er sucht auch hier Alles mit methodischer Strenge zu deduziren, ohne etwas unbewiesen aus der Erfahrung aufzunehmen. So wird in der Rechts- und Sittenlehre eine Mehrheit von Personen nicht schon vorausgesetzt, sondern erst deduzirt; selbst, daß der Mensch einen Leib habe, wird erst abgeleitet, freilich nicht stringent.

Die Rechtslehre (das Naturrecht) gründet Fichte auf den Begriff des Individuums. Zuerst deduzirt er den Begriff des Rechts und zwar folgendermaßen: Ein endliches vernünftiges Wesen kann sich selbst nicht setzen, ohne sich eine freie Wirksamkeit zuzuschreiben. Durch dieses Setzen seines Vermögens zur freien Wirksamkeit setzt das Vernunftwesen eine Sinnenwelt außer sich, denn das vernünftige Wesen kann sich keine Wirksamkeit zuschreiben, ohne ein Objekt, auf welches die Wirksamkeit gehen soll, gesetzt zu haben. Näher setzt diese freie Wirksamkeit eines Vernunftwesens andere Vernunftwesen voraus: ohne solche würde es sich derselben gar nicht bewußt werden. Wir haben also eine Mehrheit freier Individuen, von denen jedes eine Sphäre freier Wirksamkeit hat. Diese Coexistenz freier Individuen ist nicht möglich ohne ein Rechtsverhältniß. Indem jedes seine Sphäre mit Freiheit nicht überschreitet und sich also selbst beschränkt, erkennen sie einander als vernünftige und freie Wesen an. Dieß Verhältniß einer Wechselwirkung durch Intelligenz und Freiheit zwischen vernünftigen Wesen, wonach jedes seine Freiheit durch den Begriff der Möglichkeit der Freiheit des andern beschränkt, unter der Bedingung, daß das andere Vernunftwesen die seinige gleichfalls durch die des erstern einschränke, heißt ein **Rechtsverhältniß**. Der oberste Grundsatz der Rechtslehre lautet hiernach so: beschränke deine Freiheit durch den Begriff der Freiheit aller übrigen Vernunftwesen (Personen), mit denen du in Verbindung kommen kannst. — Nachdem Fichte von hier aus die Anwendbarkeit dieses Rechtsbegriffs untersucht und zu dem Ende die Leiblichkeit, die anthropologische Seite des Menschen deduzirt hat, geht er zur eigentlichen Rechtslehre über. Die Rechtslehre zerfällt in drei Theile. 1) Rechte, die im bloßen Begriffe der Person liegen, heißen **Urrechte**. Das Urrecht ist das absolute Recht der Person, in der Sinnenwelt nur Ursache zu sein, schlechthin kein Bewirktes. Hierin liegt a) das Recht der persönlichen (leiblichen) Freiheit, b) das Eigenthumsrecht. Allein alles Rechtsverhältniß zwischen bestimmten Personen ist bedingt durch ihre wechselseitige Anerkennung durch einander. Jeder hat das Quantum seiner freien Handlungen um der Freiheit des Andern willen zu beschränken, und nur so weit, als der Andere meine Freiheit achtet, habe ich die seinige zu respektiren. Für den Fall also, daß der Andere meine Urrechte nicht respektirt, muß eine mechanische Nothwendigkeit gesucht werden, um die Rechte der Person zu sichern, und dieß ist 2) das **Zwangsrecht**. Die Zwangs- oder Strafgesetze bezwecken, daß aus dem Wollen jedes unrechtmäßigen Zwecks das Gegentheil des Beabsichtigten erfolge, daß jeder rechtswidrige Wille vernichtet und das Recht in seiner Integrität wieder hergestellt werde. Zur Errichtung eines solchen Zwangsgesetzes und einer allgemein zwingenden Macht müssen die freien Individuen einen Vertrag unter sich schließen. Ein solcher Vertrag ist nur möglich in einem gemeinen Wesen. Das Naturrecht, d. h. das rechtliche Verhältniß zwischen Menschen und Menschen setzt somit 3) ein **Staatsrecht** voraus, nämlich a) einen freien Vertrag, einen Staatsbürgervertrag, durch den sich die freien Individuen gegenseitig ihre Rechte garantiren; b) positive Gesetze, eine bürgerliche Gesetzgebung, durch welche der gemeinsame Wille Aller Gesetz wird; c) eine exekutive Macht, eine Staatsgewalt, welche den gemeinsamen Willen ausübt und in welcher daher Privatwille und gemeinsamer Wille synthetisch vereinigt sind. — Die abschließende Ansicht der Fichte'schen Rechtslehre ist diese: auf der einen Seite steht der Vernunftstaat (philosophische Rechtslehre), auf der andern Seite der Staat, wie er in der Wirklichkeit geworden ist (positive Rechts- und Staatslehre). Nun aber entsteht die Aufgabe, den wirklichen Staat dem Vernunftstaate immer angemessener zu machen. Die Wissenschaft, welche diese Annäherung bezweckt, ist die Politik. Von keinem wirklichen Staat ist völlige Angemessenheit an die Idee zu fordern. Jede Staatsverfassung ist rechtmäßig, wenn sie nur das Fortschreiten zum Bessern nicht unmöglich macht; völlig rechtswidrig ist nur die, welche den Zweck hat, Alles so zu erhalten, wie es jetzt ist.

Das absolute Ich der Wissenschaftslehre ist in der Rechtslehre in unendlich viele Rechtspersonen auseinandergefallen; es wieder als Einheit herzustellen, ist die Aufgabe der Sittenlehre. Recht und Moral sind wesentlich verschieden. Recht ist die äußere Nöthigung, Einiges zu unterlassen oder zu thun, um der Freiheit Anderer nicht zu nahe zu treten; die innere Nöthigung, Einiges ganz unabhängig von äußern Zwecken zu thun und zu unterlassen, macht die moralische Natur des Menschen aus. Und wie die Rechtslehre entstand aus dem Konflikte des Freiheitstriebs in Einem Subjekte mit dem Freiheitstriebe in einem andern Subjekt, so entspringt auch die Sittenlehre aus einem solchen Konflikt, aber nicht aus einem äußern, sondern aus dem innern Konflikte zweier Triebe in einer und derselben Person. 1) Das vernünftige Wesen hat den Trieb nach absoluter Selbstständigkeit, es strebt nach Freiheit um der Freiheit willen. Dieser Grundtrieb ist der reine Trieb zu nennen; er ergibt zugleich das formale Prinzip der Sittenlehre, das Prinzip der absoluten Autonomie, der absoluten Unbestimmbarkeit durch irgend Etwas außer dem Ich. Aber 2) wie das Vernunftwesen in der Wirklichkeit empirisch und endlich ist, wie es sich von Natur ein Nicht-Ich entgegen und sich selbst als leibliches Wesen setzt, so wohnt in ihm neben dem reinen Trieb der andere, empirische Trieb der Selbsterhaltung, der Naturtrieb, der sich nicht Freiheit, sondern Genuß zum Zwecke macht. Dieser Naturtrieb für sich gibt das materiale, eudämonische Prinzip des Strebens nach Genuß um des Genusses willen. Beide Triebe scheinen einander aufzuheben; aber sie sind vom transscendentalen Gesichtspunkt aus doch ein und derselbe Urtrieb des menschlichen Wesens; denn auch der Selbsterhaltungstrieb ist Ausfluß des Strebens des Ichs nach Selbstthätigkeit, und er kann nicht vernichtet werden; mit dem Naturtrieb wäre alle bestimmte Thätigkeit, alles bewußte Handeln aufgehoben. Die beiden Triebe sind folglich zu vereinigen, und zwar so, daß der Naturtrieb dem reinen subordinirt wird. Diese Vereinigung beider kann nur in einem Handeln bestehen, das dem Inhalt (der Materie) nach auf die Sinnenwelt geht, wie der Naturtrieb, der letzten Endabsicht nach aber auf völlige Befreiung von ihr, wie der reine Trieb es will. Weder bloß negative Zurückziehung von der Welt der Objekte, um rein fürsichseiendes Ich zu sein, noch Streben nach Genuß ist die Aufgabe, sondern ein positives Handeln auf die Sinnenwelt, durch welches die Ichheit immer freier, die Macht des Ichs über das Nicht-Ich, die Herrschaft der Vernunft über die Natur immer mehr realisirt wird.

Dieses Streben, frei zu handeln, um immer freier zu werden, ist der aus dem reinen und dem Naturtrieb gemischte sittliche Trieb. Der Endzweck des sittlichen Handelns liegt jedoch in der Unendlichkeit; er kann nie erreicht werden, da das Ich nie völlig unabhängig von aller Beschränkung werden kann, so lange es Intelligenz, seiner selbst bewußtes Ich bleiben soll. — Das Wesen des sittlichen Handelns ist hienach so zu bestimmen: Alles Handeln muß eine Reihe von Handlungen bilden, bei deren Fortsetzung das Ich sich ansehen kann als in Annäherung zur absoluten Unabhängigkeit begriffen. Jede Handlung muß ein Glied dieser Reihe bilden; es gibt keine gleichgültigen Handlungen; stets ist in einem Handeln, das in dieser Reihe liegt, begriffen zu sein, dieß ist unsere sittliche Bestimmung. Das Prinzip der Sittenlehre ist daher: Erfülle jedesmal deine Bestimmung! — In formaler, subjektiver Beziehung gehört zum sittlichen Handeln, daß es ein intelligentes, freies, ein Handeln nach Begriffen sei; sei frei in Allem, was du thust, um frei zu werden! Weder dem reinen Trieb nach Selbstständigkeit sollen wir blind folgen, noch dem Naturtrieb; wir sollen handeln nur mit dem klaren Bewußtsein, daß etwas zu unserer Bestimmung gehört oder Pflicht ist; wir dürfen nur die Pflicht erfüllen um der Pflicht willen. Die blind treibenden Impulse des unverdorbenen Naturtriebs, Sympathie, Mitleiden, Menschenliebe u. s. w., fordern zwar vermöge der ursprünglichen Identität des Naturtriebs mit dem reinen Trieb Dasselbe, wozu uns dieser auffordert. Aber als bloße Impulse der Natur sind sie unsittlich; der sittliche Trieb hat Kausalität als keine habend, denn er fordert: sei frei! Nur durch freies Handeln nach dem Begriff des absoluten Sollens ist das Vernunftwesen absolut selbstständig; nur die Handlung aus Pflicht ist eine solche Darstellung des reinen Vernunftwesens. Die formale Bedingung der Moralität unserer Handlungen ist daher: handle stets nach bester Ueberzeugung von deiner Pflicht; oder: handle nach deinem Gewissen. Das absolute Kriterium der Richtigkeit unserer Ueberzeugung von Pflicht ist ein Gefühl der Wahrheit und Gewißheit. Dieses unmittelbare Gefühl täuscht nie; denn es ist nur vorhanden bei völliger Uebereinstimmung unseres empirischen Ich mit dem reinen, ursprünglichen. — Von hier aus entwickelte Fichte sodann die besondere Sittenlehre oder die Pflichtenlehre, die wir jedoch hier übergehen müssen.

Seine **Religionslehre** hat Fichte in dem oben erwähnten Aufsatze: „Ueber den Grund unseres Glaubens an eine göttliche Weltregierung," sowie in den darauf gefolgten Vertheidigungsschriften entwickelt. Die moralische Weltordnung, sagt Fichte, ist das Göttliche, das wir annehmen. Durch das Rechtthun wird dieses Göttliche in uns lebendig und wirklich; jede unserer Handlungen wird nur in der Voraussetzung desselben, in der Voraussetzung, daß der sittliche Zweck durch eine höhere Ordnung in der Sinnenwelt ausführbar ist, vollzogen. Der Glaube an eine solche Weltordnung ist der ganze und vollständige Glaube: denn jene lebendige und wirkende moralische Ordnung ist selbst Gott; wir bedürfen keines andern Gottes und können keinen andern fassen. Es liegt kein Grund in der Vernunft, aus jener moralischen Weltordnung herauszugehen und vermittelst eines Schlusses vom Begründeten auf den Grund noch ein besonderes Wesen als die Ursache desselben anzunehmen. Ist denn jene Ordnung ein Zufälliges? Sie ist das absolut Erste aller objektiven Erkenntniß. Wollte man Euch aber auch erlauben, jenen Schluß zu machen, was habt Ihr dann eigentlich angenommen? Dieses Wesen soll von Euch und der Welt unterschieden sein, es soll in der letztern nach Begriffen wirken; es soll sonach der Begriffe fähig sein, Persönlichkeit haben und Bewußtsein. Was nennt ihr denn Persönlichkeit und Bewußtsein? Doch wohl Dasjenige, was Ihr in Euch selbst gefunden, an Euch selbst kennen gelernt und mit diesem Namen bezeichnet habt. Daß Ihr aber dieses ohne Beschränkung und Endlichkeit schlechterdings nicht denken könnt, kann Euch die geringste Aufmerksamkeit auf die Konstruktion dieses Begriffs lehren. Ihr macht sonach dieses Wesen durch die Beilegung jenes Prädikats zu einem Endlichen, zu einem Wesen Eures Gleichen; und Ihr habt nicht, wie Ihr wolltet, Gott gedacht, sondern nur Euch selbst im Denken vervielfältigt. Der Begriff von Gott als einer besondern Substanz ist unmöglich und widersprechend. Gott existirt an sich selbst nur als eine solche moralische Weltordnung. Jeder Glaube an ein Göttliches, der mehr enthält, als den Begriff der moralischen Weltordnung, ist mir ein Gräuel und eines vernünftigen Wesens höchst unwürdig. — Moralität und Religion sind auf diesem Standpunkt, wie auf dem Kant'schen, natürlich Eins, beide ein Ergreifen des Uebersinnlichen, das Erste durch Thun, das zweite durch Glauben. Diese „Religion des freudigen Rechtthuns" hat Fichte sodann in den Vertheidigungsschriften gegen die Anklage des Atheismus weiter ausgeführt. Fichte behauptet sogar, daß Nichts als die Grundsätze der neuern Philosophie den allerdings in Verfall gerathenen religiösen Sinn unter den Menschen wiederherzustellen und das innere Wesen der christlichen Lehre ans Licht zu bringen vermöchten. Besonders in der „Appellation an das Publikum sucht er dieß darzuthun. Er sagt hier: Die Beantwortung der Fragen: was ist gut? was ist wahr? ist das Ziel meines philosophischen Systems. Es behauptet zuvörderst, daß es etwas absolut Wahres und Gutes gebe; es gebe etwas den freien Flug des Denkens Anhaltendes und Bindendes. Unaustilgbar ertönt im Menschen die Stimme, daß Etwas Pflicht sei und lediglich darum gethan werden müsse. Durch diese Anlage in unserem Wesen eröffnet sich uns eine ganz neue Welt; wir erhalten eine höhere Existenz, die von der ganzen Natur unabhängig und lediglich in uns selbst begründet ist. Ich will jene absolute Selbstgenügsamkeit der Vernunft, jene gänzliche Befreiung von aller Abhängigkeit Seligkeit nennen. Als das einzige, aber untrügliche Mittel der Seligkeit zeigt mir mein Gewissen die Erfüllung der Pflicht. Es drängt sich mir also der unerschütterliche Glaube auf, daß es eine Regel und feste Ordnung gebe, nach welcher nothwendig die reine moralische Denkart selig mache. Daß der Mensch, der die Würde seiner Vernunft behauptet, auf den Glauben an diese Ordnung einer moralischen Welt sich stütze, jede seiner Pflichten betrachte als eine Verfügung jener Ordnung, jede Folge derselben für gut, d. i. für seligmachend halte und freudig sich ihr unterwerfe, ist absolut nothwendig und das Wesentliche der Religion. Erzeuge nur in dir die pflichtmäßige Gesinnung, und du wirst Gott erkennen und, während du uns Andern noch in der Sinnenwelt erscheinst, für dich selbst schon hienieden im ewigen Leben dich befinden.

II. Die Fichte'sche Philosophie in ihrer spätern Gestalt.

In der von uns so eben betrachteten ältern Wissenschaftslehre Fichte's ist Alles niedergelegt, was er als spekulativer Philosoph Bedeutendes geleistet hat. Später, seit seinem Abgange von Jena, gestaltete sich sein System allmälig um, aus mehreren Gründen. Theils war es schwer, den schroffen Idealismus der Wissenschaftslehre festzuhalten; theils blieb die inzwischen aufgetretene Schelling'sche Naturphilosophie nicht ohne Einfluß auf Fichte's eigene Denkweise, obwohl der Letztere es in Abrede stellte und mit Schelling darüber in einen erbitterten Eigenthumsstreit gerieth; theils endlich trugen seine äußern, nicht ganz glücklichen Verhältnisse dazu bei, seine Weltanschauung zu modifiziren. Fichte's Schriften aus dieser zweiten Periode sind größtentheils populären Inhalts und für ein gemischtes Publikum bestimmt. Sie tragen alle den Stempel seines scharfen Geistes und seiner hohen männlichen Gesinnung, haben aber nicht die Originalität und die wissenschaftliche Konsequenz seiner früheren Schriften; auch die wissenschaftlichen unter ihnen genügen nicht den Anforderungen, welche er selbst früher hinsichtlich der genetischen Konstruktion und philosophischen Methode mit so vieler Strenge an sich und Andere gemacht. Vielmehr erscheint seine jetzige Lehre als ein so lose zusammenhängendes Gewebe seiner ältern subjektiv idealistischen Vorstellungen und der neu hinzugekommenen objektiv idealistischen, daß Schelling sie als den vollendetsten Synkretismus und Eklekticismus bezeichnen konnte. Das Unterscheidende seines neuen Standpunktes ist namentlich dieß, daß er seinen subjektiven Idealismus in objektiven Pantheismus (mit Anklängen an den Neuplatonismus), das Ich seiner frühern Philosophie in das Absolute oder den Gedanken Gottes hinüberzuleiten sucht. Gott, dessen Begriff er früher nur in der zweifelhaften Gestalt einer moralischen Weltordnung an das Ende seines Systems gestellt hatte, wurde ihm nun zum absoluten Anfange und einzigen Element seiner Philosophie. Dadurch bekam diese Philosophie eine ganz andere Farbe. Die moralische Strenge wich der religiösen Milde; statt Ich und Sollen wurden Leben und Liebe die Grundzüge seiner Philosophie; an die Stelle der scharfen Dialektik der Wissenschaftslehre trat eine Vorliebe für mystische und bildliche Ausdrucksweisen. Besonders charakteristisch für diese zweite Periode der Fichte'schen Philosophie ist ihre Hinneigung zur Religion und zum Christenthum, am meisten in der Schrift: „Anweisung zum seligen Leben." Fichte behauptet hier, seine neue Lehre sei ganz auch die Lehre des Christenthums und besonders die des Evangeliums Johannis. Dieses Evangelium allein wollte Fichte damals als ächte Quelle des Christenthums gelten lassen, da die übrigen Apostel halbe Juden geblieben seien und den Grundirrthum des Judenthums, die Lehre von einer zeitlichen Weltschöpfung, stehen gelassen hätten. Besondern Werth legte Fichte dem ersten Theil des johanneischen Prologs bei: in ihm sei die Erschaffung der Welt aus Nichts widerlegt und die richtige Ansicht von einer mit Gott gleich ewigen und mit seinem Wesen nothwendig gegebenen Offenbarung dargestellt. Was dagegen der Prolog von der Menschwerdung des Logos in der Person Jesu sagt, hat nach Fichte nur historische Gültigkeit. Der absolute und ewig wahre Standpunkt ist, daß zu allen Zeiten in Jedem ohne Ausnahme, der seine Einheit mit Gott lebendig einsieht und der wirklich und in der That sein ganzes individuelles Leben an das göttliche Leben in ihm hingibt, das ewige Wort ganz auf dieselbe Weise, wie in Jesu Christo, Fleisch wird, ein persönlich sinnliches und menschliches Dasein erhält. Die ganze Gemeinde, der Erstgeborene zugleich mit den Nachgeborenen, fällt zusammen in den Einen gemeinschaftlichen Lebensquell Aller, die Gottheit. Und so fällt denn das Christenthum, seinen Zweck als erreicht setzend, wieder zusammen mit der absoluten Wahrheit und behauptet selbst, daß Jedermann zur Einheit mit Gott kommen solle. So lange der Mensch noch irgend Etwas selbst zu sein begehrt, kommt Gott nicht zu ihm, denn kein Mensch kann Gott werden. Sobald er sich aber rein, ganz und bis in die Wurzel vernichtet, bleibt allein Gott übrig und ist Alles in Allem. Der

Mensch kann sich keinen Gott erzeugen; aber sich selbst als die eigentliche Negation kann er vernichten und sodann versinkt er in Gott.

Das Resultat seines fortgeschrittenen Philosophirens faßt Fichte in folgenden Versen kurz und klar zusammen, die wir zweien nachgelassenen Sonetten entnehmen:

> — Das Ewig Eine
> Lebt mir im Leben, sieht in meinem Sehen. —
> Nichts ist denn Gott; und Gott ist Nichts, denn Leben.
> Gar klar die Hülle sich vor dir erhebet.
> Dein Ich ist sie: es sterbe, was vernichtbar;
> Und fortan lebt nur Gott in deinem Streben.
> Durchschaue, was dieß Streben überlebet:
> Da wird die Hülle dir als Hülle sichtbar,
> Und unverschleiert siehst Du göttlich Leben.

§. 42. Herbart.

Eine eigenthümliche, mannigfach beachtenswerthe Fortbildung der Kant'schen Philosophie hat **Johann Friedrich Herbart** (geb. 1776 in Oldenburg, 1805 Professor der Philosophie in Göttingen, seit 1808 als Nachfolger Kant's in Königsberg, 1833 nach Göttingen berufen, wo er 1841 starb) versucht. Die Herbart'sche Philosophie unterscheidet sich dadurch von den meisten andern Systemen, daß sie nicht eine Vernunftidee zu ihrem Prinzip macht, sondern wie die Kant'sche in der kritischen Untersuchung und Bearbeitung der subjektiven Erfahrung ihre Aufgabe sucht. Sie ist gleichfalls Kritizismus, aber mit eigenthümlichen, von den Kant'schen durchaus abweichenden Resultaten. In der Geschichte der Philosophie nimmt sie darum grundsatzmäßig eine isolirte Stellung ein: statt als Momente der wahren Philosophie erscheinen ihr fast alle früheren Systeme als Fehlversuche. Besonders steht sie der nachkantischen deutschen Philosophie, am meisten der Schelling'schen Naturphilosophie, in der sie nur ein Hirngespinnst und eine Träumerei erblicken kann, feindselig gegenüber; eher berührt sie sich mit der Hegel'schen Philosophie, deren Gegenpol sie bildet. — Wir geben eine kurze Darstellung ihrer Hauptgedanken.

1) **Grundlage und Ausgangspunkt der Philosophie** ist nach Herbart die gemeine Ansicht der Dinge, das erfahrungsmäßige Wissen. Ein philosophisches System ist weiter Nichts, als ein Versuch, durch welchen irgend ein Denker gewisse sich vorgelegte Fragen aufzulösen strebt. Jede in der Philosophie aufzuwerfende Frage soll sich einzig und allein auf das Gegebene beziehen und muß durch dieses selbst dargeboten sein, weil es für den Menschen kein anderes ursprüngliches Feld der Gewißheit gibt, als nur die Erfahrung. Jeder Anfang des Philosophirens ist mit ihr zu machen. Das Denken soll sich den Erfahrungsbegriffen übergeben: es soll nicht diese, sondern sie sollen das Denken leiten. So ist also die Erfahrung ganz und gar Objekt und Fundament der Philosophie; was nicht gegeben ist, kann nicht Gegenstand des Denkens sein, und es ist unmöglich, ein die Grenzen der Erfahrung überschreitendes Wissen zu Stande zu bringen.

2) Der Erfahrungsstoff ist allerdings Basis der Philosophie, aber als vorgefundener steht er noch außerhalb derselben. Es fragt sich, was ist die erste That oder der Anfang der Philosophie? Das Denken hat sich zuerst von der Erfahrung loszureißen, die Schwierigkeiten der Untersuchung sich

klar zu machen. Der Anfang der Philosophie, worin sich das Denken über das Gegebene erhebt, ist demnach die zweifelnde Ueberlegung oder die Skepsis. Die Skepsis ist eine niedere und eine höhere. Die niedere bezweifelt bloß, daß die Dinge so beschaffen seien, wie sie uns erscheinen; die höhere geht über die Erscheinungsform hinaus und fragt, ob überhaupt Etwas da sei? Sie bezweifelt z. B. die Succession in der Zeit; sie fragt in Betreff der zweckmäßigen Formen der Naturgegenstände, ob die Zweckmäßigkeit wahrgenommen oder hinzugedacht sei u. s. f. So kommen allmälig die Probleme zur Sprache, welche den Inhalt der Metaphysik selbst bilden. Das Resultat des Skepsis ist also nicht ein negatives, sondern ein positives. Das Zweifeln ist Nichts als das Denken der Erfahrungsbegriffe, die der Stoff der Philosophie sind. Vermöge dieses Nachdenkens führt nun die Skepsis zur Erkenntniß, daß jene Erfahrungsbegriffe, obgleich sie sich auf ein Gegebenes beziehen, dennoch keinen denkbaren, von logischen Ungereimtheiten freien Inhalt haben.

3) Die Metaphysik ist, nach Herbart, die Wissenschaft von der Begreiflichkeit der Erfahrung. Wir haben nämlich bis jetzt eine doppelte Einsicht gewonnen. Auf der einen Seite halten wir daran fest, die einzige Basis der Philosophie sei die Erfahrung; auf der andern hat der Zweifel die Zuverlässigkeit derselben erschüttert. Zunächst ist nun der Zweifel in eine bestimmte Kenntniß der metaphysischen Probleme zu verwandeln. Es sind uns Begriffe von der Erfahrung aufgedrungen, die sich nicht denken lassen, d. h. sie werden zwar von dem gewöhnlichen Verstande gedacht, aber dieses Denken ist ein dunkles und verworrenes Denken, das die widerstrebenden Merkmale nicht sondert und vergleicht. Das geschärfte Denken dagegen, die logische Analyse findet in den Erfahrungsbegriffen (z. B. Raum, Zeit, Werden, Bewegung u. s. f.) Widersprüche, widersprechende, einander verneinende Merkmale. Was ist nun zu thun? Weggeworfen können diese Begriffe nicht werden, da sie gegeben sind und wir nur an Gegebenes uns halten können; beibehalten können sie nicht werden, da sie undenkbar, logisch unvollziehbar sind. Der einzige Ausweg, der übrig bleibt, ist: wir müssen sie umarbeiten. Die Umarbeitung der Erfahrungsbegriffe, die Hinausschaffung des Widerspruches aus ihnen, ist der eigentliche Aktus der Spekulation. Die bestimmteren Probleme, die einen Widerspruch motiviren und mit deren Lösung sich daher die Metaphysik zu beschäftigen hat, hat die Skepsis zu Tage gefördert; die wichtigsten sind das Problem der Inhärenz, der Veränderung und des Ich.

Das Verhältniß zwischen Herbart und Hegel ist auf diesem Punkte vorzüglich einleuchtend. Ueber die widersprechende Natur der Denkbestimmungen und Erfahrungsbegriffe sind beide einverstanden. Aber von hier aus gehen sie auseinander. Ein innerer Widerspruch zu sein, sagt Hegel, ist eben die Natur dieser Begriffe, wie aller Dinge; das Werden z. B. ist wesentlich die Einheit von Sein und Nichtsein u. s. f. Dieß ist so lange unmöglich, entgegnete Herbart, als der Satz des Widerspruchs noch Gültigkeit hat; enthalten die Erfahrungsbegriffe innere Widersprüche, so ist dieß nicht Schuld der objektiven Welt, sondern des vorstellenden Subjekts, das seine falsche Auffassung durch Umarbeitung dieser Begriffe und Hinausschaffung des Widerspruchs wieder gut zu machen hat. Herbart beschuldigt die Hegel'sche Philosophie des Empirismus, da sie die widersprechenden Erfahrungsbegriffe unverändert aus der Erfahrung aufnehme und dieselben, trotz der Einsicht in ihre widersprechende Natur, eben dadurch, daß sie empirisch gegeben seien, für gerechtfertigt ansehe, ja sogar um ihretwillen die Logik umschaffe. Hegel und Herbart verhalten sich zu einander, wie Heraklit und Parmenides (vgl. §§. 6. u. 7.).

4) Von hier aus kommt Herbart auf folgende Weise zu seinen „Realen." Die Entdeckung von Widersprüchen in allen unseren Erfahrungsbegriffen, sagt er, könnte auf absoluten Skepticismus, auf Verzweiflung an der Wahrheit führen. Hier aber leuchtet sogleich ein, daß, wenn die Existenz alles Realen überhaupt geleugnet würde, auch der Schein, die Empfindung, das Vorstellen, das Denken aufgehoben würde. Wir können daher annehmen, so viel Schein, so viel Hindeutung aufs Sein. Dem Gegebenen allerdings können wir kein wahres, kein an und für sich seiendes Sein zuschreiben, es ist nicht für sich allein, sondern nur an oder in oder durch ein Anderes. Das wahrhafte Sein ist ein absolutes Sein, das als solches jede Relativität, jede Abhängigkeit ausschließt, es ist absolute Position, die nicht erst wir zu setzen, sondern nur anzuerkennen haben. Insofern dieses Seiende einem Etwas beigelegt wird, kommt diesem Realität zu. Das wahrhaft Seiende ist also allemal ein quale, ein Etwas, welches als seiend betrachtet wird. Damit nun dieses Gesetzte den Bedingungen entspreche, die im Begriffe der absoluten Position liegen, muß das Was des Realen gedacht werden a) als schlechthin positiv oder affirmativ, d. h. ohne Negation oder Beschränkung, welche die Absolutheit wieder aufhöbe; b) als schlechthin einfach, d. h. auf keine Weise als eine Vielheit oder mit inneren Gegensätzen behaftet; c) als unbestimmbar durch Größenbegriffe, d. h. nicht als Quantum, als theilbar, als ausgedehnt in Zeit und Raum, daher auch nicht als stetige Größe oder Continuum. Festzuhalten ist aber immer, daß dieses Seiende oder diese absolute Realität nicht bloß eine gedachte, sondern eine selbstständige, auf sich selbst beruhende und darum vom Denken bloß anzuerkennende ist. Der Begriff dieses Seienden liegt der ganzen Herbart'schen Metaphysik zu Grund. Ein Beispiel dafür. Das erste in der Metaphysik aufzulösende Problem ist das Problem der Inhärenz, das Ding mit seinen Merkmalen. Jedes wahrnehmbare Ding stellt sich den Sinnen dar als ein Complex mehrerer Merkmale. Allein sämmtliche in der Wahrnehmung gegebene Eigenschaften der Dinge sind relativ. Wir geben z. B. als eine Eigenschaft eines Körpers den Klang an. Er klingt — aber nicht ohne Luft; was ist nun diese Eigenschaft im luftleeren Raume? Er ist schwer, aber nur auf der Erde. Er ist farbig, aber nicht ohne Licht; wie ist nun diese Eigenschaft im Dunkeln? Ferner verträgt sich die Mehrheit der Eigenschaften nicht mit der Einheit des Gegenstandes. Fragst Du: was ist dieses Ding, so antwortet man mit der Summe der Kennzeichen: es ist weich, weiß, klangvoll, schwer, aber die Rede war von Einem, nicht von Vielem. Die Antwort gibt bloß das an, was das Ding hat, aber nicht, was es ist. Ueberdieß ist die Reihe der Merkmale immer unvollständig. Das Was eines Dinges kann also weder in den einzelnen gegebenen Eigenschaften, noch in deren Einheit liegen. Es bleibt uns nur die Antwort übrig: das Ding ist dasjenige Unbekannte, dessen Setzung die in den gegebenen Eigenschaften liegenden Setzungen vertritt, es ist, kurz gesagt, die Substanz. Denn sondert man die Merkmale ab, die das Ding haben soll, um zu sehen, was das Ding rein an sich ist, so findet sich, daß gar Nichts mehr übrig bleibt, und wir sehen ein, daß es eben nur der Complex der Merkmale, die Verbindung derselben zu einem Ganzen war, was wir als das eigentliche Ding betrachteten. Da aber jeder Schein auf ein bestimmtes Reale hinweist, und mithin so viel Schein, so viele Realen gesetzt werden

müssen, so haben wir das dem Dinge mit seinen Merkmalen zu Grunde
liegende Reale anzusehen als einen Complex von vielen einfachen Substanzen
oder Monaden, deren Qualität übrigens bei verschiedenen verschieden ist.
Die erfahrungsmäßig wiederkehrende Gruppirung dieser Monaden wird von
uns für ein Ding gehalten. Uebersehen wir nun noch kurz die Gestaltung
der metaphysischen Grundbegriffe, welche dieselben durch den Grundbegriff
des Seienden erhalten. Zuerst ist es der Begriff der Kausalität, der
nicht in seiner gewöhnlichen Form festgehalten werden kann. Wir nehmen
in der That höchstens die Zeitfolge, aber nicht den nothwendigen Zusammen=
hang der Ursache mit der Wirkung wahr. Die Ursache selbst kann weder
transcendent sein, denn reale Einwirkungen von einem Realen auf das
andere widersprechen dem Begriffe der absoluten Realität; noch immanent,
denn so müßte die Substanz als eins gedacht werden mit ihren Merkmalen,
was den Untersuchungen über das Ding mit seinen Merkmalen widerspricht.
Ebensowenig kann der Grund, warum bestimmte Wesen bei einander sind,
im Begriffe des Realen gesucht werden, denn das Reale ist das absolut
Unveränderliche. Der Kausalitätsbegriff kann also nicht anders erklärt
werden, als daß die vielen Realen, die den Merkmalen zu Grunde liegen,
als ebenso viele Ursachen eines ebenso vielfachen Erscheinens, jede für sich
gedacht werden. Mit dem Kausalitätsbegriffe hängt zusammen das Problem
der Veränderung. Da es jedoch bei Herbart kein inneres Verändern,
kein Selbstbestimmen, kein Werden und Leben gibt, da die Monaden an
sich unveränderlich sind und bleiben, so werden sie nicht verschieden ihrer
Qualität nach, sondern sie sind eine von der andern verschieden uranfäng=
lich, und behaupten jede ihre Qualität ohne irgend einen Wechsel. Das
Problem der Veränderung kann somit bloß aufgelöst werden durch die
Theorie der Störungen und Selbsterhaltungen der Wesen. Wenn aber das
Einzige, was nicht bloß scheinbares, sondern wirkliches Geschehen im Wesen
der Monaden genannt werden kann, sich auf die „Selbsterhaltung" als den
letzten Schimmer einer Thätigkeit und Lebensäußerung reduzirt, so ist die
Frage doch noch immer die, wie ist wenigstens der Schein der Veränderung
zu erklären? Hiezu sind zweierlei Hilfsbegriffe nothwendig, erstlich der
Hilfsbegriff von den zufälligen Ansichten, zweitens der Hilfsbegriff des in=
telligiblen Raumes. Die zufälligen Ansichten, ein von der Mathematik
hergenommener Ausdruck, bedeuten in Beziehung auf das vorliegende Problem
so viel: ein und derselbe Begriff kann oft, ohne daß das Geringste an seinem
Wesen geändert wird, in sehr verschiedenen Beziehungen zu anderen Wesen
betrachtet werden — eine gerade Linie als Radius oder als Tangente, ein
Ton als harmonisch oder disharmonisch. Vermöge dieser zufälligen An=
sichten nun läßt sich von dem, was wirklich in der Monade erfolgt, wenn
andere der Qualität nach entgegengesetzte Monaden mit ihr zusammen=
kommen, eine solche Ansicht fassen, welche einerseits ein wirkliches Geschehen
besagt, andererseits doch auch dem ursprünglichen Zustande derselben keine
wirkliche Veränderung aufbürdet. (Eine graue Farbe z. B. erscheint neben
Schwarz wie weiß, neben Weiß wie schwarz, ohne daß sich ihre Qualität
verändert). Der intelligible Raum ferner ist ein Hilfsbegriff, welcher ent=
springt, indem von den nämlichen Wesen sowohl das Zusammen als das
Nichtzusammen soll gedacht werden. Mittelst dieses Hilfsbegriffes werden
dann namentlich die Widersprüche aus dem Begriffe der Bewegung hinaus=
geschafft. Daß endlich der Begriff der Materie und der Begriff des Ich
(mit deren Umarbeitung, d. h. psychologischen Erklärung, sich der Rest der

Metaphyſik beſchäftigt), ebenſo wie die bisherigen Begriffe nicht minder in ſich widerſprechend, als unvereinbar mit dem Grundbegriffe des Realen ſind, leuchtet ein, denn es kann weder aus den raumloſen Monaden ein ausgedehntes Weſen, wie die Materie, gebildet werden, und es fallen darum auch mit der Materie die gewöhnlichen (Schein=) Begriffe von Raum und Zeit, noch können wir den Begriff des Ich ohne Umarbeitung laſſen, da es den widerſprechenden Begriff des Dinges mit vielen und wechſelnden Merkmalen (Zuſtänden, Kräften, Vermögen) darſtellt.

Herbart's „Realen" erinnern an die Atomenlehre der Atomiſten (vgl. §. 9, 2.), die Alleinslehre der Eleaten (vgl. §. 6.) und die Leibnitz'ſche Monadologie. Sie unterſcheiden ſich jedoch dadurch von den Atomen, daß ihnen das Prädikat der Undurchdringlichkeit nicht zukommt. So gut ſich ein mathematiſcher Punkt als genau mit einem andern in derſelben Stelle zuſammenfallend denken läßt, ſo gut können auch die Herbart'ſchen Monaden in demſelben Raume vorgeſtellt werden. In dieſer Beziehung hat das Herbart'ſche Reale weit mehr Aehnlichkeit mit dem eleatiſchen Eins: Beide ſind einfach und im intellektuellen Raume zu denken, aber der weſentliche Unterſchied iſt, daß die Herbart'ſchen Subſtanzen in der Mehrzahl vorhanden und von einander verſchieden ſind, ja ſelbſt konträre Gegenſätze bilden. Mit den Leibnitz'ſchen Monaden ſind die Herbart'ſchen einfachen Quantitäten auch ſonſt ſchon verglichen worden; die Leibnitz'ſchen Monaden ſind jedoch weſentlich vorſtellend, ſie ſind Weſen mit inneren Zuſtänden, während nach Herbart das Vorſtellen ſo wenig, wie jeder andere Zuſtand, zum Weſen ſelbſt gehört.

5) An die Metaphyſik knüpft ſich die Naturphiloſophie und Pſychologie. In der erſteren zeigt er, wie die wichtigſten Erſcheinungen, Repulſion, Attraktion, chemiſches Verhalten u. ſ. w., aus ſeiner Metaphyſik, und nur nach ihr, erklärlich ſind. Die zweite betrachtet die Seele, vor Allem aber das Ich. Das Ich iſt zuvörderſt ein metaphyſiſches Problem, denn es enthält Widerſprüche. Weiter aber iſt das Ich ein pſychologiſches Problem, indem ſeine Entſtehung erklärt werden ſoll. Zuerſt alſo kommen diejenigen Widerſprüche in Betracht, welche in der Identität des Subjekts und Objekts liegen. Das Subjekt ſetzt ſich ſelbſt und iſt ſich ſomit Objekt. Dieſes geſetzte Objekt iſt aber kein anderes, als das ſetzende Subjekt. Das Ich iſt ſomit, wie Fichte ſagt, Subjekt=Objekt und als ſolches voll der härteſten Widerſprüche, denn Subjekt und Objekt wird nie ohne Widerſpruch für Eins und daſſelbe ausgegeben werden können. Nun aber iſt doch das Ich gegeben, es kann alſo nicht von der Hand gewieſen, ſondern muß vom Widerſpruche gereinigt werden. Dieß geſchieht, indem das Ich als das Vorſtellende gedacht und die verſchiedenen Empfindungen, Gedanken u. ſ. w. unter dem gemeinſamen Begriffe des wechſelnden Scheines befaßt werden. So iſt alſo die Löſung hier die ähnliche, wie beim Problem der Inhärenz. Wie in dieſem Problem das Ding als ein Komplex von ſo vielen Realen gefaßt wurde, als es Merkmale hat, ebenſo hier das Ich; den Merkmalen aber entſprechen beim Ich die inneren Zuſtände und Vorſtellungen. So iſt, was wir Ich zu nennen pflegen, nichts Anderes als die Seele. Die Seele als Monas, als ſchlechthin Seiendes iſt mithin einfach, ewig, unauflöslich, unzerſtörbar, in welchen Beſtimmungen die ewige Fortdauer eingeſchloſſen iſt. Von dieſem Standpunkte aus verbreitet ſich Herbart's Polemik über das Verfahren der gewöhnlichen Pſychologie, das der Seele gewiſſe Kräfte und Vermögen zuſchreibt. Was in der Seele vorgeht, iſt vielmehr nichts anderes als Selbſterhaltung, die

nur im Gegensatze zu anderen Realen mannigfach und wechselnd sein kann. Die Ursachen der wechselnden Zustände sind also diese anderen Realen, die mit der Seelen-Monas wechselnd in Konflikt treten und so jene scheinbar unendliche Mannigfaltigkeit von Empfindungen, Vorstellungen, Affektionen erzeugen. Diese Theorie der Selbsterhaltung liegt der ganzen Herbart'schen Psychologie zu Grunde. Was die gewöhnliche Psychologie mit Fühlen, Denken, Vorstellen bezeichnet, dieß sind nur spezifische Verschiedenheiten in der Selbsterhaltung der Seele; sie bezeichnen keine eigentlichen Zustände des innern realen Wesens selbst, sondern nur Verhältnisse zwischen den Realen, Verhältnisse, die von mehreren Seiten her zugleich eintretend sich unter einander selbst theils aufheben, theils begünstigen, theils modifiziren. Das Bewußtsein ist die Summe dieser Beziehungen, in denen die Seele zu anderen Wesen steht. Die Beziehungen zu den Gegenständen aber und mithin die ihnen entsprechenden Vorstellungen sind nicht alle gleich stark, eine verdrängt, spannt, verdunkelt die andere, ein Verhältniß des Gleichgewichts, das sich nach der Lehre der Statik berechnen läßt. Die unterdrückten Vorstellungen verschwinden aber nicht gänzlich, sondern harren gleichsam an der Schwelle des Bewußtseins auf den günstigen Augenblick, wo ihnen vergönnt wird wiederaufzusteigen, sie verbinden sich mit verwandten Vorstellungen und dringen mit vereinten Kräften vor. Diese (von Herbart vortrefflich geschilderte) Bewegung der Vorstellungen kann nach den Regeln der Mechanik berechnet werden — dieß die bekannte Anwendung der Mathematik auf die empirische Seelenlehre bei Herbart. Die zurückgedrängten, an der Schwelle des Bewußtseins harrenden, nur im Dunkel wirkenden Vorstellungen, deren wir uns nur halb bewußt sind, sind die Gefühle. Sie äußern sich, je nachdem ihr vordringendes Streben mehr oder weniger Erfolg hat, als Begierden. Die Begierde wird zum Willen, wenn sie sich mit der Hoffnung des Erfolges verbindet. Der Wille ist gar kein besonderes Vermögen des Geistes, sondern liegt nur in dem Verhältnisse der herrschenden Vorstellungen zu anderen. Die Kraft der Entscheidung, der Charakter des Mannes wird vorzüglich davon abhängen, daß eine gewisse Masse von Vorstellungen sich dauernd im Bewußtsein hält, andere Vorstellungen abschwächt oder ihren Eintritt über die Schwelle des Bewußtseins nicht gestattet.

6) Die Bedeutung der Herbart'schen Philosophie liegt in ihrer Metaphysik und Psychologie. Die übrigen Sphären und Thätigkeiten des menschlichen Geistes, Recht, Moral, Staat, Kunst, Religion gehen ziemlich leer bei ihr aus, und wenn es auch hier nicht an treffenden Bemerkungen fehlt, so hängen sie doch nicht mit den spekulativen Prinzipien des Systemes zusammen. Herbart isolirt grundsatzmäßig die einzelnen philosophischen Wissenschaften, namentlich unterscheidet er aufs Strengste theoretische und praktische Philosophie. Er tadelt das Streben nach Einheit in der Philosophie, das zu den größten Irrthümern veranlaßt habe, denn logische, metaphysische und ästhetische Formen seien durchaus disparat. Die Ethik, ja die gesammte Aesthetik haben Gegenstände zu behandeln, worin eine unmittelbare Evidenz hervortritt, welche der Metaphysik ihrer ganzen Natur nach fremd ist, denn in dieser muß alles Wissen erst durch Beseitigung des Irrthums erworben werden. Die ästhetischen Urtheile, auf welchen die praktische Philosophie beruht, sind von der Realität irgend eines Gegenstandes unabhängig, so daß sie selbst mitten unter den stärksten metaphysischen Zweifeln mit unmittelbarer Gewißheit hervorleuchten. Die sittlichen Elemente, sagt Herbart, sind gefallende und mißfallende Willensverhältnisse. So gründet sich bei ihm die ganze praktische Philosophie auf ästhetische Urtheile. Das

ästhetische Urtheil ist ein unwillkürliches und unmittelbares Urtheil, welches das Prädikat der Vorzüglichkeit oder Verwerflichkeit ohne Beweis den Gegenständen beilegt. — Auf diesem Punkte ist die Differenz zwischen Herbart und Kant am Größten.

Im Ganzen kann man die Herbart'sche Philosophie bezeichnen als eine Fortbildung der Leibnitz'schen Monadologie, voll ausdauernden Scharfsinnes, aber ohne innere Fruchtbarkeit und Entwicklungsfähigkeit.

§. 43. Schelling.

Aus Fichte ist Schelling hervorgegangen. Wir können ohne weitere Einleitung zur Darstellung seiner Philosophie übergehen, da das Hervorgehen derselben aus der Fichte'schen einen Theil ihrer Entwicklungsgeschichte bildet, also innerhalb ihrer zur Sprache kommt.

Friedrich Wilhelm Joseph Schelling ist den 27. Januar 1775 zu Leonberg im Württembergischen geboren. Ungewöhnlich früh entwickelt bezog er schon im fünfzehnten Jahre das Tübinger theologische Seminar, wo er sich theils der Philologie und Mythologie, theils und besonders der Kant'schen Philosophie widmete. Mit Hölderlin und Hegel stand er während seiner Studienzeit in persönlicher Verbindung. Schelling ist sehr früh als Schriftsteller aufgetreten: zuerst 1792, um zu promoviren, mit einer Dissertation über das dritte Kapitel der Genesis, worin er der mosaischen Erzählung vom Sündenfalle eine interessante philosophische Deutung gibt. Im folgenden Jahre, 1793, erschien von ihm eine Abhandlung verwandten Inhalts über „Mythen und Philosopheme der ältesten Welt" in Paulus' Memorabilien. Ins letzte Jahr seines Tübinger Aufenthalts (1794—95) fallen die zwei philosophischen Schriften „über die Möglichkeit einer Form der Philosophie überhaupt" und „vom Ich als Prinzip der Philosophie oder vom Unbedingten im menschlichen Wissen." Nach Vollendung seiner Universitätsstudien begab sich Schelling als Erzieher der Barone von Riedesel nach Leipzig, bald darauf nach Jena, wo er Fichte's Schüler und Mitarbeiter wurde. Nach Fichte's Abgang von Jena trat er an dessen Stelle als Lehrer der Philosophie, und begann nun, von Fichte's Standpunkt sich entfernend, mehr und mehr seine eigenthümlichen Ansichten zu entwickeln. Er gab in Jena namentlich die Zeitschrift für spekulative Physik, so wie in Gemeinschaft mit Hegel das kritische Journal für Philosophie heraus. Im Jahre 1803 ging er als ordentlicher Professor der Philosophie nach Würzburg, 1807 als ordentliches Mitglied der neuerrichteten Akademie der Wissenschaften nach München über. Das Jahr darauf wurde er General=Sekretär der bildenden Künste, später nach Errichtung der Münchener Universität Professor an derselben. Seit Jakobi's Tode Präsident der Münchener Akademie, siedelte er sich 1841 nach Berlin über, wo er einige Male Vorlesungen, besonders über „Philosophie der Mythologie" und „der Offenbarung" gehalten hat. Schelling hat in den letzten Jahrzehnten nichts Größeres mehr herausgegeben; erst seit seinem am 20. August 1854 in Ragatz erfolgten Tode hat die Veröffentlichung seiner sämmtlichen Werke begonnen, die im Jahre 1861 beendigt ist. Zehn Bände enthalten die früher geschriebenen, zum Theil ungedruckt gebliebenen, Sachen, die vier letzten die Vorlesungen aus seiner letzten Zeit. Die Schelling'sche Philosophie ist kein geschlossenes, fertiges System, zu dem sich die einzelnen Schriften als Bruchtheile verhielten, sondern sie ist wesentlich, wie die platonische Philosophie, Entwicklungsgeschichte, eine Reihe von Bildungsstufen, die der Philosoph an sich selbst durchlebt hat.

Statt die einzelnen Wissenschaften vom Standpunkte seines Prinzips aus systematisch zu bearbeiten, hat Schelling immer wieder von Vorn angefangen, immer neue Begründungen, neue Standpunkte versucht, meist (wie Plato) unter Anknüpfung an frühere Philosopheme (Fichte, Spinoza, Neuplatonismus, Leibnitz, Jakob Böhm, Gnostizismus), die er der Reihe nach in sein System zu verweben gesucht hat. Eine Darstellung der Schelling'schen Philosophie hat sich hiernach zu richten und die einzelnen Perioden derselben, je nach der Aufeinanderfolge der einzelnen Schriftengruppen, gesondert vorzunehmen.

1. **Erste Periode: Schelling's Hervorgang aus Fichte.**

Schelling's Ausgangspunkt war Fichte, dem er sich in seinen frühesten Schriften entschieden anschloß. In seiner Schrift „über die Möglichkeit einer Form der Philosophie" zeigt er die Nothwendigkeit eines obersten Grundsatzes, den erst Fichte aufgestellt habe. In der andern Schrift „über das Ich" zeigt Schelling, wie der letzte Grund unseres Wissens nur im Ich liege und daher jede wahre Philosophie Idealismus sein müsse. Soll unser Wissen Realität haben, so muß es einen Punkt geben, in welchem Idealität und Realität, Denken und Sein identisch zusammenfallen, und wenn außer dem Wissen ein Höheres existirte, das für es selbst die Bedingung ausmachte, wenn es mithin nicht selbst das Höchste wäre, so würde es nicht absolut sein können. Fichte sah diese Schrift als Kommentar zu seiner Wissenschaftslehre an: doch finden sich in ihr schon Andeutungen des spätern Schelling'schen Standpunktes, namentlich darin, daß Schelling die Einheit alles Wissens, die Nothwendigkeit, daß aus den verschiedenen Wissenschaften am Ende Eins werden müsse, nachdrücklich betont. In den „Briefen über Dogmatismus und Kritizismus," 1795, polemisirt Schelling gegen diejenigen Kantianer, welche von dem kritisch-idealistischen Standpunkte des Meisters in den alten Dogmatismus wieder zurückfallen. Gleichfalls vom Fichte'schen Standpunkte aus gab Schelling 1797—98 im Niethammer-Fichte'schen Journal in einer Reihe von Artikeln eine allgemeine Uebersicht der neuesten philosophischen Literatur. Doch beginnt er hier bereits auf die philosophische Deduktion der Natur sein Augenmerk zu richten, wenn er auch darin noch ganz Fichtianer ist, daß er die Natur durchaus aus dem Wesen des Ich deduziren will. In den kurz darauf verfaßten „Ideen zu einer Philosophie der Natur" 1797, und der Schrift „von der Weltseele" 1798, hat er sofort diese seine naturphilosophischen Anschauungen näher ausgeführt. Seine Hauptgedanken, wie er sie in den zuletztgenannten drei Schriften niedergelegt hat, sind folgende. Der erste Ursprung des Begriffes der Materie stammt aus der Natur der Anschauung des menschlichen Geistes. Das Gemüth nämlich ist die Einheit einer unbeschränkten und beschränkenden Kraft. Die Schrankenlosigkeit würde das Bewußtsein ebenso unmöglich machen als die absolute Beschränktheit. Nur indem die Kraft, die ins Unbeschränkte strebt, durch die entgegengesetzte beschränkt, die beschränkte selbst aber umgekehrt ihrer Schranken entbunden wird, ist Fühlen, Wahrnehmen, Erkennen denkbar. Nur der Antagonismus beider Kräfte, also nur ihre stets werdende, relative Einheit ist das wirkliche Gemüth. Ebenso ist es in der Natur. Die Materie als solche ist nicht das Erste, sondern die Kräfte, deren Einheit sie ausmacht. Sie ist nur als das stets werdende Produkt der Attraktion und Repulsion zu fassen, also nicht in träger Kraßheit, wie man sich wohl vorstellt, sondern jene Kräfte sind das Ursprüngliche. Kraft aber ist im Materiellen gleichsam das Immaterielle. Kraft in der Natur ist das, was dem Geiste verglichen werden kann. Da mithin das Gemüth sich als derselbe Konflikt entgegengesetzter Kräfte darstellt, wie die Materie, so müssen sie selbst in einer höhern Identität vereinigt sein. Das Organ des Geistes aber für die Erfassung der Natur ist die Anschauung, welche den durch anziehende und zurückstoßende Kräfte begrenzten und erfüllten Raum als Objekt der äußern Sinne in Besitz nimmt. So mußte Schelling die Folgerung machen, daß dasselbe Absolute in der Natur wie im Geist erscheine, die Harmonie derselben nicht ein bloß auf sie bezogener Gedanke sei. „Oder wenn Ihr behauptet, daß wir eine solche Idee auf die Natur mir übertragen, so ist nie eine Ahnung von dem, was uns Natur ist und sein soll, in Eure Seele gekommen. Denn wir wollen nicht, daß die Natur mit den Gesetzen unsers Geistes zufällig (etwa durch Vermittlung eines Dritten) zusammentreffe, sondern daß sie selbst nothwendig und ursprünglich die Gesetze unsers Geistes — nicht nur ausdrücke, sondern selbst realisire, und daß sie nur insofern Natur sei und Natur heiße, als sie dieß thäte." „Die Natur soll der sichtbare Geist, der Geist die unsichtbare Natur sein. Hier also, in der absoluten Identität des Geistes in uns und der Natur außer uns, muß sich das Problem, wie eine Natur außer uns möglich sei, auflösen." Dieser Gedanke, daß die Natur, die Materie, ebenso die aktuose Einheit der Attraktiv- und Repulsivkraft sei, wie das Gemüth die Einheit einer unbeschränkten und beschränkenden Tendenz; daß der positiven unbeschränkten Thätigkeit des Geistes in der Materie die Repulsionskraft, der negativen, beschränkenden, die Attraktivkraft entspreche — diese idealistische Deduktion der Materie aus dem Wesen des Ich herrscht in den naturphilosophischen Schriften dieser Periode vor. Die Natur erscheint so als Doppelbild des Geistes, das der Geist selbst produzirt, um durch die Vermittlung desselben zur reinen Selbstanschauung, zum Selbstbewußtsein zurückzukehren. Daher die Stufenfolge in der Natur, in welcher alle Stationen des Geistes auf seinem Wege zum Selbstbewußtsein äußerlich fixirt sind. Hauptsächlich ist es das Organische, worin der Geist sein Sichselbsthervorbringen anschaut. Deßwegen ist in allem Organischen etwas Symbolisches, jede Pflanze ist der verschlungene Zug der Seele. Die Grundeigenschaften der organischen Bildung, das Sichselbstbilden von Innen heraus, Zweckmäßigkeit, Wechsel der Durchdringung von Form und Materie, sind ebenso viele Grundzüge des Geistes. Da nun in unserem Geiste ein unendliches Bestreben ist, sich zu organisiren, so muß auch in der äußern Welt eine allgemeine Tendenz zur Organisation sich offenbaren. Das ganze Weltsystem ist daher eine Art von Organisation, die sich von einem Centrum aus gebildet hat und von den niedrigeren zu immer höheren Stufen aufsteigt. Von diesem Gesichtspunkte aus muß es das Hauptbestreben des Naturphilosophen sein, das von den Physikern in eine Unzahl verschiedener Kräfte auseinandergerissene Naturleben zur Einheit zusammenzuschauen. „Es ist eine unnöthige Mühe, die sich Viele gegeben haben, zu beweisen, wie ganz verschieden Feuer und Elektrizität wirken. Das weiß Jeder, der einmal etwas von Beiden gesehen oder gehört hat. Aber unser Geist strebt nach Einheit im System seiner Erkenntnisse, er erträgt es nicht, daß man ihm für jede einzelne Erscheinung ein besonderes Prinzip aufdringe, und er glaubt nur da Natur zu sehen, wo er in der größten Mannigfaltigkeit der Erscheinungen die größte Einfachheit der Gesetze, und in der höchsten Verschwendung der Wirkungen zugleich die höchste Sparsamkeit der Mittel entdeckt. Also verdient auch jeder, selbst der für jetzt rohe und unbearbeitete

Gedanke, sobald er auf Vereinfachung der Prinzipien geht, Aufmerksamkeit, und wenn er zu Nichts dient, so dient er wenigstens zum Antriebe, selbst nachzuforschen und dem verborgenen Gange der Natur nachzuspüren." Die wissenschaftliche Naturforschung jener Zeit hatte besonders die Tendenz, eine Zweiheit von Kräften als das Beherrschende des Naturlebens aufzustellen. In der Mechanik galt die Kant'sche Theorie des Gegensatzes von Attraktion und Repulsion; in der Chemie war durch die abstraktere Fassung der Elektrizität als positiver und negativer das Phänomen derselben dem des Magnetismus angenähert; in der Physiologie trat der Gegensatz der Irritabilität und Sensibilität auf u. s. f. Im Gegensatze gegen diese Dualitäten nun drang Schelling auf die Einheit alles Entgegengesetzten, auf die Einheit aller Dualitäten; nicht auf eine abstrakte Einheit, sondern auf die konkrete Identität, das harmonische Zusammenwirken des Heterogenen. Die Welt ist die aktuose Einheit eines positiven und eines negativen Prinzips, „und diese beiden streitenden Kräfte zusammengefaßt oder im Konflikt vorgestellt, führen auf die Idee eines organisirenden, die Welt zum System bildenden Prinzips, einer Weltseele."

In seiner (oben angeführten) Schrift über die „Weltseele" machte Schelling den großen Fortschritt, die Natur ganz autonomisch zu fassen. In der Weltseele hat die Natur ein eigenes, ihr inwohnendes, begriffsmäßig wirkendes Prinzip. Damit war die Objektivität, das selbstständige Leben der Natur in einer Weise anerkannt, wie der konsequente Idealismus Fichte's es nicht mehr erlaubte. Schelling ging auf diesem Wege weiter und unterschied sofort mit bestimmtem Bewußtsein als die zwei Seiten der Philosophie die Naturphilosophie und eine Transcendental=Philosophie. Dem Idealismus noch eine Naturphilosophie zur Seite stellend, ging Schelling entschieden über den Standpunkt der Wissenschaftslehre hinaus. Wir treten hiemit, obwohl Schelling's Methode noch fortwährend die Fichte'sche blieb, und er fortwährend im Geiste der Wissenschaftslehre zu philosophiren glaubte, in ein zweites Stadium des Schelling'schen Philosophirens ein.

2. Zweite Periode: Standpunkt der Unterscheidung der Natur= und Geistesphilosophie.

Schelling hat diesen Standpunkt hauptsächlich in folgenden Schriften ausgeführt: „Erster Entwurf eines Systems der Naturphilosophie" 1799; Einleitung hiezu 1799; Abhandlungen in der „Zeitschrift für spekulative Physik" 2 Bände 1800—1801; „System des transscendentalen Idealismus" 1800. Beide Seiten der Philosophie unterscheidet Schelling so. Alles Wissen beruht auf der Uebereinstimmung eines Subjekts mit einem Objekt. Der Inbegriff des bloß Objektiven ist Natur, der Inbegriff des bloß Subjektiven ist das Ich oder die Intelligenz. Um beide Seiten zu vereinigen, sind zwei Wege möglich: entweder man macht die Natur zum Ersten, und fragt, wie kommt zu ihr das Intelligente hinzu, d. h. man sucht sie in reine Bestimmungen des Gedankens aufzulösen — Naturphilosophie; oder man macht das Subjekt zum Ersten und fragt, wie gehen die Objekte aus dem Subjekt hervor — Transscendental=Philosophie. Alle Philosophie muß darauf ausgehen, entweder aus der Natur eine Intelligenz, oder aus der Intelligenz eine Natur zu machen. Wie die Transcendental=Philosophie das Reelle dem Ideellen unterzuordnen hat, so muß die Naturphilosophie das Ideelle aus dem Reellen zu erklären versuchen. Beide aber sind nur die zwei Pole eines und desselben Wissens, welche sich gegenseitig suchen, daher muß man auch, wenn man von dem einen Pole ausgeht, nothwendig auf den andern kommen.

a) **Naturphilosophie.** Ueber die Natur philosophiren heißt so viel als die Natur schaffen, sie aus dem todten Mechanismus, worin sie befangen erscheint, herausheben, sie mit Freiheit gleichsam beleben und in eigene freie Entwicklung versetzen. Und was ist denn die Materie anders als der erloschene Geist? Nach dieser Ansicht, da die Natur nur der sichtbare Organismus unseres Verstandes ist, kann die Natur nichts Anderes, als das Regel- und Zweckmäßige produziren. Ihr zerstört aber alle Idee von Natur von Grund aus, sobald Ihr die Zweckmäßigkeit von Außen durch einen Uebergang aus dem Verstande irgend eines Wesens in sie kommen laßt. Die vollkommene Darstellung der Intellektualwelt in den Gesetzen und Formen der erscheinenden Welt, und hinwiederum vollkommenes Begreifen dieser Gesetze und Formen aus der Intellektualwelt, also die Darstellung der Identität der Natur mit der Idealwelt, ist durch die Naturphilosophie zu leisten. Ihr Ausgangspunkt ist zwar die unmittelbare Erfahrung; wir wissen ursprünglich überhaupt Nichts, als durch Erfahrung, sobald ich aber die Einsicht in die innere Nothwendigkeit eines Erfahrungssatzes erlange, wird er ein Satz a priori. Der Empirismus zur Unbedingtheit erweitert ist Naturphilosophie. — Ueber die leitenden Grundanschauungen der Naturphilosophie äußert sich Schelling folgendermaßen. Die Natur ist ein Schweben zwischen Produktivität und Produkt, beständig ebenso in bestimmte Gestaltungen und Produkte übergehend, als produktiv über dieselben hinausgehend. Dieses Schweben deutet auf eine Duplizität der Prinzipien, wodurch die Natur in beständiger Thätigkeit erhalten und verhindert wird, in ihrem Produkt sich zu erschöpfen. Allgemeine Dualität ist somit das Prinzip aller Naturerklärung, es ist erstes Prinzip einer philosophischen Naturlehre, in der ganzen Natur auf Polarität und Dualismus auszugehen. Andererseits ist letzter Endzweck aller Naturbetrachtung die Erkenntniß der absoluten Einheit, welche das Ganze umfaßt, und die sich in der Natur nur von ihrer einen Seite zu erkennen gibt. Die Natur ist gleichsam das Werkzeug der absoluten Einheit, wodurch dieselbe auf ewige Weise das im absoluten Verstande Vorgebildete zur Ausführung und Wirklichkeit bringt. In der Natur ist daher das ganze Absolute erkennbar, obgleich die erscheinende Natur nur in einer Stufenfolge darstellt, nur successiv und in endloser Entwicklung gebiert, was in der wahren Natur zumal und auf ewige Weise ist. Schelling handelt die Naturphilosophie in drei Abschnitten ab: 1) soll der Beweis geliefert werden, daß die Natur in ihren ursprünglichsten Produkten **organisch** ist; 2) sollen die Bedingungen einer **unorganischen** Natur deduzirt, und 3) soll die **Wechselbestimmung** der organischen und unorganischen Natur angegeben werden. 1) Die **organische Natur** deduzirt Schelling so. Absolut aufgefaßt ist die Natur nichts Anderes, als unendliche Thätigkeit, unendliche Produktivität. Würde diese für sich ungehindert sich äußern, so würde sie auf einmal mit unendlicher Geschwindigkeit ein absolutes Produkt hervorbringen, wodurch die empirische Natur nicht erklärt würde. Sollen wir diese erklären, soll es zu endlichen Produkten kommen, so müssen wir annehmen, daß die produktive Thätigkeit der Natur durch eine in der Natur selbst liegende entgegengesetzte Thätigkeit, die retardirende, gehemmt werde. So entsteht eine Reihe endlicher Produkte. Da aber die absolute Produktivität der Natur auf ein absolutes Produkt geht, so sind diese einzelnen Produkte nur Scheinprodukte, über deren jedes die Natur wieder hinausgeht, um der

Absolutheit ihrer innern Produktivität durch eine unendliche Reihe einzelner Produkte genug zu thun. In diesem ewigen Produziren endlicher Produkte zeigt sich die Natur als lebendiger Antagonismus zweier entgegengesetzter Kräfte, einer produktiven und einer retardirenden Tendenz. Und zwar wirkt die letztere in einer unendlichen Mannigfaltigkeit; der ursprüngliche Produktionstrieb der Natur hat nicht bloß mit einer einfachen Hemmung, sondern mit einer Unendlichkeit von Reaktionen zu kämpfen, welche man die ursprünglichen Qualitäten nennen kann. So ist also jedes organische Wesen der permanente Ausdruck des Konflikts der sich gegenseitig störenden und beschränkenden Natur=Aktionen. Und hieraus, nämlich aus der ursprünglichen Beschränktheit und unendlichen Hemmung des Bildungstriebes der Natur erklärt es sich auch, warum jede Organisation ins Unendliche fort nur sich selbst reproduzirt, statt zu einem absoluten Produkt zu gelangen. Eben hierauf beruht namentlich die Bedeutung, welche der Geschlechtsunterschied fürs Organische hat. Der Geschlechtsunterschied fixirt die organischen Natur= produkte, er zwingt sie, auf ihre eigene Entwicklungsstufe zurückzukehren, und immer nur diese wieder hervorzubringen. Bei dieser Hervorbringung ist es aber der Natur nicht um die Individuen, sondern um die Gattung zu thun. Der Natur ist das Individuelle zuwider; sie verlangt nach dem Absoluten, und ist kontinuirlich bestrebt, es darzustellen. Die individuellen Produkte also, bei welchen ihre Thätigkeit stille stände, könnten nur als mißlungene Versuche, das Absolute darzustellen, angesehen werden. Das Individuum muß also Mittel, die Gattung Zweck der Natur sein. Sobald die Gattung gesichert ist, verläßt die Natur die Individuen, und arbeitet an ihrer Zerstörung. — Die dynamische Stufenfolge der organischen Natur theilt Schelling nach den drei Grundfunktionen des Organischen ein: a) Bil= dungstrieb (Reproduktionskraft); b) Irritabilität; c) Sensibilität. Am höch= sten stehen diejenigen Organismen, in welchen die Sensibilität das Ueber= gewicht hat über die Irritabilität; niedriger diejenigen, in welchen die Irri= tabilität überwiegt; die Reproduktion endlich tritt erst da in ihrer ganzen Vollkommenheit hervor, wo Irritabilität und Sensibilität beinahe erloschen sind. Gleichwohl sind diese Kräfte in der ganzen Natur in einander verwo= ben, und es ist daher auch nur Eine Organisation, welche in der ganzen Natur vom Menschen bis zur Pflanze heruntersteigt. — Den Gegensatz gegen die organische Natur bildet 2) die unorganische. Dasein und Wesen der unorganischen Natur ist durch Dasein und Wesen der organischen be= dingt. Sind die Kräfte der organischen Natur produktiv, so sind diejenigen der unorganischen nicht produktiv. Ist in der organischen Natur nur die Gat= tung fixirt, so muß in der unorganischen gerade umgekehrt das Individuelle fixirt sein; es wird keine Reproduktion der Gattung durch das Individuum stattfinden. Es wird in ihr eine Mannigfaltigkeit von Materien sein, aber zwischen diesen Materien wird ein bloßes Neben= und Außereinander statt= finden. Kurz die unorganische Natur ist bloß Masse, die durch eine äußere Ursache, die Schwerkraft, zusammengehalten wird. Doch hat sie, wie die organische Natur, ihre Abstufungen. Was in der organischen Natur Bil= dungstrieb (Reproduktionskraft), ist in der unorganischen chemischer Prozeß (z. B. Verbrennungsprozeß); was dort die Irritabilität, ist hier die Elektri= zität; was dort die Sensibilität, die höchste Stufe des organischen Lebens, ist hier der allgemeine Magnetismus, die höchste Stufe des Unorganischen. Hiemit ist bereits 3) die Wechselbestimmung der organischen und unorganischen Welt angedeutet. Das Resultat, auf das jede ächte

Naturphilosophie führen muß, ist, daß der Unterschied zwischen organischer und unorganischer Natur nur in der Natur als Objekt ist, und daß die Natur als ursprünglich produktiv über beiden schwebt. Wenn die Funktionen des Organismus überhaupt nur unter der Bedingung einer bestimmten Außenwelt, einer unorganischen Welt, möglich sind, so müssen die organische Welt und die Außenwelt gemeinschaftlichen Ursprungs sein. Man kann dieß nicht anders erklären, als dadurch, daß die unorganische Natur zu ihrem Bestande eine höhere dynamische Ordnung der Dinge voraussetzt, welcher jene selbst unterworfen ist. Es muß ein Drittes geben, was organische und unorganische Natur wieder verbindet, ein Medium, das die Kontinuität zwischen beiden erhält. Es muß eine Identität der letzten Ursache angenommen werden, wodurch, als durch eine gemeinschaftliche Seele der Natur (Weltseele), organische und unorganische, d. h. die allgemeine Natur beseelt ist; ein gemeinschaftliches Prinzip, das, zwischen unorganischer und organischer Natur fluktuirend und die Kontinuität derselben unterhaltend, die erste Ursache aller Veränderungen in jener und den letzten Grund aller Thätigkeit in dieser enthält. Wir haben hier die Idee eines allgemeinen Organismus. Daß es eine und dieselbe Organisation ist, welche die organische und unorganische Welt zur Einheit verknüpft, hat sich uns oben im Parallelismus der Stufenreihen beider Welten gezeigt. Dasselbe, was in der allgemeinen Natur Ursache des Magnetismus ist, ist in der organischen Natur Ursache der Sensibilität, und es ist die letztere nur eine höhere Potenz des erstern. Wie durch die Sensibilität in die organische, so kommt durch den Magnetismus in die allgemeine Natur eine Duplizität aus der Identität. Auf diese Weise erscheint die organische Natur nur als die höhere Stufe der unorganischen; es ist ein und derselbe Dualismus, welcher von der magnet'schen Polarität an durch die elektrischen Erscheinungen und die chemischen Heterogenitäten hindurch auch in der organischen Natur zum Vorschein kommt.

b) Transscendentalphilosophie. Die Transscendentalphilosophie ist die inwendig gewordene Naturphilosophie. Der ganze Stufengang des Objekts, den wir im Bisherigen beschrieben haben, wird jetzt als eine successive Entwicklung des anschauenden Subjekts wiederholt. Es ist das Eigenthümliche des transscendentalen Idealismus, heißt es in der Vorrede, daß er, sobald er einmal zugestanden ist, in die Nothwendigkeit setzt, alles Wissen von Vorn gleichsam entstehen zu lassen; was schon längst für ausgemachte Wahrheit gegolten hat, aufs Neue unter die Prüfung zu nehmen; und gesetzt auch, daß es die Prüfung bestehe, wenigstens unter ganz neuer Form und Gestalt aus derselben hervorgehen zu lassen. Alle Theile der Philosophie müssen in Einer Kontinuität, und die gesammte Philosophie muß als das, was sie ist, nämlich als fortgehende Geschichte des Bewußtseins, für welche das in der Erfahrung Niedergelegte nur gleichsam als Denkmal und Dokument dient, vorgetragen werden. Die Darstellung dieses Zusammenhangs ist eigentlich eine Stufenfolge von Anschauungen, durch welche das Ich bis zum Bewußtsein in der höchsten Potenz sich erhebt. Den Parallelismus der Natur mit dem Intelligenten vollständig darzustellen, ist weder der Transscendental= noch der Naturphilosophie allein, sondern nur beiden Wissenschaften vereint möglich; jene ist als ein nothwendiges Gegenstück zu dieser zu betrachten. — Die Eintheilung der Transscendentalphilosophie ergibt sich aus ihrer Aufgabe, alles Wissen von Vorne entstehen zu lassen, und Alles, was uns als ausgemachte Wahrheit galt, alle Vorurtheile aufs Neue zu prüfen. Nun sind die Vorurtheile des gemeinen Verstandes hauptsächlich zwei: 1) Daß unabhängig von uns eine Welt von Dingen außer uns existire, und so vorgestellt werde, wie sie sei. Dieses Vorurtheil zu erklären, ist die Aufgabe des ersten Theils der Transscendentalphilosophie (theoretische Philosophie). 2) Daß wir nach Vorstellungen, die durch Freiheit in uns entstehen, auf die objektive Welt mit Willen einwirken können. Die Auflösung dieser Aufgabe ist die praktische Philosophie. Mit diesen beiden Problemen sehen wir uns jedoch 3) in einen Widerspruch verwickelt. Wie ist eine Herrschaft des Gedankens über die Sinnenwelt möglich, wenn die Vorstellung in ihrem Ursprunge schon nur die Sklavin des Objektiven ist? Und umgekehrt: wie ist eine Uebereinstimmung unseres Vorstellens mit den Dingen möglich, wenn unsere Vorstellungen es sind, nach denen die Dinge bestimmt werden sollen? Die Auflösung dieses Problems, des höchsten der Transscendentalphilosophie, ist die Beantwortung der Frage: wie können die Vorstellungen zugleich als sich richtend nach den Gegenständen, und die Gegenstände als sich richtend nach den Vorstellungen gedacht werden? Dieß ist nur denkbar, wenn die Thätigkeit, durch welche die objektive Welt produzirt ist, ursprünglich identisch ist mit der, welche im Wollen sich äußert, also nur dann, wenn dieselbe Thätigkeit, welche im Willen mit Bewußtsein produktiv ist, im Produziren der Welt ohne Bewußtsein produktiv ist. Diese Identität der bewußten und bewußtlosen Thätigkeit nachzuweisen, ist die Aufgabe des dritten Theils der Transscendentalphilosophie, oder der Wissenschaft der Naturzwecke und der Kunst. Die drei Theile der Transscendentalphilosophie entsprechen somit ganz den drei Kant'schen Kritiken. 1) Die theoretische Philosophie geht aus vom höchsten Prinzip des Wissens, dem Selbstbewußtsein, und entwickelt von hier aus die Geschichte des Selbstbewußtseins nach ihren hauptsächlichsten Epochen und Stationen, nämlich: Empfinden — Anschauung — produktive Anschauung (welche die Materie hervorbringt) — äußere und innere Anschauung (woraus sodann Raum und Zeit, ferner die Kant'schen Kategorieen abgeleitet werden) — Abstraktion (wodurch sich die Intelligenz von ihren Produkten unterscheidet) — absolute Abstraktion oder absoluter Willensakt. Mit dem absoluten Willensakt eröffnet sich 2) das Gebiet der praktischen Philosophie. Das Ich ist in der praktischen Philosophie nicht mehr anschauend, d. h. bewußtlos, sondern mit Bewußtsein produzirend, d. h. realisirend. Wie aus dem ursprünglichen Akt des Selbstbewußtseins eine ganze Natur sich entwickelte, ebenso wird aus dem zweiten oder dem der freien Selbstbestimmung eine zweite Natur hervorgehen, welche abzuleiten der Gegenstand der praktischen Philosophie ist. Schelling folgt in der Darstellung derselben fast durchaus der Fichte'schen Lehre, schließt jedoch diesen Abschnitt mit bemerkenswerthen Aeußerungen über die Philosophie der Geschichte, welche einen Fortschritt über Fichte hinaus darstellen. Die moralische Weltordnung genügt nicht, um dem freien Handeln der Intelligenz seinen Erfolg zu sichern. Denn sie ist nur Produkt der Handelnden selbst, sie ist nicht da, wenn das Handeln der vielen Ichs dem moralischen Gesetz zuwider ist. Nicht etwas Subjektives, wie die moralische Weltordnung, noch auch die bloße Gesetzmäßigkeit der objektiven Natur kann es sein, was den Erfolg des freien Handelns sichert, was bewirkt, daß aus dem völlig gesetzlosen Spiel der Freiheit der Einzelnen am Ende doch ein objektives, vernünftiges und zusammenstimmendes Resultat herauskommt für die ganze Gattung freier Wesen. Ein über dem Subjekt und dem Objekt stehendes Höheres muß die unsichtbare Wurzel dieser für das Handeln nothwendigen Harmonie zwischen beiden sein; dieses Höhere ist das Absolute, das weder Subjekt noch Objekt, sondern die gemeinschaftliche Wurzel und die zusammenhaltende Identität beider ist. Das freie Handeln der Gattung vernünftiger Wesen, wie es sich auf dem Grunde der durch das Absolute ewig bewirkten Harmonie des subjektiven und objektiven Seins gestaltet, ist die Geschichte. Die Geschichte ist somit nichts Anderes, als die sich immer vollkommener realisirende Harmonie des Subjektiven und Objektiven, die allmälige Offenbarung und Enthüllung des Absoluten. Diese Offenbarung hat drei Perioden. Die erste ist die, in welcher das Beherrschende nur erst als Schicksal sich offenbart, als blinde Macht, welche die Freiheit niederhält und darum kalt und bewußtlos auch das Größte und Herrlichste zerstört; die tragische Periode der Geschichte, die Zeit des Glanzes, aber auch des Untergangs der Wunder der alten Welt und ihrer Reiche, der edelsten Menschheit, die je geblüht hat. Die zweite Periode der Geschichte ist die, in welcher jene blinde Macht als Natur sich offenbart und das dunkle Gesetz der Nothwendigkeit in ein offenes Naturgesetz verwandelt erscheint, das die Freiheit und die ungezügeltste Willkür zwingt, einem Naturplan allgemeiner, endlich zum Völkerbund, zum Universalstaat hinführender Kultur zu dienen. Diese Periode scheint von der Ausbreitung der großen römischen Republik zu beginnen. Die dritte Periode wird die sein, wo das, was in den früheren als Schicksal und als Natur erschien, sich als Vorsehung entwickeln, und auch das Walten des „Schicksals" und der „Natur" als Anfang einer nur erst unvollkommen sich offenbarenden Vorsehung sich darstellen wird. Wann diese Periode beginnen wird, wissen wir nicht zu sagen. Aber wenn diese Periode sein wird, dann wird auch Gott sein. 3) **Philosophie der Kunst.** Das Problem der Transcendentalphilosophie ist die Uebereinstimmung des Objektiven und Subjektiven. Auch in der Geschichte, womit die praktische Philosophie geschlossen hatte, war diese Identität nicht hergestellt worden, oder nur als unendlicher Progreß. Nun muß aber das Ich diese Identität, die sein innerstes Wesen ausmacht, auch wirklich anzuschauen bekommen. Wenn nun alle bewußte Thätigkeit zweckmäßig ist, so kann ein Zusammentreffen der bewußten und bewußtlosen Thätigkeit nur in einem solchen Produkt sich nachweisen lassen, das zweckmäßig ist, ohne zweckmäßig hervorgebracht zu sein. Ein solches Produkt ist die Natur: wir haben hier das Prinzip aller Teleologie, in welcher allein die Auflösung des gegebenen Problems gesucht werden kann. Das Eigenthümliche der Natur beruht eben darauf, daß sie, obgleich selbst nichts als blinder Mechanismus, doch zweckmäßig ist, daß sie eine Identität der bewußten subjektiven und der bewußten objektiven Thätigkeit darstellt: in ihr schaut das Ich sein eigenstes, nur in dieser Identität bestehendes Wesen an. Aber in der Natur schaut das Ich diese Identität noch als eine objektive, nur außer ihm seiende an; es muß sie auch noch als eine solche anzuschauen bekommen, deren Prinzip im Ich selber liegt. Diese Anschauung ist die Kunstanschauung. Wie die Naturproduktion eine bewußtlose ist, die einer bewußten gleicht, so ist die ästhetische Produktion des Künstlers eine bewußte Produktion, die einer bewußtlosen gleicht. Zur Teleologie kommt also noch die Aesthetik hinzu. Jener Widerspruch zwischen dem Bewußten und Bewußtlosen, der in der Geschichte sich ruhelos fortbewegt, der in der Natur bewußtlos gelöst ist, findet also im Kunstwerke seine bewußte Lösung. Im Kunstwerke gelangt die Intelligenz zur vollkommenen Selbstanschauung. Das Gefühl, das diese Anschauung begleitet, ist das Gefühl einer unendlichen Befriedigung; alle Widersprüche sind aufgehoben, alle Räthsel gelöst. Das Unbekannte, was die objektive und die bewußte Thätigkeit in unerwartete Harmonie setzt, ist nichts Anderes, als jenes Absolute, unveränderlich Identische, auf welches alles Dasein aufgetragen ist. In den Künstlern hat es seine Hülle, mit der es sich in Anderen umgibt, abgelegt und treibt jene unwillkürlich zur Vollbringung ihrer Werke. So ist die Kunst die einzige und ewige Offenbarung, die es gibt, und das Wunder, das uns von der absoluten Realität jenes Höchsten überzeugen muß, welches nie selbst objektiv wird, aber Ursache alles Objektiven ist. Daher steht auch die Kunst höher, als die Philosophie, denn nur in ihr hat die intellektuelle Anschauung Objektivität. Die Kunst ist ebendeßwegen dem Philosophen das Höchste, weil sie ihm das Allerheiligste gleichsam öffnet, wo in ewiger und ursprünglicher Vereinigung gleichsam in Einer Flamme brennt, was in der Natur und Geschichte gesondert ist, und was im Leben und Handeln ebenso wie im Denken ewig sich fliehen muß. Es läßt sich daraus auch einsehen, daß und warum Philosophie als Philosophie nie allgemeingiltig werden kann. Das Eine, welchem die absolute Objektivität gegeben ist, ist die Kunst, durch welche die mit Bewußtsein produktive Natur sich in sich selbst schließt und vollendet.

Der "transscendentale Idealismus" ist Schelling's letzte Schrift, die er in Fichte's Methode geschrieben hat. Im Prinzip geht er mit ihr über Fichte's Standpunkt entschieden hinaus. Was bei Fichte unbegreifliche Schranke des Ich gewesen war, leitet jetzt Schelling als nothwendige Duplizität aus dem einfachen Wesen des Ich ab. Wenn Fichte die Vereinigung des Subjekts und Objekts nur als unendlichen Progreß des Sollens angeschaut hatte, so schaut sie Schelling im Kunstwerke als vollendet gegenwärtig an. Der Gott, den Fichte nur als Gegenstand eines moralischen Glaubens gefaßt hatte, ist für Schelling unmittelbarer Gegenstand der ästhetischen Anschauung. Diese seine Differenz von Fichte konnte Schelling nicht lange verborgen bleiben. Er mußte sich bewußt werden, daß er bereits nicht mehr auf dem Boden des subjektiven Idealismus stehe, sondern denjenigen des objektiven Idealismus betreten habe. War er daher schon mit der Entgegensetzung von Naturphilosophie und Transscendentalphilosophie über Fichte hinausgegangen, so war es nur konsequent, wenn er jetzt noch einen Schritt weiter ging und sich auf den Indifferenzpunkt von Beiden stellte, die Identität des Idealen und Realen, des Denkens und Seins, zu seinem Prinzip machte. Dasselbe Prinzip hatte vor ihm schon Spinoza gehabt: zu diesem Philosophen der Identität fühlte er sich daher jetzt vorzugsweise hingezogen; namentlich bediente er sich nunmehr statt der Fichte'schen Methode der mathematischen Spinoza's, der er die größte Evidenz der Beweise zuschrieb.

3. **Dritte Periode: Periode des Spinozismus oder der Indifferenz des Idealen und Realen.**

Die Hauptschriften dieser Periode sind: "Darstellung meines Systems der Philosophie" (Zeitschrift für spekulative Physik II. 2); zweite mit Zusätzen bereicherte Ausgabe der "Ideen zu einer Philosophie der Natur" 1803; das Gespräch "Bruno oder über das göttliche und natürliche Prinzip der Dinge" 1802; "Vorlesungen über die Methode des akademischen Studiums" 1803; "Neue Zeitschrift für spekulative Physik" 1802–3, drei Hefte. — Der neue Standpunkt Schelling's, auf den wir übertreten, charak-

terisirt sich vollkommen in seiner Definition der Vernunft, die er an die
Spitze der erstgenannten Abhandlung gestellt hat: ich nenne Vernunft die
absolute Vernunft, oder die Vernunft, insofern sie als totale Indifferenz
des Subjektiven und Objektiven gedacht wird. Das Denken der
Vernunft ist Jedem anzumuthen; um sie als absolut zu denken, um also auf
den Standpunkt zu gelangen, welchen ich fordere, muß vom denkenden Sub=
jekt abstrahirt werden. Dem, welcher diese Abstraktion macht, hört die Ver=
nunft unmittelbar auf, etwas Subjektives zu sein, wie sie von den Meisten
vorgestellt wird; sie kann selbst nicht mehr als etwas Objektives gedacht wer=
den, da ein Objektives oder Gedachtes nur im Gegensatze gegen ein Denkendes
möglich wird. Sie wird also durch jene Abstraktion zum wahren An=Sich,
welches eben in den Indifferenzpunkt des Subjektiven und Objektiven fällt.
Der Standpunkt der Philosophie ist der Standpunkt der Vernunft; ihre
Erkenntniß ist eine Erkenntniß der Dinge, wie sie an sich, d. h. wie sie in
der Vernunft sind. Es ist die Natur der Philosophie, alles Nacheinander
und Außereinander, überhaupt allen Unterschied, welchen die Einbildungs=
kraft in das Denken einmischt, völlig aufzuheben und in den Dingen nur
das zu sehen, wodurch sie die absolute Vernunft ausdrücken, nicht aber,
insofern sie Gegenstände für die bloß an den Gesetzen des Mechanismus und
in der Zeit fortlaufende Reflexion sind. Außer der Vernunft ist Nichts und
in ihr ist Alles. Die Vernunft ist das Absolute. Alle Einwendungen gegen
diesen Satz können nur daher rühren, daß man die Dinge nicht so, wie sie
in der Vernunft sind, sondern so, wie sie erscheinen, zu sehen gewohnt ist.
Alles, was ist, ist der Vernunft dem Wesen nach gleich und mit ihr Eins.
Nicht die Vernunft setzt Etwas außer sich, sondern nur der falsche Vernunft=
gebrauch, welcher mit dem Unvermögen verknüpft ist, das Subjektive in sich
selbst zu vergessen. Die Vernunft ist schlechthin Eine und sich selbst
gleich. Das höchste Gesetz für das Sein der Vernunft und, da außer der
Vernunft Nichts ist, für alles Sein, ist das Gesetz der Identität. — Zwi=
schen Subjekt und Objekt kann daher, da es eine und dieselbe absolute
Identität ist, die sich in beiden darstellt, kein qualitativer Gegensatz, sondern
nur eine quantitative Differenz (ein Unterschied des Mehr oder Weniger)
stattfinden, so daß nichts entweder bloß Objekt oder bloß Subjekt ist, son=
dern daß in allen Dingen Subjekt und Objekt vereinigt sind, nur in ver=
schiedenen Mischungen und so, daß bald das Eine, bald das Andere über=
wiegt. Indem aber das Absolute reine Identität von Subjekt und Objekt
ist, so fällt die quantitative Differenz außerhalb der Identität, das heißt
in das Endliche. Wie die Grundform des Unendlichen $A = A$ ist, so ist das
Schema des Endlichen $A = B$ (d. h. Verbindungen eines Subjektiven mit
einem differenten Objektiven in verschiedener Mischung). Aber an sich ist
Nichts endlich, weil das einzige Ansich die Identität ist. Sofern in den
einzelnen Dingen Differenz ist, existirt die Identität in der Form der In=
differenz. Könnten wir Alles, was ist, zusammenschauen, so würden wir in
Allem ein vollkommenes quantitatives Gleichgewicht von Subjektivität und
Objektivität, also die reine Identität gewahr werden. In Ansehung der
einzelnen Dinge fällt freilich das Uebergewicht bald auf die eine, bald auf
die andere Seite, aber im Ganzen kompensirt sich dieß wieder. Die abso=
lute Identität ist absolute Totalität, das Universum selbst. Es gibt kein
einzelnes Sein oder einzelnes Ding an sich. Es ist auch Nichts an sich
außerhalb der Totalität; und wenn Etwas außerhalb der Totalität erblickt
wird, so geschieht es nur vermöge einer willkürlichen Trennung des Ein=

zelnen vom Ganzen, welche durch die Reflexion ausgeübt wird und die Quelle aller Irrthümer ist. Die absolute Identität ist, dem Wesen nach, in jedem Theile des Universums dieselbe. Daher ist das Universum unter dem Bilde einer Linie zu denken, in deren Mittelpunkt das $A = A$, an deren Enden auf der einen Seite $\overset{+}{A} = B$, d. h. ein Uebergreifen des Subjektiven, auf der andern Seite $A = \overset{+}{B}$, d. h. ein Uebergreifen des Objektiven fällt, doch so, daß auch in diesen Extremen relative Identität stattfindet. Die eine Seite ist das Reale oder die Natur, die andere das Ideale. Die reale Seite entwickelt sich nach drei Potenzen (Potenz bezeichnet eine bestimmte quantitative Differenz der Subjektivität und Objektivität). 1) Die erste Potenz ist die Materie und die Schwerkraft — das größte Ueberwiegen des Objekts. 2) Die zweite Potenz ist das Licht (A^2), ein inneres — wie die Schwere ein äußeres — Anschauen der Natur. Das Licht ist ein höheres Regen des Subjektiven. Es ist die absolute Identität selbst. 3) Die dritte Potenz ist das gemeinsame Produkt des Lichts und der Schwerkraft, der Organismus (A^3). Der Organismus ist ebenso ursprünglich, als die Materie. Die unorganische Natur als solche existirt nicht: sie ist wirklich organisirt und zwar für die Organisation, gleichsam als das allgemeine Samenkorn, aus welchem diese hervorgeht. Die Organisation jedes Weltkörpers ist das herausgekehrte Innere dieses Weltkörpers selbst; die Erde selbst wird Thier und Pflanze. Das Organische hat sich nicht aus dem Unorganischen gebildet, sondern ist von Anbeginn wenigstens potenziell darin gegenwärtig gewesen. Die jetzt vor uns liegende unorganisch scheinende Materie ist das Residuum der organischen Metamorphose, was nicht organisch werden konnte. Das Gehirn des Menschen ist die höchste Blüthe der ganzen organischen Metamorphose der Erde. Aus dem Bisherigen, fügt Schelling hinzu, muß man ersehen, daß wir eine innere Identität aller Dinge und eine potenzielle Gegenwart von Allem in Allem behaupten, und also selbst die sogenannte todte Materie nur als eine schlafende Thier= und Pflanzenwelt betrachten, welche durch das Sein der absoluten Identität belebt in irgend einer Periode auferstehen könnte. — Auf diesem Punkte angekommen bricht Schelling ab, ohne die drei den Potenzen der reellen Reihe entsprechenden Potenzen der idealen Reihe näher zu entwickeln. Anderwärts holt er dieß nach, indem er folgende drei Potenzen der idealen Reihe aufstellt: 1) Das Wissen, die Potenz der Reflexion; 2) das Handeln, die Potenz der Subsumtion; 3) die Einheit der Reflexion und Subsumtion, die Vernunft. Diese drei Potenzen stellen sich dar: 1) als das Wahre, die Hineinbildung des Stoffes in die Form; 2) als das Gute, die Hineinbildung der Form in den Stoff; 3) als das Schöne oder das Kunstwerk, die absolute Ineinsbildung von Form und Stoff.

Für die Erkenntniß der absoluten Identität sucht sich Schelling auch eine neue Methode zu schaffen. Weder die analytische noch die synthetische Methode schien ihm dazu tauglich, da beide nur ein endliches Erkennen sind. Auch von der mathematischen kam er allmälig ab. Die logischen Formen der gewöhnlichen Erkenntnißweise überhaupt, ja selbst die gewöhnlichen metaphysischen Kategorieen kamen ihm jetzt unzureichend vor. Als Ausgangspunkt des wahren Erkennens setzte Schelling die intellektuelle Anschauung. Anschauung überhaupt ist ein Gleichsetzen von Denken und Sein. Wenn ich ein Objekt anschaue, so ist für mich das Sein des Objekts und mein Denken des Objekts schlechthin dasselbe. Aber in der gewöhnlichen Anschauung wird irgend ein besonderes sinnliches Sein mit dem Denken als Eins gesetzt. In der intellektuellen oder Vernunftanschauung dagegen wird das Sein überhaupt und alles Sein in Identität gesetzt mit dem Denken, das absolute Subjekt=Objekt angeschaut. Die intellektuelle Anschauung ist absolutes Erkennen, und als absolutes Erkennen kann nur ein solches gedacht werden, in welchem Denken und Sein sich nicht entgegengesetzt sind. Dieselbe Indifferenz des Idealen und Realen, die Du im Raume und in der Zeit aus Dir gleichsam projizirt anschaust, in Dir selbst unmittelbar intellektuell anzuschauen, ist der Anfang und der erste Schritt zur Philosophie. Diese schlechthin absolute Erkenntnißart ist ganz und gar im Absoluten selbst. Daß sie nicht gelehrt werden kann, ist klar. Es ist auch nicht abzusehen, warum die Philosophie zu besonderer Rücksicht auf das Unvermögen verpflichtet sei. Es ziemt sich vielmehr, den Zugang zur Philosophie nach allen Seiten hin von dem gemeinen Wissen so zu isoliren, daß kein Weg oder Fußsteig von ihm aus zu ihr führen kann. Die absolute Erkenntnißart, wie die Wahrheit, welche in ihr ist, hat keinen wahren Gegensatz außer sich, und läßt sie sich auch keinem intelligenten Wesen andemonstriren, so kann ihr dagegen auch von keinem etwas entgegengesetzt werden. — Die intellektuelle Anschauung hat Schelling sofort in eine Methode zu bringen gesucht und diese Methode Konstruktion genannt. Die Möglichkeit und Nothwendigkeit der konstruirenden Methode gründet sich darauf, daß das Absolute in Allem und Alles das Absolute ist. Die Konstruktion ist nichts Anderes, als die Nachweisung, wie in jedem besondern Verhältnisse oder Gegenstande das Ganze absolut ausgedrückt ist. Einen Gegenstand philosophisch konstruiren heißt nachweisen, wie in demselben die ganze innere Struktur des Absoluten sich wiederholt.

Eine encyklopädische Bearbeitung sämmtlicher philosophischen Disziplinen hat Schelling vom angegebenen Standpunkte der Identität oder Indifferenz aus versucht in seinen „Vorlesungen über die Methode des akademischen Studiums" (zuerst gehalten 1802, erschienen 1803). Sie geben unter der Form einer kritischen Musterung des Universitäts=Studiums eine gegliederte, übersichtliche und populär gehaltene Darstellung seiner Philosophie. Am bemerkenswerthesten ist darin Schelling's Versuch einer historischen Konstruktion des Christenthums. Die Menschwerdung Gottes ist eine Menschwerdung von Ewigkeit. Der ewige, aus dem Wesen des Vaters aller Dinge geborene Sohn Gottes ist das Endliche selbst, wie es in der ewigen Anschauung Gottes ist. Christus ist nur der geschichtliche, erscheinende Gipfel der Menschwerdung; als Individuum ist er eine aus den damaligen Zeitumständen völlig begreifliche Person. Da Gott ewig außer aller Zeit ist, so ist undenkbar, daß er in einem bestimmten Moment der Zeit menschliche Natur angenommen habe. Die zeitliche Form des Christenthums, das exoterische Christenthum, entspricht seiner Idee nicht und hat seine Vollendung erst zu hoffen. Ein Haupthinderniß der Vollendung des Christenthums war und ist die sogenannte Bibel, die ohnehin an ächt religiösem Gehalte anderen Religionsschriften weit nachsteht. Eine Wiedergeburt des esoterischen Christenthums, oder eine neuere höhere Religionsform, in der Philosophie, Religion und Poesie sich zur Einheit verschmelzen, muß die Zukunft bringen. — Die letztere Aeußerung enthält bereits eine Andeutung der „Offenbarungs=Philosophie" und des in ihr angekündigten Johanneischen Zeitalters. Auch an anderen Anklängen an diesen spätern Standpunkt fehlt es in unserer

Schrift nicht. So stellt Schelling an die Spitze der Geschichte eine Art goldenen Zeitalters. Es ist undenkbar, sagt er, daß der Mensch, wie er jetzt erscheint, durch sich selbst sich vom Instinkt zum Bewußtsein, von der Thierheit zur Vernünftigkeit erhoben habe. Es muß also dem gegenwärtigen Menschengeschlechte ein anderes vorangegangen sein, welches die alte Sage unter dem Bilde der Götter und Heroen verewigt hat. Der erste Ursprung der Religion und Kultur ist allein aus dem Unterrichte höherer Naturen begreiflich. Ich halte den Zustand der Kultur durchaus für den ersten des Menschengeschlechts, und die erste Gründung der Staaten, der Wissenschaften, der Religion und der Künste für gleichzeitig oder vielmehr für eins: so daß dieß Alles nicht wahrhaft gesondert, sondern in der vollkommensten Durchdringung war, wie es einst in der letzten Vollendung wieder sein wird. Es ist nur konsequent, wenn Schelling von hier aus die Symbole der Mythologie, die wir als das geschichtlich Erste antreffen, als Enthüllungen des höchsten Wissens auffaßt, — gleichfalls ein Schritt zur spätern „Philosophie der Mythologie".

Das mystische Element, das sich in dieser Geschichtsanschauung Schelling's äußert, nahm von jetzt an mehr und mehr bei ihm überhand. Einestheils hing diese mystische Wendung zusammen mit seinem vergeblichen Suchen nach einer angemessenen Form, nach einer absoluten Methode, in welcher er seine philosophischen Anschauungen genügend hätte ausdrücken können. Aller edlere Mystizismus beruht auf der Unfähigkeit, einen unendlichen Inhalt adäquat in der Form des Begriffs auszudrücken. So gab Schelling, nachdem er sich in allen Methoden ruhelos umhergeworfen, auch die konstruirende Methode bald wieder auf und überließ sich ganz dem schrankenlosen Laufe seiner Phantasie. Anderntheils war allmälig auch mit seinem philosophischen Standpunkte eine Wandelung vorgegangen. Aus der spekulativen Naturwissenschaft kam er mehr und mehr in die Philosophie des Geistes hinüber, und damit änderte sich auch seine Begriffsbestimmung des Absoluten. Hatte er vorher das Absolute als Indifferenz des Idealen und Realen bestimmt, so gab er jetzt dem Idealen das Uebergewicht über das Reale und machte die Idealität zur Fundamental-Bestimmung des Absoluten. Das Erste ist das Ideale; das Ideale bestimmt sich zweitens in sich zum Realen, und das Reale als solches ist erst das Dritte. Die frühere Harmonie von Geist und Natur löst sich auf: die Materie erscheint jetzt als das Negative des Geistes. Indem Schelling auf diese Weise von dem Absoluten das Universum als dessen Gegenbild unterscheidet, verläßt er entschieden den Boden des Spinozismus, auf dem er bisher gestanden, und betritt einen neuen Standpunkt.

4. **Vierte Periode: Mystische, an den Neuplatonismus anknüpfende Wendung der Schelling'schen Philosophie.**

Die Schriften dieser Periode sind: „Philosophie und Religion" 1804; „Darlegung des wahren Verhältnisses der Naturphilosophie zur verbesserten Fichte'schen Lehre" 1806; „Jahrbücher der Medizin" (in Gemeinschaft mit Marcus herausgegeben) 1805—1808. Auf dem Standpunkte der Indifferenz waren, wie gesagt, das Absolute und das Universum identisch gewesen. Natur und Geschichte waren unmittelbare Manifestationen des Absoluten. Jetzt betont Schelling den Unterschied zwischen Beiden, die Selbstständigkeit der Welt, und um dieß recht schlagend auszudrücken, läßt er in der erstgenannten Schrift ganz neuplatonisch die Welt durch einen Bruch, einen Abfall vom Absoluten entstehen. Vom Absoluten zum Wirklichen gibt es keinen stetigen Uebergang; der Ursprung der Sinnenwelt ist nur als ein vollkommenes Abbrechen von der Absolutheit durch einen Sprung denkbar. Das Absolute ist das einzige Reale, die endlichen Dinge dagegen sind nicht real: ihr Grund kann daher nicht in einer vom Absoluten ausgegangenen Mittheilung von Realität an sie, er kann nur in einer Entfernung, in einem Abfalle vom Absoluten liegen. Die Versöhnung dieses Abfalles, die vollendete Offenbarung Gottes ist die Endabsicht der Geschichte. — An diese Idee knüpfen sich alsdann noch andere, dem Neuplatonismus entlehnte Vorstellungen, die Schelling in der genannten Schrift vorträgt. Es ist in ihr die Rede vom Herabsteigen der Seele aus der Intellektualität in die Sinnenwelt, und es wird sogar, nach dem platonischen Mythus, dieser Fall der Seelen für eine Strafe ihrer Selbstheit ausgegeben; es ist, hiemit zusammenhängend, die Rede von einer Palingenesie und Wanderung der Seelen, wornach dieselben, je nachdem sie im gegenwärtigen Zustande mehr oder weniger ihre Selbstheit abgelegt und zur Identität mit dem Unendlichen geläutert haben, entweder auf besseren Sternen ein höheres Leben beginnen, oder von Materie trunken an noch tiefere Orte verstoßen werden; insbesondere erinnert an den Neuplatonismus die Hochstellung und mystisch-symbolische Ausdeutung der griechischen Mysterien (schon im Bruno) und die Ansicht, daß die Religion, wenn sie sich in unverletzt reiner Idealität erhalten wolle, nie anders als esoterisch oder in Gestalt von Mysterien existiren könne. — Derselbe Gedanke einer höhern Ineinsbildung von Religion und Philosophie geht durch sämmtliche Schriften dieser Periode. Alle wahre Erfahrung, sagt Schelling in den Jahrbüchern der Medizin, ist religiös. Gottes Dasein ist eine empirische Wahrheit, ja der Grund aller Erfahrung. Wohl ist Religion nicht Philosophie; aber die Philosophie, welche nicht in heiligem Einklange die Religion mit der Wissenschaft verbände, wäre auch jenes nicht. Wohl erkenne ich etwas Höheres, als Wissenschaft. Und wenn der Wissenschaft nur diese zwei Wege zur Erkenntniß offen sind, der der Analyse oder Abstraktion, und der des synthetischen Ableitens, so leugnen wir alle Wissenschaften des Absoluten. Spekulation ist Alles, d. h. Schauen, Betrachten dessen, was ist, in Gott. Die Wissenschaft selbst hat nur insoweit Werth, als sie spekulativ ist, d. h. Kontemplation Gottes, wie er ist. Es wird aber die Zeit kommen, da die Wissenschaften mehr und mehr aufhören werden und die unmittelbare Erkenntniß eintreten. Nur in der höchsten Wissenschaft schließt sich das sterbliche Auge, wo nicht mehr der Mensch sieht, sondern das ewige Sehen selber in ihm sehend geworden ist.

Vom Standpunkte dieser theosophischen Weltanschauung aus wurde Schelling auf die älteren Mystiker aufmerksam; er begann ihre Schriften zu studiren. Auf den Vorwurf des Mystizismus antwortet Schelling in der Streitschrift gegen Fichte Folgendes: Unter den Gelehrten der letzten Jahrhunderte bestand ein stiller Vertrag, über eine gewisse Höhe nicht hinauszugehen, und da blieb der echte Geist der Wissenschaften Ungelehrten überlassen. Diese, weil sie nicht gelehrt waren und den Neid der Gelehrten auf sich zogen, wurden als Schwärmer bezeichnet. Aber so mancher Philosoph von Profession dürfte seine ganze Rhetorik hingeben für die Geistes- und Herzensfülle in den Schriften solcher Schwärmer. Darum schäme ich mich des Namens eines solchen Schwärmers nicht. Dieses Schelten will ich suchen wahr zu machen: habe ich die Schriften dieser Männer bisher nicht recht studirt, so ist es aus Nachlässigkeit geschehen. — Schelling unterließ nicht, diese Worte wahr zu machen. Namentlich war es der geistesverwandte Jakob Böhm, dem er sich von nun an mehr und mehr anschloß, und dessen Studium bereits in den Schriften der vorliegenden Periode sichtbar ist. Eine der berühmtesten Schriften Schelling's, die bald darauf erschien, seine Freiheitslehre („Philosophische Untersuchungen über das Wesen der menschlichen Freiheit" 1809) ist ganz auf Jakob Böhm gebaut. Mit ihr beginnt die letzte Periode des Schelling'schen Philosophirens.

5. Fünfte Periode: Versuch einer Theogonie und Kosmogonie nach Jakob Böhm.

Mit Jakob Böhm hatte Schelling Manches gemein. Beide faßten das spekulative Erkennen als eine Art unmittelbarer Anschauung. Beide bedienten sich einer Mischung von abstrakten und sinnlichen Formen, eines Durcheinanders von logischer Bestimmtheit und phantasirender Ausmalung. Beide berührten sich endlich in spekulativer Hinsicht. Ein Grundgedanke Böhm's war die Selbstentzweiung des Absoluten: ausgehend von dem göttlichen Wesen als dem bestimmungslosen Unendlichen und Unbegreiflichen, dem Ungrunde, ließ Böhm diesen Ungrund im eigenen Gefühle seines abstrakt unendlichen Wesens eingehen in die Endlichkeit, in den Grund oder das Centrum der Natur, wo sich in der dunkeln Angstkammer die Qualitäten scheiden, wo endlich aus der harten Reibung der Qualitäten der Blitz ausstrahlt, der sofort als Geist oder Lichtprinzip die ringenden Kräfte der Natur beherrscht und verklärt, so daß der aus dem Ungrunde durch den Grund zum Lichte des Geistes emporgehobene Gott in einem ewigen Freudenreiche sich bewegt. Diese Theogonie Jakob Böhm's berührte sich auffallend mit dem jetzigen Standpunkte Schelling's. Wie Böhm als bestimmungslosen Ungrund, so hatte Schelling in seinen früheren Schriften das Absolute als Indifferenz gefaßt. Wie Böhm sofort diesen Ungrund unterschied vom Grunde oder der Natur und von Gott als Licht der Geister, so hatte auch Schelling in den Schriften der letzten Periode das Absolute als ein sich selbst Entäußerndes und aus dieser Entäußerung zu höherer Einheit mit sich Zurückkehrendes gefaßt. Wir haben hiemit bereits die drei Hauptmomente jener Geschichte Gottes, um welche sich Schelling's Schrift über die Freiheit dreht: 1) Gott als Indifferenz oder als Ungrund; 2) Gott als Entzweiung in Grund und Existenz, Reales und Ideales; 3) Versöhnung dieser Entzweiung und Erhebung der anfänglichen Indifferenz zur Identität. — Das erste Moment im göttlichen Leben ist das der reinen Indifferenz oder Unterschiedslosigkeit. Dieses allem Existirenden Vorangehende kann der Urgrund oder Ungrund genannt werden. Der Ungrund ist nicht ein Produkt der Gegensätze, noch sind sie implicite in ihm enthalten, sondern er ist ein eigenes, von allem Gegensatze geschiedenes Wesen, das darum auch kein Prädikat hat, als das der Prädikatlosigkeit. Reales und Ideales, Finsterniß und Licht können von dem Ungrunde niemals als Gegensätze prädizirt werden: nur als Nichtgegensätze in einem Weder-Noch lassen sie sich von ihm aussagen. Aus dieser Indifferenz nun bricht die Dualität hervor: der Ungrund geht in zwei gleich ewige Anfänge auseinander, damit Grund und Existenz durch Liebe eins werden mögen, damit sich die bestimmungs- und leblose Indifferenz zur bestimmten und lebendigen Identität erhebe. Da nichts vor oder außer Gott ist, so muß Gott den Grund seiner Existenz in sich selber haben. Aber dieser Grund ist nicht bloß logisch als Begriff, sondern real als etwas Wirkliches von der Existenz in Gott zu unterscheiden: er ist die Natur in Gott, ein von ihm zwar unabtrennliches, aber doch unterschiedenes Wesen. Dem Grunde kommt daher nicht Verstand und Wille zu, sondern nur Begierde darnach; er ist die Sehnsucht, sich selbst zu gebären. Indem so der Grund sich sehnend bewegt nach dunklem und ungewissem Gesetze, einem wogenden Meere gleich, so erzeugt sich entsprechend dieser ersten Regung des göttlichen Daseins im Grunde in Gott selbst eine innere reflexive Vorstellung, in welcher, da sie nichts Anderes als Gott selbst zum Inhalte haben kann, Gott sich selbst in einem Ebenbilde erblickt. Diese Vorstellung ist der in Gott erzeugte Gott selbst, das ewige Wort in Gott (Ev. Joh. 1.), welches über der Finsterniß des Grundes als Licht aufgeht und zu seinem dunkeln Sehnen den Verstand hinzugibt. Dieser Verstand, vereint mit dem Grunde, wird freischaffender Wille. Sein Geschäft ist die Anordnung der Natur, des bisher regellosen Grundes: und aus dieser Verklärung des Realen durch das Ideale entsteht die Schöpfung der Welt. Die Weltentwickelung hat zwei Stadien: 1) die Geburt des Lichtes oder die stufenweise Entwickelung der Natur bis zum Menschen, 2) die Geburt des Geistes oder die Entwickelung des Menschen in der Geschichte. 1) Die stufenweise Entwickelung der Natur beruht auf einem Konflikte des Grundes mit dem Verstande. Ursprünglich versuchte der Grund sich in sich selbst zu verschließen und selbstständig Alles allein aus sich zu produziren, allein seine Produkte hatten ohne den Verstand keinen Bestand und gingen wieder zu Grunde, eine Schöpfung, welche wir in den ausgestorbenen Thier- und Pflanzenarten der Vorwelt erkennen. Aber auch in der Folge gibt der Grund dem Verstande nur allmälig nach, und jeder solche Schritt zum Lichte ist durch eine neue Klasse von Naturwesen bezeichnet. In jedem Naturwesen sind daher zwei Prinzipien zu unterscheiden: erstens das dunkle Prinzip, durch welches die Naturwesen von Gott geschieden sind und einen Partikularwillen haben; zweitens das göttliche Prinzip des Verstandes, des Universalwillens. Bei den vernunftlosen Naturwesen sind jedoch diese beiden Prinzipien noch nicht zur Einheit durchgebildet, sondern der Partikularwille ist bloß Sucht und Begierde, der Universalwille ohne den individuellen Willen herrscht als äußere Naturmacht, als leitender Instinkt. Erst 2) im Menschen sind beide Prinzipien, der Partikularwille und der Universalwille vereinigt, wie sie im Absoluten vereinigt sind: aber in Gott sind sie ungetrennt vereinigt, im Menschen sind sie zertrennlich und müssen sich trennen, damit ein Unterschied des Menschen von Gott sei und ihm gegenüber Gott, als das was er ist, als Einheit der beiden Prinzipien, als Geist, der den Gegensatz überwindet, als Liebe offenbar werden könne. Eben dieß, die Zertrennlichkeit des Universalwillens und Partikularwillens ist die Möglichkeit des Guten und Bösen. Das Gute ist die Unterordnung des Partikularwillens unter den Universalwillen, die Verkehrung dieses richtigen Verhältnisses ist das Böse. In jener Möglichkeit des Guten und Bösen besteht die menschliche Freiheit. Der empirische Mensch ist jedoch nicht frei, sondern sein ganzer empirischer Zustand ist durch eine intelligible, vorzeitliche That gesetzt. Wie der Mensch jetzt handelt, so muß er handeln: aber dennoch handelt er frei, weil er sich selbst von Ewigkeit her frei zu dem gemacht hat, was er jetzt nothwendig ist; gleich bei der ersten Schöpfung hat der Wille des sich verselbstständigenden Grundes den Eigenwillen der Kreatur miterregt, damit der Gegensatz da sei, in dessen Ueberwindung Gott als versöhnende

Einheit sich bethätigen könne; bei dieser allgemeinen Erregung des Bösen hat der Mensch sich selbst in der Eigenheit und Selbstsucht ergriffen, daher in Allen das Böse als Natur, und doch in Jedem als seine freie That. Auf dem Kampfe des Eigenwillens mit dem Universalwillen beruht im Großen die Geschichte der Menschheit, wie die Geschichte der Natur auf dem Kampfe des Grundes mit dem Verstande. Die verschiedenen Stufen, welche das Böse als geschichtliche Macht im Kampfe mit der Liebe durchläuft, bilden die Perioden der Weltgeschichte. Das Christenthum ist der Mittelpunkt der Geschichte, in Christus ist das Prinzip der Liebe dem menschgewordenen Bösen persönlich entgegengetreten; Christus war der Mittler, um den Rapport der Schöpfung mit Gott auf der höchsten Stufe wiederherzustellen, denn nur Persönliches kann Persönliches heilen. Das Ende der Geschichte ist die Versöhnung des Eigenwillens und der Liebe, die Herrschaft des Universalwillens, so daß Gott ist Alles in Allem. Die anfängliche Indifferenz ist alsdann zur absoluten Identität erhoben.

Eine weitere Rechtfertigung dieser seiner Gottes-Idee hat Schelling in seiner Streitschrift gegen Jacobi (1812) gegeben. Den Vorwurf des Naturalismus, den ihm Jacobi gemacht, sucht er dadurch abzuwehren, daß er ausführt, wie die wahre Gottes-Idee eine Vereinigung des Naturalismus und Theismus sei. Der Naturalismus suche Gott als Grund (immanent), der Theismus als Ursache der Welt (transscendent) zu denken: das Wahre sei, beide Bestimmungen zu verbinden. Gott ist Grund und Ursache zugleich. Es widerspricht dem Begriffe Gottes keineswegs, aus sich selbst, sofern er sich offenbart, vom Unvollkommenen zum Vollkommenen fortzugehen, sich zu entwickeln: das Unvollkommene ist ja eben das Vollkommene selbst, nur als werdendes. Die Stufen des Werdens sind nothwendig, um die Fülle des Vollkommenen nach allen Seiten hin hervortreten zu lassen. Ohne einen dunkeln Grund, eine Natur, ein negatives Prinzip in Gott, kann von einem Bewußtsein Gottes nicht die Rede sein. So lange der Gott des modernen Theismus das einfache, rein wesenhaft sein sollende, in der That aber wesenlose Wesen bleibt, so lange nicht in Gott eine wirkliche Zweiheit erkannt und der bejahenden ausbreitenden Kraft eine einschränkende verneinende entgegengesetzt wird, so lange wird die Leugnung eines persönlichen Gottes wissenschaftliche Aufrichtigkeit sein. Es ist allgemein und an sich unmöglich, ein Wesen mit Bewußtsein zu denken, das durch keine verneinende Kraft in ihm selber in die Enge gebracht worden — so allgemein und an sich unmöglich, als einen Kreis ohne Mittelpunkt zu denken.

Als Erläuterung der, in der Abhandlung über die Freiheit und dem Denkmal Jacobi's entwickelten Ansichten ist Schellings Sendschreiben an Eschenmayer in der allgemeinen Zeitschrift von Deutschen für Deutsche anzusehen, in welchem er deutlicher als bisher darüber sich ausspricht, was überhaupt unter Grund zu verstehen, und wie weit er berechtigt sei, von einem Grunde in Gott zu sprechen. Nach diesem Sendschreiben trat ein Stillstand in Schellings schriftstellerischer Thätigkeit ein. Zwar verlautete im Publikum, daß der Druck eines größeren Werkes, „Die Weltalter" betitelt, begonnen habe, aber auch daß Schelling die schon gedruckten Bogen wieder zurückgefordert und vernichtet habe. Der Titel hat dieses verleitet, hierin eine Philosophie der Geschichte zu vermuthen. Daß aber die, im Jahr 1815 veröffentlichte, kleine Schrift „Ueber die Gottheiten von Samothrake" als Beilage dazu bezeichnet ward, ließ zugleich glaublich erscheinen, daß darin der Entwicklung des religiösen Bewußtseins große Wichtigkeit beigelegt werden solle. Jetzt, wo das erste Buch der Weltalter, im achten Bande der gesammelten Werke Schellings, gedruckt existirt, in der Gestalt die ihm Schelling um das Jahr 1815 gegeben haben mag, ersieht man, daß in dem ersten Buch die Vergangenheit, d. h. das der Natur Vor=zu=denkende abgehandelt worden ist, daß im zweiten unter der Ueberschrift „Gegenwart" die Natur selbst betrachtet worden, im dritten aber Vorahnungen der Zukunft den Inhalt bilden sollten. Uebrigens sieht man, daß wenigstens die Grundzüge der späteren Potenzenlehre damals bei Schelling sich schon fixirt hatten. Ein ganz außerordentliches Aufsehen erregte, nachdem Stahl und Sengler das Publikum auf die neue Wendung der Schelling'schen Lehre aufmerksam gemacht hatten, die von Schelling geschriebene Vorrede, mit der er im Jahr 1834 eine von H. Beckers übersetzte Cousin'sche Schrift begleitete. Nicht nur weil er sich darin so bitter über Hegel äußerte, der den Sinn des Identitätssystems ganz mißverstanden habe, sondern weil er hier öffentlich aussprach, sein ganzes früheres System bilde nur die eine, die negative Hälfte der Philosophie; als Ergänzung müsse zu derselben die zweite, die positive Seite hinzutreten, in welcher nicht in der rein a priori construirenden Weise, sondern nach einer Methode verfahren werde, die das vom Empirismus einseitig festgehaltene Verfahren nicht ganz ausschließe. In ähnlicher Weise, nur etwas weniger herbe gegen Hegel sprach er sich auch in der Antrittsvorlesung aus, mit der er im Jahr 1841 seine Vorlesungen in Berlin eröffnete. Da man sich bald überzeugte, daß Schelling schwerlich dazu kommen werde, seine in den Berliner Vorlesungen vorgetragenen Lehren selbst einem größeren Leserkreise vorzulegen, so wurden nach den Auszügen, die Frauenstädt und Andere veröffentlicht hatten, ganz besonders aber nach der von Dr. Paulus herausgegebenen, und durch Schelling's Klage gegen Nachdruck authentisch erscheinenden Nachschrift seiner Vorlesungen theils Darstellungen, theils Beurtheilungen seiner gegenwärtigen Lehre versucht. Daß diese nur zum Theil richtig, hat sich gezeigt, als nach Schelling's Tode seine Söhne sowohl die Einleitungen zur Philosophie der Mythologie, als auch die Offenbarungsphilosophie herausgaben. Nach denselben läßt sich von der letzten Gestalt, welche die Philosophie bei Schelling genommen, eine ziemlich vollständige Anschauung geben. Ganz so nämlich, wie schon in der Abhandlung über die Freiheit, und den später gedruckten Schriften, wird das, was in seiner dritten Periode die absolute Indifferenz genannt worden war, als das prius von Natur und Geist, ja in sofern als das prius Gottes bezeichnet, als es das in Gott ist, was (noch) nicht Gott ist, und nun gezeigt, wie von diesem Vorbegriff Gottes, welchen der Pantheismus an die Stelle des Gottesbegriffs stellt, zu dem wahren Begriff Gottes gelangt wird, den der wahre Monotheismus hat, welcher den Pantheismus überwindet, weil derselbe in ihm latent geworden ist. In diesem Verklärungsprozeß des Gottesbegriffs werden nun drei Momente oder, wie Schelling sie nach seiner früheren Weise zu nennen pflegt, Potenzen unterschieden; zuerst das Sein=könnende, welches, weil es das noch nicht Seiende, mit dem Minuszeichen versehen wird, und gewöhnlich — A genannt wird. Es ist der Grund oder auch die Natur in Gott, das Dunkle erst Zu=verklärende, das was früher in der Abhandlung über die Freiheit, Hunger nach Existenz genannt wurde, und auch das Subjekt des Seins oder das An=sich=sein genannt werden kann. Diesem bloßen Sein=können steht als sein reines Gegentheil, darum + A, das reine Sein ohne alles Können gegenüber, das, wie jenes bloßes Subjekt war, so gar nicht Subjekt, nur Prädikat und Objekt ist, das, während jenes das Selbstische, In=sich=seiende war, vielmehr das Außer=sich=

seiende nicht sich Versagende ist. Beide bilden die Voraussetzung für das, von ihnen ausgeschlossene, Dritte, ± A, in dem sich das An-sich und Außer-sich oder die Subjektivität und Objektivität vereinigen, so daß es das bei sich Seiende, seiner selbst Mächtige genannt werden kann. Dieses dritte nun, das, wie — A den ersten so den höchsten Anspruch darauf hat, das Seiende zu sein, wird am passendsten mit dem Worte Geist bezeichnet. Als die Einheit dieser Drei ist Gott noch lange nicht der Drei-einige, sondern zunächst nur der All-Eine, in welchem Begriffe erst die Wurzel der Dreieinigkeit liegt. Der Fortgang dazu, zugleich aber auch zu dem von Gott unterschiedenen Universum geht so vor sich, daß das — A, welches das nicht Seiende war, als solches gesetzt wird. Dazu aber ist, da nur solches was ist als nicht seiend gesetzt werden kann, als Vorbedingung nöthig, daß es zuvor als seiend gesetzt und dann von dem ihm gegenüber stehenden + A überwunden wird. Das Hervortreten dieses Gegensatzes (Spannung), welches nicht aus der Natur Gottes, sondern aus seinem Willen folgt, hat, da sich darin eigentlich das Verhältniß der beiden Potenzen umgekehrt hat, indem — A zum Seienden, + A zum Können, d. h. zur Macht geworden ist, zu seinem Produkt die Verkehrung des ursprünglichen Verhältnisses, also des unum versum (Universum), eben so aber auch dient es dazu, daß auf jenen beiden, jetzt umgestalteten, ± A Gott als sich selbst besitzender wirklicher Geist ist: theogonischer und kosmogonischer Prozeß gehen hier mit einander. Der letztere zeigt eine Stufenfolge, in der die verschiedenen Verhältnisse der beiden Potenzen von der Naturphilosophie nachgewiesen werden. In dem menschlichen Bewußtsein, dem Schlußpunkt jener Stufenreihe, erreicht die Spannung der Potenzen ihr Ende. Die Mächte, aus deren Kampf die Welt wurde, ruhen in dem Innern des menschlichen Geistes, der eben deswegen wirklich der Mikrokosmus ist. Durch die Prometheische That des sich als Ich Erfassens wird die, bis dahin nur ideale Welt zu einer realen außergöttlichen, deren Bestimmung ist, daß sie sich selbst Dem unterordne, von dem sie sich losriß, wodurch natürlich dasselbe aus einem Transmundanen, das es bisher war, zu einem Supramundanen wird. Der Weg dahin geht durch die verschiedenen Verhaltungsweisen des Ichs, das sich theoretisch dem Naturgesetz, praktisch dem Sittengesetz gegenüber verhält, und, durch das letztere frei geworden, zu künstlerischem und contemplativem Genuß sich erhebt, in welchem ihm das zum Gegenstande wird, was Aristoteles als Denken des Denkens, die neuere Philosophie als Subjekt-Objekt bestimmt, die Final-Ursache der Welt, oder Gott als Prinzip derselben.

Der Gang, welchen Schelling hier genommen hat, wird von ihm selbst als der Gang zu Gott hin bezeichnet. Ausgehend von den ersten Bedingungen alles Seins, übergehend dazu, daß diese Potenzen Ursachen eines getheilten in sich abgestuften Seins werden, fortgehend dazu, daß das Ich, indem es sich als Prinzip aufrichtet, Gott von sich abscheidet, hat seine Lehre zuletzt gezeigt, daß das Ich sich als Nicht-Prinzip erklärt und sich dem, so ab- und ausgeschiedenen, Gott unterordnet, und ist also dabei angelangt, am Ende Gott als Prinzip zu erkennen. Am Ende; darum ist bisher zu Gott hin und also ohne Gott philosophirt; es ist gezeigt, daß keine der bisher betrachteten Stufen, weder die Erkenntniß der Natur noch das Leben im Staat, ja nicht einmal die contemplative Beschäftigung die letzte Befriedigung gewährt, und die Philosophie kann wegen dieses negativen Resultates negative Philosophie genannt werden. Ihr Gang ist dabei der lediglich des Denkens gewesen, und sie wird füglich rationale Philosophie genannt. Da das Denken aber nicht vermag Realität zu geben, Existenz zu verleihen, so ist das Ende der rationalen Philosophie doch nur Gott als Idee. Was das Denken nicht vermag, das thut der Wille. Er fordert einen aktiven Gott, der Herr alles Seins und willig sei, der thatsächlichen Trennung, die eingetreten, thatsächlich entgegen zu treten. Dieses Verlangen nach einem wirklichen Gott ist Religion, und die Philosophie, indem sie dazu übergeht, die Religion zu ihrem Gegenstande zu haben, hat einen ganz anderen Charakter bekommen als sie bisher hatte; sie ist zur positiven Philosophie geworden. Sie hat, da die Religion in einem freien Willensakt wurzelt, hier nicht mehr den rationalen Charakter wie dort, wo sie das nicht anders Denkbare betrachtete, sondern ihre Aufgabe ist: die als Thatsache gegebene Religion zu erklären, und also zu zeigen wie sich Alles gestaltet, wenn der am Ende der negativen Philosophie gefundene Gott zum Prinzip gemacht, von Gott Alles abgeleitet wird, während bis dahin Alles zu Gott hinleitete. Die Philosophie der Religion, die daher mit einer sogenannten Vernunftreligion nicht zu verwechseln ist, hat zu ihrem Gegenstande theils die werdende, theils die vollendete Religion. Zuerst ist sie daher Philosophie der Mythologie, dann Philosophie der Offenbarung. In der Philosophie der Mythologie sucht Schelling zu zeigen: wie es zu erklären ist, daß Menschen die nicht verrückt waren, von Vorstellungen sich beherrschen ließen, welche Sohnesopfer u. s. w. als Pflicht erscheinen ließen, und wieder: wie es möglich ist, daß vom Standpunkte der christlichen Religion aus dergleichen Vorstellungen doch noch als besser erscheinen, als die völlige Religionslosigkeit? Nur so: daß die Mächte, von denen jene Menschen und Völker beherrscht werden und die ihnen für Gott gelten, auf dem Standpunkte der höchsten Religion wenigstens als Momente in Gott erkannt werden. Der primitiven Gestalt der Religion nämlich, die, weil noch kein Polytheismus da ist, Monotheismus, aber abstrakter, genannt werden kann, in welcher die Menschheit sich von Gott durchleben läßt, folgt die Krisis, die mit dem Werden der Völker Eins ist, in welcher sich in dem Bewußtsein des Menschen derselbe Prozeß der Potenzen wiederholt, durch den (außer und vor dem Bewußtsein) die Naturstufen entstanden. Daher der Parallelismus zwischen diesen und den Stufen der Mythologie, welcher Viele zu dem Mißverständniß gebracht hat, daß diese selbst nur verkleidete Physik sei. Die Philosophie weist nun nach, daß der mythologische Prozeß darin besteht, daß anstatt des All-Einen, der in dem primitiven Monotheismus das Bewußtsein beherrschte, die einzelnen Potenzen es in Besitz nehmen, womit als erste Stufe die auftritt, wo das Bewußtsein sich von des Himmels Umschwung beherrscht weiß, eine Gestalt, die Astralreligion oder Sabäismus genannt werden kann. Da als griechische die Mythologie den Blüthepunkt erreicht, so kommen alle die Begriffe früherer Stufen auch in ihr vor. So Uranus, welcher der Gott jenes, in den mythologischen Prozeß eben erst eingetretenen Bewußtseins gewesen war. Ganz eben so erscheint die Gottheit der zweiten Stufe, wo die erste Potenz (— A) durch die zweite (+ A) zur Passivität herabgesetzt wird, innerhalb der griechischen Mythologie als die Entmannung des Uranus; eben so ist es charakteristisch, daß der Grieche Herodot, wo er diesen (bei den Babyloniern und Arabiern fixirten) Moment des mythologischen Prozesses erwähnt, die Urania und ihren Sohn Dionysos einführt. Auf dieser zweiten Stufe stehen nun die verschiedensten Religionen, sowohl die welche ganz in den mythologischen Prozeß eingehen (Phönicische, Aegyptische, Indische u. a.), als auch die welche ihn an bestimmten Punkten zu fixiren versuchen, wie der Dualismus der Perser und der Buddhaismus. Die höchste Stufe der Mythologie zeigt die griechische, ja in den Mysterien, in welchen sie anfängt sich ihr eigentliches Wesen klar zu machen, geht sie eigentlich über sich hinaus, und darum ist die Betrachtung der Mysterien die beste Einleitung in die Philosophie der Offenbarung. Die eigentliche Aufgabe dieser ist: die Person Christi, diesen eigentlichen Inhalt alles Christenthums, aus ihren Prämissen zu erklären. Das Wirken Christi vor seiner Menschwerdung, seine Menschwerdung, endlich die dadurch bewirkte Vermittelung werden betrachtet, dabei aber immer der Gesichtspunkt festgehalten, daß der mythologische Prozeß die Voraussetzung, darum aber auch an seinem Ende Vorahnung dessen ist, was in Christo wirklich geworden ist. Die Vollendung seines Werkes gibt der Wirksamkeit der dritten Potenz, des Geistes, Raum, in Folge der die Kirche, diese Explikation Christi, existirt, deren drei Perioden durch die Hauptapostel Petrus, Paulus und Johannes vorgedeutet und von denen die zwei ersten, die des Katholizismus und Protestantismus, abgelaufen sind, die dritte, das Johanneische Christenthum, im Anzuge ist.

Es ist etwas unbestreitbar Großartiges in diesem Unternehmen, den ganzen Prozeß der Welt und ihrer innern und äußern Geschichte als Selbstvermittlung Gottes mit sich zu begreifen, Pantheismus und Theismus in dem höhern Begriff des ebenso freien als in die Entwicklung eingehenden Gottes („Monotheismus") zu vereinigen. Wie nahe sich diese letzte Phase der Schelling'schen Philosophie mit der Hegel'schen berührt, die den Begriff eines durch Negation vermittelten Prozesses des Absoluten in ihrer Weise gleichfalls zum Ausgangspunkte nimmt, wird sich von selbst zeigen, wenn wir nun zu Hegel übergehen.

§. 44. Uebergang auf Hegel.

Der Grundmangel der Schelling'schen Philosophie, wie diese sich früher Fichte gegenüber entwickelte, war die abstrakt objektive Fassung des Absoluten gewesen. Das Absolute war reine Indifferenz, Identität; von ihr war 1) kein Uebergang zum Bestimmten, Realen möglich, daher Schelling später geradezu in einen Dualismus zwischen dem Absoluten und der realen Welt gerieth; in ihr war 2) der Primat des Geistigen vor dem Physischen untergegangen, eins dem andern gleichgesetzt, die rein objektive Indifferenz des Idealen und des Realen als das Höhere gegen beide und so auch gegen das Erstere gesetzt. Aus der Reflexion auf diese Einseitigkeit ging die Hegel'sche Philosophie hervor. Sie hält mit der damaligen Schelling'schen Fichte gegenüber das Prinzip fest, daß nicht ein Einzelnes, das Ich, das Prius aller Realität sei, sondern ein Allgemeines, welches alles Einzelne in sich befaßt. Aber sie nimmt dieses Allgemeine nicht als Indifferenz, sondern als Entwicklung, als Allgemeines, dem das Prinzip des Unterschieds immanent ist, das sich selbst aufschließt zu dem ganzen Reichthum der Wirklichkeit, welcher in der natürlichen und geistigen Welt sich darstellt. Ebenso ist nach Hegel das Absolute nicht ein Objektives, nicht die negative Auslöschung des Seins und Denkens, des Realen und Idealen in einem neutralen Dritten; das Allgemeine, das Allem zu Grund liegt, ist vielmehr das Eine Glied dieser Disjunktion selbst, nämlich das Ideale; die Idee ist das Absolute und alles Wirkliche ist nur Realisirung der Idee. Ueber die Idee hinaus ist nach Hegel kein Höheres; ebensowenig ist etwas außerhalb ihrer, da sie sich in Allem, was ist, verwirklicht. Nicht Gleichgewicht des Realen und Idealen ist das Universum, sondern es ist die Realität, zu deren mannigfaltigen Formen die Idee sich ausbreitet, um nicht ein unwirkliches Abstraktes zu sein, in der sie sich aber nicht verliert, sondern vielmehr aus ihr wieder in sich zurückgeht im denkenden Geiste, um auch in der wahren, ihrem Wesen adäquaten Form, als bewußte, sichselbstdenkende Idee, dazusein. So ist bei Hegel der Geist in sein höheres Recht wieder eingesetzt; er ist nicht eine Daseinsform des Absoluten neben andern, sondern er ist das Absolute selbst als Fürsichsein, er ist die zu sich zurückgekommene, sich als die Wahrheit der Natur und als freie Macht über sie wissende Idee selbst. Die Hegel'sche Philosophie bildet daher den diametralen Gegensatz zu der ihr vorangehenden Schelling'schen. Wurde diese immer realistischer, spinozistischer, mystischer, dualistischer, so ist dagegen jene wieder idealistisch, rationalistisch, reiner Monismus des Gedankens, reine Versöhnung des Denkens mit der Wirklichkeit. Setzte jene einen objektiven Idealismus an die Stelle des subjektiven, so stellt sich die Hegel'sche über diese beiden Gegensätze, sie strebt nach einem absoluten Idealismus, der das Natürliche dem Geistigen wieder unterordnet, und doch zugleich beide als innerlich eins und identisch faßt.

Der Form nach unterscheidet sich die Hegel'sche Philosophie von ihrer Vorgängerin ebenso wesentlich durch ihre Methode. Das Absolute ist nach Hegel nicht Sein, sondern Entwicklung, Setzung von Unterschieden und Gegensätzen, die aber nicht selbstständig sind, oder gar dem Absoluten gegenübertreten, sondern jeder einzelne wie alle zusammen nur Momente innerhalb der Selbstentwicklung des Absoluten bilden. Es muß also aufgezeigt werden, daß das Absolute ein Prinzip des Fortgehens zu Unterschieden, die doch nur Momente innerhalb seiner bilden, in sich selbst hat; nicht wir dürfen die Unterschiede an das Absolute heranbringen, sondern es muß sie selbst setzen, und sie müssen sich ebenso selbst ins Ganze wieder auflösen, als bloße Momente sich erweisen. Das will die Hegel'sche Methode zeigen. Sie behauptet: jeder Begriff hat seinen eigenen Gegensatz, seine eigene Negation an sich selbst, ist einseitig, treibt fort zu einem zweiten, welcher sein Gegensatz, aber für sich ebenso einseitig ist wie der erste; daran zeigt es sich, daß sie nur Momente eines dritten Begriffs sind, der die höhere Einheit der beiden ersten ist, sie in sich enthält, aber in höherer, sie zur Einheit vermittelnden Form. Wird dieser neue Begriff gesetzt, so erweist er sich wiederum als einseitiges Moment, das zur Negation und damit zu einer höhern Einheit forttreibt u. s. w. Diese Selbstnegation des Begriffs ist nach Hegel die Genesis aller Unterschiede und Gegensätze; diese sind nichts Fixes, Fürsichseiendes, wie der reflektirende Verstand meint, sondern flüssige Momente der immanenten Bewegung des Begriffs. So ist es nun auch mit dem Absoluten. Das Allgemeine, das der Grund alles Besondern ist, wird dieß eben dadurch, daß das Allgemeine als solches ein Einseitiges ist, welches von selbst zur Negation seiner abstrakten Allgemeinheit durch konkretere Bestimmtheit forttreibt. Das Absolute ist nicht ein Einfaches, sondern ein System von Begriffen, die eben durch diese Selbstnegation des ursprünglichen Allgemeinen entstehen; dieses Begriffssystem ist sodann selbst wieder zusammen ein Abstraktes, das zur Negation des bloß begrifflichen (idealen) Seins, zur Realität, zum realen Fürsichsein der Unterschiede (in der Natur) forttreibt; diesem aber haftet wieder die gleiche Einseitigkeit an, nur Moment, nicht das Ganze selbst zu sein: und so hebt sich auch das Fürsichsein des Realen auf, es wird zur Allgemeinheit des Begriffs zurückgenommen im Selbstbewußtsein, im denkenden Geist, der das begriffliche und reale Sein in sich zur höhern, idealen Einheit des Allgemeinen und Besondern zusammenfaßt. Diese immanente Selbstbewegung des Begriffs ist die Hegel'sche Methode. Sie will nicht ein subjektives Setzen einer Thesis, Antithesis, Synthesis sein, wie die Fichte'sche, sondern dem Gang der Sache selbst nachgehen; sie will nicht das Sein produziren, sondern was an sich schon ist, auch produziren für das denkende Bewußtsein; sie will Alles begreifen in seinem immanenten Zusammenhang, der eben damit gegeben ist, daß vermöge innerer Nothwendigkeit überall dieses Hervorquellen des Unterschieds aus der Einheit, der Einheit aus dem Unterschiede, dieses lebendige Pulsiren des Werdens und Sichwiederauflösens der Gegensätze ist.

Am klarsten hat Hegel seine Differenz von Schelling ausgesprochen in seiner Phänomenologie des Geistes, dem ersten Werke, in welchem er (1807) als ein auf eigene Faust Philosophirender auftrat, während er vorher als Anhänger Schelling's galt. Er faßt sie in folgende drei Schlagworte zusammen: Das Absolute sei in der Schelling'schen Philosophie wie aus der Pistole geschossen, es sei nur die Nacht, in welcher alle Kühe schwarz aussehen; seine Ausbreitung zum System aber sei das Verfahren eines Malers, der auf seiner Palette nur zwei Farben, Roth und Grün hätte, um mit jener eine Fläche anzufärben, wenn ein historisches Stück, mit dieser, wenn eine Landschaft verlangt wäre. Der erste Tadel bezieht sich auf die Art, zur Idee des Absoluten zu gelangen, nämlich unmittelbar, durch intellektuelle Anschauung; diesen Sprung machte Hegel zum geordneten schrittweisen Gange in der Phänomenologie. Der zweite Tadel betrifft die Art, das erreichte Absolute zu denken und auszusprechen, nämlich lediglich als Abwesenheit aller endlichen Unterschiede, nicht ebenso als das immanente Setzen eines Systems von Unterschieden innerhalb seiner selbst. Hegel drückt dieß auch so aus, es komme Alles darauf an, das Wahre nicht als Substanz (d. h. als Negation der Bestimmtheit), sondern ebensosehr als Subjekt (als Setzen und Hervorbringen der endlichen Unterschiede) aufzufassen und auszudrücken. Die dritte Rüge geht auf die Art, in welcher Schelling sein Prinzip durch den konkreten Inhalt des natürlich und geistig Gegebenen durchführte, nämlich unter Anwendung eines fertigen Schema's (zunächst des Gegensatzes ideell und reell) auf die Gegenstände, statt die Sache aus sich selbst heraus sich entfalten und besondern zu lassen. Besonders die Schelling'sche Schule war in diesem schematisirenden Formalismus stark, und ihr zunächst gilt es, was Hegel in der Einleitung zur Phänomenologie weiter bemerkt: „Wenn der naturphilosophische Formalismus etwa lehrt, der Verstand sei die Elektrizität, oder das Thier sei der Stickstoff, so mag der Unerfahrene hierüber in ein bewunderndes Staunen gerathen und eine tiefe Genialität darin verehren. Allein der Pfiff einer solchen Weisheit ist so bald erlernt, als es leicht ist, ihn auszuüben; seine Wiederholung wird so unerträglich, als die Wiederholung einer eingesehenen Taschenspielerkunst. Diese Methode, allem Himmlischen und Irdischen, allen natürlichen und geistigen Gestalten die paar Bestimmungen des allgemeinen Schema's aufzukleben, macht das Universum einer Gewürzkrämerbude gleich, in der eine Reihe verschlossener Büchsen mit aufgehefteten Etiquetten steht."

Der nähere Zweck der Phänomenologie war, das absolute Wissen, wie es Hegel faßt, aus dem Wesen des Bewußtseins zu begründen, es als die höchste Stufe des Bewußtseins selbst nachzuweisen. Hegel gibt in ihr eine Geschichte des erscheinenden Bewußtseins (daher der Titel), eine Entwicklung der Bildungsepochen des Bewußtseins auf seinem Wege zum philosophischen Wissen. Die innere Entwickelung des Bewußtseins ist die, daß ihm jedesmal sein eigener Zustand, in dem es sich befindet, gegenständlich (oder bewußt) wird, und es durch dieses Wissen von seinem Sein immer eine neue Stufe, einen höhern Zustand erreicht. Die Phänomenologie sucht zu zeigen, wie und aus welcher Nothwendigkeit sich das Bewußtsein von Stufe zu Stufe, vom Ansich zum Fürsich, vom Sein zum Wissen fortbewegt. Mit der untersten Stufe, dem unmittelbaren Bewußtsein wird begonnen. Hegel hat diesen Abschnitt überschrieben: „Die sinnliche Gewißheit oder das Dieses und das Meinen." Auf dieser Stufe antwortet das Ich auf die Frage: was ist das Dieses oder das Hier? — hier ist der Baum; und auf die Frage: was ist das Jetzt? — das Jetzt ist die Nacht. Allein drehen wir uns um, so ist das Hier nicht ein Baum, sondern ein Haus; und schreiben wir die zweite Antwort auf, um sie nach einiger Zeit wieder anzusehen, so ist das Jetzt nicht die Nacht, sondern der Mittag. Das Dieses wird also zum Nicht-Dieses, d. h. zu einem Allgemeinen. Natürlich; denn sage ich: dieses Stück Papier, so ist alles und jedes Papier ein dieses Stück Papier, und ich habe nur immer das Allgemeine gesagt. Durch diese innere Dialektik ist die unmittelbare sinnliche Gewißheit in Wahrnehmung übergegangen. In dieser Weise, indem jede Bildungsstufe, jede der Bewußtseinsformen des philosophirenden Subjekts sich in Widersprüche verwickelt, und durch diese immanente Dialektik zu einer höhern Bewußtseinsform fortgetrieben wird, geht dieser Entwicklungsprozeß so lange fort, bis der Widerspruch gehoben ist, d. h. bis alle Fremdheit zwischen Subjekt und Objekt verschwunden, und der Geist zu vollkommener Selbsterkenntniß und Selbstgewißheit gekommen ist. Um die durchlaufenen Stufen in der Kürze zu bezeichnen, so ist das Bewußtsein zuerst als sinnliche Gewißheit vorhanden, oder als das Dieses und das Meinen; dann als Wahrnehmung, welche das Gegenständliche auffaßt als Ding mit Eigenschaften; weiter als Verstand, d. h. als Auffassung der Gegenstände als in sich reflektirter Wesen, oder als Unterscheidung zwischen Kraft und Aeußerung, Wesen und Erscheinung, Aeußerem und Innerem. Von hier aus wird das Bewußtsein, das in seinem Gegenstande und dessen Bestimmungen nur sich selbst, sein eigenes reines Wesen erfaßt und erkennt, für welches also das Andere als Anderes sich aufgehoben hat, zum sichselbstgleichen Ich, zur Wahrheit und Gewißheit seiner selbst, zum Selbstbewußtsein. Das Selbstbewußtsein, zum allgemeinen Selbstbewußtsein geworden, oder als Vernunft durchläuft ebenfalls wieder eine Reihe von Entwickelungsstufen, bis es als Geist, als die mit der seienden Vernünftigkeit vermittelte, mit der vernünftigen Außenwelt gesättigte, über das natürliche und geistige Universum als ihr Reich, in welchem sie sich einheimisch weiß, ausgebreitete Vernunft sich darstellt. Der Geist durch die Stufen der unbefangenen Sittlichkeit, der Bildung und Aufklärung, der Moralität und moralischen Weltanschauung hindurch wird zur Religion; die Religion selbst in ihrer Vollendung als offenbare Religion wird zum absoluten Wissen. Auf dieser letzten Stufe ist das Sein und das Denken nicht mehr auseinander, ist das Sein nicht mehr Gegenstand für das Denken, sondern das Denken selbst ist Gegenstand des Denkens. Die Wissenschaft ist nichts als das wahre Wissen des Geistes von sich selbst. In den Schlußworten der Phänomenologie wirft Hegel folgenden Rückblick auf den zurückgelegten Weg: „Das Ziel, das absolute Wissen, oder der sich als Geist wissende Geist hat zu seinem Wege die Erinnerung der Geister, wie sie an ihnen selbst sind und die Organisation ihres Reichs vollbringen. Ihre Aufbewahrung nach der Seite ihres freien, in der Form der Zufälligkeit erscheinenden Daseins ist die Geschichte; nach der Seite ihrer begriffenen Organisation aber die Wissenschaft des erscheinenden Wissens; beide zusammen, die begriffene Geschichte, bilden die Erinnerung und die Schädelstätte des absoluten Geistes, die Wirklichkeit, Wahrheit und Gewißheit seines Thrones, ohne den er das leblose Einsame wäre; nur „aus dem Kelche dieses Geisterreiches schäumt ihm seine Unendlichkeit."" — Streng wissenschaftlich ist übrigens der Fortgang in der Phänomenologie noch nicht; sie ist die erste geistreiche Anwendung der „absoluten Methode", anregend durch die Kritik der Formen des „erscheinenden Wissens", aber willkürlich in der Anordnung und Zusammengruppirung des reichhaltigen dialektischen und historischen Stoffes, der in ihr verarbeitet ist.

§. 45. Hegel.

Georg Wilhelm Friedrich Hegel wurde am 27. August 1770 zu Stuttgart geboren. In seinem achtzehnten Jahre bezog er die Universität Tübingen, um sich dem Studium der Theologie zu widmen. Während seiner Studienjahre erregte er keine besondere Aufmerksamkeit; der jüngere Schelling überstrahlte alle seine Altersgenossen weit. Später Hauslehrer in der Schweiz und in Frankfurt a. M., habilitirte sich Hegel 1801 in Jena. Er galt Anfangs als Anhänger und Vertheidiger der Schelling'schen Philosophie. In diesem Sinne schrieb er in demselben Jahre seine erste kleinere Schrift „Differenz des Fichte'schen und Schelling'schen Systems der Philosophie;" bald darauf vereinigte er sich mit Schelling zur Herausgabe des „kritischen Journals der Philosophie" 1802—3, in welches er mehrere bedeutende Abhandlungen geliefert hat. Seine akademische Thätigkeit fand anfänglich nur wenig Beifall; doch wurde er 1805 Professor daselbst; die politische Katastrophe, die gleich darauf über das Land ausbrach, nahm ihm jedoch die Stellung wieder. Unter dem Kanonendonner der Schlacht bei Jena vollendete er die „Phänomenologie des Geistes," sein erstes großes und selbstständiges Hauptwerk, die Krone seines Jenaer Wirkens. Er pflegte später diese Schrift, die 1807 erschien, seine Entdeckungsreisen zu nennen. Von Jena aus ging Hegel, in Ermangelung anderer Subsistenzmittel, nach Bamberg, wo er zwei Jahre lang die dortige politische Zeitung redigirte. Im Herbste 1808 wurde er Rektor des Gymnasiums zu Nürnberg. In dieser Eigenschaft schrieb er alle seine Werke langsam zeitigend und seine schriftstellerische Thätigkeit erst recht beginnend, als Schelling die seinige schon beendigt hatte, 1812—16 seine Logik. Im zuletztgenannten Jahre erhielt er einen Ruf als Professor der Philosophie nach Heidelberg, wo er 1817 seine „Encyklopädie der philosophischen Wissenschaften" herausgab, in welcher er zum ersten Male das Ganze seines Systems aufstellte. Seine eigentliche Berühmtheit und seine weitgreifende Wirksamkeit datirt aber erst von seiner 1818 erfolgten Berufung nach Berlin. In Berlin war es, wo er sich eine zahlreiche, ausgebreitete, wissenschaftlich sehr thätige Schule heranzog, wo er, namentlich durch seine Verbindung mit dem preußischen Beamtenstaate, auch politisch-administrativen Einfluß gewann und seiner Philosophie die Geltung einer Staatsphilosophie erwarb. Beides nicht immer zum Vortheile der innern Freiheit seiner Philosophie und ihres moralischen Kredits. Doch verleugnet Hegel in seiner 1821 erschienenen Rechtsphilosophie die Grundforderungen des modernen Staatslebens nicht: er verlangt Volksrepräsentation, Freiheit der Presse und Oeffentlichkeit der Rechtspflege, Schwurgerichte und administrative Selbstständigkeit der Korporationen. In Berlin hat Hegel fast über alle Zweige der Philosophie Vorlesungen gehalten; seine Schüler und Freunde haben dieselben nach seinem Tode herausgegeben. Sein akademischer Vortrag war stockend, unbehilflich, schmucklos, aber nicht ohne eigenthümlichen Reiz, als unmittelbarer Ausdruck tiefer Gedankenarbeit. Seinen geselligen Umgang nahm er mehr mit unbefangenen Personen, als mit solchen des gelehrten Standes; er liebte es nicht, in geselligen Kreisen geistig zu glänzen. Im Jahre 1830 wurde er Rektor der Universität, ein Amt, das er mit praktischerem Sinne verwaltete, als einst Fichte. Hegel starb an der Cholera den 14. Nov. 1831, am Todestage Leibnitzen's. Er ruht auf demselben Kirchhofe, wo Solger und Fichte, dicht neben dem Letztern und nicht weit vom Erstern. Seine Schriften und Vorlesungen kamen gesammelt in 18 Bänden seit 1832 heraus: Band 1. kleinere Abhandlungen, 9. Philosophie, 2. Phänomenologie, 3—5. Logik, 6—7. Encyklopädie, 8. Rechtsphilosophie der Geschichte, 10. Aesthetik, 11—12. Religionsphilosophie, 13—15. Geschichte der Philosophie, 16—18. vermischte Schriften. Sein Leben hat Rosenkranz beschrieben.

Die Eintheilung des Hegel'schen Systems ist vermöge des Ganges, den in ihm das Wissen nimmt, eine Dreitheilung: 1) Die Entwickelung der reinen, allem natürlichen und geistigen Leben zu Grunde liegenden (unzeitlich vorangehenden) allgemeinen Begriffe oder Denkbestimmungen, die logische Entfaltung des Absoluten — die Wissenschaft der Logik; 2) die Entwickelung der realen Welt des Besondern oder der Natur — Naturphilosophie; 3) die Entwickelung der idealen Welt oder des konkreten, in Recht, Sitte, Staat, Kunst, Religion, Wissenschaft sich selbst verwirklichenden Geistes — Philosophie des Geistes. Diese drei Theile des Systems stellen zugleich die drei Momente der absoluten Methode, Position, Negation, Einheit beider, dar. Das Absolute ist zuerst reiner, stoffloser Gedanke; zweitens ist es Anderssein des reinen Gedankens, Auseinandergehen desselben in Raum und Zeit — Natur; drittens kehrt es aus dieser Selbstentfremdung zu sich selbst zurück, hebt das Anderssein der Natur auf und wird erst dadurch wirklicher, sich wissender Gedanke oder Geist.

I. Wissenschaft der Logik.

Die Hegel'sche Logik ist die wissenschaftliche Darstellung und Entwickelung der reinen Vernunftbegriffe, jener Begriffe oder Kategorieen, die allem Denken und Sein zu Grunde liegen, die ebensosehr die Grundbestimmungen des subjektiven Erkennens, als die inwohnende Seele der objektiven Wirklichkeit sind, jener Ideen, in welchen das Geistige und das Natürliche seinen Koinzidenzpunkt hat. Das Reich der Logik ist, sagt Hegel, die Wahrheit, wie sie ohne Hülle für sich ist. Sie ist, wie Hegel sich auch bildlich ausdrückt, die Darstellung Gottes, wie er in seinem ewigen Wesen vor Erschaffung der Welt und eines endlichen Geistes ist. In dieser Hinsicht ist sie allerdings ein Reich der Schatten; nur diese Schatten sind andererseits auch die einfachen, von aller sinnlichen Materiatur befreiten Wesenheiten, in deren diamantenes Netz das ganze Universum hineingebaut ist.

Die reinen Vernunftbegriffe zu sammeln und zu erörtern, hatten schon mehrere Philosophen einen dankenswerthen Anfang gemacht, Aristoteles in seinen Kategorieen, Wolff in seiner Ontologie, Kant in der transscendentalen Analytik. Allein sie hatten dieselben weder vollständig aufgeführt, noch kritisch gesichtet, noch aus einem Prinzip abgeleitet, sondern nur empirisch aufgenommen und lexikologisch behandelt. Im Gegensatz gegen dieses Verfahren hat Hegel gesucht, die reinen Vernunftbegriffe 1) vollständig zu sammeln, 2) kritisch zu sichten (d. h. Alles, was nicht reiner, anschauungsloser Gedanke wäre, auszuschließen), und 3) — was die am meisten charakteristische Eigenthümlichkeit der Hegel'schen Logik ist — dieselben dialektisch aus einander abzuleiten und zu einem innerlich gegliederten System der reinen Vernunft auszuführen. Schon Fichte hatte die Forderung aufgestellt, die Vernunft müsse rein aus sich selbst, völlig voraussetzungslos, das ganze System des Wissens deduziren. Hegel hält diesen Gedanken fest, aber in objektiver Weise; er stellt nicht oberste Grundsätze auf, in welchen alles Weitere **implicite** bereits gesetzt ist und somit bloß zu ihrer näheren Bestimmung dient, ohne wirklichen Gedankenfortschritt, sondern beginnend mit dem einfachsten, keiner weiteren Begründung bedürftigen Vernunftbegriffe, dem des reinen Seins, deduzirt er von diesem aus das ganze System des reinen Vernunftwissens, indem er die Fortbestimmung der abstrakteren Begriffe zu konkreteren nachzuweisen sucht. Der Hebel zu dieser Entwickelung ist die dialektische, durch Negation von einem Begriff zu andern fortschreitende Methode.

Alle Position, sagt Hegel, ist Negation; jeder Begriff hat das Gegentheil seiner selbst an ihm und führt somit fort zu seiner Negirung in einem Entgegengesetzten. Aber auch alle Negation ist Position, Affirmation. Wird ein Begriff negirt, so ist das Resultat nicht das reine Nichts, ein rein Negatives, sondern ein konkret Positives; es resultirt ein neuer, um die Negation des vorhergehenden bereicherter Begriff. Die Negation des Eins z. B. ist der Begriff des Vielen. Auf diese Weise macht Hegel die Negation zum Vehikel des dialektischen Fortschrittes. Jeder zuvor gesetzte Begriff wird negirt und aus seiner Negation ein höherer, reicherer Begriff gewonnen. Diese Methode, die analytisch und synthetisch zugleich ist, hat Hegel durch das ganze System der Wissenschaft durchgeführt.

Wir geben in Folgendem eine kurze Uebersicht über die Hegel'sche Logik. Sie zerfällt in drei Theile, die Lehre vom **Sein**, die Lehre vom **Wesen** und die Lehre vom **Begriff**.

1. Die Lehre vom Sein.

a) *Qualität.* Der Anfang der Wissenschaft ist der unmittelbare bestimmungslose Begriff des **Seins**. Dieser ist in seiner Inhaltslosigkeit und Leerheit so viel als die reine Verneinung, das **Nichts**. Diese beiden Begriffe sind somit ebensowohl absolut identisch als absolut entgegengesetzt: jeder von beiden verschwindet unmittelbar in sein Gegentheil. Dieses Oscilliren beider ist das reine **Werden**; das wir näher, wenn es ein Uebergehen vom Nichts ins Sein ist, **Entstehen**, im umgekehrten Fall **Vergehen** nennen. Der Niederschlag dieses Prozesses des Entstehens und Vergehens zu ruhiger Einfachheit ist das **Dasein**. Das Dasein ist Sein mit einer Bestimmtheit, oder es ist **Qualität**, näher Realität oder begrenztes Dasein. Das begrenzte Dasein schließt Anderes von sich aus. Diese Beziehung auf sich selbst, welche vermittelt ist durch negatives Verhalten zu Anderem, nennen wir **Fürsichsein**. Das Fürsichsein, das sich nur auf sich selbst bezieht und sich gegen das Andere als repellirend verhält, ist das Eins. Allein mittelst dieses Repellirens setzt das Eins unmittelbar **viele Eins**. Aber die vielen Eins sind nicht von einander unterschieden. Eins ist, was das Andere ist. Die Vielen sind daher Eins. Aber das Eins ist ebensosehr die Vielheit. Denn sein Ausschließen ist Setzen seines Gegentheils, oder es setzt sich dadurch als Vielheit. Durch diese Dialektik der **Attraktion** und **Repulsion** geht die Qualität in die Quantität über: denn die Gleichgültigkeit gegen den Unterschied und die qualitative Bestimmtheit ist die Quantität.

b) **Die Quantität.** Quantität ist Größenbestimmtheit, die als solche gegen die Qualität gleichgültig ist. Sofern die **Größe** viele Eins als unterscheidbare in sich enthält, ist sie ein **Diskretes**, oder es kommt ihr das Moment der **Diskretion** zu; sofern dagegen die vielen Eins gleichartig sind, die Größe also den Charakter der Unterschiedslosigkeit hat, ist sie stetig oder **kontinuirlich**, es kommt ihr das Moment der **Kontinuität** zu. Zugleich ist jede dieser beiden Bestimmungen mit der andern identisch: die Diskretion kann nicht ohne Kontinuität, die Kontinuität nicht ohne Diskretion gedacht werden. Das Dasein der Quantität oder die begrenzte Quantität ist das Quantum. Auch das Quantum hat die Momente der Vielheit und Einheit in sich, es ist die Anzahl von Einheiten, d. h. **Zahl**. Dem Quantum oder der extensiven Größe steht andererseits entgegen die intensive Größe oder der **Grad**. Mit dem Begriffe des Grades, sofern der Grad einfache Bestimmtheit ist, nähert sich die Quantität wieder der Qualität. Die Einheit der Quantität und der Qualität ist das **Maaß**.

c) Das **Maaß** ist ein qualitatives Quantum, ein Quantum, von welchem die Qualität abhängt. Ein Beispiel für diese quantitative Bestimmtheit, woran das Sosein des bestimmten Gegenstandes wirklich gebunden ist, ist die Temperatur des Wassers, die darüber entscheidet, ob das Wasser Wasser bleibt oder zu Eis oder Dampf wird. Hier macht das Quantum der Wärme wirklich die Qualität des Wassers aus. Qualität und Quantität sind somit in perennirendem Umschlagen begriffene Bestimmungen an einem Sein, an einem Dritten, welches verschieden ist vom unmittelbaren Was und Wieviel eines Dinges. Die vom unmittelbaren Sein unabhängige Qualität, die Negation der Unmittelbarkeit ist das **Wesen**. Wesen ist Insichsein, in sich gebrochenes Sein, Selbstdiremtion des Seins. Daher die Duplizität aller Bestimmungen des Wesens.

2. Die Lehre vom Wesen.

a) **Das Wesen als solches.** Das Wesen als reflektirtes Sein ist die Beziehung auf sich selbst nur, indem sie Beziehung auf Anderes ist. Reflektirt nennen wir dieses Sein in Analogie mit der Reflexion des Lichtes, das, wenn es in seinem geradlinigten Fortgange auf eine spiegelnde Fläche trifft, von dieser zurückgeworfen wird. Wie nun das reflektirte Licht ein durch seine Beziehung auf Anderes Vermitteltes oder Gesetztes ist, so ist das reflektirte Sein ein solches, das als durch Anderes vermittelt oder begründet nachgewiesen wird. Indem die Philosophie es sich als Aufgabe steckt, das Wesen der Dinge zu erkennen, so wird hier das unmittelbare Sein der Dinge gleichsam als Rinde oder als Vorhang vorgestellt, hinter welchem das Wesen verborgen ist. Wird also von dem Wesen eines Gegenstandes gesprochen, so wird das unmittelbare, dem Wesen gegenüberstehende Sein (denn ohne dieses ist das Wesen nicht zu denken) zu einem nur negativen herabgesetzt, zum Scheine. Das Sein scheint an dem Wesen. Das Wesen ist hiemit das Sein als Scheinen in sich selbst. Das Wesen, dem Schein gegenüber gedacht, gibt den Begriff des Wesentlichen; das was an ihm nur scheint, ist das Wesenlose oder Unwesentliche. Indem aber das Wesentliche selbst nur ist dem Unwesentlichen gegenüber, ist ihm dieses selbst wesentlich, es bedarf ebensosehr des Unwesentlichen, wie das Unwesentliche seiner. Jedes scheint also an dem andern, oder es findet zwischen ihnen die gegenseitige Beziehung statt, die wir Reflexion nennen. Wir haben es daher in dieser ganzen Sphäre mit Reflexionsbestimmungen zu thun, mit Bestimmungen, von denen jede auf die andere hinweist und nicht ohne sie zu denken ist (z. B. Positives und Negatives, Grund und Folge, Ding und Eigenschaften, Inhalt und Form, Kraft und Aeußerung). Es kehren also in der Entwickelung des Wesens dieselben Bestimmungen wieder, wie in der Entwickelung des Seins, nur nicht mehr in unmittelbarer, sondern in reflektirter Form. Statt des Seins und Nichts, treten jetzt die Formen des Positiven und Negativen ein, an die Stelle des Daseins tritt die Existenz u. s. w.

Das Wesen ist reflektirtes Sein, Beziehung auf sich, die aber vermittelt ist durch Beziehung auf Anderes, das an ihm scheint. Diese reflektirte Beziehung auf sich selbst nennen wir Identität (die im sogenannten ersten Denkgesetze, dem Satze der Identität A = A, nur ungenügend und abstrakt ausgedrückt wird). Als Beziehung auf sich selbst, die ebenso Unterscheidung ihrer von sich selbst ist, enthält die Identität wesentlich die Bestimmung des Unterschiedes. Der unmittelbare, äußerliche Unterschied ist die Verschiedenheit. Der wesentliche Unterschied, der Unterschied an sich selbst, ist der Gegensatz (Positives und Negatives). Die Selbstentgegensetzung des Wesens ist der Widerspruch. Der Gegensatz der Identität und des Unterschiedes versöhnt sich im Begriffe des Grundes. Indem sich nämlich das Wesen von sich selbst unterscheidet, so ist es einmal das mit sich identische Wesen, der Grund, und zweitens das von sich unterschiedene abgestoßene Wesen, die Folge. In der Kategorie Grund und Folge ist dasselbe, das Wesen, zweimal gesetzt: das Begründete und der Grund sind ein und derselbe Inhalt, weßwegen es auch schwer ist, den Grund anders als durch die Folge oder umgekehrt zu definiren. Die Trennung beider ist daher eine gewaltsame Abstraktion; aber eben deßhalb, weil beide identisch sind, ist die Anwendung dieser Kategorie eigentlich ein Formalismus. Wenn die Reflexion nach Gründen fragt, so will sie die Sache gleichsam doppelt sehen, einmal in ihrer Unmittelbarkeit und dann in ihrem Gesetztsein durch den Grund.

b) Wesen und Erscheinung. Die Erscheinung ist der mit dem Wesen erfüllte, daher nicht mehr wesenlose Schein. Es gibt keinen Schein ohne Wesen und kein Wesen, das nicht in Erscheinung träte. Es ist ein und derselbe Inhalt, der das eine Mal als Wesen, das andere Mal als Erscheinung genommen wird. In dem erscheinenden Wesen nennen wir das positive Moment, das bisher Grund genannt worden war, Inhalt, das negative die Form. Ein jedes Wesen ist Einheit von Inhalt und Form, d. h. es existirt. Existiren nämlich im Unterschiede vom unmittelbaren Sein nennen wir das aus dem Grunde hervorgegangene, d. h. begründete Sein. Das Wesen als existirendes nennen wir Ding. Im Verhältnisse des Dinges zu den Eigenschaften wiederholt sich das Verhältniß von Form und Inhalt. Die Eigenschaften zeigen uns das Ding von seiner formellen Seite, während es nach seinem Inhalte Ding ist. Gewöhnlich wird das Verhältniß zwischen dem Dinge und seinen Eigenschaften mit dem Zeitwort: **Haben** bezeichnet (das Ding hat Eigenschaften), zum Unterschiede von dem unmittelbaren Einssein. Das Wesen als negative Beziehung auf sich, und sich selbst von sich abstoßend zur Reflexion-in-Anderes, ist **Kraft und Aeußerung**. Es hat diese Kategorie mit den übrigen Kategorieen des Wesens gemein, daß in ihr ein und derselbe Inhalt zwei Mal gesetzt wird. Die Kraft kann nur aus der Aeußerung, die Aeußerung nur aus der Kraft erklärt werden, weßwegen sich alles Erklären, das sich dieser Kategorie bedient, in Tautologieen bewegt. Die Kraft für unerkennbar zu halten ist nur eine Selbsttäuschung des Verstandes über sein eigenes Thun. Ein höherer Ausdruck für die Kategorie: Kraft und Aeußerung, ist die Kategorie: **Inneres und Aeußeres**. Sie steht höher, weil die Kraft einer Sollicitation bedurfte, um sich zu äußern, das Innere aber das sich von selbst manifestirende Wesen ist. Auch diese beiden, Inneres und Aeußeres, sind identisch, keines ist ohne das andere. Was z. B. der Mensch innerlich ist, seinem Charakter nach, ist er auch äußerlich in seinem Thun. Die Wahrheit dieses Verhältnisses wird also vielmehr sein die Identität des Innern und des Aeußern, des Wesens und der Erscheinung, nämlich:

c) **Die Wirklichkeit**. Zum Sein und zur Existenz kommt als Drittes die Wirklichkeit hinzu. In der Wirklichkeit ist die Erscheinung ganze und adäquate Manifestation des Wesens. Die wahre Wirklichkeit ist daher (im Gegensatze gegen die Möglichkeit und Zufälligkeit) nothwendiges Sein, vernünftige **Nothwendigkeit**. Der bekannte Hegel'sche Satz, alles Wirkliche sei vernünftig und alles Vernünftige wirklich, erweist sich bei dieser Fassung der „Wirklichkeit" als einfache Tautologie. Das Nothwendige, als sein eigener mit sich identischer Grund gesetzt, ist die **Substanz**. Die Seite der Erscheinung, das Unwesentliche an der Substanz, das Zufällige am Nothwendigen sind die **Accidenzien**. Sie verhalten sich zur Substanz nicht mehr, wie die Erscheinung zum Wesen oder das Aeußere zum Innern, d. h. als adäquate Manifestation; sie sind nur vorübergehende Affektionen der Substanz, zufällig wechselnde Erscheinungsformen, wie Meerwellen am Meerwasser. Sie sind nicht von der Substanz hervorgebracht, sondern gehen vielmehr nur an ihr zu Grunde. Das Substanzialitäts-Verhältniß führt zum **Kausalitäts-Verhältnisse**. Im Kausalitäts-Verhältnisse ist eine und dieselbe Sache einerseits als **Ursache**, andererseits als **Wirkung** gesetzt. Die Ursache der Wärme ist Wärme, und ihre Wirkung ist wieder Wärme. Die Wirkung ist ein höherer Begriff, als das Accidens im Substanzialitäts-Verhältniß, da sie der Ursache wirklich gegenübersteht und die Ursache selbst in Wirkung übergeht. Sofern jedoch im Kausalitäts-Verhältnisse jede Seite die andere voraussetzt, ist das Wahre vielmehr ein solches Verhältniß, worin jede Seite Ursache und Wirkung zugleich ist — **Wechselwirkung**. Die Wechselwirkung ist insofern ein höheres Verhältniß als die Kausalität, weil es keine reine Kausalität gibt. Es gibt keine Wirkung ohne Gegenwirkung.

Mit der Kategorie der Wechselwirkung verlassen wir überhaupt das Gebiet des Wesens. Alle Kategorieen des Wesens hatten sich als Duplizität zweier Seiten dargestellt. Indem nun in der Wechselwirkung der Gegensatz der Ursache und Wirkung in Eins zusammenfällt, ist an die Stelle der Duplizität wieder Einheit mit sich getreten. Wir haben also wieder ein Sein, das sich dirimirt in verschiedene Selbstständige, die aber mit ihm selbst unmittelbar identisch sind. Diese Einheit der Unmittelbarkeit des Seins mit der Selbstdiremtion des Wesens ist der Begriff.

3. Die Lehre vom Begriffe.

Begriff ist das im Andern mit sich selbst Identische; er ist substanzielle Totalität, deren Momente (Einzelnes, Besonderes) das Ganze (das Allgemeine) selbst sind, Totalität, die den Unterschied ebenso frei gewähren läßt, als ihn innerhalb ihrer selbst zur Einheit zusammenfaßt. Der Begriff ist a) subjektiver Begriff, die Einheit des Vielen für sich, der Form nach gesetzt, in der Abstraktion vom Inhalt. Er ist b) Objektivität, Begriff in der Gestalt der Unmittelbarkeit, als äußerliche Einheit selbstständiger Existenzen. Er ist c) Idee, der ebenso objektive, als das objektive Dasein wieder zur reinen Einheit mit sich selbst zurückführende, dem Objekt ebenso immanente wie für sich als punktuelle Einheit des Reellen vorhandene Begriff.

a) Der subjektive Begriff enthält die Momente der Allgemeinheit, der Identität mit sich im Unterschied, der Besonderheit, der in der Identität mit dem Allgemeinen bleibenden Unterschiedenheit, und der Einzelheit, des das Allgemeine und Besondere (Gattung und Art) in sich vereinigenden, selbstdaseiu selbstständigen Fürsichseins. Das Allgemeine für sich gesetzt, ist der Begriff als solcher. Diese Einseitigkeit hebt sich auf, indem das Allgemeine wirklich gesetzt wird als einem Einzelnen inhärirend, als Prädikat eines Subjekts, oder im Urtheil. Das Urtheil spricht die Identität des Einzelnen mit dem Allgemeinen, und ebendamit das Auseinandergehen des Allgemeinen zu Selbstständigen, die mit ihm identisch sind, die Selbstdirection des Begriffs aus; der Begriff stellt sich in ihm dar nach der Seite, daß er nicht etwas Abstraktes, wie Substanz, Ursache, Kraft, sondern konkretes, dem Einzeldasein immanente, in eine Welt von Einzelheiten sich hinein kontinuirende Bestimmtheit ist. Die Einseitigkeit des Urtheils, daß in ihm das Einzelne als unmittelbar mit dem Allgemeinen identisch gesetzt ist, beide somit in Wahrheit auseinander fallen (das Allgemeine ist weiter als das Einzelne, das Einzelne konkreter als das Allgemeine), hebt sich auf im Schluß. In ihm werden Allgemeines und Einzelnes vermittelt durch das Besondere, das zwischen beide als Mittelbegriff hineintritt. Der Schluß stellt somit das Allgemeine dar, wie es mittelst seiner Besonderung sich im Einzelnen verwirklicht, oder das Einzelne, wie es durch Vermittlung des Besondern im Allgemeinen ist; der Schluß erst drückt vollkommen das Wesen des Begriffs aus, sich in sich selbst zu unterscheiden, zu einer Vielheit des Seins, innerhalb welcher das Einzelne durch seine Besonderheit ebenso dem Allgemeinen gegenüber selbstständig als durch dieselbe mit ihm zur Identität zusammengeschlossen ist. — Der Begriff ist nach dem Bisherigen nicht etwas bloß Subjektives, sondern er hat Realität in der unter ihm befaßten Totalität des Seins; so betrachtet ist er objektiver Begriff.

b) Objektivität ist nicht Sein überhaupt, sondern ein in sich vollständiges, begrifflich bestimmtes Sein. Ihre erste Form ist der Mechanismus, das Zusammensein Selbstständiger, die sich gleichgültig gegen einander verhalten, nur durch ein allgemeines Band zur Einheit eines Ganzen (Aggregats) zusammengehalten sind. Diese Gleichgültigkeit hebt sich auf im Chemismus, der gegenseitigen Anziehung, Durchdringung und Neutralisirung Selbstständiger, die sich zur Einheit ergänzen. Die Einheit ist aber hier nur die negative der Auflösung der Einzelnen in ein Ganzes; die dritte Form der Objektivität ist daher die Teleologie, der Zweck (dem

Schluß entsprechend), der sich realisirende, das Sein zum Mittel für sich herabsetzende, in diesem Prozeß der Aufhebung der Selbstständigkeit der Dinge sich selbst erhaltende und ausführende Begriff. Der Mangel im Begriff des Zwecks ist, daß er die Objektivität sich selbst noch gegenüber hat als ein ihm Fremdes; dieß aufgehoben, so entsteht der Begriff des der Objektivität immanenten Zwecks, des in der Objektivität sich ausführenden, sie durchdringenden, in ihr selbst sich realisirenden Begriffs oder der Idee.

c) Die **Idee** ist die höchste logische Definition des Absoluten. Sie ist weder der bloß subjektive, noch der bloß objektive, sondern der dem Objekt immanente, es zu seiner ganzen Selbstständigkeit entlassende, aber es ebenso in Einheit mit sich selbst erhaltende Begriff. Ihre unmittelbare Form ist das **Leben**, der Organismus, die unmittelbare Einheit des Objekts mit dem Begriff, der es als seine Seele, als Prinzip der Lebendigkeit durchdringt. Der Begriff ist aber hier nicht zugleich für sich gesetzt; die Idee als solche, dem Objekt gegenübertretend, ist das **Erkennen**, das Sichwiederfinden des Begriffs in der Objektivität (Idee des Wahren), das Sichhineinbilden des Begriffs in sie, um die Selbstständigkeit des Objekts aufzuheben, das Reale zur Begriffsgemäßheit zu erheben (Idee des Guten). Dieses Gegenüber der Idee und des Objekts ist aber einseitig; das Erkennen und Handeln setzt nothwendig die Identität des subjektiven und objektiven Seins voraus. Der höchste Begriff ist somit die **absolute Idee**, die Einheit des Lebens und des Erkennens, das ebenso unendlich wirkliche als von dieser seiner unmittelbaren Wirklichkeit sich unterscheidende, sich selbst denkende und denkend verwirklichende Allgemeine.

Die Idee, demgemäß zu unmittelbarer Wirklichkeit sich entlassend, ist Natur; als aus der Natur zu sich zurückkommend, sich mit sich selbst bewußt zusammenschließend — Geist.

II. Die Wissenschaft der Natur.

Die Natur ist die Idee in der Form des Andersseins, der aus seiner logischen Abstraktion zu realer Besonderung herausgetretene, ebendamit aber sich selbst äußerlich gewordene Begriff. Es verbirgt sich daher in ihr die Einheit des Begriffes, und die Philosophie, indem sie sich die Aufgabe steckt, der in der Natur verborgenen Intelligenz nachzugehen, das Werden und die Selbstaufhebung der Natur zum Geiste zu verfolgen, darf nicht vergessen, daß das Außereinander, das Außersichselbstgekommensein das Wesen der Natur überhaupt ausmacht, daß die Produkte der Natur noch keine Beziehung auf sich selbst haben, dem Begriffe noch nicht entsprechen, sondern in ungebundener, zügelloser Zufälligkeit wuchern. Die Natur ist ein bacchantischer Gott, der sich nicht zügelt, noch faßt. Sie bietet darum auch keine begrifflich gegliederte, stetig aufsteigende Stufenreihe dar; im Gegentheil, sie verwischt allenthalben die wesentlichen Grenzen durch mittlere und schlechte Gebilde, welche immer Instanzen gegen jede feste Eintheilung abgeben. Bei dieser Ohnmacht der Natur, die Begriffsbestimmungen festzuhalten, ist die Naturphilosophie auf jedem Punkte genöthigt, gleichsam zu kapituliren zwischen der Welt der konkreten individuellen Gebilde und dem Regulativen der spekulativen Idee.

Anfang, Weg und Ziel sind der Naturphilosophie vorgezeichnet. Ihr Anfang ist die erste oder unmittelbare Bestimmung der Natur, die abstrakte Allgemeinheit ihres Außer-sich-seins, — Raum und Materie, ihr Ende die

Losringung des Geistes aus der Natur in der Form vernünftiger, selbstbewußter Individualität, — der Mensch; die vermittelnden Zwischenglieder zwischen diesen beiden Endpunkten aufzuzeigen, die immer glücklicheren Versuche der Natur, sich im Menschen zum Selbstbewußtsein emporzuringen, stufenweise zu verfolgen, — ist die Aufgabe, die sie zu lösen hat. In diesem Prozesse durchläuft die Natur drei Hauptstufen. Sie ist:

1) **Materie und ideelles System der Materie: Mechanik**. Die Materie ist das Außersichsein der Natur in seiner allgemeinsten Form. Doch zeigt schon sie jene Tendenz zum Fürsichsein, die den rothen Faden der Naturphilosophie bildet, — den Zug der Schwere. Die Schwere ist das Insichsein der Materie, ihre Sehnsucht, zu sich selbst zu kommen, die erste Spur der Subjektivität. Der Schwerpunkt eines Körpers ist das Eins, das er sucht. Dieselbe Tendenz, die Vielheit zum Fürsichsein zusammenzubringen, liegt auch der allgemeinen Gravitation, dem Sonnen=System zu Grunde. Die Centralität, der Grundbegriff der Schwere, wird hier zum System und zwar, sofern die Gestalt der Bahn, die Schnelligkeit der Bewegung oder die Umlaufszeit sich auf mathematische Gesetze zurückführen lassen, zu einem System realer Vernünftigkeit.

2) Der Materie kommt jedoch noch keine Individualität zu. Auch in der Astronomie interessiren nicht die Körper als solche, sondern nur ihre geometrischen Verhältnisse. Es handelt sich hier überall nur erst um quantitative, noch nicht um qualitative Bestimmungen. Doch hat im Sonnen=System die Materie ihr Centrum, ihr Selbst gefunden. Ihr abstraktes dumpfes Insichsein hat sich zur Form entschlossen. Die Materie nun, als qualifizirte Materie, ist Gegenstand der **Physik**. In der Physik haben wir es mit der Materie zu thun, die sich zum Körper, zur Individualität partikularisirt hat. Hieher gehört die unorganische Natur, ihre Gestaltungen und gegenseitigen Beziehungen.

3) **Organik**. Die unorganische Natur, die Gegenstand der Physik gewesen war, vernichtet sich selbst im chemischen Prozesse. Im chemischen Prozesse alle seine Eigenschaften (Cohäsion, Farbe, Glanz, Klang, Durchsichtigkeit u. s. w.) verlierend, zeigt der unorganische Körper die Flüchtigkeit seiner Existenz, und diese Relativität ist sein Sein. Die Aufhebung des chemischen Prozesses ist das Organische, das Lebendige. Zwar steht der lebendige Körper immer auf dem Sprunge, zum chemischen Prozesse überzugehen; Sauerstoff, Wasserstoff, Salz will immer hervortreten, wird aber immer wieder aufgehoben; das Lebendige widersteht dem chemischen Prozesse, bis es stirbt; das Leben ist Selbsterhaltung, Selbstzweck. Während sich also die Natur in der Physik zur Individualität bestimmt hatte, bestimmt sie sich in der Organik zur Subjektivität fort. Die Idee als Leben stellt sich in drei Stufen dar:

a) als allgemeines Bild des Lebens, als **geologischer Organismus** oder als **Mineralreich**. Doch ist das Mineralreich Resultat und Residuum eines schon vergangenen Lebens= und Bildungsprozesses. Das Urgebirge ist der erstarrte Krystall des Lebens, die geologische Erde ein Riesenleichnam. Das gegenwärtige, sich ewig neu produzirende Leben, die erste Regung der Subjektivität bricht erst hervor

b) im **vegetabilischen Organismus** oder im **Pflanzenreiche**. Die Pflanze erhebt sich schon zum Gestaltungsprozesse, zum Assimilations=Prozesse und zum Gattungs=Prozesse. Aber sie ist noch nicht in sich gegliederte Totalität. Jeder Theil der Pflanze ist das ganze Individuum, jeder Zweig der ganze Baum. Die Theile selbst verhalten sich gleichgültig zu einander: die Krone kann Wurzel, die Wurzel Krone werden. Zum wahren Insichsein der Individualität kommt es also bei der Pflanze noch nicht, denn hiezu ist absolute Einheit des Individuums nöthig. Diese Einheit, einzelne konkrete Subjektivität ist erst

c) der **animalische Organismus, das Thierreich**. Erst der thierische Organismus hat ununterbrochene Intussusception, freie Bewegung, Empfindung; in seinen höheren Gebilden innere Wärme und Stimme; in seinem höchsten Gebilde endlich, dem Menschen, erfaßt sich die Natur oder vielmehr der die Natur durchwirkende Geist als bewußte Einzelheit, als Ich. Zum freien vernünftigen Selbst geworden, vollbringt der Geist jetzt seine Selbstbefreiung von der Natur.

III. Philosophie des Geistes.

1. Der subjektive Geist.

Der Geist ist die Wahrheit der Natur, die Aufhebung seiner Entäußerung, das Identischgewordensein mit sich. Sein Wesen ist daher formell die Freiheit, die Möglichkeit von Allem zu abstrahiren, materiell die Fähigkeit, sich als Geist, als bewußte Vernünftigkeit zu offenbaren, das geistige Universum als sein Reich zu setzen, ein Gebäude objektiver Vernünftigkeit aufzuführen. Um sich jedoch als alle Vernünftigkeit zu wissen, um die Natur mehr und mehr negativ zu setzen, hat auch der Geist, wie die Natur, eine Reihe von Stufen, von Befreiungsthaten zu durchlaufen. Von der Natur herkommend, aus ihrer Aeußerlichkeit zum Fürsichsein sich emporringend, ist er zuerst Seele oder Naturgeist, und als solcher Gegenstand der **Anthropologie** im engern Sinne. Er lebt als dieser Naturgeist das allgemeine planetarische Leben mit, ist in dieser Beziehung dem Unterschiede der Klimate, dem Wechsel der Jahres- und Tageszeiten unterworfen; näher lebt er die Natur seines geographischen Welttheiles mit, d. h. er gehört der Racen-Verschiedenheit an; weiter trägt er einen National-Typus, ist außerdem durch Lebensart, Körperbildung u. s. w. bestimmt, und diese natürlichen Bedingungen wirken auch auf seinen intelligenten und sittlichen Charakter ein. Endlich kommt hier die Naturbestimmtheit des individuellen Subjekts in Betracht, d. h. sein Naturell, sein Temperament, Charakter, Familien-Idiosynkrasie u. s. f. Dazu kommen die natürlichen Veränderungen, Lebensalter, Geschlechtsverhältniß, Schlaf und Wachen. Der Geist ist hier überall noch in der Natur versenkt und dieser Mittelzustand zwischen Fürsichsein und Naturschlaf ist die *Empfindung*, das dumpfe Weben des Geistes in seiner bewußt- und verstandlosen Individualität. Eine höhere Stufe der Empfindung ist das Fühlen, d. h. das Empfinden in sich, worin das Fürsichsein hervorbricht; das Fühlen in seiner vollendeten Form ist das Selbstgefühl. Indem im Selbstgefühle das Subjekt in die Besonderheit seiner Empfindungen versenkt ist, sich aber dabei doch mit sich als subjektivem Eins zusammenschließt, ist das Selbstgefühl die Vorstufe des Bewußtseins. Das Ich erscheint jetzt als der Schacht, in welchem alle die Empfindungsbestimmungen, Vorstellungen, Kenntnisse, Gedanken aufbewahrt sind, das bei ihnen allen dabei ist, das den Mittelpunkt ausmacht, in welchem sie alle zusammenlaufen. Der Geist als bewußter, als bewußtes Fürsichsein, als Ich ist Gegenstand der

'**Phänomenologie** des Bewußtseins (die hier, in beschränkterem Umfang, als Theil der Psychologie wieder auftritt).

Individuum war der Geist, so lange er mit der Natürlichkeit verflochten war, Bewußtsein oder Ich ist er, wie er die Natürlichkeit von sich abgestreift hat. Damit hat er, sich von ihr unterscheidend, sich in sich selber zurückgezogen und womit er früher verflochten war, was also seine eigene (tellurische, nationale u. s. f.) Bestimmtheit war, das steht ihm jetzt als seine Außenwelt gegenüber (Erde, Volk u. s. w.). Das Erwachen des Ich ist deßwegen der Schöpfungsakt der Objektivität als solcher, wie umgekehrt das Ich nur an der Objektivität und ihr gegenüber zur bewußten Subjektivität erwacht. Das Ich, so der Objektivität gegenüber, ist Bewußtsein im engern Sinne des Wortes. Das Bewußtsein wird zum Selbstbewußtsein, indem es die Stufen des unmittelbaren sinnlichen Bewußtseins, der Wahrnehmung und des Verstandes durchläuft und hiedurch dazu gelangt, sich zu dem reinen Gedanken der Persönlichkeit, zum Wissen seiner selbst als freien Ichs sich zu erheben. Das Selbstbewußtsein hinwiederum wird zum allgemeinen oder vernünftigen Selbstbewußtsein, indem es in seinen Bestrebungen, die Objektivität sich anzueignen und sich die Anerkennung als freies Subjekt zu erwerben, in Konflikt mit andern Selbstbewußtseins geräth, einen Vernichtungskampf gegen sie beginnt, aber aus diesem bellum omnium contra omnes (dem gewaltsamen Anfang der Staatenbildung) als Gemeinbewußtsein, als Finden der richtigen Mitte zwischen Herrschaft und Gehorsam, d. h. als wahrhaft allgemeines, d. i. vernünftiges Selbstbewußtsein sich erhebt. Das vernünftige Selbstbewußtsein ist, indem es sich zum Andern nicht mehr negativ selbstisch verhält, sondern die Identität des Andern mit ihm anerkennt, wirklich frei; es hat im Andern sich selbst sich gegenüber, es hat die Beschränktheit auf eigene natürliche Ichheit abgestreift. Wir haben jetzt den Geist, nachdem er seine Natürlichkeit und Subjektivität überwunden, als Geist, und als solcher ist er Gegenstand der **Pneumatologie**.

Der Geist ist zuerst theoretischer Geist oder Intelligenz, dann praktischer Geist oder Wille. Theoretisch verhält er sich, indem er es mit dem Vernünftigen als einem Gegebenen zu thun hat und es nun als das Seinige setzt; praktisch, indem er den subjektivirten Inhalt (die Wahrheit), den er als den seinigen hat, unmittelbar will, von der einseitigen Form der Subjektivität befreit und in einen objektiven verwandelt. Der praktische Geist ist insofern die Wahrheit des theoretischen. Auf seinem Wege zum praktischen Geiste durchläuft der theoretische die Stufen der Anschauung, der Vorstellung und des Denkens; der Wille seinerseits bildet sich durch Trieb, Begehren, Neigung hindurch zum freien Willen aus. Das Dasein des freien Willens ist der objektive Geist, Recht und Staat. In Recht, Sitte und Staat wird die Freiheit realisirt, der vernünftige Wille zu äußerer Objektivität, zum Dasein in realen allgemeinen Lebensformen (Institutionen) gebracht, die Vernunft, die Idee des Guten realisirt. Alle Naturbestimmungen und Triebe kehren jetzt versittlicht als ethische Institute, als Rechte und Pflichten wieder (der Geschlechtstrieb als Ehe und Familie, der Rachetrieb als gesetzliche Strafe u. s. f.).

2. Der objektive Geist.

a) Das unmittelbare Dasein des freien Willens, der freie Wille als wirklicher und in seiner Freiheit wirklich allgemein (gesetzlich) anerkannter, ist das Recht. Das Individuum, sofern es rechtsfähig ist, Rechte hat und ausübt, ist Person. Das Rechtsgebot ist daher: sei Person und respektire die Andern als Personen. Die Person gibt sich eine äußere Sphäre ihrer Freiheit, ein Substrat, woran sie ihren Willen bethätigen kann: das Eigenthum, den Besitz. Als Person habe ich das Recht des Besitzes, das absolute Zueignungsrecht, das Recht, in jede Sache meinen Willen zu legen, welche dadurch die meinige wird. Allein ich habe ebenso das Recht, meines Besitzes an eine andere Person mich zu entäußern: dieß geschieht auf dem Boden des Rechts durch den Vertrag, in ihm realisirt sich erst die Freiheit vollkommen, die Willkür der Disposition über das Eigenthum. Das Vertragsverhältniß ist der erste Schritt zum Staate, jedoch nur der erste Schritt; denn den Staat definiren als einen Vertrag Aller mit Allen, heißt ihn in die Kategorie des Privatrechts und Privateigenthums herabziehen. Es liegt nicht in der Willkür des Individuums, ob es im Staate leben will oder nicht. Das Vertragsverhältniß geht auf das Privateigenthum. Im Vertrage als willkürlicher Uebereinkunft liegt aber zugleich die Möglichkeit der Verselbstständigung des subjektiven Willens gegen das Recht an sich oder den allgemeinen Willen. Die Entzweiung Beider ist das Unrecht (bürgerliches Unrecht; Betrug; Verbrechen). Diese Entzweiung fordert eine Versöhnung, eine Wiederherstellung des Rechts oder des allgemeinen Willens gegen seine durch den besondern Willen verursachte momentane Aufhebung oder Negation. Das gegen den partikulären Willen sich wiederherstellende Recht, die Negation des Unrechts, ist die Strafe. Die zur Begründung des Strafrechts aufgestellten Verhütungs-, Abschreckungs-, Androhungs-, Besserungstheorieen verkennen das Wesen der Strafe. Abschreckung, Androhung u. s. f. sind endliche Zwecke, d. h. Mittel, überdieß ungewisse Mittel; ein Akt der Gerechtigkeit aber darf nicht zum Mittel herabgesetzt werden; Gerechtigkeit wird nicht geübt, damit etwas Anderes, als sie selbst, erreicht und verwirklicht werde. Die Vollziehung und Selbstmanifestation der Gerechtigkeit ist absoluter Zweck, Selbstzweck. Jene besonderen Rücksichten können bloß bei der Modalität der Strafe in Betracht kommen. Die Strafe, die am Verbrecher vollzogen wird, ist **sein** Recht, **seine** Vernünftigkeit, **sein** Gesetz, unter das er subsumirt werden darf. Seine Handlung fällt auf ihn selbst zurück. Hegel vertheidigt darum auch die Todesstrafe, deren Abschaffung ihm als unzeitige Sentimentalität erscheint.

b) Der Gegensatz des allgemeinen und partikulären Willens ins Subjekt verlegt, konstituirt die **Moralität.** In der Moralität bildet sich die Freiheit des Willens zur Selbstbestimmung der Subjektivität fort, sie ist die Negation der Aeußerlichkeit des Rechtlichen, sie ist der in sich gehende, sein Handeln nach Zwecken, nach eigener Ueberzeugung von Recht und Pflicht bestimmende Wille. Der moralische Standpunkt ist das Recht des subjektiven Willens, der freien sittlichen Entscheidung, der Standpunkt des Gewissens. Während es beim strengen Rechte nicht darauf ankam, was mein Grundsatz oder meine Absicht war, so tritt nun die Frage nach der Triebfeder des Willens, nach dem Vorsatze ein. Hegel nennt diesen Standpunkt der moralischen Reflexion, des pflichtmäßigen Handelns aus Gründen — Moralität, im Unterschiede von der unbefangenen, reflexionslosen, substanziellen Sittlichkeit. Dieser Standpunkt hat drei Momente, 1) das Moment des Vorsatzes, sofern nur die innerliche Bestimmtheit des handelnden Subjekts in Betracht kommt, sofern ich eine That mir nur zurechnen lasse, insoweit sie Schuld meines Willens ist (Imputation); 2) das Moment der

Absicht und des Wohls, sofern ich an einer That und ihren Folgen nur das als das Meinige anerkenne, was ich damit innerlich bezweckte, und sofern ich das Recht habe, durch mein Handeln die Zwecke meines Wohls realisirt zu wissen (nicht dem abstrakten Recht aufgeopfert zu werden); 3) das Moment des Guten, sofern dem subjektiven Willen, eben weil er in sich reflektirter, selbst entscheidender Wille ist, zuzumuthen ist, seine subjektiven Zwecke in Einheit mit dem Allgemeinen zu halten. Das Gute ist die Einheit des besondern subjektiven Willens mit dem allgemeinen Willen oder dem Begriffe des Willens, das gewollte Vernünftige; ihm entgegengesetzt ist das Böse die Auflehnung des subjektiven Willens gegen das Allgemeine, der Versuch die eigene Besonderheit und Willkür als Absolutes zu setzen, das gewollte Unvernünftige.

c) Innerhalb der Moralität stehen das Gute und der Wille einander noch abstrakt gegenüber; der Wille als freier ist ebensosehr die Möglichkeit des Bösen; das Gute ist so bloß ein Seinsollendes, noch nicht ein Wirkliches. Die Moralität ist hiemit ein einseitiger Standpunkt. Das Höhere ist die konkrete Identität des Guten und des Willens, die Sittlichkeit. In ihr wird das Gute ein Wirkliches, es erhält die Gestalt sittlicher Institutionen, innerhalb welcher der Wille lebt, so daß das Gute zur andern Natur des Selbstbewußtseins, die Moralität zum guten Charakter, zur Gesinnung, zum sittlichen Geiste wird.

Der sittliche Geist ist zuerst unmittelbar oder in natürlicher Form vorhanden, als Ehe und Familie. Bei der Ehe treffen drei Momente zusammen, die nicht getrennt werden dürfen, und die so oft mit Unrecht isolirt werden. Die Ehe ist 1) ein Geschlechtsverhältniß und beruht auf der Geschlechtsdifferenz, woran das Sittliche Das ist, daß das Subjekt, statt sich zu isoliren, in seiner natürlichen Allgemeinheit, in seiner Gattungsbestimmtheit sein Dasein hat; 2) ist sie Rechtsverhältniß, besonders Gemeinsamkeit des Eigenthums; 3) geistige Gemeinschaft der Liebe, des Zutrauens. Doch legt Hegel auf dieses subjektive Moment der Empfindung bei der Abschließung der Ehe kein großes Gewicht; die gegenseitige Zuneigung werde sich im ehelichen Leben schon finden. Es sei sittlicher, wenn der Entschluß zur Verehelichung den Anfang mache, und eine bestimmte persönliche Zuneigung erst die Folge davon sei. Denn die Ehe sei zunächst Pflicht. Hegel will darum auch die Ehescheidung möglichst erschwert wissen. Im Uebrigen hat Hegel das Wesen der Familie mit tiefem sittlichen Gefühle entwickelt und beschrieben.

Die Familie, indem sie in eine Vielheit von Familien auseinandergeht, wird zur bürgerlichen Gesellschaft, in welcher die Glieder, obwohl noch als selbstständige Einzelnheit, durch ihre Bedürfnisse, durch die Rechtsverfassung als das Mittel der Sicherheit der Personen und des Eigenthums, und durch die äußere polizeiliche Ordnung zur Einheit verbunden sind. — Hegel unterscheidet die bürgerliche Gesellschaft vom Staate, im Gegensatze gegen die meisten neueren Staatsrechtslehrer, welche, indem sie als Hauptzweck des Staats die Sicherheit des Eigenthums und der persönlichen Freiheit ansehen, den Staat auf die bürgerliche Gesellschaft reduziren. Allein vom Standpunkte der bürgerlichen Gesellschaft, des Noth- und Rechtsstaats aus ist z. B. der Krieg unbegreiflich. Auf dem Boden der bürgerlichen Gesellschaft steht Jeder für sich, ist selbstständig, sich selbst Zweck; alles Andere ist ihm Mittel. Der Staat dagegen kennt keine selbstständigen Individuen, von denen Jedes nur sein eigenes Wohl im Auge haben und verfolgen dürfte; im Staate ist das Ganze Zweck und der Einzelne Mittel. — Für die Rechtspflege verlangt Hegel im Gegensatze gegen Diejenigen, die unserer Zeit den Beruf zur Gesetzgebung absprechen, geschriebene, verständliche und Jedem zugängliche Gesetze; ferner, was die Ausübung der Rechtspflege betrifft, Oeffentlichkeit des Gerichtsverfahrens und Geschwornengerichte. — Hinsichtlich der Gliederung der bürgerlichen Gesellschaft äußert Hegel große Vorliebe für das Korporationsleben. Heiligkeit der Ehe, sagt er, und Ehre in den Korporationen sind die zwei Momente, um welche sich die Desorganisation der bürgerlichen Gesellschaft dreht.

Die bürgerliche Gesellschaft geht in den Staat über, indem das Interesse der Einzelnen in der Idee eines sittlichen Ganzen sich aufhebt. Der Staat ist die Wirklichkeit der sittlichen Idee, der sittliche Geist, wie er das Thun und Wissen der in ihm begriffenen Individuen beherrscht. Die Staaten selbst endlich, indem sie als Individuen zu einander in ein attrahirendes oder repellirendes Verhältniß treten, stellen in ihrem Geschicke, ihrem Auf- und Niedergange den Prozeß der Weltgeschichte dar.

In seiner Fassung des Staats neigt sich Hegel überwiegend zur antiken Staatsidee, welche das Individuelle, das Recht der Besonderheit, gänzlich im Staatswillen aufgehen ließ. Die Omnipotenz des Staats im antiken Sinne hält Hegel vorwiegend fest. Daher sein Widerwille gegen den modernen Liberalismus, gegen das Postuliren, Kritisiren, Besserwissenwollen der Individuen. Der Staat ist ihm die vernünftig-sittliche Substanz, in welche sich das Individuum hineinzuleben hat, die bestehende Vernunft, der sich der Einzelne mit freier Einsicht zu fügen hat. Für die beste Verfassungsform hält Hegel die ständische Monarchie, nach der Art der englischen Verfassung, zu der sich Hegel am meisten hinneigt, und der er auch seine bekannte Aeußerung, der König sei das Tüpfelchen auf dem i, abgelauscht hat. Es sei ein Individuum nöthig, meint Hegel, das Ja sagt, das den Beschlüssen des Staats ein „ich will" vorsetzt, eine Spitze der formellen Entscheidung. „Die Persönlichkeit des Staates," sagt er, „ist nur als eine Person, als Monarch wirklich." Hegel vertheidigt darum die erbliche Monarchie. Aber er stellt neben sie, als vermittelndes Element zwischen Volk und Fürst, das Ständethum, — freilich nicht zur Kontrole oder als Schranke der Regierung, nicht zur Wahrung der Volksrechte, sondern nur, damit das Volk erfahre, daß gut regiert werde, damit das Bewußtsein des Volks dabei sei, damit der Staat ins subjektive Bewußtsein des Volks trete.

Die Staaten und die einzelnen Volksgeister münden in den Strom der Weltgeschichte ein. Der Kampf, der Sieg und das Unterliegen der einzelnen Volksgeister, der Uebergang des Weltgeistes von einem Volke zum andern ist der Inhalt der Weltgeschichte. Die Entwickelung der Weltgeschichte ist in der Regel an ein herrschendes Volk gebunden, das Träger des Weltgeistes in seiner gegenwärtigen Entwickelungsstufe ist, und dem gegenüber die Geister der anderen Völker rechtlos sind. So stehen die Völkergeister um den Thron des absoluten Geistes, als Vollbringer seiner Verwirklichung, als Zeugen und Zierrathen seiner Herrlichkeit.

3. Der absolute Geist.

Der Geist ist absolut, sofern er aus der Sphäre des Objektiven zu sich selbst, zur Idealität des Erkennens, zum Wissen der absoluten Idee als der Wahrheit alles Seins zurückkehrt. Die Ueberwindung der natürlichen Subjektivität durch Recht und Sitte ist für den Geist der Weg, um zu dieser reinen Freiheit, zum Wissen seines idealen Wesens als des Absoluten sich zu erheben. Die erste Stufe des absoluten Geistes ist die Kunst, das unmittelbare Anschauen der Idee in objektiver Wirklichkeit; die zweite die Religion, die Gewißheit der Idee als des Höhern gegen alle unmittelbare Wirklichkeit, als der über alles Einzelne und Endliche übergreifenden absoluten Macht des Seins; die dritte die Philosophie, die Einheit der beiden ersten, das Wissen der Idee als des Absoluten, das ebensosehr reiner Gedanke als unmittelbar alle Wirklichkeit ist.

a) Kunst. Das Absolute ist unmittelbar, für die sinnliche Anschauung vorhanden als Schönes oder als Kunst. Das Schöne ist das Scheinen der Idee durch ein sinnliches Medium (Stein, Farbe, Ton, gebundene Rede), die Wirklichkeit der Idee in der Form begrenzter Erscheinung. Zum Schönen (und seinen Unterarten, dem einfach Schönen, Erhabenen und Komischen) gehören immer zwei Faktoren, Gedanke und Stoff; aber Beide sind ein untrennbares Ineinander; der Stoff soll Nichts ausdrücken, als den ihn beseelenden und durchleuchtenden Gedanken, dessen äußere Erscheinung er ist. Die verschiedenen Weisen, in denen die Verknüpfung von Stoff und Form stattfindet, ergeben die verschiedenen Kunstformen. In der symbolischen Kunstform überwiegt der Stoff; der Gedanke bringt nur mit Mühe durch ihn hindurch, um das Ideal zur Darstellung zu bringen. In der klassischen Kunstform hat das Ideal im Stoffe sein adäquates Dasein errungen; Inhalt und Form sind einander absolut angemessen. Wo endlich der Geist überwiegt, und der Stoff zu einem bloßen Schein und Zeichen wird, durch das der Geist überall hindurchbricht und über das Material hinausstrebt, haben wir die romantische Kunst. Mit den verschiedenen Kunstformen hängt auch das System der einzelnen Künste zusammen, doch ist der Unterschied der letzteren zunächst bedingt durch die Verschiedenheit des Materials. 1) Der Anfang der Kunst ist die Architektur. Sie gehört wesentlich der symbolischen Kunstform an, da der sinnliche Stoff bei ihr noch weit überwiegt, da sie die wahre Angemessenheit zwischen Gehalt und Form erst sucht. Ihr Material ist der Stein, den sie nach den Gesetzen der Schwere gestaltet. Daher hat sie den Charakter der Massenhaftigkeit, des schweigenden Ernstes, orientalischer Erhabenheit. Zwar gleichfalls an starres Material gebunden, aber ein Fortschritt vom Unorganischen zum Organischen ist 2) die Skulptur. Sie macht den Stoff zum schlechthin dienenden Vehikel, indem sie ihm die Form der Leiblichkeit gibt. Das Material, indem es den Körper, diesen Bau der Seele, in seiner Klarheit und Schöne darstellt, geht gänzlich auf im Ideal; es bleibt kein stoffartiger Rest übrig, welcher der Idee nicht diente. Aber das Seelenleben, Blick, Stimmung, Gemüth, kann die Skulptur nicht darstellen. Dieß kann erst die vorzugsweise romantische Kunst, 3) die Malerei. Ihr Medium ist nicht mehr ein grob materielles Substrat, sondern die farbige Fläche, das seelenhafte Spiel des Lichtes; sie erregt nur den Schein der allseitigen räumlichen Dimension. Daher ist sie im Stande, die ganze Skala der Gefühle, Gemüthszustände, Handlungen voll dramatischer Bewegung zur Darstellung zu bringen. Die völlige Aufhebung der Räumlichkeit ist 4) die Musik. Ihr Material ist der Ton, das innere Erzittern eines tönenden Körpers. Sie verläßt darum das Gebiet der sinnlichen Anschauung und wirkt ausschließlich auf die Empfindung. Ihr Boden ist der Schooß und Schacht der empfindenden, in sich webenden Seele. Die Musik ist die subjektivste Kunst. 5) In der Poesie endlich oder der redenden Kunst ist die Zunge der Kunst gelöst; die Poesie kann Alles darstellen. Ihr

Material ist nicht mehr bloß der Ton, sondern der Ton als Wort, als Zeichen einer Vorstellung, als Ausdruck der Vernunft. Aber dieses Material gestaltet sie nicht frei, sondern nach gewissen rhythmisch-musikalischen Gesetzen in gebundener Rede. In der Poesie kehren alle anderen Künste wieder; sie entspricht den bildenden Künsten als Epos, als behaglich breite Erzählung bildreicher Völkergeschichten; sie ist Musik als Lyrik, als Ausdruck innerer Seelenzustände; sie ist die Einheit dieser beiden Künste als dramatische Poesie, als Darstellung von Kämpfen zwischen handelnden, in entgegengesetzten Interessen wurzelnden Charakteren.

b) Religion. Die Poesie bildet den Uebergang der Kunst zur Religion. In der Kunst war die Idee vorhanden für die Anschauung, in der Religion ist sie es für die Vorstellung. Der Inhalt aller Religion ist die innere Erhebung des Geistes zum Absoluten als der allbefassenden, alle Gegensätze versöhnenden Substanz des Daseins, das Sicheinswissen des Subjekts mit Gott. Alle Religionen suchen eine Einheit des Göttlichen und Menschlichen. Am Rohesten thun dieß 1) die Naturreligionen des Orients. Gott ist ihnen noch Naturmacht, Natursubstanz, gegen welche das Endliche, Individuelle als Nichtiges verschwindet. Zu einer höhern Gottesidee schreiten fort 2) die Religionen der geistigen Individualität, in denen das Göttliche als Subjekt angeschaut wird — als erhabene Subjektivität voll Macht und Weisheit im Judenthume, der Religion der Erhabenheit; als Kreis plastischer Göttergestalten in der griechischen Religion, der Religion der Schönheit; als absoluter Staatszweck in der römischen Religion, der Religion des Verstandes oder der Zweckmäßigkeit. Zur positiven Versöhnung von Gott und Welt bringt es aber erst 3) die offenbare oder christliche Religion, indem sie in der Person Christi den Gottmenschen, die verwirklichte Einheit des Göttlichen und Menschlichen anschaut, und Gott als sich selbst entäußernde (menschwerdende) und aus dieser Entäußerung ewig in sich zurückkehrende Idee, d. h. als dreieinigen Gott auffaßt. Der geistige Gehalt der offenbaren Religion oder des Christenthums ist somit der gleiche, wie derjenige der spekulativen Philosophie, nur daß er dort in der Weise der Vorstellung, in Form einer Geschichte, hier in der Weise des Begriffs dargestellt wird. Die Form der religiösen Vorstellung abgestreift, und es ergibt sich der Standpunkt der

c) absoluten Philosophie, des sich selbst als alle Wahrheit wissenden, das ganze natürliche und geistige Universum aus sich selbst reproduzirenden Gedankens, dessen Entwicklung eben das System der Philosophie — ein geschlossener Kreis von Kreisen — ist.

Mit Schelling und Hegel schließt die Geschichte der Philosophie. Die auf sie gefolgten Entwicklungen, theils eine Fortbildung des bisherigen Idealismus, theils eine neue Grundlegung anstrebend, gehören der Gegenwart und noch nicht der Geschichte an.

www.ingramcontent.com/pod-product-compliance
Lightning Source LLC
Chambersburg PA
CBHW020808230426
43666CB00007B/911